Eine Arbeitsgemeinschaft der Verlage

Böhlau Verlag · Wien · Köln · Weimar
Verlag Barbara Budrich · Opladen · Farmington Hills
facultas.wuv · Wien
Wilhelm Fink · München
A. Francke Verlag · Tübingen und Basel
Haupt Verlag · Bern · Stuttgart · Wien
Julius Klinkhardt Verlagsbuchhandlung · Bad Heilbrunn
Mohr Siebeck · Tübingen
Nomos Verlagsgesellschaft · Baden-Baden
Orell Füssli Verlag · Zürich
Ernst Reinhardt Verlag · München · Basel
Ferdinand Schöningh · Paderborn · München · Wien · Zürich
Eugen Ulmer Verlag · Stuttgart
UVK Verlagsgesellschaft · Konstanz, mit UVK / Lucius · München
Vandenhoeck & Ruprecht · Göttingen · Oakville
vdf Hochschulverlag AG an der ETH Zürich

Ausgezeichnet
mit dem Anerkennungspreis
des Landes Niederösterreich
für Medizin

Gernot Sonneck, Nestor Kapusta, Gerald Tomandl, Martin Voracek (Hg.)

Krisenintervention und Suizidverhütung

Unter Mitarbeit von:
Eva M. Aichinger, Erika Bodner, Elmar Etzersdorfer, Gottfried Fellner, Helga Goll, Harald Heinzl, Hans Herzog, Thomas Kapitany, Ingo W. Nader, Sibylle Nagel-Kuess, Thomas Niederkrotenthaler, Clemens M. Nowak, Jakob Pietschnig, Elisabeth Pröbsting, Ludwig Reiter, Erwin Ringel †, Kristina Ritter, Milada Roscher, Olaf Rossiwall, Martin Schjerve, Christa Sodl-Hörler, Claudius Stein, Thomas Stompe, Benedikt Till, Wolfgang Till, Ulrich Tran, Adelheid Wimmer, Barbara Ziegelbauer

2., überarbeitete Auflage*

facultas.wuv

Bibliografische Information der Deutschen Nationalbibliothek
Die Deutsche Nationalbibliothek verzeichnet diese Publikation in der Deutschen Nationalbibliografie;
detaillierte bibliografische Daten sind im Internet über http://dnb.d-nb.de abrufbar.

Alle Angaben in diesem Buch erfolgen trotz sorgfältiger Bearbeitung ohne Gewähr, eine Haftung der
Herausgeber, der Autoren oder des Verlages ist ausgeschlossen.

2. Auflage UTB: facultas.wuv 2012
* Das Buch erschien vor UTB in 4 Auflagen bei Facultas.
Copyright © 2000 Facultas Verlags- und Buchhandels AG

facultas.wuv Universitätsverlag, Siebenbrunnengasse 19–21, 1050 Wien, Österreich

Alle Rechte, insbesondere das Recht der Vervielfältigung und der Verbreitung sowie der Übersetzung,
sind vorbehalten.

Einbandgestaltung: Atelier Reichert, Stuttgart
Coverbild: V. Uiberreither, Salzburg
Innengestaltung: grafzyx.com, Wien

Druck: Ebner & Spiegel
Printed in Germany

ISBN (UTB print): 978-3-8252-3840-7

Da er mich stets in meiner Arbeit ermutigte, diene dieses Buch, dessen Manuskript der ersten Auflage er noch wenige Wochen vor seinem Tode, schon schwer von Krankheit gezeichnet, durcharbeitete, dem Andenken meines Vaters.

G. S.

Geleitwort (2012)

Als ich im Herbst 1999 die 5. Auflage* dieses Buches fertiggestellt hatte, war ich ziemlich sicher, dass die Nachfrage an diesem Buch in den folgenden zehn Jahren aufgrund zahlreich erscheinender anderer einschlägiger Werke langsam nachlassen werde. Als sich dann jedoch abzeichnete, dass das Interesse ungebrochen anhielt, war es mir eine große Freude, dass sich im Jahr 2007 die Wiener Werkstätte für Suizidforschung (www.suizidforschung.at) konstituierte, in der durch über 20 hervorragende Suizidologinnen und Suizidologen die Krisen- und Suizidforschung einen gewaltigen und nachhaltigen Aufschwung erfuhr. Fragen zur Suizidalität im Alter, zu Imitationseffekten (Werther- bzw. Papageoeffekt), zur psychosozialen Versorgung, der transkulturellen Psychiatrie sowie zu Effekten von Schusswaffenrestriktion etc. brachten im Jahr 2009 die Zuerkennung des Erwin Ringel-Preises durch die Österreichische Gesellschaft für Suizidprävention. Da alle Mitglieder aus der nun schon über 100-jährigen Wiener Tradition der Suizidprävention kommen, auch wenn einige von ihnen mittlerweile schon bedeutende Leitungsfunktionen auch im Ausland innehaben, und einige von ihnen bereits an früheren Auflagen beteiligt waren, war es naheliegend, die Überarbeitung dieses Buches in deren Hände zu legen.

Wenn auch in den vergangenen 27 Jahren, seit der ersten Auflage dieses Werks, die Suizidrate in Österreich um über 40 Prozent, in Wien um 60 Prozent zurückgegangen ist, bleibt das Thema von trauriger Bedeutung. Dies ist auch der Grund, dass gegenwärtig die Umsetzung des Österreichischen Suizidpräventionsplans (SUPRA), der erstmals in der letzten Auflage vorgestellt wurde, im Auftrag des Bundesministeriums für Gesundheit implementiert wird.

Mit dieser erfreulichen Entwicklung bleibt mir nur mehr, der 6. Auflage viele interessierte Leserinnen und Leser zu wünschen, denen dieses Buch auch als Ermutigung dienen möge, die Suizidprävention weiter voranzutreiben.

Wien, September 2012
Gernot Sonneck

Vorwort (zur 5. Auflage*)

15 Jahre ist es her, dass dieses Buch, damals noch als kleiner Ratgeber von knapp 100 Seiten, erstmals erschien. Seither hat es zahlreiche Nachdrucke, Erweiterungen, Bearbeitungen sowie vier Auflagen erlebt. Wenn es jetzt dank der freundlichen Aufnahme auch im deutschsprachigen Ausland und dank des Facultas Universitätsverlages, insbesondere Herrn Dr. M. Huter und Frau Dr. S. Neulinger, in seiner 5. Auflage zu UTB kommt, wünschen wir uns natürlich, dass das Interesse an den Themen der Krisenintervention und Suizidprävention weiter zunimmt und Krisenintervention und Suizidprävention so propagiert und durchgeführt werden können, wie es in dem neu aufgenommenen Kapitel 11.1 *„Aktionsplan zur umfassenden Suizidprävention"* angeregt wird.

Das Konzept einer weitgehenden Abgeschlossenheit jedes Kapitels haben wir beibehalten, auch wenn dadurch Wiederholungen nötig wurden. Somit bleibt dieses Buch einerseits eine Hilfe, sich über ein Thema rasch und möglichst praxisgerecht zu informieren, andererseits bewährte es sich gerade im Unterricht durch seine Wiederholungen. Diesem Anspruch haben wir durch die vermehrte Aufnahme von Kurzzusammenfassungen und grafischen Darstellungen sowie zahlreichen Fallbeispiele entsprochen.

Historische und philosophische Traktate zum Suizid werden auch weiterhin bewusst ausgespart, wobei jedoch auf die kommentierte Auswahlbibliografie verwiesen wird, in der diese interessanten Aspekte umfangreich abgedeckt werden. Allerdings wurde ein kurzer ethischer Diskurs zu praxisrelevanten Fragen aufgenommen. Erklärungsmodelle werden immer nur soweit behandelt, als sie dem praktischen Vorgehen dienlich sind. Der gegenwärtige Stand insbesondere tiefenpsychologischer Theorien wird nur gestreift, sofern er für die Behandlung chronisch Suizgefährdeter nötig ist, deren Behandlung doch einige wesentliche Erweiterungen der Krisenintervention, wie sie bei akuter Suizidalität durchgeführt wird, erfordert.

Mancher Leser wird nach wie vor umfangreiche Suizidstatistiken, nationale und internationale Vergleiche und Ähnliches vermissen, die üblicherweise solchen Werken vorangestellt werden. Diese Selbstbeschränkung halten wir nach wie vor aufrecht, da wir von der äußerst beschränkten Aussagekraft solcher Statistiken überzeugt sind. Es hat sich nichts daran geändert, dass eine niedrige

Suizidrate weniger als 10 Suizide auf 100.000 Einwohner bedeutet und eine hohe mehr als 30, internationale Vergleiche höchst fragwürdig und Unterschiedsinterpretationen äußerst vage sind, und es hat sich für uns nichts daran geändert, dass letztlich jeder Verzweifelte, der sich selbst töten muss, zu viel ist.

Unsere Bemühungen um Geschlechtsneutralität haben wir, damit die Lesbarkeit des Textes nicht überstrapaziert wird, dieser gelegentlich hintangestellt.

Die Autoren und Autorinnen hoffen, dass diese veränderte, erweiterte und von typischen Austriacismen befreite Auflage ebenso interessiert aufgenommen werden wird wie die früheren.

Wien, 18. Oktober 1999   Gernot Sonneck

Inhaltsverzeichnis

1. Krisenintervention und Umgang mit akut Suizidgefährdeten
   (für den eiligen Leser) 15
   1.1 Definitionen 15
   1.2 Aspekte von Krisen 18
   1.3 Ziel der Krisenintervention 18
   1.4 Interventionskonzept 20
       1.4.1 Beziehung in der Krisenintervention,
             Nähe und Distanz 21
       1.4.2 Emotionale Situation 23
       1.4.3 Aktueller Anlass 25
       1.4.4 Soziale Situation 25
       1.4.5 Weiteres Vorgehen 25
       1.4.6 Beendigung 25
   1.5 Falldarstellung 26
   1.6 Betroffenheit des Helfers 27

2. Krisen im menschlichen Leben (Ein kurzer Leitfaden
   zur Bewältigung von Krisensituationen) 29
   2.1 Psychosoziale Krisen 32
       2.1.1 Traumatische Krisen 33
       2.1.2 Veränderungskrisen 36
       2.1.3 Chronisch-protrahierte Krisen 38
       2.1.4 Das Burnout-Syndrom als Entwicklung zur Krise 40
       2.1.5 Posttraumatische Belastungsstörungen 50
   2.2 Verlauf von akuten Krisen 61
   2.3 Allgemeine Charakteristika von Krisen 62
   2.4 Gefahren von Krisen 63

3. Krisenintervention 65
   3.1 Der Erstkontakt 68
   3.2 Das erste Gespräch 75
   3.3 Interventionskonzept für akute Krisensituationen/-zustände 81

	3.4	Krisenintervention und Medikamente 86
		3.4.1 Tranquilizer.....................................87
		3.4.2 Antidepressiva 89
		3.4.3 Neuroleptika...................................90
		3.4.4 Allgemeine Prinzipien der Medikamentenbehandlung in der Krisenintervention.........................91
	3.5	Telefonische Krisenintervention 92
	3.6	Beziehungen der Krisenintervention zur Notfallpsychiatrie....100
	3.7	Organisation der Krisenintervention.....................102

4. Krisenintervention kurzgefasst (Das BELLA-System)...............105

5. Spezielle Kriseninterventionen................................111
   5.1 Krisen und Familie......................................111
   5.2 Krisen in Paarbeziehungen 119
   5.3 Entwicklungskrisen bei Jugendlichen 127
      5.3.1 Entstehung von Entwicklungskrisen 127
      5.3.2 Kennzeichen psychosozialer Krisen beim jungen Menschen 129
      5.3.3 Umgang mit jungen Menschen in Krisen.............130
   5.4 Der krisengefährdete Schüler 132
   5.5 Krisen und Gewalt....................................138
   5.6 Krisen von Patienten im Krankenhaus 149
   5.7 Krisen älterer Menschen 154

6. Krisen und Suizidgefährdung................................160
   6.1 Suizidgefährdung....................................160
   6.2 Strukturierung des Umgangs mit „Suizidalität"..............162
      6.2.1 Suizidgedanken 163
      6.2.2 Suizidankündigung/Suizidhinweise.................164
      6.2.3 Suizidversuch 166
      6.2.4 Suizid 171
   6.3 Die Einschätzung der Suizidalität 172
   6.4 Antisuizidale Therapie 186
      6.4.1 Umgang mit Freund oder Angehörigem des Suizidgefährdeten...........................191
      6.4.2 Gespräch mit Suizidgefährdeten...................193
      6.4.3 Besondere Aspekte im Umgang mit Suizidgefährdeten.........................194
      6.4.4 Therapeutisches Arbeiten mit chronisch Suizidalen....195
      6.4.5 Umgang mit Hinterbliebenen nach Suizid 196
      6.4.6 Suizidprävention durch den Hausarzt 210
      6.4.7 Selbstschädigung, Alkohol- und Drogenmissbrauch 213

6.4.8 Suizidales Verhalten in Institutionen 216
6.4.9 Seelsorgeerfahrung in der Krisenintervention 222
6.4.10 Ethische Fragen im Umgang mit Suizidgefährdeten 224
6.4.11 Auseinandersetzung des Beraters mit sich selbst 228

7. Chronische Suizidalität 231
   7.1 Definition 231
   7.2 Motive; psychoanalytische bzw. psychodynamische
       Erklärungsmodelle 232
       7.2.1 FREUDS zentrale These zu Suizidalität 233
       7.2.2 HENSELERS narzissmustheoretische Überlegungen 234
       7.2.3 KINDS objektbeziehungstheoretische Überlegungen 235
   7.3 Überlegungen zur psychotherapeutischen Behandlung 237
       7.3.1 Häufig vorkommende Themen 237
       7.3.2 Einweisung, Antisuizidpakte, Setting 238
       7.3.3 Übertragung, Gegenübertragung 239
   7.4 Schlussbemerkung 241

8. Suizidalität und Arbeitslosigkeit 243
   8.1 Psychische Folgen von Arbeitslosigkeit 243
   8.2 Depressivität, Suizidalität, Suizid als Folgen von
       Arbeitslosigkeit 245

9. Suizid und Kultur 248

10. Suizid – Klischee und Wirklichkeit 256
    10.1 Ein Beispiel gutgemeinter praktischer Krisenintervention 257
    10.2 Suizid und Presse 259
        10.2.1 Der Einfluss der Presse auf den U-Bahnsuizid in Wien .. 261
        10.2.2 Empfehlungen für die Medien 264
        10.2.3 Der Einfluss der Medien auf das
               Inanspruchnahmeverhalten 264
        10.2.4 Empfehlungen für die Medien 266
        10.2.5 Der Einfluss der Medien auf das Inanspruchnahme-
               verhalten 270
        10.2.6 Statistisches zur Suizidproblematik 277
        10.2.7 Chronobiologie und Saisonalität 282

11. Wie lerne ich Krisenintervention? 289
    11.1 Die Ausbildungsschritte 289
    11.2 Die praktische Arbeit – erste Erfahrungen 290
    11.3 Die praktische Arbeit – Schwierigkeiten 291

12. Erhöhung der Suizidpräventions-/Kriseninterventionskompetenz
    in einer bestimmten Region 295
    12.1 Aktionsplan zur umfassenden Suizidprävention 298

13. Mitwirkung am Suizid aus strafrechtlicher Sicht
    in Österreich, der Schweiz und Deutschland 308

14. Wer betreibt Krisenintervention? 318

Kommentierte Auswahlbibliografie 326
Literatur 334
Sachregister 349
Autorenverzeichnis 351

1. Krisenintervention und Umgang mit akut Suizidgefährdeten

(für den eiligen Leser)

1.1 Definitionen

Unter **psychosozialen Krisen** verstehen wir in Anlehnung an die Überlegungen von CAPLAN (1964) und CULLBERG (1978) „den Verlust des seelischen Gleichgewichts, den ein Mensch verspürt, wenn er mit Ereignissen und Lebensumständen konfrontiert wird, die er im Augenblick nicht bewältigen kann, weil sie von der Art und vom Ausmaß her seine durch frühere Erfahrungen erworbenen Fähigkeiten und erprobten Hilfsmittel zur Erreichung wichtiger Lebensziele oder zur Bewältigung seiner Lebenssituation überfordern".

Der **Krisenbegriff** steht nicht auf der Basis der traditionellen psychiatrischen Diagnostik und stellt auch *keine* eigene Krankheitseinheit dar, er beruht vielmehr auf der Akuität des Zustandsbildes, wenn also therapeutisches Handeln im weitesten Sinn unverzüglich einsetzen muss, um irreversible Schäden, z. B. Chronifizierungen (festgefahrene Reaktionsphasen nach CULLBERG) oder Krankheiten oder Suizide zu verhindern. Daher ist es auch schwierig, eine diagnostische Indikationsliste zu erstellen: Wenn man ursprünglich unter Krisen nur „psychogene" Störungen verstand, so zeigt sich in den letzten 10 Jahren auch eine sehr deutliche und durchaus praktikable Tendenz, Krise als akuten Zustand im Verlauf verschiedener Erkrankungen zu bestimmen. Damit wird die Intervention auf dem Kontinuum von der psychosozialen Krise in Richtung akutpsychiatrischer Notfall verschoben.

Die **Krisenintervention** ist von Maßnahmen der Akutpsychiatrie, die bei akuten Psychosen, akuten Bewusstseinsstörungen, Intoxikationen und dergleichen zu setzen sind, zu unterscheiden. Sie umfasst alle Aktionen, die dem Betroffenen bei der Bewältigung seiner aktuellen Schwierigkeiten helfen. Damit können negative soziale, psychische und medizinische Folgen, die als Fehlanpassung oder psychischer Zusammenbruch jeder Krise immanent sind, verhütet werden.

Diese Definition drückt die Vielschichtigkeit von Krisen aus, und die Komplexität der Intervention besteht darin, alle möglichen und bedeutsamen Zusammenhänge auch wirklich zu erkennen und damit für die Bewältigung nutzbar zu machen. Besser jedoch als jede Definition der Krise dient der Praxis der Krisenintervention die Darstellung paradigmatischer Krisenverläufe, wie sie von CULLBERG (1978) bezüglich der traumatischen Krisen und von CAPLAN (1964) hinsichtlich der Veränderungskrisen beschrieben wurden.

Tab. 1 *„Traumatische" Krise (CULLBERG, 1978)*

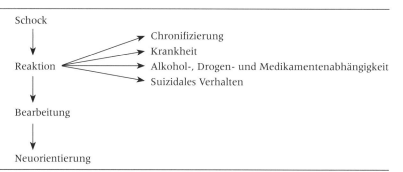

Als Krisenanlässe bei **traumatischen Krisen** gelten plötzliche, meist unvorhergesehene Schicksalsschläge, wie z. B. Krankheit oder Invalidität, Tod eines Nahestehenden, Trennung, Kündigung etc. Die erste Reaktion auf den Krisenanlass ist der sogenannte **Krisenschock**, der *wenige* Sekunden bis etwa 24 Stunden dauern kann. Dieser wird durch die **Reaktionsphase** abgelöst, eine Tage bis Wochen andauernde Periode, in der affektive Turbulenz sich mit Apathie abwechselt, tiefste Verzweiflung, Depressivität, Hoffnungslosigkeit, Hilflosigkeit, Feindseligkeit und Aggression, Wut und Trauer und oft schwere körperliche Begleitsymptomatik den Menschen belasten. Dieses Stadium verläuft allerdings nicht kontinuierlich, sondern schließt (z. B. durch entsprechende Intervention) durchaus auch Zeiten der Entlastung ein, in denen **Bearbeitung** und **Neuorientierung** möglich sind. Immer wieder jedoch muss zumindest im Verlauf der ersten Wochen und Monate mit dem neuerlichen Auftreten der Reaktionssymptomatik gerechnet werden und damit der wiederkehrenden Gefahr einer Fehlanpassung wie **Chronifizierung** oder **Alkohol-** und **Medikamentenmissbrauch**, dem Ausbruch einer **Erkrankung** oder eines psychischen **Zusammenbruchs** und dem Auftreten von **Suizidalität**. Die Reaktions-, die Bearbeitungs- und Neuorientierungsphasen gehen also zumindest zu Beginn ineinander über und sind daher nicht so deutlich abgrenzbar wie der Krisenschock, auf den unweigerlich die Reaktionsphase folgen muss. Bei günstigen Voraussetzungen kann durch die Bearbeitung des Krisenanlasses und seiner Konsequenzen die Phase

Tab. 2 *Veränderungskrise (G. CAPLAN, 1964)*

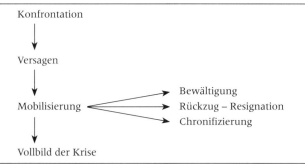

Veränderungskrisen nehmen nicht diesen eigengesetzlichen Verlauf, wie er bei traumatischen Krisen unausweichlich ist, sondern können bis zur dritten Phase, die sich oft erst im Laufe von Wochen entwickelt, unterbrochen werden: Nach einer **Konfrontation** mit der Veränderung kommt es, sofern diese nicht in das Leben integriert werden kann, zu dem Gefühl des **Versagens**, zum Ansteigen von Druck und innerer Spannung und, wenn hier keine Hilfe einsetzt, zum **Mobilisieren** innerer und äußerer Hilfsmöglichkeiten. Dieser Zeitpunkt stellt eine große Chance für den Helfer dar, da hier seitens des Betroffenen aus starker innerer Not große Bereitschaft besteht, Hilfe anzunehmen. Ist die Hilfe adäquat, kommt es zur **Bewältigung** und damit auch zur Beendigung dieser eben erst beginnenden Veränderungskrise; ist die Hilfe inadäquat, kann es zu **Rückzug** und Resignation kommen, allenfalls auch zu **Chronifizierung**. Ebenso kann sich auch ein **Vollbild der Krise** entwickeln, das ähnlich aussieht wie die Reaktionsphase der traumatischen Krise und ab hier auch den gleichen Verlauf nehmen kann: Einerseits Chronifizierung oder Krankheit, Alkohol-, Drogen- oder Medikamentenabhängigkeit bzw. suizidales Verhalten, im günstigsten Fall jedoch wiederum Bearbeitung und Neuorientierung. Als entsprechende Krisenanlässe können Verlassen des Elternhauses, Heirat, Geburt, Umzug und ähnliches angeführt werden, aber natürlich auch solche Veränderungen, wie sie z. B. in der Pubertät im psychischen, sozialen und biologischen Bereich auftreten oder z. B. zum Zeitpunkt der Pensionierung. Wenngleich neuere Feldforschungen zeigen, dass die Midlife-Crisis nicht zur üblichen Bewältigungsstrategie der Lebensmitte gehört, so muss man doch gelegentlich mit deren Auftreten rechnen. Lebensveränderungen gehören gleichsam zum „normalen" Lebenslauf, eine Vorbereitung darauf ist relativ gut möglich, während traumatische Krisenanlässe, die meist überraschend kommen, schwerer vorzubereiten sind und daher leichter zu Krisen führen.

1.2 Aspekte von Krisen

Tab. 3 *Aspekte von Krisen*

- Krisenanlass
- Subjektive Bedeutung
- Krisenanfälligkeit
- Reaktion der Umwelt
- Krisenverlauf

Von besonderer Bedeutung für die Intervention ist die Kenntnis des **Krisenanlasses** (Lebensveränderungskrise oder traumatische Krise) in seiner jeweiligen **subjektiven Bedeutung**, also in der Berücksichtigung des jeweils persönlichen Stellenwerts des Betroffenen. Die individuelle **Krisenanfälligkeit** ist abhängig von dieser inneren Bedeutung des Krisenanlasses und der Fähigkeit, sich damit auseinanderzusetzen, sowie von dem Maß der sozialen Integration und früherer Lernerfahrungen. Es besteht Einigkeit darüber, dass z. B. psychische Erkrankungen bzw. unverarbeitete frühere Krisen die Krisenanfälligkeit drastisch erhöhen. Die **Reaktion der Umwelt** ist nicht nur für das Entstehen von Krisen von großer Bedeutung, sondern auch für den Verlauf, da Krisen nicht im sozialen Vakuum ablaufen. Die Umwelt beeinflusst also auch wesentlich den **Krisenverlauf**.

1.3 Ziel der Krisenintervention

Tab. 4 *Ziel der Krisenintervention*

Hilfe zur Selbsthilfe

Das wesentliche Ziel der Krisenintervention ist die **Hilfe zur Selbsthilfe**. Das bedeutet zunächst, dem Betroffenen zu ermöglichen, sich in seiner Krise zu akzeptieren und, davon ausgehend, selbst zu Lösungen und Bewältigungsmöglichkeiten zu kommen. In diesem Sinn gestaltet sich die Intervention als Hilfe zur **aktiven Krisenbewältigung**. Der Betroffene sollte keine Bewältigungsversuche durch Passivität vornehmen, etwa, indem er sich seinen Problemen entzieht. In einer Situation, in der destruktive Lösungsversuche wie suizidale Handlungen oder Alkohol- oder Medikamentenmissbrauch sehr nahe liegen und unter Umständen der einzige Ausweg bleiben, geht es darum, Alternativen dazu zu finden. Gerade wenn die erlernten, gewohnten und bisher bewährten Strategien versagen, kann diese Alternative auch darin bestehen, gänzlich neue Wege einzuschlagen, etwas auszuprobieren, was man noch nie ausprobiert hat und unter normalen Bedingungen vielleicht auch nie gewagt hätte. Das ist es, was die Krise nicht nur zu einer Gefahr, sondern auch zu einer Chance machen kann.

Es ist das Ziel der Intervention, dem Betroffenen dabei zu helfen, seine Handlungs- und Entscheidungsfähigkeit wieder zurückzugewinnen und diese kreativ einzusetzen, um mit der aktuellen, aber auch mit möglichen zukünftigen vergleichbaren Situationen fertig zu werden. Natürlich kann eine **konstruktive Bewältigung** einer Krise auch darin bestehen, zu erkennen, dass man mehr „für sich", z. B. in Form einer Psychotherapie, machen möchte. Krisenintervention kann somit auch Motivationsarbeit für längerfristige Konzepte leisten.

Das Ziel ist also die **Unterstützung der eigenen Fähigkeit des Betroffenen** und seiner Umgebung, sich selbst zu helfen. Nicht der Ersatz von Verlorenem und die Verleugnung der schmerzlichen Realität, sondern die Stützung, das Mitgefühl (Empathie) sowie die Ermutigung, Gefühle von Trauer, Schmerz, Feindseligkeit, Aggression etc. wahrzunehmen und zu zeigen, ist die Funktion des Helfers. Dieses Ziel muss *kurzfristig realisierbar* sein. Eine tiefergreifende Persönlichkeitsänderung zu diesem Zeitpunkt anzustreben, wäre nicht sinnvoll. Die Mehrzahl der Kriseninterventionen geht außerhalb des professionellen Systems, z. B. im Verband der Familie, der Schule, des Betriebes, der Gemeinde etc. durchaus effizient vor sich. Gerade in der Schockphase, in der es darauf ankommt, den Betroffenen nicht alleine zu lassen, ist die unmittelbare Umgebung meist wirkungsvoller und auch leichter in der Lage, präsent zu sein und die Rolle der „stellvertretenden Hoffnung" (CULLBERG, 1978) zu übernehmen, während der professionelle Helfer, sei es durch Über- oder mangelnde Identifikation, die eigentlichen Bedürfnisse des Patienten und seine Fähigkeit, die Krise durchzustehen, häufig falsch einschätzt. Auch bezeichnen professionelle Helfer häufig nur die Fehlanpassung oder den Zusammenbruch selbst als Krise, da sie in ihrem beruflichen Alltag hauptsächlich damit befasst sind. Darüber hinaus ergeben sich auch aus der unterschiedlichen Sichtweise von Krisen (Entwicklungsmodell versus Krankheitsmodell) und der persönlichen Einstellung des Helfers unterschiedliche Interventionsmodelle (der Mediziner ist z. B., wie Einstellungsuntersuchungen zeigen, offenbar aufgrund seiner spezifischen Sozialisation viel eher als andere Helfer geneigt, Veränderungen und Entwicklungen als Störungen wahrzunehmen und diese zu behandeln).

1.4 Interventionskonzept

Tab. 5 *Allgemeines Interventionskonzept*

- Beziehung
- emotionale Situation/spezifische Gefahren
- Aktueller Anlass
- soziale Situation/vorhandene Hilfsmöglichkeiten
- Weiteres Vorgehen
- Beendigung

Da man beim Aufstellen eines Systems der Krisenintervention immer wieder Gefahr läuft, zu strategisch vorzugehen und zu wenig therapeutische Hilfen anzugeben (REIMER, 1987), sollen neben dem grundsätzlichen Interventionskonzept die vier wesentlichen Charakteristika des Umgangs mit Krisen (und Suizidalität) besonders herausgearbeitet werden, nämlich das Arbeiten an der **Beziehung**, die Auseinandersetzung mit der **emotionalen Situation** und allfälliger **Suizidalität**, die Konzentrierung auf die **aktuelle Situation** und die Einbeziehung der **Umwelt**.

Krisenintervention ist ein Verfahren, das lediglich bei akuten Krisen erfolgreich angewendet werden kann, allerdings auch bei akuten Krisen mit hoher Suizidgefahr. Dieses Verfahren bewährt sich nicht bei chronisch protrahierten Krisen bzw. chronischer Suizidalität (HENSELER, 1981).

Tab. 6 *Allgemeine Prinzipien der Krisenintervention*

- rascher Beginn
- Aktivität
- Methodenflexibilität
- Fokus: Aktuelle Situation/Ereignis
- Einbeziehung der Umwelt
- Entlastung
- Zusammenarbeit

Zu den **allgemeinen Prinzipien** der Krisenintervention (siehe Tab. 6) gehören der rasche Beginn, die Aktivität des Helfers (die jedoch immer die Gefahr der Abhängigkeit in sich birgt) und die Methodenflexibilität (Hilfe im sozialen, psychologischen, aber auch biologisch-medikamentösen Bereich). Der Fokus richtet sich auf die aktuelle Situation bei gleichzeitiger Berücksichtigung des lebensgeschichtlichen Zusammenhanges. Die Einbeziehung der Umwelt für Ressourcen aus dem sozialen Kontext, die adäquate Entlastung von emotionalem Druck (jedoch nur bis zu einem solchen Maß, dass der Wunsch nach Veränderung nicht völlig erlahmt!) sowie die interprofessionelle Zusammenarbeit sind weitere wichtige Prinzipien.

Natürlich sind mittlerweile auch andere Konzepte beschrieben worden, allen gemeinsam ist jedoch das Arbeiten an der Beziehung, am aktuellen Anlass, an der emotionalen Situation und an der Einbeziehung der Umwelt (z. B. WEDLER, 1987).

In diesem Zusammenhang ist es wichtig, darauf hinzuweisen, dass unser (am Wiener Kriseninterventionszentrum) entwickeltes Interventionskonzept auf der Hypothese beruht, dass die Krise an sich keine „krankhafte Störung" ist, sondern eine, unter bestimmten Bedingungen entstehende „natürliche" Warn- und Bewältigungsreaktion darstellt. Vertreter des medizinischen Defizitmodells legen natürlich primär ihr Augenmerk auf Störungen, Defizite und Krankheiten und befinden sich damit häufig schon beim (psychiatrischen) Notfall, wobei die Bewältigungs- und Entwicklungsfähigkeit der Betroffenen leicht übersehen wird. Damit geht der Chancenaspekt der Krise verloren, und die Gefahr des Scheiterns wird in den Vordergrund gerückt. Die Intervention wird dann in die Richtung von „Patientenbehandeln" gehen und kaum Hilfe zur Selbsthilfe sein können, die der Reifung, dem Wachstum und der aktiven Bewältigung dient.

1.4.1 Beziehung in der Krisenintervention, Nähe und Distanz

Aus diesen sehr allgemeinen Hinweisen wird deutlich, dass der Beziehung und natürlich auch den Schwierigkeiten der Beziehung in der Krise und der Krisenintervention besonderer Stellenwert zukommt. Besonders dort, wo im Zuge der Krise bereits eine suizidale Einengung (RINGEL, 1969) besteht (s. a. Einengung der zwischenmenschlichen Beziehungen) und diese nur über die Beziehung („die stellvertretende Hoffnung", CULLBERG, 1978) zu lockern ist, bedarf der Betroffene der Zuwendung, des Kontaktes und der Empathie.

Pole der Nähe-Distanz-Relation
Der Versuch, die günstige Nähe-Distanz-Relation zu finden und zu halten, kennt allerdings zwei Pole, die vermieden werden sollten:
a) Sich aus der Beziehung heraushalten wollen: Das führt dazu, dass wir uns mit dem Betroffenen nicht (ausreichend) identifizieren können. Als Folge davon
   - nehmen wir ihn in seinen Problemen nicht wichtig, nicht ernst; wir sagen ihm dann etwa: „Aber machen Sie sich doch nicht soviel daraus", „das ist doch alles nicht so arg", „es gibt viel Schlimmeres auf der Welt" u. a.;
   - hören wir ihm zwar aufmerksam zu, lassen aber unsere Gefühle nicht sprechen und damit auch seine nicht; wir suchen dann für alles, was ihn quält, vernünftige und logische Argumente, Erklärungen, Vorschläge;
   - sind wir an ihm nicht interessiert, langweilen uns, schieben ihn zu sogenannten „Experten" ab. (Das ist nicht gleichbedeutend mit der zusätzlichen, manchmal sehr notwendigen Hinzuziehung eines Experten!)
b) Sich zu sehr in die Beziehung einzulassen bzw. verwickeln zu lassen, führt dazu, dass

- wir uns stark mit dem Betroffenen identifizieren und uns von seinen Bedürfnissen und Gefühlen zu wenig distanzieren können. Wir über- oder unterschätzen dann Fähigkeiten, Bedürfnisse, Gefühle oder das Durchhaltevermögen des Betroffenen;
- wir „ganz besonders" helfen wollen, daher „besonders aktiv" sind und an seiner Stelle Lösungen überlegen und vorschlagen, wodurch wir ihm seine Eigenverantwortung nehmen (SONNECK, 1989).

Arbeit an der Beziehung

Tab. 7 *Beziehungsfördernde Grundhaltung (nach KULESSA, 1985)*

1. Ich nehme den anderen an, wie er ist.
2. Ich fange dort an, wo der andere steht.
3. Ich zeige, dass ich mit ihm Kontakt aufnehmen möchte.
4. Ich verzichte auf argumentierendes Diskutieren.
5. Ich nehme die in mir ausgelösten Gefühle wahr (worauf weisen sie mich hin?).
6. Ich verzichte auf das Anlegen eigener Wertmaßstäbe.
7. Ich orientiere mich an den Bedürfnissen.
8. Ich arbeite an Partnerschaft und vermeide objektivierende Distanz.

Ich nehme den anderen an, wie er ist, und nicht so, wie ich glaube, dass er sein sollte. Ich fange dort an, wo der andere steht, ich konzentriere mich also primär auf die aktuelle Situation, die ich aber natürlich im psychodynamischen Zusammenhang sehen muss, ist doch gerade die Krisenanfälligkeit, häufig die starke Kränkbarkeit des suizidalen Menschen, ein wichtiger Faktor für das Entstehen der Krise.

Ich mache deutlich, dass ich Kontakt aufnehmen will, ich bin also aktiv in meiner Zuwendung zu dem anderen. Eine der größten Gefahren in der Intervention ist das argumentierende Diskutieren, wodurch wir den Betroffenen mehr und mehr dazu verführen, noch gravierendere Argumente für seine unmittelbare Situation zu suchen, anstatt an der konstruktiven Bewältigung zu arbeiten (s. o.). Das Wahrnehmen der eigenen Gefühle in der Krisenintervention erleichtert mir nicht nur, selber die Gegenübertragung zu handhaben, sondern gibt mir auch Hinweise darauf, wie der Betroffene mit seiner Umwelt umgeht. Die subjektive Wertigkeit, der subjektive Stellenwert, den der Betroffene dem Krisenanlass und seinen Konsequenzen beimisst, steht im Vordergrund. Ebenso wichtig sind die Bedürfnisse des Betroffenen, nach denen ich mich primär orientiere. Da eine tragfähige Beziehung nur symmetrisch möglich ist, arbeite ich an Partnerschaft, versuche also die Abhängigkeit des Betroffenen, die stark an die Aktivität des Helfers gekoppelt ist, so gering wie möglich zu halten, ohne dass ich dadurch die Stütze, die aus der Autorität und Kompetenz des Helfers erwächst, dem Betroffenen entziehe, denn in der Krise ist der Mensch abhängiger von Hilfe von außen als in jeder anderen Situation seines Lebens.

1.4.2 Emotionale Situation

Wir gehen auf die **emotionale Situation** des Klienten und auf die körperliche Begleitsymptomatik ein, schätzen das Ausmaß von Panik und Depression ein sowie deren mögliche Konsequenzen, wobei wir insbesondere das Suizidrisiko zu erhellen versuchen.

Wie wird man auf Suizidgefährdung aufmerksam?
Der sicherste Indikator dafür ist der direkte oder indirekte Suizidhinweis. Das Wahrnehmen dieser Ankündigung, das Verstehen dieser Ankündigung als Notsignal und das vorurteilslose Gespräch über die Suizidtendenz sind die wichtigsten primären suizidpräventiven Interventionen.

> „Wenn Sie im Kontakt zu einem Menschen den Eindruck haben, er könnte an Suizid denken, fragen Sie ihn danach!"

Zur Beurteilung der Suizidgefährdung kann folgendes Schema (Abb. 1) dienen: Bei einer Suizidankündigung kläre ich zunächst ab, ob der Betroffene einer **Risikogruppe** angehört, ob er sich in einer **Krise** befindet, in welchem Stadium der **suizidalen Entwicklung** er steht und ob sich Hinweise auf **affektive Einengung (präsuizidales Syndrom)** finden. Gehört er z. B. einer oder mehreren Risikogruppen an, befindet er sich in der **Reaktionsphase** einer Krise, in der Phase des Entschlusses der suizidalen Entwicklung und ist keine affektive Resonanz, kein affektiver Rapport herstellbar, so besteht zweifellos akute Suizidgefährdung. Die Suizidgefährdung wird als gering, gelegentlich sogar als fehlend einzuschätzen sein, wenn keine akute Krise vorhanden ist, der Betroffene den Suizid lediglich als eine von mehreren Möglichkeiten in Erwägung zieht und keine affektive Einengung festzustellen ist. Zwischen diesen beiden Polen ist die jeweils individuelle Suizidgefährdung anzusiedeln (SONNECK, 1989).

Wenn schwere Depression oder übergroße Angst (Panik) nicht durch Entlastung, wie z. B. Gefühle äußern, Chaotisches ordnen, Zusammenhänge verstehen und durch Entspannung (Atmungs- und Muskelentspannungsübungen) entscheidend vermindert werden können, bedarf es auch medikamentöser Hilfe, insbesondere bei hoher Suizidgefahr, Entscheidungsunfähigkeit oder Unfähigkeit zu sinnvoller Zusammenarbeit. Die medikamentöse Therapie wird aber immer nur eine vorübergehende Unterstützung sein, sind doch die gewichtigsten Indikatoren für die konstruktive Bewältigung der bestehenden Krisensituationen die Bewältigungsfähigkeit vor der Entstehung der Krise, das derzeit vorhandene Selbsthilfepotenzial und das Ausmaß der sozialen Integration.

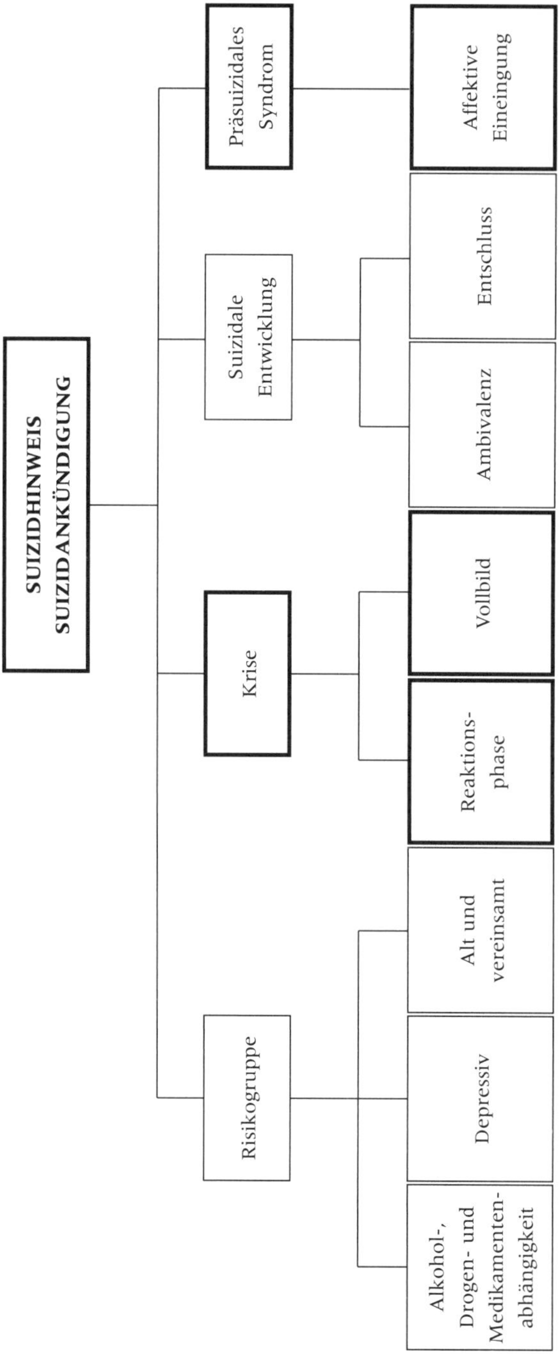

24 Krisenintervention und Umgang mit akut Suizidgefährdeten

Abb. 1
Schema zur Beurteilung der Suizidgefahr (vereinfacht)

```
                              ┌── Präsuizidales ──── Affektive
                              │   Syndrom            Eineingung
                              │
                              │                    ┌ Entschluss
                              ├── Suizidale ───────┤
                              │   Entwicklung      └ Ambivalenz
SUIZIDHINWEIS ────────────────┤
SUIZIDANKÜNDIGUNG             │                    ┌ Vollbild
                              ├── Krise ───────────┤
                              │                    └ Reaktions-
                              │                      phase
                              │
                              │                    ┌ Alt und vereinsamt
                              │                    │
                              └── Risikogruppe ────┼ Depressiv
                                                   │
                                                   └ Alkohol-, Drogen- und
                                                     Medikamentenabhängigkeit
```

1.4.3 Aktueller Anlass

Wir befassen uns mit dem **Krisenanlass** und mit der Frage, wer davon noch unmittelbar betroffen ist, mit der derzeitigen Lebenssituation des Klienten – auch mit der Situation hier und jetzt – sowie mit möglichen Veränderungen und bereits angewandten Lösungsstrategien. Die Vergangenheit interessiert uns primär hinsichtlich der Dauer der Krise und der Bewältigung früherer, vielleicht ähnlicher Schwierigkeiten sowie einer eventuellen körperlichen, psychischen und sozialen Vorbelastung (Krisenanfälligkeit).

1.4.4 Soziale Situation

Die soziale Situation, allfällige Belastungen, Gefährdungen oder Ressourcen werden abgeklärt. **Bestehende Hilfssysteme** des Klienten (Angehörige, Freunde, Nachbarn etc.) lassen wir von ihm unterstützend miteinbeziehen, im Notfall werden wir selbst diese aktivieren bzw. heranziehen. Entsprechend der Notwendigkeit und den Möglichkeiten werden natürlich auch alle anderen Hilfen der Gemeinschaft vermittelt (z. B. Sozialhilfeorganisationen, Clubs, Selbsthilfegruppen etc.).

1.4.5 Weiteres Vorgehen

Wir klären mit dem Klienten das genaue Setting für **weitere Kontakte** (Anzahl der teilnehmenden Personen, Zeit, Anzahl der Kontakte, Intervalle) in Abstimmung mit seinen und unseren Möglichkeiten, Wünschen und Zielvorstellungen. In den Folgegesprächen stellen wir immer wieder den Bezug zwischen der Anfangssituation, der jetzigen Situation (auch der Gesprächssituation) und den konkreten Zielvorstellungen her bzw. erarbeiten letztere oder modifizieren sie unter Mithilfe und Miteinbeziehung der Gefühlsebene.

1.4.6 Beendigung

Da Krisenintervention mit maximal 10–12 Gesprächen **beendet** sein sollte, ist das Vorbereiten dieser Beendigung sehr wichtig: Wir rekapitulieren in den letzten Gesprächen gemeinsam, was der Klient erreicht hat und wie er es erreichte und besprechen vorplanend, wie er sich bei künftigen Schwierigkeiten verhalten wird. Gelegentlich erweist es sich als notwendig und sinnvoll, unmittelbar an die Krisenintervention eine (Kurz-)Psychotherapie anzufügen, um ausreichende Stabilisierung zu erreichen. Wenn die noch bestehenden Persönlichkeitsprobleme jedoch gravierend sind, besprechen wir die Möglichkeit einer weiterführenden längerfristigen Therapie und sind, entsprechend seiner Entscheidung, dem Klienten behilflich, eine Therapiemöglichkeit zu finden.

1.5 Falldarstellung

M. P., ein 52-jähriger, beruflich selbstständiger Mann, muss unerwartet Konkurs anmelden. Vor einem Jahr hat Herr P. seine Frau verloren und daraufhin erneut geheiratet: „Sechs Wochen vor meinem Konkurs hatte ich das Empfinden, selbst unheilbar krank zu sein. Mein ganzer Organismus war in heller Aufregung. Körperlich fühlbare Schauer durchliefen mich, und meine Unheilbarkeit war für mich offensichtlich. Geistig fühlte ich die Ausweglosigkeit, eine Flucht in die Psychiatrie erschien mir ein realer Ausweg, eine lebenslange Aufnahme in einer geschlossenen Anstalt als nunmehr erstrebenswertes Lebensziel. Eine Woche später, als ich die Unabwendbarkeit des Konkurses erstmals begriff, setzten sich Suizidgedanken fest. Heimlich, still und leise. Niemand wusste davon, und niemand sollte auch davon erfahren. Ich bereitete alles gedanklich vor, Ort, Zeit, Art und Weise etc., ich entwickelte eine richtige Suizidstrategie. Von der Tat trennten mich nur noch wenige Tage, wenn nicht sogar nur Stunden. Meine Frau schrieb mir indessen täglich seitenlange Liebesbriefe, die ich las, aber ohne Reflexion. Niemand wusste von meinen Absichten, auch sie nicht. Aber niemand half mir sonst, wahrscheinlich auch deshalb nicht, weil ich unfähig war, mich zu artikulieren. Und artikulieren konnte ich mich nur vor einer freundschaftlichen, aber fachlichen Kompetenz. Sie lief mir in Gestalt des emeritierten Professors Dr. M. über den Weg. Eine Empfehlung an seinen guten Freund war eine Sache von Sekunden, mein Entschluss, seiner inständigen väterlichen Bitte zu entsprechen, stand fest. Nichts wollte ich unversucht lassen. Ich würde schon fertig werden mit seinen psychologischen Tricks, ich brauchte keinen Psychologen, ein Psychologe war ich selber, ich brauchte echte Hilfe ... Nachdem ich ihm klargemacht hatte, dass er mir nicht helfen könne, meinte er, ich nicht, aber ich habe etwas, das Ihnen helfen kann. 10 Minuten von hier gehen Sie ins Kriseninterventionszentrum, ich rufe inzwischen dort an. Und dann stand ich dort, ohne Termin und ohne Anmeldung als sogenannter akuter Fall mit hoher Suizidgefährdung ..."

Als Herr M. P. kam, war er so unruhig, dass er während des Erstgesprächs über eine Stunde rastlos auf und ab ging. Es zeigte sich sehr bald, dass er bezüglich des Konkurses schwerste Insuffizienz- und Schuldgefühle hatte und diese starke Schuldgefühle seiner verstorbenen Frau gegenüber aktivierten, und dass er gefühlsmäßig außerordentlich stark blockiert war. Dieses waren die Ergebnisse der ersten Sitzungen, wobei er jedoch gleich den dritten Termin nicht mehr wahrnahm. Er wurde dann von uns kontaktiert, was offenbar sein Vertrauen soweit stärkte, dass er bereits vor dem ausgemachten nächsten Termin kam. Er pendelte zwischen Schuldgefühlen und Nichtverantwortlichsein. Nach etwa 10 Interventionen, die innerhalb von drei Wochen durchgeführt wurden, war er deutlich strukturierter und konkreter und entwickelte Zukunftspläne. Er war in der Lage, sich auch Unterstützung von anderen Personen zu holen, bekam ein konkretes Berufsangebot, der Konkurs konnte in einen Zwangsausgleich umgewandelt werden. Ein neuerlicher Kontakt nach einer Pause von etwa zwei Monaten zeigt, dass es ihm gut geht, die Krisenintervention wird beendet. Im Zuge eines Nachkontaktes drei Jahre später erweist sich Herr M. P. als stabil: Er ist nochmals Vater geworden und sowohl beruflich als auch privat tüchtig.

Wie erlebte Herr M. P. unsere Arbeitsweise? (Stark gekürzte Zitate aus einer Selbstdarstellung von M. P.)

Rascher Beginn: „... nachdem ich ihm klargemacht hatte, dass er mir nicht helfen könne, meinte er: ich nicht; aber ich habe etwas, das Ihnen helfen kann. 10 Minuten von hier in der Spitalgasse 11 im dritten Stock ... ich gehe dort hin. Wer steht mir gegenüber? Ein Sozialarbeiter, Psychiater? Egal, mit dem werde ich schon fertig. Er spricht: Bitte kommen Sie weiter, bitte nehmen Sie Platz. Das konnte er gerade noch sagen ..."

Aktivität des Helfers, Beziehung: „... was ich anfangs als Zeichen der Inkompetenz deutete, wuchs ihm aber mit zunehmendem Engagement für mich und meine schwerverletzte Seele als besondere Kompetenz zu, viele Wochen hindurch ..."

Methodenflexibilität, Entlastung: „... ein aufmerksamer Zuhörer, ein Aktivator und Regenerator meines völlig zusammengebrochenen Ichs. Da war gerade noch der sprichwörtliche Lebensfunke vorhanden, und in den musste man nun mühevoll hineinblasen, bis mehrere Funken entstehen. Es war wie das Aufladen eines leeren Akkumulators ... Der Glaube an die fachliche Kompetenz scheint auch deshalb notwendig, weil sie vom Hilfesuchenden erwartet wird ... Meine tiefsten Geheimnisse konnte ich niemandem sonst anvertrauen ..."

Zusammenarbeit und Einbeziehung der Umwelt: „... Zweitwichtigste Person war meine junge Frau ... Die drittwichtigste Person war ein Freund ... Das war ein echtes Hilfsangebot, das in einer konzentrierten Aktion zu wirken begonnen hatte, das es mir immer schwerer machte, meine Suizidgedanken mit Konsequenz weiter zu verfolgen ..."

Aktive Bewältigung: „... habe ich erlebt, dass es an einem selbst und an den Helfern liegt, ob man in aktiver Arbeit die Verletzungen überwinden kann oder ob das bestenfalls vernarbt oder ob man ganz passiv wird ..."

1.6 Betroffenheit des Helfers

Die Beschäftigung mit Menschen in Krisen und mit Suizidgefährdeten bringt uns selbst auch immer wieder mit unserer eigenen Krisenanfälligkeit, eigenen Suizidalität und mit unserer Einstellung zum eigenen Sterben und Tod in Kontakt. Je besser ich meine eigene Stellungnahme zu Suizid, Tod und Sterben kenne, um so freier werde ich sein, den schwierigen Weg mit dem Menschen in der Krise gemeinsam zu gehen. Je früher ich selbst in der Krisenintervention meine Hilfsbedürftigkeit wahrnehme, mich der Hilfe anderer versichere und diese gegebenenfalls in Anspruch nehme, um so besser werde ich mich an den Bedürfnissen der Menschen orientieren können, deren innere Not und Bedrängnis sie am Leben verzweifeln lässt. Je besser ich meinen eigenen Lebenssinn erarbeitet habe, desto eher werde ich den bedrängten Menschen auf der Suche nach seinem Sinn begleiten können – und nur das ist Hilfe, die tatsächlich wirkt.

> **Zusammenfassung** Krisenintervention ist ganz besonders durch Methodenflexibilität geprägt. Die Anwendung ist jedoch nicht wahllos, sondern nur **situations-** und **persönlichkeitsgerecht** angezeigt. Das Arbeiten

an der Beziehung, die Auseinandersetzung mit der emotionalen Situation und allfälligen Suizidalität, das Arbeiten am aktuellen Bedingungsgefüge und mit dem sozialen Umfeld sind dabei die wesentlichen Aktivitäten. Das *Wie* wird sich jedoch an den aktuellen Gegebenheiten orientieren müssen, und das wird, entsprechend der Vielfalt menschlicher Entwicklungen, menschlicher Krisen und der Krisenanlässe, ebenso vielfältig sein müssen.

2. Krisen im menschlichen Leben
Ein kurzer Leitfaden zur Bewältigung von Krisensituationen

Jeder von uns hat Probleme, und es gibt Zeiten, in denen sie überhand nehmen und zu Krisensituationen werden. Solche Krisen müssen keine Katastrophen werden. Vielmehr können sie Wendepunkt sein zu intensiver Wandlung und zu innerem Wachstum.

Es ist interessant, dass die Chinesen für das Wort „Krise" zwei Schriftzeichen haben, von denen das linke „Gefahr" bedeutet und das rechte „Chance".

Abb. 1
Chinesisches Schriftzeichen für Krise. Der linke Teil heißt Gefahr, der rechte Chance

Vergegenwärtigen wir uns eine Krisensituation aus unserem eigenen Leben, suchen wir eine Situation, in der wir nicht mehr weiter wussten, so fallen uns Gefühle des Schocks, der Überforderung, der Angst, der Verzweiflung und Not, der Niedergeschlagenheit, des Misstrauens und der Feindseligkeit ein. Allesamt Erinnerungen, die uns nicht besonders lieb sind. Wenn wir uns weiter erinnern, so wird sich das Gefühl der Kraft und der Erleichterung, vielleicht sogar jenes von Stolz und Zufriedenheit einstellen – kurz: Das Gefühl, eine schwierige Lebenssituation gemeistert zu haben und in der Bewältigung gereift, erwachsener geworden zu sein, vielleicht auch autonomer. Das gibt uns wohl die Berechtigung, auch von Lebenschancen im unmittelbaren Zusammenhang mit Lebenskrisen zu sprechen.

Die Frage ist nur, wie wir im täglichen Leben Probleme und Krisen bewältigen, und mit welcher inneren Haltung wir ihnen gegenübertreten. Zunächst einmal sollten wir uns im klaren sein, dass Krisen zumeist nicht aus heiterem Himmel fallen, sondern sich nach und nach entwickeln. Der Auslöser der Krise darf dabei nicht mit der eigentlichen Wurzel verwechselt werden. Der Auslöser ist ein Ereignis, das den letzten Anstoß für ein Akutwerden der bestehenden Probleme gibt. Die Ursachen von Krisen liegen in den kleineren und größeren Schwierigkeiten, die tagtäglich erlebt, aber aus den verschiedenen Gründen nicht ernst genommen werden. Das Erlebnis einer Krise macht uns bewusst, dass etwas getan werden muss. Wir sollten daher ein solches Tief prinzipiell als natürliche Warnreaktion betrachten, uns mit den Problemen zu beschäftigen, um nicht durch Missachtung dieses Signals die eigene Situation zu verschlechtern.

Krisenbewältigung

Zunächst einmal nicht die Flinte ins Korn werfen und aufgeben, sondern überlegen und herausfinden, was wir, erstens, **selbst tun können**, und zweitens, wo wir die Hilfe anderer brauchen. Wenn es uns sehr schlecht geht, fühlen wir uns wie überwältigt von der Fülle von Schwierigkeiten, denen wir uns gegenübersehen, und die kleinsten Anforderungen erscheinen uns dann wie unüberwindliche Berge, die uns den Weg verstellen. Da es völlig unmöglich ist, alle Sorgen mit einem Schlag zu beseitigen, müssen wir uns vorerst auf die aktuelle Problematik konzentrieren und alle weiteren Belastungen nach der Dringlichkeit und den bestehenden Möglichkeiten ordnen, um uns einen Überblick über unsere Lage machen zu können.

Dadurch werden jene Schwierigkeiten, die wir ursprünglich für völlig unlösbar hielten, auf ihren tatsächlichen Stellenwert reduziert, was bereits als erster Erfolg in der Bewältigung erlebt wird. Wir versuchen uns also klarzuwerden, welche Problembereiche unseres Lebens betroffen sind und was wir für uns in dieser Krisensituation wollen und brauchen und wie wir das erreichen können. Selbsthilfe bei Krisen:

- Warnreaktion erkennen
- Probleme ordnen
- Hilfe anderer nötig?
- Chancen wahrnehmen
- Gefahren erkennen: Überforderung
  Zögern beim Annehmen von Hilfe

Die **Hilfe anderer** ist notwendig bei Partner-, Eltern-, Kind- Arbeitsproblemen etc., kurz gesagt in den Krisensituationen, in die andere Menschen miteinbezogen sind. Die Hilfe besteht darin, dass die Beteiligten gemeinsam besprechen, was geschehen soll und was jeder beitragen wird. Es können aber ebenso Außenstehende, insbesondere, wenn gemeinsame Gespräche der Konfliktpartner nicht oder nicht mehr möglich sind, bei der Bearbeitung der Schwierigkeiten hilfreich einspringen. Es gibt natürlich auch Krisen, wie im Krankheitsfall oder bei Depressionen, wo andere Menschen nicht unmittelbar beteiligt sind. Trotzdem benötigen wir gerade in diesen Situationen die Hilfe anderer, um den Sinn der

Krankheit zu finden und durch Unterstützung der Umgebung oder auch professioneller Helfer positive Änderungsmöglichkeiten zu erarbeiten.

Leider verhalten wir uns nicht immer in der oben angeführten Weise. Wir fühlen uns durch die Krisensituation eingeengt, überfordert und neigen zu Gefühlen von Hilf- und Ratlosigkeit. Wir denken im Kreis und weichen so den Problemen aus.

Obwohl wir uns selbst so nicht helfen können, zögern wir all zu oft, die Hilfe anderer in Anspruch zu nehmen, weil wir meinen, dass sich für unsere Probleme niemand interessiert, dass sie niemanden etwas angehen, dass andere nicht damit belastet werden können und dass wir doch alleine mit unserem Problem fertig werden müssten. Nicht selten zweifeln wir dann an dem Sinn des Lebens und sehen im Suizid den einzigen Ausweg. Auch wenn wir manchmal das Gefühl haben, ganz verlassen und auf uns alleine gestellt zu sein oder auf Gleichgültigkeit zu stoßen, auch wenn uns Entmutigungen den Weg zu unseren Mitmenschen erschweren, sollten wir die Hilfsmöglichkeiten unserer Gesellschaft nicht unterschätzen und diese auch wahrnehmen. Dies wird uns leichter fallen, wenn wir Krisen nicht als persönliches Versagen, sondern als Chance für eine Neugestaltung sehen.

Ebenso wie wir die anderen benötigen, wenn uns etwas über den Kopf zu wachsen droht, müssen wir beachten, dass auch die anderen unsere Hilfe immer wieder brauchen. Vielleicht befindet sich in unserer Umgebung gerade jetzt jemand in einer schwierigen Situation und kämpft mit sich und seinem Wunsch, uns um Hilfe zu bitten. Es ist meist nicht schwer zu erkennen, wenn es einem anderen Menschen schlecht geht. Häufig wissen wir z. B., dass ihn ein Schicksalsschlag getroffen hat oder dass er längere Zeit hindurch krank war, oder wir sehen ihm an, dass er bedrückt, nervös, zerstreut ist, wir bemerken, dass er sich isoliert, uns eventuell sogar ausweicht und sich mehr und mehr ins Elend verstrickt.

Wie oft hören wir in unserer täglichen Arbeit im Kriseninterventionszentrum: „Dieser oder jener macht mir Sorgen, ich weiß nicht, was mit ihm los ist."

Immer, wenn wir uns um jemanden Sorgen machen, wäre es doch das Einfachste, dem Betreffenden das zu sagen bzw. ihn nach eventuellen Schwierigkeiten zu fragen. Über bedrückende Gefühle, Ängste, Befürchtungen, Verbitterungen mit jemandem reden zu können, bringt häufig unmittelbare Entlastung. Als Helfer müssen wir aber wissen, dass wir dabei nicht selten diese Verbitterung und gelegentlich auch das Misstrauen und die Feindseligkeit, unter der ein Mensch in seiner Not leidet, selbst zu spüren bekommen. Darauf nicht beleidigt und abweisend zu reagieren, sondern diese Gefühle als in der Krisensituation wichtig zu erkennen und zu akzeptieren, ist eine wesentliche Aufgabe, vermitteln wir doch dadurch, ich bin da und bereit, mit dir diese schwierige Situation gemeinsam zu meistern. Fühlt sich der Helfer selbst überfordert, kann er seinerseits die Hilfe seiner Umgebung oder gegebenenfalls professioneller Helfer leichter in Anspruch nehmen, da er noch nicht von der Problematik überwältigt worden ist.

Da zu erwarten ist, dass wir alle im Laufe unseres Lebens Veränderungen, die uns aus der Bahn werfen könnten, durchmachen, aber auch von Schicksalsschlägen betroffen werden, können wir insofern **vorsorgen**, als wir uns auf solche Situationen vorbereiten. Das heißt nun nicht, dass wir unser Leben lang die schrecklichsten Ereignisse fantasieren und uns damit die Lebensfreude nehmen sollen, sondern es bedeutet, dass wir uns mit Problemen und Belastungen, z. B. im Elternhaus, im Beruf, mit den Kindern, bei Krankheiten, Einsamkeit, aber auch im Zusammenhang mit Sterben und Tod nicht erst dann auseinandersetzen, wenn wir durch unmittelbare Betroffenheit dazu gezwungen sind.

Je besser ich den Sinn des Leben für mich geklärt habe, je genauer ich meine Einstellung zu Krankheit, Depression, Altern und Tod kenne, umso besser werde ich selbst auf der Suche nach einem erfüllten Leben mit den eigenen Krisensituationen umgehen können, und umso freier werde ich sein, selber Hilfe zu akzeptieren, aber auch anderen in ihrer Not zu helfen.

2.1 Psychosoziale Krisen

In Anlehnung an G. CAPLAN und J. CULLBERG bezeichnen wir mit psychosozialer Krise den Verlust des seelischen Gleichgewichts, den ein Mensch verspürt, wenn er mit Ereignissen oder Lebensumständen konfrontiert wird, die er im Augenblick nicht bewältigen kann, weil sie von der Art und vom Ausmaß her seine durch frühere Erfahrungen erworbenen Fähigkeiten und erprobten Hilfsmittel zur Erreichung wichtiger Lebensziele oder zur Bewältigung seiner Lebenssituation überfordern.

Aus dieser gewiss sehr komplizierten Definition wird jedoch deutlich, dass mehrere Faktoren zusammenspielen müssen, um eine psychosoziale Krise zu bewirken. Daher wollen wir die hierfür wichtigen Aussagen näher bestimmen.

Ereignisse und Lebensumstände können **Anlässe** für Krisen werden. Sie können auftreten als:

Katastrophen- und Massenbelastungen: politische und rassische Verfolgungen, Kriegswirren, Unwetter-, Bergwerks-, Eisenbahnkatastrophen etc.

Individuelle Belastungen: Schicksalsschläge oder Situationen des normalen Lebensablaufs.

Sie können hauptsächlich *eine* Ebene der menschlichen Identität treffen, immer jedoch mit weiterer Wirksamkeit auf die beiden anderen Ebenen:
a) die körperlich-biologische Ebene: z. B. Pubertät, Klimakterium, chronische Erkrankungen;
b) die psychische Ebene: seelische Konflikte;
c) die soziale Ebene: Ereignisse, die z. B. durch Rollenveränderung oder Statusverlust gekennzeichnet sind wie beispielsweise die Scheidung (Ehefrau – alleinstehende Frau mit Kindern), längere Arbeitslosigkeit oder Tätigkeit als Gastarbeiter.

Unter Art und Ausmaß von Krisenanlässen wird nicht (nur) etwas „Objektives" verstanden, sondern vor allem die **jeweils subjektive Bedeutung** des Geschehens inklusive seiner möglichen realen und fantasierten (vorgestellten)

Konsequenzen. In dieser Subjektivität kann auch eine allfällige erhöhte Verletzlichkeit zum Ausdruck kommen, wie sie z. B. infolge psychischer Erkrankungen oder früherer gleichartiger unbewältigter Krisen bestehen kann (Krisenanfälligkeit).

Zur Lösung oder Bewältigung bestehender Schwierigkeiten benötigt der Mensch sowohl eigene Erfahrungen, Kenntnisse und Fähigkeiten als auch **außerhalb seiner Person liegende Hilfsmöglichkeiten** verschiedener Art, wie z. B. gesichertes Einkommen, situationsspezifische Beratung durch Fachleute, kurz gesagt: die von einer Gemeinschaft zur Verfügung gestellten Hilfsmittel (Ressourcen). Das weitaus wichtigste von allen ist allerdings die **emotionale und reale Unterstützung durch Angehörige, Freunde und andere Menschen**, die jedoch der Einzelne auch aktivieren und nützen können muss.

Leider wird die Bedeutung, die den Reaktionen der Umwelt zukommt, häufig an Negativbeispielen aufgezeigt:
- Wenn Krisen durch sie verschärft werden; Beispiel: Der Suizid eines Menschen führt zur Beschuldigung eines anderen Menschen, „der Mörder" zu sein;
- wenn Krisen durch sie ausgelöst werden; Beispiel: Lernschwierigkeiten eines Schülers, die primär ein Problem für seine Eltern sind und erst dadurch zur Krise für ihn werden (in solchen Fällen ist es oft nicht einfach, die ursprüngliche Krisenreaktion herauszufiltern);
- wenn Reaktionen oder Umwelt für einen bestimmten Menschen überhaupt fehlen; Beispiel: isolierte oder alte Menschen.

2.1.1 Traumatische Krisen

CULLBERG unterscheidet, je nachdem, welche individuellen Belastungen zu Krisen geführt haben, zwischen traumatischen Krisen und Lebensveränderungskrisen – eine Einteilung, die sich in unserer Arbeit als sehr hilfreich erwiesen hat für das Verständnis des Krisenverlaufs und für entsprechende Interventionsschwerpunkte.

„**Die traumatische Krise** ist eine durch einen Krisenanlass mit subjektiver Wertigkeit plötzlich aufkommende Situation von allgemein schmerzlicher Natur, die auf einmal die psychische Existenz, die soziale Identität und Sicherheit und/oder die fundamentalen Befriedigungsmöglichkeiten bedroht" (CULLBERG, 1978).
Beispiele: Tod eines Nahestehenden, Krankheit, Bekanntwerden von Diagnosen, plötzliche Invalidität, plötzliche Beziehungsbedrohung wie Untreue oder Trennung, soziale Kränkung und Versagen, äußere Katastrophen.

Der **typische Verlauf** erfolgt in vier Phasen; das akute Stadium umfasst dabei die erste sowie den Beginn der zweiten Phase und dauert bis zu vier bis sechs Wochen.
1. **Phase – Schockphase:** Die Wirklichkeit wird ferngehalten. Äußerlich kann man geordnet erscheinen, innerlich ist alles chaotisch, später existiert oft keine Erinnerung an diese Zeit. Der seelische Aufruhr führt zu ziellosen

Aktivitäten (Toben) oder, wenn der Rückzug (Regression) sehr groß ist, zu einem Zustand der „Betäubung", das heißt, es besteht keine Kommunikation mit der Realität.
2. **Phase – Reaktionsphase:** Die Konfrontation mit der Realität ist unvermeidlich. Man versucht, die Wirklichkeit so adaptiv wie möglich zu integrieren unter Einsatz psychischer Abwehrmechanismen. Besonders häufig sind: Verdrängungsphänomene, Verleugnungstendenzen, starke Abhängigkeitswünsche, Rationalisierung der Ereignisse, sozialer Rückzug mit selbstzerstörerischen Tendenzen (Alkohol- und Medikamentenmissbrauch). Die Reaktion ist primär eine emotionale Reaktion, wenn unterschiedlichste Gefühle mit ungeahnter Intensität auftreten. **Fixierungsgefahr** besteht, wenn intrapsychische Konflikte aktiviert werden. (Wenn z. B. frühere Missbrauchserlebnisse, die bisher nicht erinnerlich bzw. verdrängt waren, durch einen spezifischen Krisenanlass, der ev. auch missbrauchend erlebt wird, mit entsprechenden Symptomen, z. B. Angst, Schuldgefühl, Ekel, Verzweiflung sowie körperlichen Beschwerden zutage treten.) **Chronifizierungsgefahr** besteht, wenn die äußeren Hilfsstrukturen (soziale Umwelt) unbefriedigend sind oder überhaupt soziale Isolation eintritt. Durch die Reflexion des Krisenanlasses und seiner Konsequenzen kommt es zur
3. **Phase – Bearbeitungsphase:** Allmählich löst man sich von Trauma und Vergangenheit; Interessen tauchen auf, Zukunftspläne werden geschmiedet. Während sich die Reaktionsphase relativ scharf von der Schockphase absetzt, gehen Reaktionsphase und Bearbeitungsphase nicht nur kontinuierlich ineinander über, sondern wechseln einander auch immer wieder ab. Es ist sowohl für den Hilfesuchenden als auch für den Helfer wichtig zu wissen, dass in den ersten Wochen einer Krise zwar die Bearbeitung des Krisenanlasses und seiner Konsequenzen möglich ist und auch wesentliche Linderung bringt, dass diese Zeiten der Erleichterung jedoch immer wieder von dem neuerlichen Aufflackern der Reaktionsphase unterbrochen werden, wenn auch im weiteren Krisenverlauf abgeschwächt und seltener.
4. **Phase – Neuorientierung:** Das Selbstwertgefühl ist wieder aufgerichtet, neue Beziehungen werden aufgenommen und gehalten. Insgesamt wurde Lebenserfahrung gewonnen.

Interventionsschwerpunkte

In der **Schockphase** liegt der Interventionsschwerpunkt auf guter allgemeiner Betreuung. Man darf den Betroffenen bei starkem Schock **nicht allein lassen**, da auf diese Phase unweigerlich die Reaktionsphase mit ihren affektiven Turbulenzen und den damit verbundenen Gefahren folgt! Bei Toben sollte vor körperlichem Schaden bewahrt und dem Betroffenen beruhigend zugeredet werden. Wesentlich ist die Vermittlung eines Gefühls der Geborgenheit (warme Getränke geben, Körperkontakt herstellen: die Hände halten, umarmen u. ä., schlafen lassen). Gefühle müssen sich frei äußern dürfen, **nicht** durch vernunftsmäßige Bearbeitung hemmen. Gegebenenfalls können Schlafmittel für die Nacht gegeben werden (= Kräfte sammeln).

Reaktionsphase: Der Betroffene soll möglichst viel über das Ereignis und seine Gefühle erzählen können, dadurch werden sie konkreter. Üblicherweise „verbotene Gefühle" (z. B. Wut, Enttäuschung über einen Verstorbenen) können zugelassen, erkannt und akzeptiert werden, weil der Therapeut sie versteht und akzeptiert. In vielen Fällen muss der Therapeut ermutigen und helfen, Gefühle wahrzunehmen und auszudrücken. Der Therapeut soll „Resonanzboden" für die Gefühle des Klienten sein (BION, 1970: „containing function"), wodurch dieser entlastet wird, weil die Last gemeinsam getragen wird. Wenn Angst und Verzweiflung nicht als **krankhafte** Reaktion im Raum bleiben, sondern mithilfe des Therapeuten verstanden werden können als **adäquater Ausdruck** für chaotische, verwirrende Gefühle, Protest, Hilflosigkeit und Leere, verlieren sie an Dramatik für den Klienten. Die Konfrontation mit der Realität soll unter behutsamem Stützen erfolgen, den Verleugnungstendenzen und Realitätsverzerrungen muss entgegengetreten werden. Auch **gezielte** Regression (z. B. Krankenstand, Medikamente) kann für die Konfrontation nützlich sein. Sachliche Information, oftmals wiederholt, ist notwendig.

Der Therapeut kommt sich oft inkompetent und nutzlos vor, insbesondere wenn der Klient ihm vorhält, er könne doch nicht helfen, das Unglück rückgängig zu machen. Das ist aber weder seine Aufgabe noch eine mögliche Hilfestellung. Diese besteht in der Übernahme der Funktion als „stellvertretende Hoffnung" (CULLBERG, 1978) im Wissen um die Art und den Verlauf von Krisen.

Traumatische Krisen nehmen immer den beschriebenen Verlauf; der Helfer kann und soll sich darauf beschränken, mit seinen therapeutischen Interventionen den natürlichen Ablauf zu ermöglichen.

Immer wieder lesen wir Meldungen, dass ein junger Mensch nach einem Verkehrsunfall mit meist nur geringem Sachschaden Suizid begangen hätte, oft nach vorheriger Selbstanzeige. Verständlich wird dieses tragische Ereignis, wenn wir annehmen, dass der Unfall einen Krisenschock auslöste, in dem der Betroffene für Außenstehende weitgehend unauffällig, höchstens etwas abwesend wirkte. Diesem Krisenschock folgt jedoch unweigerlich die zweite Krisenphase des emotionalen Aufruhrs, in der dann der Suizid als einziger Ausweg angesehen und unmittelbar auch durchgeführt wurde. – Das Wissen um diese Zusammenhänge kann so manchen Suizid relativ leicht verhindern, wenn z. B auch die Exekutive sich nicht nur über die Bagatellanzeige wundert, sondern ausführlich und länger über die Situation und die Folgen spricht sowie allenfalls Freunde oder Angehörige zur Unterstützung beizieht.

Interventionsschema für traumatische Krisen:

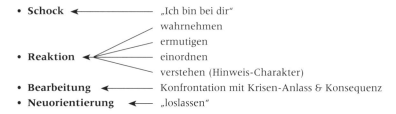

2.1.2 Veränderungskrisen

Lebensveränderungen sind Situationen, die allgemein zum Leben gehören und von vielen Menschen auch als etwas Positives erlebt werden. *Beispiele:* Verlassen des Elternhauses, Heirat, Schwangerschaft, Kinder bekommen, Umzug, altersgemäße Pensionierung, Konfrontation mit dem eigenen Sterben; Alltagssituationen aller Art (berufliche Beförderung, Vorladung zu Behörden, Reparaturen im Haushalt u. v. a.).

Lebensveränderungskrisen setzen – entsprechend den Krisenanlässen – nicht schlagartig ein, sondern entwickeln sich innerhalb einiger Tage bis zu maximal sechs Wochen und nehmen dabei nach G. CAPLAN ebenfalls einen **typischen Verlauf** in vier Phasen; das akute Stadium beginnt jedoch erst am Ende der dritten Phase und ist in der vierten voll ausgeprägt.

1. Phase: In **Konfrontation** mit dem problematischen Ereignis bleibt das gewohnte Problemlösungsverhalten (persönliche Fähigkeiten und Strategien, übliche Hilfsmittel) wirkungslos und führt zum Aufkommen von Spannung und Unbehagen.

2. Phase: Der Betroffene erlebt, dass er die Belastung nicht bewältigt, das heißt, er **erlebt sich als Versager**; sein Selbstwertgefühl sinkt, während die Spannung steigt.

3. Phase: Der innere Druck führt zur **Mobilisierung** aller inneren und äußeren Bewältigungskapazitäten: Ungewohntes, Neues wird getan (der Betroffene wendet sich z. B. an eine Beratungsstelle), eventuell wird die Situation anders eingeschätzt. Diese Anstrengung kann zu folgenden Resultaten führen: entweder
a) zur **Bewältigung** der Krise oder
b) zum Rückzug aus der Situation, wobei die Ziele aufgegeben werden und ein **Gefühl der Resignation** erhalten bleibt. In der Deutung dieses Vermeidungsverhaltens als Lösungsstrategie liegt die **Gefahr der Chronifizierung**.
Wenn die Anstrengung zu keinem Ergebnis geführt hat, weil weder Bewältigung noch Rückzug möglich waren, entwickelt sich in der

4. **Phase das Vollbild der Krise** mit unerträglicher Spannung. Äußerlich kann der Betroffene oft noch geordnet wirken, während innerlich durch Verzerrung und Verleugnung der Wirklichkeit sowie Rückzug aus der Kommunikation Konfusion und Desorganisation, inneres Chaos entstehen („Nervenzusammenbruch"): Der Betroffene ist rat- und orientierungslos; entweder sind Verhalten und Äußerungen ungesteuerte, ziellose Aktivitäten (Schreien, Toben, Suizidhandlungen) zum Zweck der Spannungsabfuhr, oder man ist innerlich „gelähmt", was Denken, Fühlen und Handeln erfasst. Letztlich hängt man von den Interaktionen und Reaktionen der Umwelt (Bezugspersonen, zufällige oder professionelle Helfer) ab. Diese Phase sieht praktisch gleich aus wie die Reaktionsphase der traumatischen Krise mit allen charakteristischen Gefahren wie Ausbruch einer Krankheit, Substanzmissbrauch, Chronifizierung und Fixierung sowie suizidales Verhalten.
5. **Phase: Bearbeitung** des Krisenanlasses, der Veränderung und ihrer Konsequenzen und Belastungen.
6. **Phase: Neuanpassung.** Entwicklung neuer Anpassungsstrategien an die veränderte Situation.

Veränderungskrisen können in jeder Phase beendet werden, falls der Krisenanlass wegfällt oder weil Lösungsstrategien bzw. Bewältigungsvermögen entwickelt werden.

Falldarstellung

Als Beispiel diene eine 23-jährige Frau, die mich vor einer Woche in einer schweren Krise aufsuchte, sie war unmittelbar aus der Ordination eines Psychiaters geflüchtet und kam atemlos bei uns an, sehr aufgeregt, völlig durcheinander. Sie sagte: „Ich kann nicht mehr, ich weiß nicht mehr weiter." Was war geschehen, also was war der Krisenanlass? Sie ist aus Südtirol, und dort ist auch ihr Freund. Sie will hier arbeiten, hätte in nächster Zeit diesbezüglich eine Prüfung zu machen und merkt, dass sie nicht ausreichend konzentriert arbeitet. Sie lernt einen jungen Mann kennen, in den sie sich verliebt, und das löst ihre jetzige Krise aus, weil ihre bisherige Auffassung vom Leben ins Wanken gerät. Wie war ihre bisherige Auffassung? „Ich muss mehr leisten als die anderen und besser sein, nur dann besitze ich Wert". Damit unterdrückt sie alle Wünsche, auch Annehmlichkeiten, setzt sich unter enormen Druck, teilt sich den Tag streng ein und gönnt sich keine Minute Rast. Nun entdeckt sie, dass dieses Ziel „ich muss *mehr* leisten, ich muss besser sein" unerreichbar ist, denn der Druck dieses Komparativs ist durch nichts abzuschwächen. Sie erlebt, dass sie moralisch versagt hat, und fühlt sich selbst ihrem Freund gegenüber als Verräterin. Daraus lernen wir: Der Krisenanlass ist nur subjektiv zu verstehen, nicht objektiv. Denn für manche könnte diese neue Bekanntschaft mit einem jungen Mann, in den sie verliebt ist, durchaus der Beginn einer neuen und schöneren Lebensgestaltung sein. Für diese junge Frau allerdings ist es der Krisenanlass. An dieser Stelle möchte ich darauf hinweisen, dass nicht nur sogenannte Stressful Life Events, also schlimme Lebensereignisse, Krisen auslösen können, sondern selbstverständlich auch sogenannte positive Ereignisse und Erlebnisse, wie z. B. eine bestandene Reifeprüfung oder die Geburt eines sehnsüchtig erwarteten Kindes und dergleichen mehr. Weiters lernen wir aus diesem Fall, dass die Krisenanfälligkeit durch den spezifischen Lebensstil dieser Frau besonders erhöht war, und es nimmt nicht wunder, wenn sich in der Vorgeschichte typische Symptome von nervöser Magersucht, aber auch enormer Aktivität finden, wenn wir erfahren, dass die Patientin täglich Lauftraining absolviert mit dem Ziel, Marathonläuferin zu werden. Wir fragen uns, hat sie ausreichend Autonomie, steht sie fest genug auf eigenen Beinen, ist sie gewohnt, mit Schwierigkeiten umzugehen, und wie tut sie das? Wie ist ihre Stellung zur Umwelt, fühlt sie sich prinzipiell in der Gemeinschaft geborgen oder von Feinden und Konkurrenten umgeben, fühlt sie sich ihren Mitmenschen gleichwertig oder unterlegen (überlegen?). Hat sie gelernt zu kooperieren, oder hat sie es verlernt? Und schließlich: Wie reagiert die Umwelt auf die Krise? Hilft sie ihr, treibt sie sie weiter hinein, entzieht sich ihr die Umwelt?

Worin liegt nun die Chance in diesem vorher erwähnten Beispiel? Die Chance liegt darin, dass die junge Frau noch frühzeitig ihren Lebensstil revidieren kann, womit sich ihr neue Möglichkeiten der Lebensgestaltung eröffnen, denn es ist evident, dass ihr bisheriger Lebensstil auf die Dauer nicht aufrechtzuerhalten sein wird.

In beiden Formen der akuten Krise zeigen die Betroffenen im Allgemeinen hohe Motivation, Hilfe zu suchen und anzunehmen, weil die seelische Not infolge Schwächung der charaktertypischen Abwehrhaltungen sehr stark empfunden wird. In der Schwächung der Abwehr besteht auch die **Chance der Krise**, im Erleben der Bewältigung nicht nur eine Bereicherung, sondern auch eine Veränderung der Persönlichkeit zu erfahren.

2.1.3 Chronisch-protrahierte Krisen

Chronifizierte Krisen entstehen, wenn **Veränderungskrisen** durch Vermeidungsverhalten oder destruktive Bewältigungsmuster gelöst werden bzw. wenn **traumatische Krisen** in ihrem natürlichen Verlauf in der Reaktionsphase festgefahren sind, weil keine Bearbeitung stattgefunden hat, sondern schädigende Strategien eingesetzt wurden. Solche schädigende Strategien sind z. B. Alkohol- und Medikamentenmissbrauch, Rückzug aus sozialen Beziehungen und dadurch Isolierung. Manche schädliche Entwicklung wird durch Verhalten der Umwelt unterstützt, wenn z. B. Krankheit zugeschrieben wird oder unüberlegt eine Krankenhauseinweisung erfolgt, der Betroffene darin bestärkt wird, seine Gefühle nicht auszudrücken, Hilflosigkeit zu sehr gefördert wird, Abhängigkeit unbedacht und unnötig verstärkt wird.

Menschen in chronischen Krisen zeigen ein stark ausgeprägtes **Vermeidungsverhalten**: Sie scheuen Kontakte – gelegentlich mit Ausnahme von Eltern oder Kindern – und vermeiden insbesondere jedwede Anstrengung, die zu einer Veränderung führen könnte. Ihre Aktivität erschöpft sich häufig in Klagen und Anklagen. Die Stimmung ist subdepressiv mit Schwankungen in begrenztem Umfang, meist jedoch ohne aufspürbaren Anlass, immer aber begleitet von körperlichem Unbehagen, das sich in verschiedenen diffusen Beschwerden äußert, wie Kreislaufstörungen, Schwindel, Mattigkeit, Schwächegefühl u. a. Damit wird auch der hohe Medikamentenkonsum erklärt, der in der Regel nicht zur Sucht führt. Nicht selten sind die Betroffenen misstrauisch.

Chronisches Krankheitsverhalten
- mangelnde Selbsthilfemöglichkeiten, Passivität und Hilflosigkeit
- medizinische Interventionen müssen unmittelbar zur Verfügung stehen
- fehlende Veränderungsmotivation bei vordergründiger Kooperation
- Persistieren der Beschwerden durch das Verhalten der Umgebung
- Vermeidungsverhalten
- Abgabe der Verantwortung
- Konsequenzen für die Leistungsfähigkeit, sozialer Rückzug

Recht charakteristisch ist, dass chronische Krisen sich im Erstkontakt als akute Krisen präsentieren, nicht zuletzt deshalb, weil auf dem Nährboden der chronischen Krise die Vulnerabilität besonders erhöht ist. Dadurch werden viele Situationen zu „Krisenanlässen", die der Helfer in Unkenntnis der chronischen Entwicklung missdeutet. Bringt er daraufhin das aktive Akutinterventionskonzept zur Anwendung, wird er Hilflosigkeit und Abhängigkeit weiter fördern. Es liegt auf der Hand, dass sich der Helfer dadurch den weiteren therapeutischen Zugang verbaut.

Dies bedeutet, dass die **Frage nach der Dauer** der bestehenden Schwierigkeiten und des Zustandes die wichtigste Entscheidungshilfe darstellt, ob es sich um eine akute oder chronische Krise handelt. Danach wird sich auch das weitere Vorgehen richten: Bei akuten Krisen im Sinne der Krisenintervention (s. Kap. 3.3); bei chronischen Krisen wird es darauf ankommen, festzustellen, ob neben dem Wunsch nach aktueller Hilfe auch ein solcher nach einer in aller Regel nur durch Psychotherapie erreichbaren Lebensänderung besteht.

Die erste wichtige Entscheidung des Helfers ist, ob er sich auf die (zumeist über viele Jahre dauernde) Behandlung dieser chronischen Krise einlassen kann. Erst wenn er dieses geklärt hat – Therapieabbrüche sind den Menschen mit chronischen Krisen nur allzu geläufig – beginnt eine oft über ein Jahr gehende Phase der Motivation zur Veränderung und der Klärung des Therapiezieles, das etwa lauten könnte: „Was will der Betroffene verändern, und wie könnte er es erreichen?" Die Therapie konzentriert sich dann – soweit wir nur irgend möglich– unbeirrt von laufenden und fast alltäglichen, gelegentlich dramatischen Zustandsverschlechterungen auf diese Ziele und auf die Entwicklung von Strategien zur Erreichung. Die unmittelbaren **Therapieziele** sind folgendermaßen zusammenzufassen:

- Informationen, Aufklärung, Beratung
- Wiedererwerben von Vertrauen in die eigene Kompetenz und in die Funktionstüchtigkeit des eigenen Körpers
- Wiedererwerben von Vertrauen in die psychische und soziale Funktionstüchtigkeit
- Abbau von Schon- und Vermeidungsverhalten im sozialen und körperlichen Bereich
- Umgang mit Gefühlen und kritischen sozialen Situationen
- Aufgeben der Krankenrolle
- Erlernen von Entspannung
- Kritischer Umgang in der Inanspruchnahme von medizinischen Hilfen, Medikamenten und Suchtmitteln
- Rückfallprophylaxe.

Differentialdiagnostisch ist es nicht einfach, diese chronischen Krisen von bestimmten neurotischen Entwicklungen zu unterscheiden; insbesondere die von RINGEL (1969) beschriebene Neurose der Lebensgestaltung entspricht offenbar weitgehend dem Konzept der chronifizierten Krise. Therapeutisch hat dies jedoch insofern kaum Konsequenzen, als es im Allgemeinen an der Persönlichkeit des Betroffenen liegt, ob eine aufdeckende Therapie durchgeführt werden kann oder ob die oben angeführte Methodik über die konsequente Erreichung eines bestimmten Zieles zu Generalisierungseffekten führt, wodurch der Betroffene auch die anderen Lebensbereiche, die nicht unmittelbarer Gegenstand der Therapie sind, besser zu bewältigen lernt.

2.1.4 Das Burnout-Syndrom als Entwicklung zur Krise

Im Jahre 1961 veröffentlichte der 1991 verstorbene Graham GREENE die bekannte Erzählung „A burnt-out case". Dies ist die früheste mir bekannte Bezeichnung eines Syndroms, das BÄUERLE 1969 in seinen Untersuchungen zum sogenannten Praxisschock junger Lehrer folgendermaßen beschreibt: „Ein sich langsam entwickelnder Zustand, eine Reduktion psychischer Belastbarkeit schon im mittleren Berufsalter, die Entstehung von Resignation und Ressentiment als Folge menschlicher Überforderung; innerer Rückzug von allen Menschen und menschlichen Problemen."

Meine eigene Beschäftigung mit Menschen in Krisen brachte mich immer wieder mit einem Phänomen in Kontakt, das weder unter die klassischen traumatischen noch chronisch protrahierten Krisen einzuordnen war. Es handelt sich um ein **Reaktionssyndrom**, das sich oft über viele Jahre aus spezifischen Arbeitsbedingungen, Aufgaben- und Tätigkeits- sowie Persönlichkeitsmerkmalen als Sonderform einer Problemlösung entwickelt: Das Burnout-Syndrom.

KISKER findet in seinem Beitrag in dem von CIOMPI & HEIMANN (1991) herausgegebenen Buch „Psychiatrie am Scheideweg" allerdings sehr kritische Worte zur Bezeichnung „Burnout-Syndrom", das der Psychoanalytiker FREUDENBERGER

1974 eingeführt hatte und setzt es zu dem „ausgebrannten Defizienzsyndrom" chronisch Schizophrener in Bezug. Er schlägt vor, diese charakteristische Verfassung schlichtweg **Erschöpfung** zu nennen. Wir werden noch sehen, dass Erschöpfung tatsächlich eines der wesentlichsten Charakteristika des Burnout ist. Erschöpfung allerdings in dem Sinne, wie es BRÄUTIGAM bereits 1968 in seinem Buch „Reaktionen, Neurosen, Psychopathien" zur Beschreibung der Erschöpfungsreaktion verwendet hat: „Charakteristisch ist die gespannte, reizbare Erschöpfung, die nicht die wohlige Müdigkeit des Erfolgreichen ist, sondern eine morose Verstimmtheit und Leistungsunfähigkeit einschließt. Das Gefühl der Ohnmacht und Müdigkeit ist von einem Spannungszustand begleitet. Die Erschöpfung und Schwäche führt nicht zum ruhigen und erholsamen Schlaf, sondern meist besteht eine paradoxe Unfähigkeit zur Entspannung mit Schlafstörung. Die Stimmung ist gewöhnlich nicht ausgesprochen depressiv, sondern flach, fade, leer, lustlos. Alles ist zuviel, alles stellt eine Anforderung dar, von der man nichts mehr wissen möchte ..." Hier ist bereits sehr gut herausgearbeitet, was unter den wesentlichen Aspekten des Burnout-Syndroms zu finden ist: *Emotionale Erschöpfung, Depersonalisierung* (also Distanzierung von anderen Menschen und ihren Problemen) sowie Leistungsunzufriedenheit bzw. reduzierte persönliche Leistungsfähigkeit, *Leistungseinbuße*.

Tab. 1: *Aspekte des Burnout-Syndroms*

- emotionale Erschöpfung
- Depersonalisierung
- Leistungseinbuße

Abzugrenzen ist das Burnout-Syndrom nicht nur von der Erschöpfungsreaktion, sondern auch vom Chronic Fatique Syndrom (CFS), das einen Überbegriff darstellt, und von der von SCHREIBER (1977) erstmals beschriebenen Midlife-crisis, die primär dadurch entsteht, dass neue, revidierte Werte und Bedürfnismuster nicht mehr in die unveränderte Arbeits- und soziale Situation des Betroffenen passen, womit also ein klarer Fall von „Person – Environment – Misfit" vorliegt, der entweder eine Neuinterpretation oder einen Wechsel der Umwelt im Sinne eines Berufswechsels erforderlich macht. Wenn das nicht möglich ist, sehen wir, speziell bei den helfenden Berufen, die Gefahr eines Burnout. In einem solchen Fall wäre dann die Midlife-crisis als Vorläufer des Burnout-Syndroms zu bezeichnen.

Betrachten wir die einzelnen Aspekte des Burnouts genauer, so ist ein Abgrenzung von depressiven Syndromen möglich.
1. Wovon sprechen wir, wenn wir **emotionale Erschöpfung** meinen? (Tab. 2)
   - Müdigkeit schon beim Gedanken an Arbeit;
   - chronische Müdigkeit, von früh bis spät, bei Tag und Nacht, Schlafstörungen, Schlaflosigkeit, Krankheitsanfälligkeit;
   - körperliche Beschwerden, herabgesetzte Libido

Tab. 2 *Emotionale Erschöpfung*

- Müdigkeit (schon beim Gedanken an Arbeit)
- chronische Müdigkeit
- Schlaflosigkeit
- Krankheitsanfälligkeit
- diffuse körperliche Beschwerden

2. Was heißt **Depersonalisierung**, von anderen Autoren (wie MASLACH & JACKSON, 1981) auch Dehumanisation genannt? (Tab. 3)
Negative zynische Einstellung zu Kollegen, negative Gefühle zu Patienten/Klienten/Schülern/Studenten. Schuldgefühle, Rückzug von sozialen Kontakten in die eigenen vier Wände, „in das eigene Schneckenhaus", Vermeidungsverhalten (insbesondere natürlich allem Unangenehmen gegenüber), Reduzierung der Arbeit auf das Allernötigste.

Tab. 3 *Depersonalisierung*

- negative, zynische Einstellung zu Kollegen
- negative Gefühle zu Patienten, Klienten
- Schuldgefühle
- Rückzug
- Vermeidungsverhalten
- Reduzierung der Arbeit

3. **Leistungsunzufriedenheit** – und tatsächlich reduzierte Leistungsfähigkeit, Leistungseinbuße (Tab. 4) umfasst:
Erfahrung der Erfolg- und Machtlosigkeit, fehlende Anerkennung, mangelndes Feedback, Insuffizienzgefühle, chronische Überforderung und sexuelle Leistungseinbuße.

Tab. 4 *Leistungsunzufriedenheit*

- Erfahrungen der Erfolg- und Machtlosigkeit
- fehlende Anerkennung
- Insuffizienzgefühle
- Überforderung

In dieser Reihenfolge entwickelt sich auch nicht selten das Burnout-Syndrom, wobei diese drei Aspekte im Laufe der Entwicklung des Burnouts unterschiedlich gewichtet sein können. Auch ist in verschiedenen Berufssparten in charakteristischer Weise die Vermischung dieser drei Kriterien zu spezifischen Mustern typisch. Die Entwicklung beginnt also mit der von BRÄUTIGAM so trefflich beschriebenen Erschöpfung, dieser geht nicht selten eine Zeit der Überaktivität und des Überengagements voraus. „Wer ausbrennt, muss offenbar auch einmal gebrannt haben": Hyperaktivität, freiwillige unbezahlte Mehrarbeit, Gefühl der Unentbehrlichkeit, Gefühl, nie Zeit zu haben, Verleugnung eigener Bedürfnisse, Verdrängung von Misserfolg und Enttäuschungen sowie Beschränkung sozialer Kontakte auf Klienten sind mögliche Warnsymptome der Prodromalphase eines Burnouts.

Das Burnout-Syndrom findet sich jedoch keineswegs ausschließlich bei den helfenden Berufen, sondern ich konnte es z. B. (auch) bei Studenten finden. Wie bereits oben erwähnt, kann es zu diesem folgenreichen Knick in der Lebenslinie kommen, wenn z. B. ein im primär fremdbestimmten Milieu der Mittelschule gut zurechtgekommener Schüler an der Universität nicht in der Lage ist, eigene Ziele und Wertmaßstäbe zu entwickeln. Burnout-Entwicklungen beobachten wir jedoch auch bei chronisch kranken Patienten; nicht selten, wenn wir sagen, er hat sich aufgegeben, geht dieser Aufgabe eine Burnout-Entwicklung voraus. Bei Patienten mit chronisch entzündlichen Darmerkrankungen fanden wir an die 62 % Burnout-Symptome.

Zur Entstehung des Burnout-Syndroms
Der Burnout-Prozess beginnt mit exzessivem, ausgedehntem Arbeitsstress, aber auch chronischer Unterforderung (!), die zu charakteristischen Reaktionen wie Anspannung, Spannungsgefühl, Reizbarkeit und Müdigkeit führen. Entscheidend ist nun die Art der Bewältigung, die beim Burnout in charakteristischer Weise eine defensive intrapsychische Bewältigungsform darstellt. Diese defensive Bewältigungsform wird dann gewählt, wenn man sich, was die Arbeitsanforderungen betrifft, hilflos fühlt. D. h., wenn man das Gefühl hat, die Arbeitssituation nicht beeinflussen zu können, dieser jedoch auch nicht gewachsen zu sein (erlernte Hilflosigkeit nach SELIGMANN, 1979). Nicht unwesentlich für diesen psychischen Rückzug, die Distanzierung, die Vermeidung, Reduktion der Ansprüche und das Verantwortlichmachen anderer sowie Schuldgefühle, die psychodynamisch mit Regression, Außenprojektion etc. beschrieben werden, sind auch Rollenkonflikte, Rollendiffusion und -ambiguität (KAHN, 1978).

Was uns besonders interessierte, war die Persönlichkeit von Personen, die die beschriebenen Stressreaktionen in defensiver Weise zu bewältigen suchten. Dabei fanden wir in auffälliger Weise ängstliche Personen, solche mit geringem Selbstwertgefühl und interessanterweise auch die aus der Psychosomatikforschung wohl bekannte Typ A-Persönlichkeit (mit Ehrgeiz, Wetteifer, Ungeduld, Aggressivität und Zeitdruckgefühlen sowie Wachsamkeit, ROSENMAN & FRIEDMAN, 1977). Dass diese, ebenso wie rigide Menschen, mehr unter Stressreaktionen leiden, liegt auf der Hand. (Bedauerlicherweise gibt es noch keine endokrinologischen oder immunologischen Befunde. Es wäre hochinteressant zu wissen, ob z. B. bei amenorrhoischen Frauen im Burnout ähnlich wie bei Hochleistungssportlerinnen auch die endorphingesteuerte LH/FSH-Pulsatilität sistiert oder sich der Testosteron/Cortisol-Quotient zugunsten des Cortisols verschiebt).

Hohe bzw. überhöhte Ansprüche und Erwartungen an die eigene Leistungsfähigkeit spielen keine unwesentliche Rolle für die Entstehung des Burnout-Syndroms. Ich habe im Zuge einer Fragebogen-Untersuchung zur Einstellung zum Suizid 205 Mediziner, Psychologen und Sozialarbeiter sowie Studierende dieser Richtungen untersucht und dabei festgestellt, dass besonders Mediziner von sich erwarten, jeden Suizidgefährdeten verstehen zu können, jedoch meinen, mit der eigenen Suizidalität auf nur wenig Verständnis zu stoßen. Als Motiv lassen sie für sich im Allgemeinen nur Sinnlosigkeit des Lebens und schwere unheilbare Krankheit gelten. Das erste Motiv bedroht den Lebenssinn des Helfers, das zweite den medizinischen Auftrag, heilen zu müssen. Daraus ergibt sich, dass der Suizid eines Patienten für den Mediziner als besonderes persönliches Versagen, persönliche Kränkung und Bedrohung erlebt wird und ihn an die Begrenztheit seiner Hilfe führt, beides – wie wir gesehen haben – wichtige Entstehungsbedingungen des Burnout-Syndroms. Ich erinnere in diesem Zusammenhang an SCHMIDBAUERS „Hilflose Helfer" (1977).

Nicht unwesentlich in diesem Zusammenhang ist die Tätigkeit, die solche Personen ausführen: Überforderung durch Zeit- und Verantwortungsdruck, unklare Erfolgskriterien, Kontrolliertheit durch andere und geringer Handlungsspielraum charakterisieren Arbeitsfelder, die primär mit Familien zu tun haben. Diejenigen sind weniger ausgebrannt, die mit eng umgrenzten, jedoch durchaus schweren Klientenproblemen zu tun haben, als diejenigen, die sich mit komplexer strukturierten und unklar definierten **alltagsnahen** Schwierigkeiten auseinandersetzen müssen. Je alltagsnäher die Arbeit der Helfer ist und je weniger eng umgrenzt die von ihnen angetroffenen Probleme sind, desto stärker sind die Helfer von emotionaler Erschöpfung, Depersonalisierung und reduzierter Leistungsfähigkeit, also Burnout bedroht. DÖRNER (1984) hat das Denken, Planen und Entscheiden in Unbestimmtheit und Komplexität experimentell untersucht. In seinen Experimenten führten Unsicherheit und Überforderung bei gleichzeitigem Verantwortungs- und Handlungsdruck zu Gefühlen von Hilflosigkeit und Kompetenzverlust. Burnout ist also eine Folge des Handelns in solchen Situationen, trägt zu typischen Handlungsfehlern bei, beeinträchtigt die Befindlichkeit der Helfer und untergräbt ihre Wirksamkeit.

FREUDENBERGER und NORTH (1992) haben diese Entwicklung in einem Zyklus zusammengefasst (s. Abb. 2):

Vorweg: Einzelne Symptome, Verhaltensweisen, Gefühle und Gedanken aus jedem dieser Stadien sind wahrscheinlich jedem von uns bekannt: Nach einem sehr anstrengenden Tag, nach besonders arbeitsreichen Wochen das eine oder andere Verhalten auch selber anzunehmen, ist eine äußerst wichtige und gesunde Reaktion auf übermäßige Belastungen. Wichtig ist es jedoch, diese Reaktionen auch wahrzunehmen; im Folgenden werden nun kurz die 12 Burnout-Stadien beschrieben und auch gleichzeitig angeführt, welche unmittelbaren Maßnahmen zur Bewältigung des Burnouts gesetzt werden können.

Psychosoziale Krisen 45

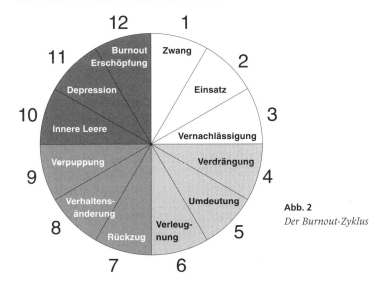

Abb. 2
Der Burnout-Zyklus

Stadium 1: **Der Zwang, sich zu beweisen**
Alles beginnt damit, dass aus dem individuellen Interesse, dem individuellen Tatendrang und Leistungswunsch durch erhöhte Erwartungen an sich selbst ein Leistungszwang wird, denn dann sinkt die Bereitschaft, die eigenen Möglichkeiten und Grenzen sowie allenfalls Rückschläge anzuerkennen.
- In diesem sehr häufig anzutreffenden Stadium kommt es darauf an, den Umschlagpunkt von Leistungsstreben zu Leistungszwang zu erkennen, das individuelle Tempo zu finden und beides aufeinander abzustimmen.

Stadium 2: **Verstärkter Einsatz**
Das Gefühl, alles selbst machen zu müssen, um sich zu beweisen, wird immer deutlicher, delegieren wird als zu umständlich und zeitaufwendig, vielleicht auch als unangebracht erlebt, weil es die eigene Unentbehrlichkeit bedrohen könnte.
- In diesem Stadium delegieren zu üben, auch wenn es schwerfällt, kann rasch die weitere Burnout-Entwicklung hintanhalten. Wenn jedoch mangelndes Delegieren der Angst vor Konkurrenz entspringt, empfiehlt es sich zweifellos, vorher abzuklären, inwieweit diese Konkurrenz tatsächlich besteht oder nur befürchtet wird.

Stadium 3: **Vernachlässigung eigener Bedürfnisse**
Der Wunsch nach Ruhe, Entspannung, angenehmen Sozialkontakten etc. tritt mehr und mehr in den Hintergrund, das Gefühl, diese Bedürfnisse gar nicht mehr zu haben, wird deutlicher. Dies bezieht sich nicht zuletzt auch auf sexuelle Bedürfnisse. In diesem Stadium kommt es nicht selten zu vermehrtem Alkohol-, Nikotin-, Kaffee- aber auch Schlafmittelgenuss, da spätestens jetzt Schlafstörun-

gen bestehen. Bis zu diesem Stadium fühlt man sich meist nicht nur wohl, sondern sogar ganz besonders wohl, weshalb eine Unterbrechung dieser Entwicklung häufig mit Unbehagen oder mangelnder Tüchtigkeit assoziiert wird.
- Wer jetzt nicht auf vernachlässigte Bedürfnisse achtet und versucht, sich selbst Gutes zu tun, wird unweigerlich im nächsten Stadium Missbefinden und Energiemangel als Ausdruck des Missverhältnisses von inneren Bedürfnissen und äußeren Anforderungen erleben. Um sich jedoch arbeitsfähig halten zu können, bedarf es im

Stadium 4: der **Verdrängung von Konflikten und Bedürfnissen,**
wobei hier insbesondere auch Fehlleistungen wie z. B. Unpünktlichkeit, Verwechslung von Terminen und Ähnliches auftreten.
- Hier wäre es wichtig, solche Fehlleistungen nicht nur auf unausweichliche Überlastung zurückzuführen, sondern auch den eigenen Anteil daran zu erkennen, die Symptome wahrzunehmen, ihren Hinweischarakter zu verstehen und dazu entsprechende Konsequenzen einzuleiten.

Stadium 5: **Umdeutung von Werten**
In diesem Stadium trübt sich die Wahrnehmung im Sinne einer Abstumpfung. Die Prioritäten verschieben sich, soziale Kontakte werden als inadäquat und belastend erlebt, wichtige Ziele im Leben entwertet und umgewertet.
Dieses Stadium ist auch für das so charakteristische Beziehungs-Burnout, das nicht nur in Partnerschaften, sondern auch in der Betreuung von Patienten eine große Rolle spielt, verantwortlich.
- Die Grundwerte zu überprüfen und frühere Freunde und Kontakte zu reaktivieren, um eine Wertekorrektur zu bekommen, ist ab diesem Stadium unerlässlich.

Stadium 6: **Verstärkte Verleugnung der aufgetretenen Probleme**
Diese ergeben sich aus den bisherigen Reaktionen, dem Verdrängen eigener Bedürfnisse und Konflikte. Die Verdrängung ist in diesem Stadium allerdings bereits lebenswichtig, wenn man weiterhin funktionieren will. Abkapseln von der Umwelt, die auch entwertet wird, Zynismus, aggressive Abwertung, Ungeduld und Intoleranz sind die Kennzeichen dieses Stadiums. Die Patienten werden als böse, dumm, fordernd, uneinsichtig, undiszipliniert erlebt, jeder Kontakt als unerträglich, jeder neu kommende Patient als Zumutung. Jetzt treten auch erstmals deutliche Leistungseinbußen und körperliche Beschwerden auf. Ratlosigkeit, mangelnde Hilfsbereitschaft, fehlendes Einfühlungsvermögen charakterisieren den Umgang mit den unvermeidlichen anderen Menschen. Wie soll ein Helfer, dem es so geht, anderen helfen?
- Ab Stadium 6 bedarf es zur Bewältigung dieser Entwicklung professioneller Hilfe, ohne diese kommt es unweigerlich zu

Stadium 7, in dem der **Rückzug** endgültig wird. Das soziale Netz, das uns stützt, beschützt und hält, wird als feindlich, fordernd und überfordernd erlebt. Orientierungs- und Hoffnungslosigkeit sowie Entfremdung prägen das Bild. Alkohol, Medikamente, Drogen, Essen, Sexualität und anderes treten als Ersatzbefriedigungen in den Vordergrund. Der Mensch fühlt sich eingeengt und wirkt automatisiert. Dies führt zu

Stadium 8, einer deutlichen **Verhaltensänderung**, bei dem der Rückzug insofern noch weiter zunimmt, als jede Aufmerksamkeit und Zuwendung der Umwelt als Angriff verstanden wird, wodurch es zu paranoiden Reaktionen kommen kann.

Stadium 9: **Verlust des Gefühls für die eigene Persönlichkeit**, dem Gefühl, nicht mehr man selbst zu sein, sondern nur mehr automatisch zu funktionieren.
- Wer erst jetzt professionelle Hilfe sucht, wird wahrscheinlich von seinen täglichen Verpflichtungen einige Zeit Abstand nehmen müssen, um anschließend Alternativen der Lebensgestaltung zu suchen.

Stadium 10: **Innere Leere**
Der Mensch fühlt sich ausgehöhlt, ausgezehrt, mutlos und leer, erlebt gelegentlich Panikattacken und phobische Zustände, fürchtet sich vor anderen Menschen und Menschenansammlungen. Excessive Ersatzbefriedigungen werden bisweilen beobachtet.

Im Stadium 11 beherrscht **Depression** die Befindlichkeit sowie Verzweiflung, Erschöpfung, Herabgestimmtheit. Innere schmerzhafte Gefühle wechseln mit Abgestorbensein, Suizidgedanken treten spätestens jetzt auf.
- In diesem Stadium bedarf es also auch suizidpräventiver Maßnahmen, die, verkürzt gesagt, primär auf dem Errichten einer Beziehung und auf dem vorurteilslosen Gespräch über Suizidgedanken, Suizidwünsche, -vorstellungen und -impulse sowie deren Hintergründe basieren. Wie schwierig allerdings beziehungsfördernde Maßnahmen in diesem Stadium sind, lässt sich aus der bisherigen Entwicklung unschwer ablesen.

Im Stadium 12, dem letzten Stadium, kommt es zur **völligen Burnout-Erschöpfung**.
Geistige, körperliche und emotionale Erschöpfung, besondere Infektanfälligkeit, Gefahr von Herz-, Kreislauf- oder Magen-Darmerkrankungen stehen im Vordergrund. Insgesamt gesehen ist dies das Vollbild der klassischen Veränderungskrise, weshalb krisenintervencionistische Maßnahmen mit raschem Beginn, hoher Aktivität des Helfers, Methodenvielfalt, Einbeziehung der Umwelt, multiprofessionaler Zusammenarbeit und Fokus auf dem aktuellen Problem im Vordergrund stehen (s. Kap. 3.3).

Beziehungs-Burnout
Das Zusammenleben mit einem Menschen mit Burnout ist schwer und belastend. Es ist daher verständlich, dass auch die Beziehung darunter erheblich leidet. Dies wird durch die Rückzugstendenzen des Menschen im Burnout noch besonders gefördert. Darüber hinaus kann aber auch die Beziehung selbst ausbrennen. Die Symptome und Stadien entsprechen jenen, die beim individuellen Burnout angeführt wurden. Wenn im Folgenden von Beziehung gesprochen wird, ist, wie bereits erwähnt, nicht nur die Beziehung zu Partnern sondern auch die Beziehung zu Patienten gemeint.

FREUDENBERGER & NORTH (1992) unterscheiden drei Arten des Beziehungs-Burnouts:
1. Ansteckendes Burnout
2. Burnout mit Sogwirkung
3. Intensitäts-Burnout

ad 1: Beim ansteckenden Burnout besteht bei dem einen Partner ein Burnout, der andere Partner fühlt sich stets zurückgewiesen und reagiert nach einiger Zeit selbst bedrückt, reizbar und wütend, bis er sich distanziert, leer und depressiv erlebt. Er hat sich beim Burnout des Partners angesteckt.

ad 2: Beim Burnout mit Sogwirkung wird die Ursache für die Reizbarkeit und Unausgeglichenheit, die eine Folge starker beruflicher und/oder häuslicher Beanspruchung oder auch unausgefüllter Leere sein kann, auf den Partner übertragen, d. h. der Partner wird als fordernd, belastend, überbelastend erlebt. Daraus resultieren dann Spannungen innerhalb der Familie, die zu einem Burnout der Beziehung selbst führen können und alle anderen Lebensbereiche, also z. B. auch die therapeutische Arbeit und den Umgang mit den Patienten gleichsam in ihren Sog ziehen. Eine besondere Dynamik ergibt sich daraus, dass von den Beteiligten krampfhaft versucht wurde, um jeden Preis die Beziehung zu retten, also ähnlich wie beim individuellen Burnout dauernd mehr zu tun, um ein bestimmtes Ziel – hier die Rettung der Beziehung – zwanghaft zu erreichen.

ad 3: Besonders interessant ist das Intensitäts-Burnout. „Die Gefühle für einen wichtigen Menschen flauen dann am häufigsten ab, wenn sich beide Partner anfangs intensivst zueinander hingezogen fühlten und sich mit größten Einsatz in die Beziehung stürzten …". „Wenn Gefühle derartig ‚hoch kochen', müssen sie notwendigerweise auch wiederum ‚abkühlen' und in den ersten kleinen Enttäuschungen liegt der Keim des Burnout … Viele kurzlebige Ehen und Affären sind das Ergebnis eines Intensitäts-Burnout" (FREUDENBERGER & NORTH, 1992, S. 266 f.)

Ähnliche Entwicklungen lassen sich auch in therapeutischen Beziehungen beobachten, wenn zu Beginn der Patient übermäßige Erwartungen an den Helfer und der Helfer übermäßige Erwartungen an den Patienten und an sich selber hat („Honeymoon" der Beziehung).

Welche Folgen des Burnout haben wir zu gewärtigen?
Es ist keinesfalls so, dass Burnout notwendigerweise auch zu völliger Arbeitsunfähigkeit führen muss, sicher aber führt Burnout in jedem Fall zu einer Veränderung der Arbeitsgestaltung.

An dieser Stelle möchte ich zeigen, dass die Zusammensetzung der drei wesentlichen Burnout-Aspekte offenbar auch berufsgruppenspezifisch ist.

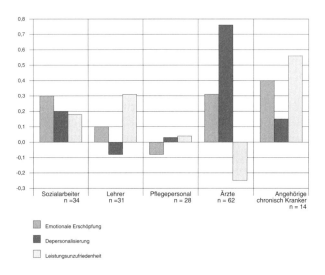

Abb. 3 *Burnout nach Berufsgruppen*

In Abbildung 3, auf der nur die Abweichungen vom Mittelwert der Gesamtgruppen, untersucht mit dem Maslach Burnout Inventory, dargestellt sind, ist deutlich, dass z. B. Lehrer offenbar früh eine Leistungseinbuße gewärtigen, Ärzte sich jedoch noch lange arbeitsfähig halten können, allerdings um den Preis hoher Depersonalisierung. Es kann jedoch auch dieses Burnout die Patienten in einer Weise anstecken, wie wir es beim ansteckenden Beziehungs-Burnout und beim Burnout mit Sogwirkung gesehen haben. Angehörige von chronisch Kranken zeigen ein ähnliches Profil wie Sozialarbeiter, diese sind auch ähnlich in familiäre Probleme eingebettet und verstrickt.

Liegen alle drei Burnout-Aspekte gleichermaßen hoch, so kann es zu einem Stadium der Verzweiflung kommen, das bereits 1976 gemeinsam mit GRÜNBERGER & RINGEL in einem anderen Zusammenhang als Vitale Instabilität testpsychologisch herausgearbeitet wurde. Dieses Stadium ist geprägt durch negative Einstellung zum Leben, Hoffnungslosigkeit, Gefühl der Sinnlosigkeit, existentielle Verzweiflung und Suizidtendenzen. Nach meinen Beobachtungen kann aber Burnout in seiner langen Entwicklung auch lange vor Suizidalität schützen, so wie Burnout als vorläufige Überlebensstrategie z. B. bei onkologischen Patienten unter Chemotherapie oder bei Patienten mit chronischen Erkrankungen eine wichtige Copingform sein kann.

Wichtigste Strategien zur Prävention und Bewältigung sind einerseits personenbezogene Strategien sowie organisations- und institutionsbezogene. Eine wichtige Maßnahme zur Burnout-Prävention ist es, wie aus dem oben Gesagten hervorgeht,
1. Zeitdruck abzubauen,
2. Verantwortung (z. B. im Team) zu teilen und insbesondere die Arbeit so zu organisieren, dass
3. realistische, nicht aber überzogene oder unklare Ziele festgelegt werden, die eine Effizienzkontrolle und Feedback überhaupt erst ermöglichen.

Ausgangspunkt jeder Prävention und Intervention ist daher die gründliche Analyse der Situation: Welche Umweltbedingungen sind die ausschlaggebenden? Welche Bedürfnisse und Ziele des Individuums werden frustriert? Welche Fähigkeiten sind zu wenig entwickelt, welche normativen Vorstellungen allenfalls unrealistisch, welche Glaubenssätze (z. B. wie männlich muss ich als Frau sein) und Denkmuster dysfunktional, welche Informationen fehlen und wo lässt sich mit dem besten Aufwand/Nutzen-Verhältnis etwas zum Besseren wenden und ein Stück Autonomie wiedergewinnen. Frühzeitige, womöglich routinemäßig angebotene **Supervision** bzw. Betreuung und Unterstützung der Angehörigen chronisch (schwer) Kranker, sowie Fort- und Weiterbildung bzw. Information sind Maßnahmen, die zur Burnout-Prävention und -Bewältigung viel beitragen können und überdies auch die Bestrebungen um verbesserte Arbeitsbedingungen unmittelbar günstig beeinflussen.

Letztendlich sollten auch wir selbst erkennen, wenn aus dem engagierten Mitarbeiter ein überengagierter wird, und wir sollten daran denken, dass das möglicherweise ein Prodrom des Burnout sein kann; wenn darauf ein auffallend anhaltender Rückzug von der Arbeit folgt, liegt zumeist die Entwicklung der defensiven Bewältigung vor.

2.1.5 Posttraumatische Belastungsstörungen

Vorbemerkung

Wenn auch akute Traumatisierungen eine klare Indikation für eine Krisenintervention darstellen, gibt es dennoch gute Gründe, traumatische Ereignisse und deren Folgen nicht unter dem Krisenbegriff zu subsumieren (STEIN, 2009). Definitionsgemäß (siehe weiter unten) handelt es sich bei den auslösenden traumatischen Ereignissen um Belastungen, die anders als bei psychosozialen Krisen außerhalb der üblichen Erfahrung des Menschen liegen und eine Bedrohung für das Leben oder die körperliche Unversehrtheit des Betroffenen darstellen. Da die meisten Menschen zunächst nicht in adäquater Weise auf solche Gefahren reagieren können, sind sie Erfahrungen von extremer Angst, Kontrollverlust, Ohnmacht und Hilflosigkeit ausgesetzt. Dadurch fehlt in der Regel zunächst auch der Chancencharakter der Krise. Darüber hinaus ist das Stress verarbeitende System des Gehirns in anderer und massiverer Form beeinträchtigt als bei Verlustkrisen oder Lebensveränderungskrisen. Bei der Krisenintervention akuter Traumatisierungen sind dementsprechend spezifische Grundregeln zu beachten, welche von denen, die bei psychosozialen Krisen Anwendung finden, abweichen.

Historischer Hintergrund
Seit dem 19. Jahrhundert wird über die Folgen von Traumatisierungen auf die menschliche Psyche diskutiert. Sigmund FREUD (1896) und Pierre JANET (1889) haben etwa zur gleichen Zeit die Hypothese entwickelt, dass die Hysterie eine Folge von sexuellem Missbrauch in der Kindheit sei. FREUD nahm von dieser Theorie später teilweise Abstand (1905). JANET hingegen vertrat weiterhin die Auffassung, hysterische Symptome seien dissoziierte Erinnerungen an sexuellen Missbrauch. Seine Erkenntnisse wurden von der wissenschaftlichen Öffentlichkeit aber lange Zeit ignoriert. Gegen Ende des 19. Jahrhunderts wurde auch über die Folgen schwerer Eisenbahnunfälle diskutiert, da sich bei manchen Verunglückten eine heftige psychische Symptomatik entwickelt hatte. Erstmals wurde von einer traumatischen Neurose gesprochen. Im Mittelpunkt standen damals wie heute zwei zentrale Fragen: Handelt es sich bei Traumafolgestörungen überhaupt um eine Krankheit und wenn ja, sind es organische oder psychische Störungen?

Das massenhafte Auftreten von Kriegszittern bei Soldaten, Folge des mörderischen Schützengrabenkrieges im Ersten Weltkrieg, wurde z. B. immer wieder als vorgetäuscht denunziert. Zu Beginn des Zweiten Weltkrieges versuchte der amerikanische Psychiater Abram Kardiner, angeregt durch seine Arbeit mit traumatisierten Veteranen aus dem Ersten Weltkrieg, die Symptomatik seiner Patienten auf eine sowohl organische als auch psychologische Grundlage zu stellen, und prägte den Begriff der „Physioneurose" (KARDINER, 1941).

Nach 1945 wurden die schrecklichen Folgen des Holocaust zum Anlass genommen, sich neuerlich mit den Folgen von Extrembelastungen zu beschäftigen. Das Konzept von der unbegrenzten Belastungsfähigkeit des Menschen wurde in diesem Zusammenhang durch eine umfassende gutachterliche und wissenschaftliche Arbeit widerlegt.
Bahnbrechend für die Konzeptualisierung der Posttraumatischen Belastungsstörung war die Beschäftigung mit den Folgen des Vietnamkrieges in den USA. Tausende von anscheinend gesunden amerikanischen Soldaten waren mit massiven psychischen Symptomen aus dem Krieg zurückgekehrt. In den 1980er-Jahren führte die Enttabuisierung der innergesellschaftlichen Gewalt an Frauen durch die Feminismusbewegung zu einer weiteren intensiven Beschäftigung mit Traumafolgen, die bis heute anhält.
Mittlerweile besteht ein Konsens darüber, dass die Genese der Posttraumatischen Belastungsstörung (PTBS) organisch wie psychisch ist und von physiologischen wie psychologischen Prozessen bestimmt wird. Im letzten Jahrzehnt wurde die traumatische Reaktion als ein spezifisches Syndrom anerkannt und ver-

schiedene Krankheitsbilder werden heute zumindest zum Teil als Folge von Traumatisierungen anerkannt.

Definition
Bei Traumatisierungen handelt es sich um psychische und physische Belastungen, die außerhalb der üblichen Erfahrung liegen. Diese haben oft besonders tiefgreifende Folgen, da sie in beinahe jedem Fall die normalen Anpassungsstrategien des Menschen überfordern. Im Allgemeinen bedeuten solch überwältigende traumatische Ereignisse eine Bedrohung für das Leben oder die körperliche Unversehrtheit des Betroffenen. Das können Naturkatastrophen, schwere Unfälle oder Gewalterlebnisse wie z. B. Folter oder Vergewaltigung sein. Die Folgen seelischer und körperlicher Verletzungen, die absichtlich durch andere – eventuell sogar durch Vertrauenspersonen – zugefügt werden, sind besonders schwerwiegend. Üblicherweise löst ein massiver Stressor auf neuronalem und hormonellem Weg die Fähigkeit zur Stressbewältigung durch Flucht oder Kampf aus. Kann der betroffene Mensch nicht in adäquater Weise auf die Gefahr reagieren, ist er Erfahrungen von extremer Angst, Kontrollverlust, Ohnmacht und Hilflosigkeit ausgesetzt. Die meisten Menschen sind kaum in der Lage, solche Situationen extremer Hilflosigkeit adäquat zu verarbeiten.

Ist die Folge dieser Belastung eine vorübergehende Störung, die innerhalb von Stunden oder Tagen abklingt, spricht man von einer akuten Belastungsreaktion (ICD 10: F43.0). Hält die Störung über 4 Wochen an, hat sich definitionsgemäß eine posttraumatische Belastungsstörung (F43.1) entwickelt. Dieser Zeitraum scheint aus klinischer Sicht sehr kurz. Symptome, die bis zu 8 Wochen andauern und erst dann abklingen, sind keine Seltenheit und können noch als im Rahmen der Norm betrachtet werden (Stein, 2009). Bei Chronifizierung entsteht eine andauernde Persönlichkeitsveränderung durch Extrembelastung (F 62.0). Diese Kategorie wird allerdings der Komplexität von Entwicklungsbeeinträchtigungen durch frühe Traumata in der Kindheit ebenso wenig gerecht wie den Folgen fortgesetzter langandauernder Traumatisierungen wie Folter oder Gewalt in familiären Beziehungen. Herman schlägt daher die Bezeichnung komplexe posttraumatische Störung vor (Herman, 1993, S. 165 f.).

Zieht man die Einwirkungsdauer des traumatischen Ereignisses zur Definition heran, kann man zwischen sogenannten Typ-1-Traumen als Folge plötzlicher kurzdauernder traumatischer Ereignisse (Naturkatastrophen – Unfälle – kriminelle Gewalttaten) und Typ-2-Traumen als länger dauernde, wiederholte Traumen (Geiselhaft – Folter – KZ-Haft – wiederholte sexuelle und/oder körperliche Gewalt) unterscheiden. Krisenintervention ist primär bei Typ-1-Traumen indiziert.

Allerdings entwickeln nicht alle Menschen nach traumatischen Ereignissen Symptome. Vielmehr sind neben der Art, Dauer und Schwere der Auslösesituation auch Persönlichkeitsfaktoren, die Vulnerabilität der betroffenen Person, z. B. durch frühere Traumatisierungen, die vorhandenen Copingstrategien und Ressourcen sowie die Reaktion der Umwelt konstituierend für das Entstehen und die Schwere der Störung (Tab. 5).

Tab. 5 *Faktoren, die Entstehung und Verlauf der Posttraumatischen Belastungsstörung beeinflussen*

- Intensität und Dauer der traumatischen Erfahrung
- Persönlichkeitsfaktoren
- Vulnerabilität
- Copingstrategien und Ressourcen
- Reaktion der Umwelt

Symptome

Die zahlreichen, teils sehr unterschiedlichen Symptome stellen zunächst eine normale Reaktion auf eine extreme Situation dar. Sie können als Anpassungsversuche zur Bewältigung des Traumas verstanden werden. Grundsätzlich kann man drei charakteristische Symptomgruppen unterscheiden (Tab. 6):

Tab. 6 *Symptome der Posttraumatischen Belastungsstörung*

- Übererregung
- Intrusion
- Konstriktion

1. Symptome von Übererregung

Durch die massive Reaktion des stressverarbeitenden Systems bleibt der Betroffene auch nach dem Ereignis in ständiger Erwartung einer Gefahr. Für ihn ist die Bedrohung nicht vorüber. Es besteht ein Zustand von seelisch-körperlicher Alarmierung, verbunden mit Schlafstörungen, Reizbarkeit, Konzentrationsstörungen und übertriebenen Schreckreaktionen. Unkontrollierte Aggressionsdurchbrüche können als Ausdruck des Versuches, sich gegen eine subjektiv empfundene Gefahr zu wehren, verstanden werden.

2. Intrusive Symptome

Diese stellen gleichsam eine unauslöschliche Prägung durch das Trauma dar. Es fehlen zusammenhängende verbale Erzählungen. Stattdessen sind die traumatischen Erinnerungen in Form von Körpersensationen, intensiven Gefühlen und deutlichen Bildern gespeichert, die scheinbar in keinem Zusammenhang zueinander stehen. Dadurch kommt es zu sogenannten Flashbacks, d. h. der Traumatisierte wird durch auslösende Reize, die oft nur in minimalen Details an das Trauma erinnern, von Erinnerungen an das Ereignis überflutet. Das Trauma wird ständig innerlich wiederbelebt. Oft werden die Betroffenen von den quälenden Erinnerungen auch in Form von Albträumen verfolgt.

3. Konstriktive Symptome
Symptome wie psychische Erstarrung, Stumpfheit und Anhedonie sind die Reaktion auf das Ereignis, das als furchtbare Niederlage empfunden wird. Das anhaltende Vermeiden von Gedanken, Gefühlen und Reizen, die auch nur entfernt an das Trauma erinnern, bis hin zur Vermeidung jeglichen Kontaktes und/oder jeder Aktivität dient dazu, den quälenden intrusiven Symptomen zu entgehen.

Depressive Verstimmungen sind häufig. Um Gefühle von Isolation, Entfremdung, Lähmung, ebenso wie Schuld- und Schamgefühle nicht wahrnehmen zu müssen, kann es zu Alkohol- und Drogenmissbrauch, selbstverletzendem Verhalten und zu Suizidgedanken oder -handlungen kommen.

In Beziehungen dominiert die Angst vor Kontrollverlust und damit verbunden die Unfähigkeit, sich vertrauensvoll an jemanden wenden zu können. Dies führt häufig zur Vermeidung jeglicher Nähe. Andererseits haben traumatisierte Menschen auch oft Schwierigkeiten Grenzen zu setzen und geraten daher unter Umständen in Situationen, in denen sie neuerlich zu Opfern werden.

Phasen der traumatischen Verarbeitung

1. Schockphase
Ähnlich wie bei den Verlustkrisen beginnt der unmittelbare Verarbeitungsprozess mit einer Schockphase, deren Dauer im Regelfall zwischen einigen Stunden, wenigen Tagen und maximal einer Woche schwankt. Betroffene befinden sich in einem Zustand der Betäubung bei gleichzeitiger innerer Alarmierung und Verwirrtheit. Nach außen hin erwecken sie den Eindruck von Erstarrung, manchmal sogar von unangemessener Gefasstheit. Andere befinden sich in einem Zustand der Übererregung mit überschießenden Reaktionen wie scheinbar übertriebenen Schreckreaktionen und Wutausbrüchen. Besonders bedrohlich sind dissoziative Zustände, wie Depersonalisations- und Derealisationserscheinungen.

2. Einwirkphase
Diese dauert in der Regel zwei bis drei Wochen, längere Verläufe sind aber durchaus im Rahmen der Norm. Die Betroffenen sind weiterhin intensiv mit dem Versuch der Verarbeitung des Ereignisses befasst. Die gesamte posttraumatische Symptomatik kann sich jetzt, wie oben beschrieben, in unterschiedlicher Ausprägung zeigen. Flashbacks und Albträume sind häufig, bei anderen Betroffenen dominieren Gefühle von Hoffnungslosigkeit, Ohnmacht und Depression. Schuldgefühle und Selbstvorwürfe können ebenso Thema sein wie heftige Wut gegen tatsächliche oder vermeintliche Verursacher.

3. Erholungsphase
Nach etwa 3 bis 4 Wochen, manchmal aber auch später, beginnen sich Betroffene von den Folgen des Traumas zu erholen. Die Dauererregung klingt ab, und es kann an das traumatische Geschehen gedacht werden, ohne dass die vollstän-

dige Intensität des Schreckens wieder zurückkehrt. Damit einher geht eine Rückkehr ins Alltagsleben. Zukunftsperspektiven tauchen auf. Gelingen hingegen die notwendigen Anpassungsschritte nicht und halten die Symptome weiterhin an, entwickelt sich das Vollbild einer PTBS.

Psychodynamik
Die hier angestellten Überlegungen zur Psychodynamik beschränken sich auf Hinweise, die Relevanz für die Krisenintervention von Menschen nach Traumatisierungen haben.

Viele der Symptome, die als Folge von Traumatisierungen auftreten, können als Copingstrategien zur Bewältigung des Traumas verstanden werden.

So sind dissoziative Mechanismen Wahrnehmungsveränderungen, die Situationen, in denen Menschen vollkommen hilflos ausgeliefert sind, erträglich machen können. Durch Depersonalisation kann der eigene Körper, durch Derealisation die äußere Realität verlassen werden. Dadurch werden allerdings Körpersensationen und Gefühle gespeichert, für die es keine Worte und Bilder gibt, die also ihren Sinnzusammenhang verloren haben. Gleichzeitig überlagern die von den Gefühlen abgespaltenen Bilder immer wieder die aktuelle Realität.

Für viele traumatisierte Menschen sind Schuld- und Schamgefühle zentrale Themen. Schuldgefühle gipfeln in Selbstvorwürfen und Selbstanklagen. Sie können als Abwehr des Gefühls, einer unerträglichen Situation hilflos ausgeliefert gewesen zu sein, verstanden werden. Zumindest durch das falsche Verhalten hatte die betroffene Person einen gewissen Einfluss auf die Situation. Daher sollte nicht versucht werden, Schuldgefühle frühzeitig „auszureden". Sinnvoll ist es aber, sie in einen realistischeren Kontext zu stellen.

Die Wahrnehmung eigener Hilflosigkeit und Ohnmacht, das Gefühl sich jemandem unterworfen zu haben, ist sehr beschämend. Verstärkt wird dieses Gefühl, wenn eine nahe Beziehung zum Täter bestand. Es kommt vor, dass Scham die Person daran hindert, offen über das Geschehene zu sprechen. In diesem Zusammenhang ist auch der Mechanismus der Identifikation mit dem Aggressor zu beachten. Dieser kann dazu führen, dass das Opfer sich selbst so schlecht behandelt wie der Täter, sich z. B. demütigt, entwertet oder selbst verletzt.

Das Trauma als „Physioneurose"
Im Englischen spricht man auch von Postraumatic Stressdisorder, d.h. einer Störung der Stressverarbeitung. Üblicherweise werden in Stresssituationen Stresshormone für den Kampf oder die Flucht ausgeschüttet. Nach Beendigung der Situation normalisiert sich die Aktivität jener Hirnregionen, die an der Stressregulation beteiligt sind. Die Hormonausschüttung geht wieder zurück.

Durch die Massivität des traumatischen Stresses mit überflutender Angst, Ausgeliefertsein und Ohnmacht werden diese hirnphysiologischen Regelkreise verändert, und es kommt zur Blockierung der Informationsverarbeitung und Informationsspeicherung. Die Weiterverarbeitung ist wie eingefroren. Das traumatische Ereignis kann zunächst nicht als zukünftig nutzbare Lernerfahrung in die

Persönlichkeit integriert werden. Die mit dem Trauma in Verbindung stehenden Sinneseindrücke können nicht als komplettes Ganzes aufgenommen und gespeichert werden. Sie zerfallen wie die Splitter eines zerbrochenen Spiegels in viele Einzelteile und können daher nicht mehr als sinnvolles Ganzes wahrgenommen und zugeordnet werden. Die Reizschwelle gegenüber potenziell bedrohlichen Außenreizen ist deutlich reduziert. Die Fragmente beginnen ein Eigenleben und können auf allen Sinneskanälen als Intrusionen wiederkehren. Im Flashback mit Hyperarousal werden zusätzlich einzelne Hirnfunktionen unterdrückt, z. B. ist das Broca'sche Sprachzentrum nicht mehr arbeitsfähig. Es fehlen also die Worte für das Erlebte.

Diese Menschen leben gleichsam in einem permanenten Horrorfilm. Bestimmte Signale lösen wieder Stressreaktionen aus und ständig werden Stresshormone ausgeschüttet. Ein Teufelskreis beginnt: Die Reizschwelle wird immer niedriger, es kommt zu einer ständigen Überflutung mit traumatischen Erinnerungen, und der Körper befindet sich in einer permanenten Anspannung. In der Folge versucht der Betroffene alles zu vermeiden, was ihn an das Trauma erinnern könnte. Dieser Teufelskreis muss unterbrochen werden. Die Ausschüttung der Stresshormone muss soweit reduziert werden, dass die Informationsverarbeitung wieder in Gang kommt und das Erlebnis integriert werden kann. Dann bildet sich auch die Symptomatik zurück. Im Mittelpunkt jeder Intervention muss daher die Wiederherstellung äußerer wie innerer Sicherheit stehen.

Grundsätze bei der Behandlung, Betreuung und Intervention

Die Akutintervention unmittelbar nach dem Trauma ist von der folgenden Krisenintervention und einer mittel- bis längerfristigen therapeutischen Begleitung zu unterscheiden. Entsprechend dem im vorigen Abschnitt über die Neurobiologie des Traumas Gesagten, ist das Ziel jeder Intervention zu Beginn die möglichst rasche Wiederherstellung von Sicherheit und Stabilität. Das heißt im Mittelpunkt steht die Stärkung protektiver Faktoren und die Aktivierung aller vorhandenen Ressourcen

Akutintervention

Unter Akutintervention ist die sofortige, lückenlose Hilfe unmittelbar nach dem Ereignis meist direkt am Ort des Geschehens zu verstehen. Der Betroffene sollte so rasch wie möglich in eine geschützte Umgebung gebracht werden. Es sollte ständig jemand beim Opfer bleiben. Die vertrauteste Person des Umfeldes ist zu verständigen. Bis zu deren Eintreffen sollte die Betreuung durch jene Person erfolgen, deren Hilfe am ehesten akzeptiert wird. Die Haltung der Helfer ist von unmittelbarer Anteilnahme geprägt, damit das Opfer Gelegenheit hat, das ganze Ausmaß des Schmerzes zu vermitteln. Ein strukturiertes Vorgehen vermittelt Sicherheit. Gleichzeitig sind Autonomie und Grenzen der betroffenen Person zu wahren. Alle Interventionen sind daher zu besprechen oder zumindest zu erklären.

Die Traumareaktion sollte als nachvollziehbare seelische Erschütterung und als Zeichen einer allgemein bekannten und nicht kranken Reaktion und als Versuch der Verarbeitung verstanden werden, und dies wird dem Betroffenen auch vermittelt. Kognitive Aufklärung über die traumatischen Symptome und Verläufe der posttraumatischen Reaktion fördert die Orientierung. Dies wirkt Schuld- und Schamgefühlen entgegen und hilft, Wut auszudrücken. Selbstbeschuldigungen sollen taktvoll unterbrochen werden. Ruhige, respektvolle Grenzsetzung ohne Vorwurf ist notwendig, wenn es zu selbstschädigendem Verhalten kommt. Die Helfer werden oft zum Blitzableiter für heftige Wut. Man sollte sich im Klaren darüber sein, dass die Wut nicht dem Helfer persönlich gilt, und sie daher akzeptieren. Sachhilfe ist zu organisieren. Oft müssen die Helfer auch für die Grundbedürfnisse sorgen. Selbstschutzbemühungen sollen unterstützt werden, wobei jede selbstständige Aktivität, die Kraft und Mut gibt, von Bedeutung ist. Kriminaltechnische Befragungen sind durch möglichst geschulte Personen nur unter Hinzuziehung einer Vertrauensperson durchzuführen. Aufgabe der Ersthelfer ist auch die Organisation einer geeigneten Nachbetreuung bei Kriseninterventionsstellen oder traumatherapeutisch geschulten Kollegen. Im Sinne eines Screenings sind jene Menschen zu identifizieren, die möglicherweise Schwierigkeiten haben könnten, alleine mit dem Erlebten fertig zu werden und daher gefährdeter sind, Langzeitfolgen zu entwickeln.

Krisenintervention

In der weiteren Nachbetreuung traumatisierter Personen ist eine ähnliche Vorgangsweise wie auch sonst in der Krisenintervention üblich. Einige Grundprinzipien sind allerdings auf die spezifische Situation der Betroffenen abzustimmen (Tab. 7). Im Mittelpunkt stehen stabilisierende und stützende Maßnahmen.

Tab. 7 *Prinzipien der Betreuung*

- Benennung des Unrechts, Parteilichkeit
- Vermeiden von zusätzlichem Stress durch die professionelle Begleitung
- Transparenz und Offenheit
- Kognitive Aufklärung über Ursprung und Bedeutung der Symptome
- Wahrung von Autonomie und Entscheidungsfreiheit
- Strukturiertes Vorgehen
- Nonverbale Techniken
- Ressourcen nützen
- Angehörige einbeziehen

Praktisch alle traumazentrierten Behandlungsstrategien unterscheiden 3 Phasen in der Bewältigung einer Posttraumatischen Belastungsstörung (Tab. 8).

Tab. 8 *Phasen der therapeutischen Begleitung*

- Stützung und Sicherheit
- Erinnern, Traumaexposition und Trauer
- Neuorientierung und Wiederanknüpfung

1. Phase: Stützung und Sicherheit

Das Herstellen äußerer und innerer Sicherheit ist vorrangig. Dabei ist eine vertrauensvolle, tragfähige Beziehung zum Therapeuten unerlässlich. Mehr als in anderen Kriseninterventionen gilt es daher, Sicherheit in der Beziehung aktiv zu vermitteln und beständig aufrecht zu erhalten. Eines der zentralen Prinzipien bei der Betreuung traumatisierter Menschen ist das Verlassen einer abstinenten Haltung im Sinne von Parteilosigkeit. Das Unrecht muss von den Betreuern als solches klar benannt werden. Alle geplanten Interventionen sollen deutlich und verständlich gemacht werden. Es sollen keine Entscheidungen über den Kopf der Betroffenen hinweg getroffen werden. Autonomie und Entscheidungsfreiheit sind in jeder Phase des Prozesses zu respektieren. Der Interventionsstil hat ein Gleichgewicht zwischen Führung, Strukturiertheit und Einfühlung zu halten. Meist ist allerdings vonseiten der Betreuer mehr Aktivität als sonst üblich notwendig.

Die Gegenwart steht im Mittelpunkt der Intervention. Grundsätzlich gilt auch bei der Krisenintervention nach Traumatisierung, dass Betroffene die Möglichkeit haben sollen, in einer vertrauensvollen Beziehung möglichst viel über das Ereignis und alle damit verbundenen Implikationen sprechen zu können. Wenn ein Betroffener momentan nicht über das Erlebte reden will, darf er nicht dazu gedrängt werden. Prinzipiell werden die Klienten jedoch ermutigt, ihre Gefühle zu äußern. Scham- und Schuldgefühle sind in ihrer psychodynamischen Bedeutung zu verstehen. Das Erleben eigener Autonomie und Entscheidungsfähigkeit und von Kontrolle über das eigene Leben ist ein entscheidender Schritt der Genesung. Zur Stabilisierung zählt auch die gründliche Information und Aufklärung über die Art und den Sinn der Symptome. Das Vorgehen ist Ich-stützend und lösungsorientiert. Die Ressourcen der traumatisierten Person werden aktiv unterstützt. Gezielte Stressbewältigung wird angeregt, ebenso ist körperliche Aktivität oft sinnvoll. Der Einsatz von nonverbalen und präverbalen Techniken wie Imaginationen, Entspannungs- und Atemübungen oder die Arbeit mit kreativen Medien ist hilfreich, da die Erfahrung des Opfers oft jenseits sprachlicher Formulierbarkeit ist. Eine Überflutung der Betroffenen mit traumatischem Material sollte aktiv verhindert werden, z. B. durch antidissoziative Techniken wie Grounding (Erden, Fest-am-Boden-Stehen). Ansonsten kann eine solche Überflutung retraumatisierend wirken. Angehörige werden – soweit hilfreich – in die Betreuung mit einbezogen.

Oft reicht bei Typ-1-Traumen, also wenn es sich um einmalige Ereignisse handelt, die stabilisierende Arbeit aus, um die Verarbeitung des Traumas zu ermöglichen und eine zufriedenstellende Rückkehr ins Alltagsleben zu ermöglichen. Die dritte Phase des Trauerns und der Neuorientierung (siehe weiter unten) ist dann direkt anzuschließen. Danach kann die Krisenintervention beendet werden. Allerdings ist die Vereinbarung eines Nachsorgetermins sinnvoll, um sicherzugehen, dass es nicht zu einem Wiederauftreten der Symptome kommt.

Traumatherapie

Klingen die Symptome in einem Zeitraum von 6–8 Wochen nicht ab, sind weitere traumatherapeutische Interventionen notwendig. Meist werden solche den Rahmen einer Krisenintervention sprengen und eine Weitervermittlung an traumatherapeutisch geschulte Kollegen ist zu planen.

2. Phase: Erinnern und Rekonstruktion

Erst wenn ausreichende Ich-Stabilität erreicht ist, frühestens aber acht Wochen nach dem Ereignis, kann mit dem genauen Erinnern und der Rekonstruktion des Traumas begonnen werden. Diesbezüglich stehen heute hocheffektive Methoden, wie EMDR, verhaltenstherapeutische Konfrontationsmethoden, Bildschirmtechnik oder innerer Beobachter zur Verfügung (REDDEMANN & SACHSSE, 1997, 1998; LAMPRECHT, 2000; REDDEMANN, 2001; SACHSSE, 2004). Ziel ist, die fragmentierten Erinnerungen mit den Gefühlen und den Körpersensationen zu einer einheitlichen Erfahrung zusammenzuführen und sie somit als Teil der eigenen Geschichte erleben zu können. Aus Intrusionen und Flashbacks soll erzählbare Erinnerung werden. Anschließend folgt eine Phase des Trauerns über verlorenes Vertrauen und verlorene Ideale.

3. Phase: Neuorientierung

Es erfolgt eine Neubewertung der eigenen Lebensvorstellungen, der eigenen Identität und Lebensziele. Neues wird ausprobiert, neue Beziehungen werden geknüpft. Im besten Fall kann an das Leben vor dem Trauma wieder angeknüpft werden. Es ist dies ein Schritt vom „Opfer" zum „Überlebenden".

Im eigentlichen Sinn ist die Heilung eines posttraumatischen Leidens nicht möglich. Es bleibt immer eine „Narbe der Gewalt" (HERMAN, 1993) zurück. Allerdings kann der Überlebende der traumatischen Erfahrung einen Sinn in seinem Leben zuweisen. Es ist möglich, dass durch die Bewältigung neue Ressourcen und mehr Kompetenz, das Leben zu bewältigen, entwickelt wurden.

Falldarstellung

> Eine 35-jährige Frau wird vom Konsiliarpsychiater der chirurgischen Abteilung eines Krankenhauses an das Kriseninterventionszentrum überwiesen. Sie war aufgrund schwerer körperlicher Verletzungen in der Folge einer Misshandlung durch ihren Freund mehrere Wochen stationär aufgenommen gewesen.
> Frau T. wirkt im Erstgespräch sehr ängstlich und schreckhaft. Beim Klingeln des Telefons zuckt sie jedes Mal heftig zusammen. Affektiv wirkt sie allerdings distanziert und unbeteiligt.

An die Situation der Gewalttat kann sich die Klientin nur teilweise erinnern. Sie weiß nur, dass eine lächerliche Kleinigkeit ihren Freund zur Raserei brachte. Nach heftigen Schlägen ist er mit einem Hammer auf sie losgegangen und sie konnte sich nur durch Einrollen in einen Teppich schützen. Die Nachbarin hat ihr vermutlich das Leben gerettet, indem sie Frau T. aus der Wohnung zog. Erst die Polizei konnte den schwer alkoholisierten Mann beruhigen. Derzeit ist der Täter in U-Haft. Schon früher ist es wiederholt zu Misshandlungen gekommen, zuletzt eine Woche vor der Tat. Die Klientin meint allerdings, wenn der Mann nicht alkoholisiert ist, sei er ein sehr liebevoller Partner.

Symptome der Klientin sind Albträume, oft liegt sie deswegen stundenlang wach. Auch untertags wird sie plötzlich von bedrohlichen Erinnerungen an die Gewaltszene überflutet, sie sieht den Mann mit dem Hammer über sich und hat dann Todesängste. Sonst fühlt sie sich erschöpft, freudlos und niedergeschlagen, sie isst kaum etwas und hat fünf Kilogramm abgenommen. Sie kann sich nicht in ihrer Wohnung aufhalten, wohnt derzeit bei ihren Eltern, die aber wenig Verständnis für die Situation zeigen. Auch sonst gibt es wenig Bezugspersonen, die sie unterstützen. Sie meint, ihr Leben habe keinen Sinn mehr. Am Ende des Erstgespräches allerdings wirkt Frau T. erleichtert und etwas entspannter. Sie meint, es habe gut getan, dass jemand zuhöre und Verständnis für ihre Situation hätte. Eine Krisenintervention im Umfang von 10 Gesprächen wird vereinbart.

Beim nächsten Mal berichtet die Klientin, dass sie sich ständig Gedanken darüber macht, welche Folgen die Tat für ihren ehemaligen Freund haben könnte. Zunächst hatte sie die Aussage vor dem Untersuchungsrichter verweigert, um ihren ehemaligen Partner zu schützen. Sie hätte einen Brief von ihm erhalten, indem er sie um Unterstützung bat. Ärgerlich meint sie, es gäbe nicht einmal die Andeutung einer Entschuldigung von seiner Seite. Im Laufe des Gesprächs meint sie, es sei vielleicht besser für sie doch auszusagen und schließt jetzt eine Fortsetzung der Beziehung aus.

Im Laufe der nächsten Zeit nehmen die Schlafstörungen zu und die körperlichen Schmerzen sind sehr unangenehm. Das Blut am Teppich, eine Delle im Fußboden ihrer Wohnung und andere kleine Details lösen Flashbacks und neue Albträume aus. Ihr Selbstwertgefühl ist sehr beeinträchtigt. Im Gegensatz zu früher fühlt sie sich hässlich und unattraktiv, aus dem Leben gerissen und verloren. Immerhin ist jetzt mit Hilfe der Therapie eine bessere Abgrenzung gegen den Täter möglich, manchmal entwickelt sie sogar Wutgefühle gegen ihn. Es wird die Einnahme eines Antidepressivums vereinbart. Die Schlafstörungen bessern sich, sie fühlt sich weniger hoffnungslos und hat auch wieder mehr Lust zu Kontakten. Mittels imaginativer Techniken ist die Etablierung eines sicheren inneren Ortes und innerer Helfer möglich. Dadurch kann Frau T. sich generell wieder sicherer fühlen. Sie beschließt, in ihre Wohnung zurückzukehren und entsorgt jene Gegenstände, die zu sehr an die Gewalttat erinnern. Sie kauft sich einen Hund, nimmt Kontakt mit einer ehemaligen Freundin auf.

Es folgen einige Stunden, in denen ihre Schuldgefühle im Mittelpunkt stehen. Frau T. ist voller Selbstvorwürfe und hat das Gefühl den Mann provoziert zu haben. Es gelingt bald, eine realistischere Einschätzung der eigenen Verantwortung zu entwickeln. Vor allen Dingen meint sie, sie hätte sich nach den vorangegangenen Misshandlungen besser schützen sollen.

Nach etwa sechs Wochen wird es für die Klientin wichtiger, sich ein genaues Bild über die Gewaltszene zu machen. In mehreren Stunden wird versucht, die traumatische Szene zu rekonstruieren. Dies führt in der Folge zu einer weiteren Entängstigung. Um sich eine Unterstützung für die Gerichtsverhandlung zu holen, erhält sie die Adresse einer Interventionsstelle. Allerdings ist die Beziehung zum Täter nun wieder von stärkerer Ambivalenz geprägt. Zaghafte Trauer, die eine Trennung unterstützen könnte, wird von Idealisierung und Verleugnung sowie dem Wunsch, die Beziehung fortzusetzen, abgelöst.

Auf Wunsch von Frau T. wird die Krisenintervention wie vereinbart nach 10 Stunden beendet. Bezüglich der Beziehung zum Täter ist noch keine Klarheit eingetreten. Die Empfehlung, eine weiterführende Psychotherapie anzuschließen, lehnt die Patientin ab. Einen telefonischen Nachkontakt hält sie nicht ein.

Zusammenfassend kann festgestellt werden, dass eine weitgehende Stabilisierung erreicht werden konnte und die quälenden Symptome kaum noch vorhanden sind. Eine Neuorientierung fand allerdings nicht statt, die Beziehung zum Täter blieb ungeklärt.

2.2 Verlauf von akuten Krisen

Veränderungskrisen (G. CAPLAN)	Traumatische Krisen (J. CULLBERG)
1. Phase: **Konfrontation** mit Ereignis 2. Phase: Lösung misslingt – **Gefühl des Versagens** 3. Phase: **Mobilisierung** aller Bewältigungskapazitäten führt zu a) Lösung, Bewältigung. b) Rückzug mit Resignation **Chronifizierungsgefahr** 4. Phase: **Vollbild der Krise** mit innerer „Lähmung" oder ziellosen Aktivitäten. *Gefahren:* Fixierung und Chronifizierung, Krankheit, Missbrauch, Suizidalität	1. Phase: **Schockphase:** Zustand der Betäubung oder chaotisch-ungesteuerte Aktivitäten
	2. Phase: **Reaktionsphase:** Konfrontation mit Realität, Versuche, sie zu integrieren *Gefahren:* Fixierung: Wenn intrapsychische Konflikte aktiviert werden. Chronifizierung: Wenn soziale Isolierung, wenn äußere Hilfsstrukturen unbefriedigend, Krankheit, Missbrauch, Suizidalität.
5. Phase: **Bearbeitung** des Krisenanlasses und seiner Konsequenzen 6. Phase: **Neuanpassung**	3. Phase: **Bearbeitungsphase:** Lösung von Trauma und Vergangenheit 4. Phase: **Neuorientierung:** Selbstwertgefühl wieder gewonnen, neue Beziehungen hergestellt

2.3 Allgemeine Charakteristika von Krisen

Psychische und körperliche Verfassung in Krisen
Die psychosoziale Krise ist also Ausdruck für das Erreichen oder Überschreiten der Grenze des individuellen Anpassungsvermögens (J. CULLBERG). Dies wird allgemein deutlich empfunden in Form von Gefühlen der Rat- und Hilflosigkeit und der Spannung. Je nachdem, ob ein Krisenanlass subjektiv entweder Verlust, Bedrohung oder Herausforderung bedeutet, kann das Spannungsgefühl auch vorherrschend als Angst (Panik) oder depressive Verstimmung (Depression) erlebt werden (L. RAPOPORT, 1971).

All diese Gefühle können sich in körperlichen Beschwerden äußern. Häufig treten sie als Begleitsymptome deutlich wahrnehmbarer Gefühle auf; manchmal werden jedoch nur körperliche Beschwerden verspürt, eventuell begleitet von einem Gefühl vagen Unbehagens. Solche körperlichen Symptome können sein:
- von Angst ausgelöst: Herzrasen, Atemnot, Erstickungsanfälle, Schweißausbrüche, motorische Unruhe
- von Depression ausgelöst: Appetitverminderung, Gewichtsverlust, Durchschlafstörung, Verlangsamung der Motorik, Erschöpfung
- von Spannung ausgelöst: Einschlafstörung, Kopfschmerzen, Kreislaufbeschwerden, Verdauungsstörungen, Zittern („Nervosität")

Allgemein können wir feststellen, dass die psychische Verfassung einerseits das Resultat der unmittelbaren Reaktion auf den Krisenanlass ist, andererseits der Reaktion sowohl auf das Erleben, die entstandene Situation nicht bewältigen zu können, als auch auf das Erleben der Unterstützung durch das soziale Umfeld.

Störungen der Problemlösung – Problembewältigung
Die nach unserer Erfahrung häufigsten Schwierigkeiten bei der Krisenbewältigung entstehen
a) aus der Unfähigkeit, das Problem wahrzunehmen bzw. zu definieren;
b) aus der Unfähigkeit, eine bestimmte, als sinnvoll erkannte Lösung durchzuführen, z. B. wegen falscher oder fehlender Strategien;
c) wegen fehlender oder mangelnder emotionaler oder realer Unterstützung durch die Umwelt;
d) aus dem Krisenanlass ⟨ schwere Schicksalsschläge lösen starke Gefühle aus
die entstandene Situation ist sehr kompliziert oder unübersichtlich
e) aufgrund der sich verschlechternden psychischen Verfassung.

Störungen der Kommunikation
Sofern sie nicht bereits bestehen und Ursache für die Krise geworden sind, wie z. B. bei Beziehungsproblemen, treten sie auf als Folge
a) des Rückzugs aus der Situation (Vermeidungsverhalten),
b) des In-sich-Zurückziehens aufgrund der psychischen Verfassung.

Dadurch wird die Nutzung der von der Gesellschaft angebotenen Hilfsmöglichkeiten, insbesondere auch der emotionalen Unterstützung durch Mitmenschen erschwert, wenn nicht verhindert.

2.4 Gefahren von Krisen

Da die affektive Belastung in Krisensituationen sehr hoch ist, besteht eine starke Tendenz zur Entlastung, die sich einerseits in destruktiven, oft kurzschlüssig-impulsiven Handlungen und andererseits in langwierigen körperlichen und seelischen Störungen sowie einer Änderung des Sozialverhaltens manifestieren kann.

Akute Gefährdungen
Eine akute Gefährdung kann durch beabsichtigte Handlungen (z. B. suizidale Handlungen oder Racheakte) oder durch einen Kontrollverlust bedingt werden. Zu einer deutlich herabgesetzten Selbstkontrolle kann es in der Schockphase einer Krise durch Drogen-, Medikamenten- oder Alkoholeinfluss, durch Aggressionsdurchbrüche oder aufgrund einer psychischen Erkrankung (z. B. Psychose, Borderlinepersönlichkeitsstörung) kommen. Akute Gefährdungen sind:
a) Selbstgefährdung (Suizidalität, Selbstverletzung, Unfälle)
b) Fremdgefährdung: Möglich sind körperliche wie auch seelische Schädigung anderer Personen. Die aggressive Handlung kann sich gegen Angehörige (Partner, Kinder) oder die Öffentlichkeit (z. B. Vorgesetzte) richten. Von Bedeutung für die Einschätzung der Gefährdung ist das Ausmaß der Abhängigkeit der bedrohten Person.
Die physische Bedrohung anderer Personen kann zu einer sofortigen Verschärfung der Krise für alle Beteiligten – Täter wie Opfer – führen (z. B. Folgen einer polizeilichen Anzeige, Krankenhauseinweisung der misshandelten Person). Möglich ist aber auch eine scheinbare Entschärfung der Krise. Die bedrohte Person unterlässt unerwünschte oder beängstigende Handlungen (z. B. Vollzug einer Trennung). Dadurch kann es der Betroffene für überflüssig halten, sich mit dem Konflikt weiter auseinanderzusetzen. Eine an sich unerträgliche Situation wird beibehalten.
c) Akute Verschlechterung einer bestehenden psychischen Störung

Gefährdungen mit längerfristigen Folgen
a) Auslösung einer psychischen Störung: Wenn die Disposition zu Störungen vorhanden ist (kann angeboren sein: genetisch, embryonal, perinatal oder erworben sein: ungünstige Erziehungs- und Sozialisationseinflüsse, spätere Schäden), werden **objektive** wie **subjektive** Belastungen als Auslöser für Krankheiten wirksam.
b) Beginn somatischer wie psychosomatischer Erkrankungen (Somatisierung): Die starke emotionale Belastung in einer Krise ist häufig mit körperlichen

Symptomen verbunden. Wenn die körperliche Begleitsymptomatik (siehe 2.3 Allgemeine Charakteristika von Krisen) vom Arzt nicht als Krisenreaktion erkannt wird und zu unnötigen diagnostischen Prozeduren führt (iatrogene Somatisierung); gleichfalls, wenn infolge mangelnder Verbalisierungsfähigkeit oder sozialer Isolation der Körper als Ausdrucksmittel eingesetzt wird, um auf sozial akzeptierte Weise (= Krank-Sein) Hilfe mobilisieren zu können, kann es zu psychosomatischen Krankheitsentwicklungen kommen.

c) Beginn von Medikamenten- oder Alkoholmissbrauch: Durch die Reduktion von Spannung, Angst und anderer unangenehmer Symptome kann der Betroffene den Substanzmissbrauch als positiven Lösungsansatz für seine Krise missverstehen.

d) Verlust sozialer Sicherheit: Soziales Abgleiten z. B. durch Schulden, Verlust des Arbeitsplatzes oder der Wohnung.

e) Verlust von Beziehungen: Beziehungs- oder Kontaktabbruch des Betroffenen gegenüber Angehörigen oder professionellen Helfern oder umgekehrt Kontaktabbruch durch die Angehörigen oder Freunde wegen ihrer Überforderung oder Überlastung.

f) Chronifizierung: Manche Krisenanlässe, wie Massenbelastungen, haben an sich ein erhöhtes Chronifizierungsrisiko, vielleicht, weil außer der individuellen Panikreaktion eine Vielzahl von anderen Panikreaktionen erlebt und verarbeitet werden muss. Ferner können bestimmte soziale oder psychische Faktoren Chronifizierung fördern.

Solche Faktoren sind:

Soziale Faktoren: materieller Krankheitsgewinn: Krankheit und gegebenenfalls daraus folgende Berufsunfähigkeit ermöglichen finanzielle Existenzsicherung (Krankengeld, Pension); **sozialer Krankheitsgewinn:** soziale Einordnung mit anerkanntem Status als Patient wird möglich.

Psychische Faktoren: psychischer Krankheitsgewinn: primärer „Krankheitsgewinn": Krankheit dient als Lösung eines unerträglichen inneren Konflikts; sekundärer „Krankheitsgewinn": Krankheit befreit von persönlicher Verantwortung – andere Menschen kümmern sich um Kranke.

Vermeidungsverhalten wird als „Problemlösung" erlebt: Angstentwicklung kann durch Vermeiden bestimmter Situationen verhindert werden. In zwischenmenschlichen Beziehungen kann durch Drohung von Gewalt gegen sich oder andere ein beängstigendes oder unerwünschtes Verhalten unterdrückt und damit die Auseinandersetzung miteinander verhindert werden.

> **Zusammenfassung** Unter psychosozialen Krisen werden akute traumatische und Veränderungskrisen sowie chronisch protrahierte Krisen verstanden, weiters fortgeschrittene Stadien von Burnout-Entwicklungen und Posttraumatische Belastungsreaktionen. Krisenanlässe und deren subjektive Bedeutung, die Krisenanfälligkeit und die Reaktion der Umwelt bestimmen im Wesentlichen das Erscheinungsbild und den Verlauf sowie allfällige daraus resultierende Gefahren.

3. Krisenintervention

Definitionen
Krisenintervention ist jene Form psychosozialer Betreuung und Behandlung, die sich mit Symptomen, Krankheiten und Fehlhaltungen befasst, deren Auftreten in engerem Zusammenhang mit Krisen steht.
  Die Krisenintervention, wohl unterschieden von Maßnahmen der Akutpsychiatrie, die bei akuten Psychosen, akuten Bewusstseinsstörungen, Intoxikationen und dergleichen zu setzen sind, umfasst Aktionen zur Linderung krisenbedingter Leidenszustände und zur Verhütung ihrer sozialen, psychologischen und medizinischen Folgen, insbesondere zur Reduzierung krisengebundener Krankheitsrisiken. Stehen als Krisenanlässe (belastende Lebensereignisse; DOHRENWEND & DOHRENWEND, 1974) psychologische Faktoren im Vordergrund, spricht man von psychosozialen (gelegentlich auch psychiatrischen) Krisen; finden sich vorwiegend soziale Auslöser, so handelt es sich um sozialpsychologische Krisen. Von praktischem Wert ist die Einteilung von CULLBERG (1978) in **traumatische Krisen**, die durch Krankheit, plötzliche Invalidität, Tod eines Nahestehenden, Trennung, Kündigung und dergleichen bedingt sind, und in **Lebensänderungskrisen**, zum Beispiel im Zusammenhang mit dem Verlassen des Elternhauses, mit Heirat, Geburt, Umzug und ähnlichem. Lebensänderungskrisen gehören gleichsam zum „normalen" Lebensablauf, und eine Vorbereitung darauf ist relativ gut möglich, während traumatische Krisen meist überraschend kommen, sodass erstere für den Betroffenen leichter verarbeitbar sind.
  Der **Krisenbegriff** steht nicht auf der Basis der traditionellen psychiatrischen Diagnostik und stellt auch keine eigene „Krankheitseinheit" dar, er beruht vielmehr auf der Akutität des Zustandsbildes, wenn therapeutisches Handeln im weitesten Sinne unverzüglich einsetzen muss, um irreversible Schäden, zum Beispiel Chronifizierungen (festgefahrene Reaktionsphasen nach CULLBERG) oder Suizide, zu verhindern. Daher ist es schwierig, eine diagnostische Indikationsliste zu erstellen: Wenn man ursprünglich unter Krisen nur „psychogene" Störungen verstand, so zeigt sich in letzter Zeit eine sehr deutliche und durchaus praktikable Tendenz, Krise als akuten Zustand im Verlauf verschiedener Störungen und auch Erkrankungen zu bestimmen. Damit wird die Intervention auf dem Kontinuum

von der psychosozialen Krise zum akutpsychiatrischen Notfall hin verschoben. Es ist eine primär organisatorische Frage, ob diese Ausweitung des an sich schon wenig präzisen Krisenbegriffes von einer Kriseninterventionsstelle geleistet werden kann.

Krisen treten in jedem Lebensalter auf, besonders häufig jedoch bei Jugendlichen (Pubertätskrisen) sowie bei älteren Menschen, bei denen als Folge starker innerer und äußerer Isolierung und Mehrfachbelastungen chronische Krisen beobachtet werden können. Ob die sogenannte „Midlife-Crisis" aufgrund der Häufigkeit des Auftretens oder der Schwere des Zustandes auch in unseren Breiten berechtigterweise gesondert hervorgehoben werden muss, lässt sich derzeit noch nicht sicher sagen.

Aspekte von Krisen
Aspekte von Krisen:
- Krisenanlass
- subjektive Bedeutung
- Krisenanfälligkeit
- Reaktion der Umwelt
- Krisenverlauf

Von besonderer Bedeutung für die **Intervention** ist also die Kenntnis
- des Krisenanlasses (Lebensveränderungskrise oder traumatische Krise);
- der inneren Bedeutung (aktuelle Lebensphase, zum Beispiel Pubertät oder Involution und frühe Entwicklungsgeschichte wie etwa Identitätsentwicklung, psychosozialer Werdegang);
- der individuellen Krisenanfälligkeit (Disposition). Sie ist abhängig von der inneren Bedeutung des Krisenanlasses und der Fähigkeit, sich damit auseinanderzusetzen, sowie von dem Maß der sozialen Integration;
- der sozialen Situation (funktionsfähige Umgebung oder Isolation) und deren Reaktion und
- des Verlaufes von Krisen (Schock-, Reaktions-, Bearbeitungs- und Neuorientierungsphase, gegebenenfalls Fixierung, Neurotisierung etc.).

Ziel der Krisenintervention
Das **Ziel der Krisenintervention** ist die Unterstützung der eigenen Fähigkeiten des Betroffenen und seiner Umgebung, sich selbst zu helfen. Nicht der Ersatz von Verlorenem oder die Verleugnung der schmerzlichen Realität, sondern die Stütze und das Mitgefühl (Empathie) sowie die Ermutigung, Gefühle von Trauer, Schmerz, Feindseligkeit und Aggression zu zeigen, ist die Funktion des Helfers. Dieses Ziel muss kurzfristig realisierbar sein, eine tiefgreifende Persönlichkeitsänderung zu diesem Zeitpunkt anzustreben, wäre nicht sinnvoll. Die Mehrzahl der Kriseninterventionen geht außerhalb des professionellen Systems zum Beispiel im Verband der Familie, der Schule, des Betriebes, der Gemeinde etc. durchaus effizient vor sich.

Gerade in der Schockphase, in der es darauf ankommt, den Betroffenen nicht allein zu lassen, ist meistens die unmittelbare Umgebung wirkungsvoller und auch leichter in der Lage, präsent zu sein und die Rolle der „stellvertretenden Hoffnung" zu übernehmen, während der professionelle Helfer, sei es durch Über- oder durch mangelnde Identifikation, die eigentlichen Bedürfnisse des Patienten und seine Fähigkeit, die Krise durchzustehen, häufig falsch einschätzt.

Ziel der Kriseninterventtion

Hilfe zur Selbsthilfe

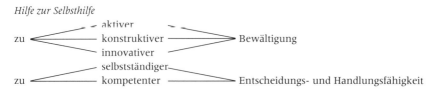

Prinzipien der Krisenintervention

Tab. 1: *Allgemeine Prinzipien der Krisenintervention*

- rascher Beginn
- Aktivität
- Methodenflexibilität
- Fokus: Aktuelle Situation/Ereignis
- Einbeziehung der Umwelt
- Entlastung
- Zusammenarbeit

Krisenintervention ist ein Verfahren, das lediglich bei akuten Krisen erfolgreich angewendet werden kann, allerdings auch bei Krisen mit hoher Suizidgefahr. Dieses Verfahren bewährt sich nicht bei chronisch protrahierten Krisen bzw. chronischer Suizidalität (HENSELER, 1981).

Zu den allgemeinen Prinzipien der Krisenintervention (s. Tab. 1) gehören der rasche Beginn, die Aktivität des Helfers (die jedoch immer die Gefahr der Abhängigkeit in sich birgt) und die Methodenflexibilität (Hilfe im sozialen, psychologischen, aber auch biologisch-medikamentösen Bereich). Der Fokus ist die aktuelle Situation, wenn diese natürlich auch immer auf den lebensgeschichtlichen Zusammenhang bezogen werden muss. Die Einbeziehung der Umwelt für Ressourcen aus dem sozialen Kontext, die adäquate Entlastung von emotionalem Druck (jedoch nur bis zu einem solchen Maß, dass der Wunsch nach Veränderung nicht völlig erlahmt!) sowie die interprofessionelle Zusammenarbeit sind weitere wichtige Prinzipien.

Vorgangsweise bei akuten Krisen

Tab. 2 *Allgemeines Interventionskonzept (SONNECK, 1976)*

- Beziehung
- Emotionale Situation/Spezifische Gefahren
- Aktueller Anlass
- Soziale Situation/Vorhandene Hilfsmöglichkeiten
- Weiteres Vorgehen erarbeiten
- Beendigung

Da man beim Aufstellen eines Systems der Krisenintervention immer wieder Gefahr läuft, zu strategisch vorzugehen und zu wenig therapeutische Hilfen anzugeben (REIMER, 1987), sollen neben dem grundsätzlichen Interventionskonzept die vier wesentlichen Charakteristika des Umgangs mit Krisen (und Suizidalität) besonders herausgearbeitet werden, nämlich das Arbeiten an der **Beziehung**, die Auseinandersetzung mit der **emotionalen Situation** und allfälliger **Suizidalität**, die Konzentrierung auf den **aktuellen Anlass** und die Einbeziehung der **Umwelt**.

Natürlich sind mittlerweile auch andere Konzepte beschrieben worden, allen gemeinsam ist jedoch das Arbeiten an der **Beziehung**, der **emotionalen Situation**, am **aktuellen Anlass** und an der **Einbeziehung** der **Umwelt**.

3.1 Der Erstkontakt

Es gibt verschiedene Situationen, in denen wir Menschen in Krisen begegnen können, und wir werden dementsprechend unterschiedlich auf sie zugehen, um mit ihnen in Kontakt zu kommen. Wir können mit ihnen als Menschen konfrontiert sein:

A) ohne spezifische Helferidentität gegenüber anderen Menschen
   - fremden
   - bekannten (Kollegen, Nachbarn)
   - nahestehenden (Freunde, Angehörige)
B) als „berufliche Helfer" gegenüber hilfesuchenden, hilfebedürftigen oder von uns betreuten Menschen.

In beiden Rollen ist es für uns notwendig zu wissen, was Menschen in Krisensituationen zunächst die wichtigste Hilfe ist, nämlich: Interesse und Aufmerksamkeit eines anderen Menschen, der sich Zeit für sie nimmt, der Gelegenheit zum Sich-Aussprechen und Angehört-Werden gibt und der Schwierigkeiten und Gefühle ernst nimmt. Dies entspricht sowohl unseren Erfahrungen im Kriseninterventionszentrum als auch den Ergebnissen der Nachuntersuchung einer Hamburger Kriseninterventionsstelle (M. KLOCKMANN: Der „Lotse" in Wilhelmsburg. Evaluation und Überprüfung von Krisenintervention in einer psychosozialen Kontaktstelle, Psychiatrie-Verlag, Rehburg-Loccum, 1982).

ad A) Den **Fremden** bemerken wir, weil er erregt, verstört oder verweint wirkt. Sprechen wir ihn einfach an, z. B. mit: „Ist Ihnen etwas zugestoßen?" Wenn er uns auffällt, weil er irgend etwas zu tun plant – z. B. in die Tiefe springen, mit einem Messer hantieren – können wir ihn anrufen: „Hallo – was machen S' denn? Kommen S' – erzählen Sie mir doch, was passiert ist!"

Bekannte schütten vielleicht von selbst bei uns ihr Herz aus. Wenn nicht, ist es für uns jedoch meist leichter als bei Fremden zu erkennen, dass sie in einer schwierigen Situation stecken: Sie machen vielleicht eine Andeutung, sind verändert in Aussehen, Stimmung, Arbeitseifer oder Arbeitsleistung. Manchmal *wissen* wir auch, dass ein üblicherweise belastendes Ereignis einen von ihnen getroffen hat und können fragen, wie er damit zurechtkommt oder unsere Hilfe anbieten. Ziehen wir uns nicht gleich zurück, wenn wir eine ärgerliche oder abweisende Antwort bekommen wie: „Lassen S' mich in Ruh!", „Ich will nichts", „Ich brauch' nichts". Einerseits sind viele Menschen nicht (mehr) gewohnt, dass unsere Anteilnahme ernst gemeint ist, andererseits stehen sie vielleicht innerlich so unter Druck, dass sie zunächst ihre Gefühle ausdrücken. Sprechen wir mit ihnen darüber, was sie mit ihrer Äußerung gemeint haben; sollten sie tatsächlich *jetzt* oder von *uns* keine Hilfe wünschen, richten wir uns danach und versuchen es später wieder.

Bei **Nahestehenden** haben wir es in vielen Fällen leichter, weil wir ja bereits miteinander in Beziehung sind. Manchmal allerdings spüren wir, gerade weil uns der andere nahesteht, Ängste und wagen deshalb nicht zu fragen, was los ist. Angst, z. B. vor der Belastung, die auf uns zukommen könnte, oder weil wir zu wissen glauben, dass es dem anderen peinlich/unangenehm ist, auf seine Schwierigkeiten hin angesprochen zu werden. Dennoch sollten wir, wenn wir wirklich besorgt sind, dem anderen sagen, dass wir uns seinetwegen Sorgen machen und gerne mit ihm darüber sprechen wollen. Beispiele: „Geht's dir nicht gut, willst du mit mir darüber reden?" „Ich habe den Eindruck, es geht dir nicht gut; können wir darüber sprechen?", „Du bist so still, was ist los?"

Schwieriger ist es in jenen Fällen, in denen wir infolge Wahrung oder Durchsetzung eigener Interessen dem anderen Anlass für seine Krise werden oder werden können, weil unser Verhalten die Beziehung schwer belastet. Dennoch können wir in manchen Situationen dem anderen die Lage erleichtern. Wenn wir uns z. B. von einem Menschen trennen wollen, können wir uns darüber Gedanken machen, wie die Mitteilung unseres Wunsches auf ihn wirken wird und können dafür sorgen, dass unsere Entscheidung ihn nicht völlig überraschend trifft.

Wie das Gespräch nun weitergeführt wird, finden Sie unter 3.2: **Das erste Gespräch.** Bevor Sie hier nachlesen, empfehlen wir folgende Übung: Erinnern Sie sich an eine Situation, in der es Ihnen sehr schlecht ging? Versetzen Sie sich in Ihre damalige Lage und spüren Sie, was Ihnen damals geholfen hat, was nicht hilfreich war – eventuell geschadet hat – und was Sie sich gewünscht hätten! Was erlebten Sie als Zuwendung, was als Gleichgültigkeit oder gar Ablehnung?

ad B) Auch für uns als berufliche Helfer gibt es verschiedene Ausgangssituationen für Krisen-Erstkontakte (s. Abb. 1). Dies hängt zusammen mit
a) der Organisation, z. T. auch mit der Berufsgruppe, der wir angehören,
b) den realen Machtmöglichkeiten, die seitens der Organisation für und gegen Klienten eingesetzt werden können,
c) der Größe des Handlungsspielraums, der zwischen Verordnungen und Gesetzen dem Helfer verbleibt,
d) der Eigen-, Fremd- oder Zwangsmotivation des Klienten,
e) unseren Erwartungen und denen des Klienten über die Art der Hilfeleistung sowie den beidseitigen Möglichkeiten zu ihrer Realisierung.

Üblicherweise kennt man den „freiwilligen" (= motivierten, einsichtigen, kooperativen) Klienten und im Gegensatz dazu den „zwangsweisen" (= unmotivierten, uneinsichtigen). Ersterer wird für die meisten Hilfskonzepte vorausgesetzt; letzterem möglichst wenig Zwang angedeihen zu lassen, ist ein brisantes politisches Thema der letzten Jahre. Übersehen wird dabei fast immer der „Fremdmotivierte".

Je weniger der Klient von sich aus Hilfe will, desto mehr kommt unser persönlicher oder/und auftragsgemäßer Wunsch zu helfen zum Tragen und bewirkt ein Ungleichgewicht, das eine helfende Beziehung erschwert oder unmöglich macht. Davon leitet sich die Empfehlung ab, die fremdmotivierte Kontaktaufnahme des Klienten zum **ersten** Thema des Gesprächs zu machen.

Die Möglichkeiten, dass der Kontakt nicht auf Betreiben des Klienten hergestellt wird, sind:

1. Der Klient wird zu uns geschickt oder überwiesen

Diese Tatsache lässt sich aus folgenden Überlegungen und Fragen heraus zum Thema machen: Welche Überweisungsgründe sind dem Klienten bekannt (oder welche vermutet er)? Wie beurteilt der Klient dieselben? Hat er andere Gründe oder Wünsche für Hilfe? Was hat den Klienten veranlasst, der Aufforderung des „Überweisers" nachzukommen? Gibt es irgend etwas, vielleicht etwas ganz anderes, aufgrund dessen der Klient Hilfe brauchen könnte? Wenn der Klient keine Hilfe will, können wir unsere Überraschung ausdrücken darüber, dass er wegen nichts sehr viel Mühe auf sich genommen hat. Eventuell lässt sich eine Vermutung über die Beziehung zum „Überweiser" äußern: Sie scheinen ihn sehr zu fürchten (zu mögen).

Am Ende des Gesprächs sollte auf jeden Fall eine Vereinbarung getroffen werden über das Informieren des „Überweisers": Soll er überhaupt informiert werden und von wem (vom Klienten, von uns)? Worüber soll der „Überweiser" informiert werden (was will der Klient, was halten wir für notwendig oder sinnvoll)?

Der Erstkontakt 71

Abb. 1 *Ausgangssituationen für berufliche Helfer*

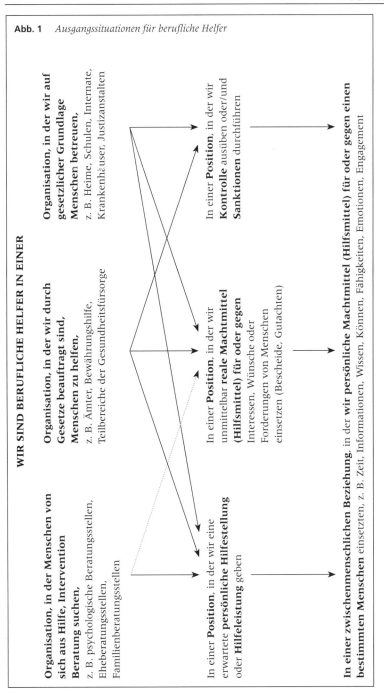

2. Wir bieten einem Klienten Kontakt und Hilfe aus unserem eigenen Wunsch an,
    a) weil wir von einer Notsituation erfahren haben,
    b) weil wir selbst eine Notsituation wahrzunehmen glauben.

ad a) Das Gespräch beginnen wir, indem wir den Anlass mitteilen; danach bieten wir unsere Hilfsbereitschaft und unsere Hilfsmöglichkeiten an. Unser Bestreben soll dahin gehen, so deutlich wie möglich auszudrücken, dass dieses Hilfsangebot eine Möglichkeit, kein Zwang ist.

ad b) In diesem Fall reagieren wir unmittelbar aus unserem Wahrnehmen und Empfinden heraus, etwa so: „Was ist denn los?", „Ist was passiert?", „In letzter Zeit sind Sie irgendwie verändert; haben Sie Sorgen (Kummer)?"

3. Wir kontaktieren einen Klienten von uns aus
    a) auf Wunsch oder Forderung eines Dritten,
    b) aufgrund von gesetzlichen Bestimmungen, die uns dazu verpflichten.

ad a) Wenn wir aufgefordert oder gebeten werden, einen Menschen, der sich in einer Krise befinden soll, zu kontaktieren, sollten wir diesem Anliegen zunächst *nicht* zustimmen; vielmehr sollten wir erforschen, warum dieser Wunsch an uns delegiert wird. Die häufigste Antwort ist: „Weil der Betroffene nirgendwo hingeht, weil er Sie nicht anrufen wird." Damit tritt das Problem des Delegierenden zutage: Er will Expertenhilfe, der Betroffene will sie nicht. Wenn die Wichtigkeit und Bedeutung *seines* Problems herausgearbeitet und solchermaßen dem Delegierenden klarwerden kann (wovon ist er selbst betroffen, wofür will er Hilfe?), findet er oftmals neue Zugangsmöglichkeiten zum Betroffenen, die wir mit ihm zusammen überlegen und besprechen: Er kann sich auch bei eventuellen Schwierigkeiten wieder an uns wenden. Unsere Überlegungen hierbei sind: Der Delegierte wendet sich an uns mit einem Problem, dessen Bedeutung noch nicht klar ist, aber im Gespräch herausgefunden werden kann, sodass aus der Klärung seines Problems die Beziehung zum Betroffenen entlastet werden kann. Für letzteren kann *das* die entscheidende Hilfe sein oder, wenn das nicht der Fall ist, eröffnet es zumindest dem Delegierenden weitere Möglichkeiten, den Betroffenen zu motivieren, für sich selbst Hilfe zu suchen; denn: Für sich selbst aktiv werden, ist ein wichtiger Schritt zur Krisenbewältigung (s. a. Kap. 6.4.1: Umgang mit Freunden oder Angehörigen von Suizidgefährdeten).

Wenn wir das Kontaktieren übernehmen, dann mit der Bedingung, den Namen des Delegierenden zu nennen *und* bei Vorliegen wichtiger Gründe, wie z. B., dass der Delegierende überfordert ist, dass unmittelbar Gefahr droht („Mein Mann hat gesagt, er bringt sich jetzt um!"). Auch hier teilen wir den Anlass mit (Wunsch und Beweggründe des Delegierenden) und außerdem *unsere* Beweggründe, welche das Interesse am Betroffenen, nicht am Delegierenden ausdrücken sollen.

Zum Beispiel würde ich bei einer derartigen Kontaktaufnahme sagen: „Mich hat der Dr. Y angerufen, weil Sie heute nicht zur vereinbarten Untersuchung gekommen sind und zuletzt deprimiert waren; er macht sich Sorgen. *Ich* rufe Sie an, weil ich denke, dass Ihre Situation recht schwierig ist. Ich möchte fragen, ob Sie darüber mit mir sprechen wollen?" – „Ihre Freundin X hat mich angerufen, weil sie Angst hat, dass Sie sich was antun. Fühlen Sie sich so schlecht, können wir darüber reden?"

Die Erklärung unserer Beweggründe muss wohl im ersten Abschnitt des Gesprächs, nicht aber gleich im zweiten Satz gegeben werden, weil der Kontaktierte auf die mitgeteilten Interventionsgründe oftmals spontan reagiert. Wenn dies nicht erfolgt, sollten wir direkt danach fragen, was der Klient darüber denkt, oder ob er überrascht (empört) ist.

Wie bei der ersten angeführten Kontaktmöglichkeit (geschickter oder überwiesener Klient), muss auch am Ende dieses Gesprächs eine Vereinbarung über das Informieren des Delegierenden erfolgen.

ad b): Der Beginn des Gesprächs ist wie bei a) eine Information, in diesem Fall über die gesetzlichen Gründe *und auch* über unsere persönlichen Gründe. Der große Unterschied besteht darin, dass beide Beteiligten insofern unter Zwang stehen, als jedwedes Resultat dieses Gesprächs aktenkundig werden muss und möglicherweise weitere Konsequenzen, eventuell auch Sanktionen nach sich zieht. Es gibt auch günstiger gelagerte Situationen, wo nicht über jedes Gespräch, sondern über einen gewissen Zeitraum berichtet werden muss, daher mehr Zeit und Möglichkeiten zur Verfügung stehen für den Aufbau einer persönlichen Beziehung. Die Chance des Helfers besteht darin, dem Klienten zu vermitteln, dass sein persönliches Helfen-Wollen schwerer wiegt als das gesetzlich-institutionelle Helfen-Müssen, was sich manchmal durch Vermittlung materieller Hilfen (Quartier, Essen, Geld) unterstreichen lässt. Falsch wäre es jedoch, den Kontrollaspekt dem Klienten gegenüber zu bagatellisieren oder überhaupt zu leugnen.

4. Der Klient wird zu uns gebracht

Dies ist die Situation von Kindern und häufig auch jene von Jugendlichen (s. Kap. 5.3 Entwicklungskrisen bei Jugendlichen). Bei Erwachsenen ist der Anlass meist eine medizinische Notwendigkeit, die sich ergibt aufgrund von Verletzungen, Unfällen, Suizidversuchen, plötzlichen körperlichen Funktionsstörungen oder Erkrankungen. Für alle Betroffenen ist das ein Schockerlebnis, wenn auch von unterschiedlicher Stärke, zu welchem häufig noch eine körperliche Schockreaktion dazukommt. Über die medizinische Versorgung hinaus können wir ungemein hilfreich sein, wenn wir ansprechbaren Patienten in verständlichen Worten sagen, was jetzt mit ihnen geschieht und zu welchem Zweck, oder wenn wir ihnen bei längeren Wartezeiten gelegentlich versichern, dass sie nicht vergessen werden. Begleitpersonen sollten solange wie irgend möglich bei Patienten bleiben dürfen, und wenn keine Begleitpersonen vorhanden sind, sollte es selbstverständlich so organisiert sein, dass entweder Arzt, Pflegepersonal oder praktizierende Studenten sich immer wieder um diese Patienten kümmern (s. a. Interventionsschwerpunkte bei traumatischen Krisen, Kap. 2.1.1).

5. Der Klient wird gegen seinen Willen zu uns gebracht (Internate, Zwangsaufnahmen in Psychiatrie, Inhaftierung)
Häufig erleben wir, dass der Klient uns zunächst als Feind betrachtet und sich aggressiv-abweisend verhält oder sich vor uns verschließt. Einen Zugang finden wir vielleicht, wenn wir bedenken, dass nicht nur in den Geschehnissen *vor* der Aufnahme, sondern auch *in* den Ereignissen der Aufnahmesituation Krisenanlässe enthalten sind, über die wir mit dem Patienten ins Gespräch kommen könnten, sofern wir sie nicht prinzipiell befürworten.

Zusammengefasste Anregungen für Gespräche mit fremdmotivierten Klienten:
1. Das erste Thema umfasst die Fremd- und Zwangsmotivation in ihren vielfachen Formen sowie die damit zusammenhängenden Gefühle.
2. Man lässt sich auf die Reaktionen und Argumente des Klienten ein.
3. Man legt gemeinsam den Zweck dieses Gesprächs fest: z. B. dient es für einen Bericht oder der Abklärung, ob eine ambulante Betreuung nach stationärem Aufenthalt möglich ist, oder dem Besprechen von Schwierigkeiten und Problemen.

Der Sinn dieser Empfehlungen liegt darin, dem Klienten deutlich zu machen, dass *er* und *seine* Erwartungen und Bedürfnisse für uns entscheidend und wichtig sind. Zugleich wird seine Motivation klarer in Abgrenzung zur Fremd- bzw. Zwangsmotivation.

Aus den beschriebenen Möglichkeiten der Kontaktaufnahme lässt sich deutlich eine Verschränkung von Macht und Hilfe erkennen (s. Abb. 2). Zu dieser, vor allem aus legalen Verhältnissen abgeleiteten Macht treten noch institutionelle Machtgegebenheiten hinzu und schließlich die subtileren, aber ebenfalls sehr wirksamen Machtmöglichkeiten innerhalb der sich entwickelnden helfenden Beziehung. In dieser übt auch der Klient immer wieder Macht aus. Es wird aber viel an uns Helfern gelegen sein, ob und wie weit wir uns in einen Machtkampf mit dem Klienten einlassen. Hilfe-Geben und Hilfe-Verweigern ist ebenso eine Möglichkeit der Machtausübung wie Hilfe-Annehmen oder Hilfe-Ablehnen.

Noch ein Aspekt, auf den wir allerdings nur kurz verweisen wollen, ist der, dass wir Helfer oft selbst Anlass für eine Krise geben können, und es liegt bei uns, dem Betroffenen die Bearbeitung dieser Situation zu erschweren, zu erleichtern oder ihm dabei aktiv zu helfen. Die Beispiele hierfür sind zahlreich: Ärzte, die lebensbedrohende Diagnosen mitteilen; Lehrer, die über Aufsteigen oder Sitzenbleiben urteilen; Sozialarbeiter, die Kinder in Familien belassen oder aus ihnen entfernen, finanzielle Aushilfsansuchen befürworten oder nicht; Psychologen, die mit Testbeurteilungen Arbeit ermöglichen oder nicht u. v. a.

Das erste Gespräch 75

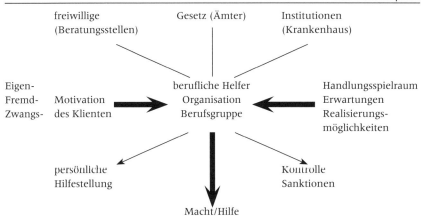

Abb. 2 *Das Bedingungsgefüge des Helfers*

Hilfreich ist in diesen Situationen ein Vorgehen, in dem wir dem Betroffenen unsere Entscheidung klar begründen und uns mit seinen Reaktionen auseinandersetzen, auch damit, wie groß die Katastrophe ist, worin sie besteht und welche Möglichkeiten dem Patienten bleiben bzw. welche er für sich sieht.

3.2 Das erste Gespräch

Tab. 3 *Erstgespräch*

ERSTGESRÄCH

MITARBEIT ENTWICKELN – KONTAKT AUFNEHMEN

- Primäres Anliegen des Klienten
- Informationen über
  - Ereignis/se + Folgen + Betroffene + Anlass (heute?): Fakten + Emotionen
  - Befinden: Physisch (Schlaf, Ernährung, Beschwerden) + Psychisch (Gefühle, Realitätsempfinden, Kommunikationsfähigkeit, Selbstwertempfinden, Denkfähigkeit, Affizierbarkeit, Aktivität, Entscheidungsfähigkeit ...)
  - Früheres ähnliches
  - Fähigkeiten – Möglichkeiten des Klienten (Hinweise auf Aktivität, Autonomie, Selbstwert, soziale Integration)
  - Mögliche Gefahren für Leben des Klienten
                                Gesundheit und/oder
                                Existenz anderer

76 Krisenintervention

BEZIEHUNG / MITARBEIT ENTWICKELN – KONTAKT AUFNEHMEN

- Problemerfassung feststellen, ordnen, auswählen
- Erfassung des Beziehungsnetzes
- Hilfsplan: klar vereinbaren Was – Wann – Wer – Wie
  - Krisenmanagement: abhängig vom aktuellen Zustand und den möglichen Gefahren (z. B. Krankenstand, Zeitstrukturierung, Nicht-Alleinsein-Organisieren, vorübergehender Wohnungswechsel, Medikamentenverschreibung, Notdienste und Notrufe, sichere Erreichbarkeit des Helfers, Spitalsaufnahme, Kurz-Urlaub, Schutz-Möglichkeiten, Selbsthilfe-Möglichkeiten, vorübergehende Entlastungen, gezielte Ablenkung ...)
  - **Problembearbeitung**

  - Entwicklung von (neuen) Strategien
- Zusammenfassung – Abschluss
  - Entlastung – Beruhigung – Hoffnung?
  - Beziehung Klient – Helfer
  - Zusammenfassender Kommentar
  - Ergebnis/se des Gesprächs aus Klienten-Sicht; eventuell Wiederholen von Erkenntnissen – Entscheidungen – Vereinbarungen (je akuter der Zustand, desto wichtiger)
  Bei Weiterleitung an andere: Begründung – Vermittlung? – Nachkontakt?
  Bei weiterer Zusammenarbeit: Inhalt, Sinn, Ziel – Setting – Erreichbarkeit
  Nächster Termin

Das erste Gespräch ist ein strukturiertes Gespräch, das auch direktive Sequenzen enthalten kann. Es wird vom Helfer aktiv geführt, insoweit er einerseits notwendige Informationen erhalten und bestimmte Ziele erreichen will, andererseits aber dem Klienten Zeit und Raum geben will zur Entfaltung seiner persönlichen Art, sich in seiner Krise darzustellen.

Die Arbeit, die in diesem Gespräch von Klient und Helfer geleistet wird, bezieht sich auf
a) die Beziehung zueinander,
b) den Inhalt,
c) die therapeutischen Interventionen,
d) die direkte Unterstützung und Vermittlung von Hilfen und
e) das weitere Vorgehen.

Diese Bereiche sind nicht immer scharf zu trennen, weil sie miteinander verflochten sind oder voneinander abhängen; so sind z. B. therapeutische Interventionen für die Beziehung sehr wichtig, umgekehrt setzen manche von ihnen eine stabile Beziehung voraus. Im Folgenden wird auf die einzelnen Bereiche ausführlicher eingegangen.

ad a) Beziehung

Im Falle des fremdmotivierten Klienten hat eine der im vorigen Abschnitt beschriebenen Kontaktmöglichkeiten die Beziehung bereits angebahnt. Mit dem eigen-motivierten Klienten Kontakt herzustellen ist zunächst nicht schwierig, weil es ihm ja persönlich ein Anliegen ist. Dazu gehört, ganz allgemein gesprochen, dass wir eine Atmosphäre schaffen, in der wir dem Klienten freundlich entgegenkommen, möglichst unbeeinflusst von äußeren Störungen sind (Telefon, ungewollte Zuhörer) sowie ihm und uns Zeit geben, uns auf diese Situation einzustellen. Zur Vertiefung des Kontakts trägt bei, Interesse am Klienten zu äußern. Dies nicht nur, indem wir ihm gut zuhören, sondern auch durch Bemerkungen, mit denen wir zum Ausdruck bringen, dass wir den Klienten in seiner Art, sich verbal und nonverbal mitzuteilen, wahrnehmen. Beispiele: „Ist es Ihnen schwergefallen herzukommen?" „Lassen (Nehmen) Sie sich Zeit." „Ich sehe, dass es für Sie schwierig ist zu sprechen." „Sie sind sehr nervös, sind Sie das schon länger?" Solche Äußerungen sind insbesondere zu Beginn, aber auch später beziehungsfördernd, da wir über unser Interesse hinaus vermitteln, dass wir den Klienten annehmen und verstehen, weil wir dadurch auch seine Gefühle von Spannung oder Angst ansprechen. Auch der motivierte Klient spürt Ängste, Hemmungen, Misstrauen u. ä., je nach den Erfahrungen und Vorstellungen, die er mit Hilfe verbindet, z. B. Unverständnis, Ablehnung, keine Chance, Beschuldigung etc.

ad b) Inhalt

Die zentralen Themen sind: das krisenauslösende **Ereignis**, die psychische **Verfassung** und die **Problembewältigung**.

Was hat sich ereignet, was ist der Grund, Hilfe zu suchen? Bei traumatischen Krisen ist der Krisenanlass im Allgemeinen bekannt. Nicht so bei Veränderungskrisen, wenn traurige Verstimmung, Ängste, Unruhe, Spannung, Hoffnungslosigkeit, Suizidgedanken den Klienten zu uns führen, er aber keinen Zusammenhang zwischen diesen Empfindungen und einem Ereignis herstellen kann. Es ist dann unsere Aufgabe, einen Zusammenhang zu suchen: Wir forschen also, seit wann das Befinden so verändert ist, wann die Symptome, deretwegen der Klient heute (warum gerade *heute*?) gekommen ist, erstmals aufgetreten sind, in welcher Situation sie aufgetreten sind, was er sich damals dazu gedacht hat – wie er heute darüber denkt, welche Auswirkungen sie haben, wie Angehörige, Freunde, Kollegen darauf reagieren und welche Lebensbereiche (Beziehungen, Familie, Beruf, Freizeit) durch sie beeinträchtigt werden. Wir fragen, was er bisher unternommen hat, um sich besser zu fühlen, ob ihm solche Zustände bekannt sind, und was ihm früher geholfen hat. Da wir wissen, dass praktisch jede Veränderung Anlass für eine Krise sein kann und die akute Phase nicht länger als vier bis fünf Wochen dauert, werden wir alle alltäglichen Geschehnisse innerhalb dieses Zeitraums mit dem Klienten auf ihre Bedeutung und Folgen hin besprechen. Falls sich kein Ereignis finden und als Reaktionszusammenhang verstehen lässt, handelt es sich nicht um eine akute Krise, sondern um eine andere Art von psychischer Störung. (Es ist zu beachten, dass sich einerseits aus nicht bearbeiteten und chronifizierten Krisen auch psychische Krankheiten entwickeln können, sich andererseits aber auch beim Einsetzen psychischer Erkrankungen Lebensereignisse – life events – finden lassen, die gemeinsam mit anderen Faktoren das Auftreten der Störung begünstigen. Auch können Rationalisierungen Lebensereignisse als Krisenanlässe plausibel erscheinen lassen. Ein diagnostisches Rüstzeug (s. Kap. 3.6 und 5.6) für die wichtigsten psychischen Krankheiten ist zu empfehlen, damit Personen mit diesen Erkrankungen ohne Umwege angemessene Hilfe erhalten können, da Kriseninterventionen alleine in diesen Fällen im Allgemeinen nicht ausreichend und längerfristig hilfreich ist.

Wenn der Anlass bekannt ist, suchen wir die persönliche Bedeutung, die gefühlsmäßigen Reaktionen, die Befürchtungen und Vorstellungen zu erfassen, ebenso die realen Konsequenzen und deren Bedeutung. Wir besprechen, wie der Klient seine Situation beurteilt (sieht er sie einigermaßen realistisch?), wie er seine Schwierigkeiten oder Probleme definiert, welche Versuche er unternommen hat, die Situation zu verändern und mit welchem Ergebnis. Wie stellt er sich die Lösung und Bewältigung vor, was kann er dazu tun, wer sonst kann etwas dazu beitragen, wie kann er das erreichen, was ist ihm das Wichtigste?

Bei der Problembewältigung finden wir immer Schwierigkeiten (s. Kap. 2.3 Allgemeine Charakteristika von Krisen), und es bedarf meist mehrerer Gespräche, um sie zu bearbeiten. Hinsichtlich der Bewältigung gibt es zwei große Problemkreise: 1. die Schwierigkeiten, die mit dem krisenauslösenden Ereignis zusammenhängen, und 2. die Schwierigkeiten aufgrund der seelischen Verfassung. Nicht selten ist die Krise zunächst so sehr von letzterem dominiert, dass das erste Gespräch ausschließlich der Entlastung und Stützung des Klienten dient. Gerade in diesem Zusammenhang wird die Frage wichtig, ob und welche Unterstützung der Klient durch Angehörige, Freunde, Kollegen und Nachbarn erhalten kann, und wieweit er seine Kommunikationsfähigkeit dafür einsetzen kann. Eine Kommunikationsstörung sollten wir nur thematisieren, wenn sie ursächlich an der Krise beteiligt ist oder zu ihrer Aufrechterhaltung beiträgt (s. a. Kap. 2.3 Allgemeine Charakteristika von Krisen).

ad c) Therapeutische Interventionen
Interventionen zur unmittelbaren Entlastung und Erleichterung:
- gefühlsbetonte Situationen ausführlich berichten lassen; wenn Klient mit Tränen kämpft, ihn ermutigen, seinen Tränen freien Lauf zu lassen; das Ausdrücken von Zorn und Wut (tabuisierte Gefühle) besonders fördern, jedoch beachten, dass sie angemessen kanalisiert werden; Suizidgedanken und Angst-

vorstellungen ausfantasieren lassen; wenn dieses Aussprechen-Lassen nicht nach einiger Zeit zu einer spürbaren Beruhigung führt, sondern im Gegenteil der Klient im Sprechtempo immer schneller und zunehmend hektisch und erregt wird, sich inhaltlich praktisch wiederholt, dann muss man ihn stoppen, und zwar konsequent; dies kann man durch gezielte Fragen, durch die Aufforderung, langsam zu sprechen, durch nachdenken lassen u. ä.
- Stützung: Erklärung der Krisensymptomatik als verständliche Reaktion auf Krisenanlass; Bestätigung, dass Trauern nach Verlusten natürlich ist; wenn das Wirklichkeitsempfinden getrübt ist, wie z. B. bei Angstvorstellungen, immer wieder nach Realität fragen
- Interventionen zur Bearbeitung des Krisenanlasses: siehe traumatische Krise (Kap. 2.1.1).
- Interventionen zur Problemlösung: Störungen und Behinderungen der Problemlösefähigkeit herausfinden (s. Kap. 2.3 Allgemeine Charakteristika von Krisen), vor allem Problem zutreffend definieren und Ängste bei Realisierung von Lösungsmöglichkeiten bearbeiten, z. B. Angst vor Auseinandersetzungen, Angst vor Enttäuschung
- andere Interventionen: Klient soll eigene Bedürfnisse und Erwartungen beachten und diese bei Entscheidungen und Handlungen berücksichtigen

ad d) Direkte Unterstützung und Vermittlung von Hilfen
Aus der Fülle von Möglichkeiten greifen wir einige heraus:
- gefährdeten Klienten genaue Zeit angeben, in denen der Helfer telefonisch erreichbar ist, und im vorhinein besprechen, wie man sich beiderseits verhält, falls der Anruf für den Helfer gerade ungelegen kommt: Ist es dringend? – Gespräch sofort! Ist es nicht dringlich – für spätere Zeit vereinbaren; die **Entscheidung** über die Dringlichkeit (Wichtigkeit) *trifft der Klient*; dies ist gleichzeitig ein Schritt zur Selbstverantwortlichkeit (zitiert nach BELLAK & SMALL, 1975)
- wenn notwendig: medikamentöse Therapie sicherstellen; Aufnahme in ein Krankenhaus organisieren;
- Anleitung zu Entspannungsübungen anbieten; an anderen Stellen intervenieren, wenn der Klient selbst dort erfolglos war, Vermittlung von Quartier und finanziellen Überbrückungshilfen; gelegentlich hat sich in unserer Arbeit sehr bewährt, etwas anzubieten: Zigaretten, Kaffee, Mineralwasser.
- in anstrengenden Gesprächen Pausen einlegen, die insbesondere bei schlechter körperlicher Verfassung auch mehrere Stunden dauern können (eine weit unterschätze Hilfe).

Diese letzteren Möglichkeiten auch als Helfer in Anspruch zu nehmen, bringt uns dem Klienten näher: Er erlebt uns als ebenfalls Hilfe benötigend, diese aber auch suchend und annehmend.

ad e) Das weitere Vorgehen
Es empfiehlt sich, jetzt eine kurze Zusammenfassung über das bisher Erarbeitete zu geben. Dabei sollte für den Patienten klarwerden, dass dies eine gemein-

same Arbeit war und dass er vom Helfer verstanden wurde. Wichtig ist, vom Klienten zu erfahren, ob er es auch so erlebt hat und wie es ihm jetzt geht. Daran anschließend werden Vereinbarungen getroffen, die nur auf die ganz spezifische Situation des Klienten bezogen werden können und daher vom Helfer hohe Flexibilität verlangen. Sie werden in Abhängigkeit vom körperlichen und seelischen Zustand und den diesen zugrunde liegenden Ursachen ein ganz unterschiedliches Maß an Eigenverantwortung des Klienten beanspruchen: sehr wenig, wenn z. B. die unmittelbare Intervention der Rettung nötig ist; sehr viel, wenn wir z. B. übereinkommen, dass nach diesem ersten Gespräch der Klient die weitere Bewältigung der Krise ohne unsere Hilfe durchführen will. Das heißt also, dass in all jenen Fällen, wo sich Krisenintervention der Akutpsychiatrie nähert (s. Kap. 3.6), also auch bei unmittelbarer akuter Suizidalität (s. Kap. 6.3), natürlich die unmittelbare vitale Bedrohung Priorität hat und alle weiteren Kriseninterventionsmaßnahmen nachgeordnet sind.

Leitgedanken für dieses und alle weiteren Gespräche

a) **Selbsthilfemöglichkeiten des Klienten fördern:** Zunächst stellen wir fest: Was kann der Klient in welchen Bereichen, was tut er gerne trotz seiner Depressionen, Ängste und Sorgen, und halten dies seinem Hilflosigkeitsgefühl entgegen. Dann ermutigen wir ihn, das zu tun, was ihm jetzt besonders gut täte oder helfen könnte. Besonderes Augenmerk richten wir dabei auf aktive und kommunikative Wünsche.

b) **Passivität** und das daraus erwachsende Hilflosigkeitsgefühl des Klienten sollen durch die Aktivität des Helfers **nicht gefördert** werden. Dadurch würde das Gefühl des Versagens verstärkt und das Selbstwertgefühl weiter verringert werden.

Auch wenn der Zustand des Klienten sehr depressiv, suizidal oder chaotisch ist, besteht nicht *deshalb* die Notwendigkeit, dem Klienten alle Initiative und Tätigkeiten abzunehmen und an seiner statt durchzuführen. Es lassen sich immer wieder Aktivitäten finden, die er selbst ausführen kann, auch wenn sie in seinen Augen vielleicht nichts wert und bedeutungslos sind; mit dieser Entwertungstendenz müssen wir ihn jedoch konfrontieren. Letztlich erlebt er doch, dass er für sich selbst etwas tun, aktiv sein und nicht nur hilflos warten kann.

c) **Abhängigkeit** des Klienten vom Helfer soll **nur soweit notwendig gewährt**, in keinem Fall jedoch gefördert werden.

Der Versuch, die günstigste Nähe-Distanz-Relation zu finden und zu halten, kennt allerdings zwei Pole, die vermieden werden sollten:

- Sich aus der Beziehung heraushalten wollen: Das führt dazu, dass wir uns mit dem Betroffenen nicht (ausreichend) identifizieren können. Als Folge davon
  - nehmen wir ihn in seinen Problemen nicht wichtig, nicht ernst; wir sagen ihm dann etwa: „Aber machen Sie sich doch nicht soviel daraus, das ist eh alles nicht so arg", „es gibt viel Schlimmeres auf der Welt" u. ä.;

- hören wir ihm zwar aufmerksam zu, lassen aber unser Gefühl nicht sprechen und damit auch seines nicht; wir suchen dann für alles, was ihn quält, vernünftige und logische Argumente, Erklärungen, Vorschläge
- sind wir an ihm nicht interessiert, langweilen uns;
- schieben wir ihn zu sogenannten „Experten" ab. Das ist nicht gleichbedeutend mit der zusätzlichen, manchmal sehr notwendigen Vermittlung eines Experten.
• Sich zu sehr in die Beziehung einlassen bzw. verwickeln lassen. Das führt dazu, dass
- wir uns zu stark mit dem Betroffenen identifizieren, uns von unseren Bedürfnissen und Gefühlen zu wenig distanzieren können. Wir über- oder unterschätzen dann Fähigkeiten, Bedürfnisse, Gefühle oder das Durchhaltevermögen des Betroffenen;
- wir „ganz besonders" helfen wollen, daher „besonders" aktiv sind und an seiner Stelle Lösungen überlegen und vorschlagen, wodurch wir ihm seine Eigenverantwortung nehmen.

Diese Leitgedanken haben sich aus der praktischen therapeutischen Arbeit entwickelt und bestimmen das gesamte Interventionskonzept.

3.3 Interventionskonzept für akute Krisensituationen/-zustände

Jede Krise ist eine Belastung – jede Krise ist eine Chance

I) unsere **unmittelbaren** Ziele sind:
   a) Beziehung zwischen Klient und uns herstellen (s. Punkt 1)
   b) Seine schwere Symptomatik erleichtern (s. Punkt 2)
   c) Problembewältigung einleiten: Wir verhelfen dem Klienten dazu, Widersprüchlichkeiten zu erkennen, das Problem zu definieren, dessen gefühlsmäßige und reale Bedeutungen zu erfassen und sich für eine Veränderung zu entscheiden. Diese soll durch ein zielgerichtetes, dem Klienten zumutbares und mögliches Verhalten *sofort* begonnen werden.

II) unsere **übergeordneten** Ziele sind:
   Der Klient soll
   a) Selbstvertrauen und Selbstwertgefühl entwickeln,
   b) Entscheidungsfähigkeit wieder erreichen,
   c) alternative konstruktive Verhaltensweisen finden und erproben.

Umfassender formuliert: Der Klient soll sein Leben aktiv selbst gestalten, er soll von passiv-abhängigem zu aktiv-autonomem Verhalten finden.

1. Wir versuchen, eine **Beziehung** zum Klienten aufzubauen, indem wir ihm aufmerksam und einfühlsam zuhören und ihm vermitteln, dass wir ihn ernst nehmen und uns seiner Schwierigkeiten bewusst sind.
2. Wir gehen auf die **emotionale Situation** des Klienten und die körperliche Begleitsymptomatik ein, schätzen das Ausmaß von Panik oder Depression ein sowie deren mögliche Konsequenz, wobei wir insbesondere das Suizidrisiko zu erhellen versuchen.
   Wenn schwere Depression oder übergroße Angst (Panik) nicht durch Entlastung, wie z. B. Gefühle äußern, Chaotisches ordnen, Zusammenhänge verstehen und durch Entspannung (Atem- und Muskelentspannungsübungen) entscheidend vermindert werden können, bedarf es medikamentöser Hilfe, insbesondere bei hoher Suizidgefahr, Entscheidungsunfähigkeit oder Unfähigkeit zu sinnvoller Zusammenarbeit. Die medikamentöse Therapie wird aber immer nur eine *vorübergehende Unterstützung* sein, sind doch die gewichtigsten Indikatoren für die konstruktive Bewältigung der bestehenden Krisensituationen das positive Bewältigungsvermögen vor Entstehen der Krise, das derzeit vorhandene Selbsthilfepotenzial und das Ausmaß der sozialen Integration (s. a. Kap. 3.4).
3. Wir befassen uns mit den Gründen seines Kommens, mit dem **Krisenanlass** und den unmittelbar davon Betroffenen, mit der derzeitigen Lebenssituation des Klienten – auch mit der Situation hier und jetzt – sowie mit möglichen Veränderungen und bereits angewandten Lösungsstrategien. Die Vergangenheit interessiert uns nur hinsichtlich der Dauer der Krise und in den Fragen nach Bewältigung früherer, vielleicht ähnlicher Schwierigkeiten und einer eventuellen psychischen Vorbelastung (Krisenanfälligkeit).
4. Abklärung der **sozialen Situation** (sozialen Einbettung), allfälliger Gefährdungen, Belastungen, insbesondere aber möglicher Ressourcen. Bestehende Hilfssysteme des Klienten (Angehörige, Freunde, Nachbarn etc.) lassen wir von ihm unterstützend mit einbeziehen, im Notfall werden wir selbst diese aktivieren bzw. heranziehen. Entsprechend der Notwendigkeit und den Möglichkeiten werden natürlich auch alle anderen Hilfen der Gemeinschaft vermittelt (z. B. Sozialhilfeorganisationen, Clubs, Selbsthilfegruppen etc.).
5. Wir klären mit dem Klienten das genaue Setting für **weitere Gespräche** (Anzahl der teilnehmenden Personen, Zeit, Anzahl der Kontakte, Intervalle etc.) in Abstimmung mit seinen *und* unseren Möglichkeiten, Wünschen und Zielvorstellungen. In den Folgegesprächen stellen wir immer wieder den Bezug zwischen der Anfangssituation, der jetzigen Situation (auch der Gesprächssituation) und den konkreten Zielvorstellungen her bzw. erarbeiten letztere oder modifizieren sie unter Mithilfe und Miteinbeziehung der Gefühlsebene.
6. Da Krisenintervention mit maximal 10–12 Gesprächen **beendet** sein sollte, ist das Vorbereiten dieser Beendigung sehr wichtig: Wir rekapitulieren in den letzten Gesprächen gemeinsam, *was* der Klient erreicht hat, *wie* er es erreichte und besprechen vorplanend, wie er sich bei künftigen Schwierigkeiten verhalten wird. Häufig jedoch erweist es sich als notwendig und sinnvoll, un-

mittelbar an die Krisenintervention eine Kurzzeitpsychotherapie anzufügen, um ausreichende Bearbeitung der jeweiligen Problematik und entsprechende Stabilisierung zu erreichen. Wenn die noch bestehenden Persönlichkeitsprobleme jedoch gravierend sind, besprechen wir die Möglichkeiten einer weiterführenden längerfristigen Therapie und sind, entsprechend seiner Entscheidung, dem Klienten behilflich, eine Therapiemöglichkeit zu finden.

Struktur der Folgegespräche

Zustand: heute und **Vergleich** zu vorherigem Gespräch
   Was ist besser? – Was ist schlechter? – Was hat geholfen? – Was hat nicht geholfen?
   Ist etwas Neues dazugekommen? – Wie lässt sich dieser Zustand verstehen?
Wie war Zeitverlauf seit vorigem Gespräch?
   Arbeit – Beruf – Freizeit – Familie – Bekannte/Freunde – Interessen
Was wurde aus Vereinbarungen des vorigen Gesprächs?
   Einhaltung – Modifikationen: weshalb? welcher Effekt? –
   Nichteinhaltung: was hat dazu geführt? (evtl. dies bearbeiten)
Fähigkeiten – Möglichkeiten: heute und im **Vergleich**
   Was hat sich wieder ergeben? – Was ist neu?
Problematik:
   Welche Veränderungen sind seit letztem Gespräch eingetreten? Wodurch sind sie entstanden? – gezielte Fragen nach den bereits bekannten Problembereichen – Gibt es neue Probleme? Wieso? – Arbeit an einem (Teil-) Bereich
Neue Vereinbarungen
Beziehung wahrnehmen (Besprechen ist nicht in jedem Gespräch erforderlich)
Abschluss
(S. a. Kap. 4: Krisenintervention kurz gefasst: Das »BELLA«-System)

Falldarstellung: Krisenintervention

Auf mich wartet eine nicht mehr ganz junge Frau, die ich zu mir ins Zimmer bitte. Auf dem Weg dorthin habe ich den Eindruck, dass sie zu weinen begonnen hat, und als sie Platz nimmt, sehe ich, dass dies stimmt. Sie schluchzt: „Ich bin völlig fertig, ich kann nicht mehr" und weint heftig. Ich lasse sie weinen und sage nach einiger Zeit: „Weinen Sie nur."

Als ich bemerke, dass sie beginnt ruhiger zu werden, frage ich: „Was ist denn passiert?" Nun erfahre ich, kurzgefasst, folgendes: Sie hat bisher in einem Betrieb als Hilfsarbeiterin gearbeitet, wollte aber Kanzleikraft werden, hat dies mit dem Chef besprochen und auf dessen Rat hin begonnen, einen Kurs zu besuchen, den sie vor wenigen Wochen auch positiv abgeschlossen hat. Jetzt ist sie seit drei Wochen im selben Haus als Bürokraft eingesetzt und wird eingeschult. Nie hätte sie geglaubt, dass sie im selben Haus tätig sein würde, und sie traue sich schon fast nicht mehr hinzugehen, weil sie am ganzen Körper zu zittern beginne, wenn sie das

Haus nur von weitem sähe. Sie weiß, dass ihre ehemaligen Kolleginnen alle Leute ausrichten, hinter ihnen herreden und tuscheln, und dass jetzt auch so über sie hergezogen wird. Deswegen sei sie so verzweifelt und schon so fertig mit den Nerven, dass sie nicht einmal mehr schlafen könne. Sie weint nun wieder vor sich hin, wie auch dieser Bericht immer wieder vom Weinen unterbrochen war; außerdem ist sie sehr unruhig und fahrig.

Nach einiger Zeit sage ich: „Sie haben das Gefühl, dass Sie nicht mehr weiterkönnen: was stellen Sie sich denn vor, was da passieren würde?"
Sie: „Dass ich Schluss mache."
Ich: „Wie meinen Sie das?"
Sie: „Dass ich Tabletten nehm'."
Ich: „Um zu sterben?"
Sie: „Ja!"
Ich: „Und was wär' dann?"
Sie: „Ruhe."
Nach kurzer Pause frage ich: „Haben Sie diese Gedanken oft?"
Sie: „In den letzten Tagen kommt das oft, obwohl ich es eigentlich nicht will, aber ich seh' immer diese Gesichter, richtige Fratzen von ..." (Stoppt.)
Ich: „Sie wollten noch etwas sagen!"
Sie zögert, sagt dann: „Hexen, ja Hexen!"
Ich: „Wie schauen die denn aus?"
Sie: „Ganz schiach und so spöttisch grinsend, ganz höhnisch."
Ich: „Worüber spotten sie so höhnisch?"
Sie, verzweifelt: „Über mich: Dass ich mir einbild, etwas Besseres zu sein und ins Büro geh und dass ich gar nicht klug genug bin und schon auf die Nase fallen werde."
Ich: „Mir scheint, dass diese Hexen Ihre ehemaligen Arbeitskolleginnen sein könnten?!"
Sie: „Ja! – Wissen Sie, das Schlimmste ist" – und sie beginnt neuerlich zu weinen, fährt aber fort – „dass die irgendwie sogar recht haben, weil ich so viele Fehler mache, weil ich mir nichts mehr merken kann und ich Angst habe vor dem Einschuler, weil der so streng prüft und nichts sagt: aber ich merke doch, dass er nicht zufrieden ist. Wie soll ich denn auch alles schon wissen?" Kurzer Tränenausbruch, dann sagt sie: „Heute musste ich zweimal hinausgehen, damit er nicht sieht, wie ich weine." (Pause.)
Ich: „Sie haben zu Beginn erwähnt, dass Sie nicht mehr schlafen können."
Sie: „Ja, zuerst habe ich nur nicht einschlafen können, weil mich dies alles so verfolgt hat, aber jetzt habe ich zwei Nächte überhaupt nicht mehr geschlafen und immer voll Angst an die Arbeit gedacht und wie es morgen wieder so schrecklich sein wird und die Fratzen und dann, dass ich mich umbring, wenn es so weitergeht."
Ich: „Ja. Gibt es sonst noch etwas, dass Sie sich körperlich schlecht fühlen?"
Sie: „Ich habe so einen Druck auf der Brust, richtige Beklemmungen, dass ich nicht richtig atmen kann. Ja, und dann das Zittern, das macht mich ganz fertig, weil es heute auch schon aufgefallen ist."
Ich: „Wem denn?"
Sie: „Einer Bürokollegin."
Ich: „Was hat sie gesagt?"

Sie: „Gefragt hat sie mich, ob ich nervös bin wegen dem Einschuler, aber ich hab gesagt, dass ich nur ganz schlecht geschlafen habe. Aber wie soll das weitergehen?" Und sie weint wieder.

Nach einiger Zeit sage ich: „Diese Kollegin, von der Sie vorhin gesprochen haben, hat, so scheint's, Verständnis für Sie!"

Sie schaut mich überrascht an: „Sie ist nett und hat auch nichts zu lachen im Betrieb; wieso glauben Sie, dass sie Verständnis für mich hat?"

Ich: „Weil sie Ihr Zittern gesehen und auf den Einschuler bezogen hat."

Sie nachdenklich: „So hab ich das nicht gesehen, aber es könnte schon stimmen."

Ich: „Gibt es jemand anderen, der für Sie Verständnis hat?"

Sie: „Ja, meinen Lebensgefährten; der versucht mich zu beruhigen und zu ermutigen, red' mir gut zu, aber jetzt ist er auch schon ganz erschöpft und mutlos."

Ich: „Sie wirken jetzt auch schon recht erschöpft" – sie nickt – „Hm! Was glauben Sie, könnte Ihnen in Ihrer Situation helfen? Sie haben doch sicher darüber nachgedacht?!"

Sie: „Ja; eine andere Filiale; ich muss dort weg, ich muss mich versetzen lassen."

Ich: „Ist das möglich?"

Sie: „Ich habe in drei Tagen ein Gespräch mit meinem Chef und hab' ihm am Telefon schon 'was angedeutet. Aber wie soll ich mit ihm vernünftig reden" – beginnt wieder zu weinen – „wenn ich dauernd weinen muss und so zittere."

Ich: „Im Moment wirken Sie trotzdem ruhiger, oder täusche ich mich da?"

Sie: „Nein, es ist mir leichter, der Druck ist weg."

Ich: „Als Sie heute zu uns gekommen sind, haben Sie da an irgendetwas Bestimmtes gedacht, wie wir Ihnen helfen könnten?"

Sie: „Ich hab' mir gedacht, ob es nicht ein Mittel zum Schlafen gibt."

Ich: „Haben Sie schon was probiert?"

Sie: „Ja, von der Apotheke einen Tee und Baldrian-Tropfen; aber es hat nichts genützt."

Ich: „Ja, ich persönlich glaube, dass Sie Medikamente brauchen werden. Ich bin aber keine Ärztin; ist es Ihnen recht, wenn ich einen Arzt zuziehe, mit dem Sie darüber sprechen können?"

Sie: „Ja."

Ich: „Gut. Bevor ich das tue, möchte ich Ihnen aber noch kurz sagen, wie ich derzeit Ihre Situation verstehe: Sie haben einmal Angst vor dem Einschuler und seiner Beurteilung, die Sie nicht in Erfahrung bringen können, und Sie haben andererseits Angst vor Ihren ehemaligen Kolleginnen. Im Augenblick glaube ich, dass Sie deshalb soviel Angst haben, weil Sie sich wenig zutrauen und immer unsicherer werden. Sehen Sie das ähnlich oder anders?"

Sie: „Das mit dem ‚Wenig-Zutrauen' stimmt genau, das war immer schon so, dass ich eher gezweifelt habe, dass ich etwas kann."

Ich: „Ja, und zu allem kommt noch, dass Ihre Kräfte geringer werden, weil Sie ja schon länger schlecht schlafen und zuletzt gar nicht, sodass Sie keine Energie auftanken können. Gibt's vielleicht außer Schlafen noch etwas, das Ihnen guttun könnte, Ihre Kräfte mobilisiert?"

Sie: „Schwimmen hat mir immer gutgetan, ich hab jetzt nur gar keine Lust dazu, auch sonst ist mir alles zu viel. Eigentlich möchte ich nur schlafen."

Ich: „Wollen Sie morgen zu Hause bleiben und schlafen?"

Sie: „Nein, nein; ich geh arbeiten."

Ich: „Sicher?"
Sie: „Ja."
Ich: „Gut – Sie haben vorhin gesagt, dass Ihnen leichter ist und der Druck weg ist. Wie ging's Ihnen denn mit mir im Gespräch?"
Sie: „Gut, ich glaube, Sie verstehen mich; ich habe auch keine Angst mehr vor Ihnen."
Ich: „Gab es da etwas Bestimmtes, vor dem Sie Angst hatten?"
Sie: „Ich glaube nur, weil ich Sie nicht gekannt habe am Anfang."
Ich: „Nun, dann schlage ich Ihnen vor, dass wir einen Termin ausmachen, an dem wir wieder miteinander sprechen."
Es folgen die Terminvereinbarung mit mir und ein kurzes Gespräch mit dem Arzt, der ein dämpfendes Antidepressivum für abends verordnet.

Verlauf
1. Folgetermin (ein Tag später): Sie hat gut geschlafen, ist insgesamt ruhiger. Die Zentralthemen sind die Angstsituation im Büro und das Gespräch mit dem Chef. Es erfolgt ein Kurzkontakt mit dem Arzt.
2. Termin: Nach dem Gespräch mit ihrem Chef ruft sie an: Es ist ihr besser gegangen, als sie erwartet hatte. Ihre Versetzung ist aber nicht vor einem halben Jahr möglich.
3. Termin (eine Woche nach dem Erstgespräch): Sie weint weniger, ist ruhiger, obwohl sie noch zittrig ist. Das Zentralthema ist die Angst, etwas falsch zu machen oder nicht zu wissen. Die Ex-Kolleginnen treten in den Hintergrund. Sie hat Kontakt mit dem Arzt und erhält weiterhin Medikamente.
4. Folgetermin (eine Woche nach dem vorigen Gespräch): Das Befinden ist gleich wie zuletzt. Das Zentralthema ist das Zutrauen zu sich selbst und ihren Fähigkeiten (wie fördert sie es, wie vermindert sie es). Sie hat Angst vor Tratsch und Kritik (Neid, Ehrgeiz, Überlegenheitsgefühle).
5. Folgetermin (eine Woche nach dem vorigen Gespräch): Sie geht gelassen ins Büro, kann ihren Ex-Kolleginnen ruhig beggenen. Nur Beklemmungen treten gelegentlich noch auf. Das Zentralthema ist die Rekapitulation der Krisensituation aus ihrer heutigen Sicht.
6. Folgetermin (eine Woche später): Sie hat wieder Lebensfreude. Das Zentralthema ist die Frage, wie sie diese Lebensfreude fördern, wie sie sich Gutes tun kann. Was bedeutet ihr mein bevorstehender Urlaub, wie wird sie in diesen sechs Wochen zurechtkommen?
7. Folgegespräch (mit dem Arzt, eine Woche nach meinem Urlaubsbeginn): Sie fragt, ob sie die Medikamente wie verordnet einnehmen soll. Es erfolgt eine neue Verschreibung. Ansonsten fühlt sie sich wohl.
8. Folgetermin (nach meinem Urlaub): Sie fühlt sich lebendig und wohl. Sie hat die Prüfung gut bestanden und ist in den Betrieb integriert. Tabletten nimmt sie seit einer Woche keine mehr. Sie kommt wieder alleine zurecht – Abschluss der Gespräche.

3.4 Krisenintervention und Medikamente

Medikamente, d.h. Psychopharmaka, haben in der Intervention bei Menschen in akuten Lebenskrisen ihren Stellenwert in der raschen Linderung von Symptomen (siehe BELLA-System) und damit bei der Entlastung und Stabilisierung der betroffenen Person. Sie kommen zum Einsatz, wenn die Entlastung im Rahmen der psychotherapeutischen Krisenintervention nicht ausreichend gelingt oder gar der Zugang im persönlichen Kontakt und Gespräch nicht möglich ist. Eine wichtige Rolle kommt den Medikamenten zu, wenn es darum geht, Gefährdungen (i.S. von Selbst- und Fremdgefährdung) in der Folge einer akuten Krise zu reduzieren bzw. abzuwenden. Gesamt handelt es sich meist um eine flankierende Maßnahme im Rahmen der Krisenintervention, damit eine positive Krisenbewältigung ermöglicht und deutlich beeinträchtigende Leidenszustände gelindert werden können.

Tab. 5 *Bedeutung von Medikamenten in der Krisenintervention*

Häufig	Selten
Symptomlinderung	Spezifische Behandlung einer psychischen Erkrankung
Wiedererlangen von Handlungsfähigkeit	
Abwehr von Gefährdung	

Eine krankheitsspezifische psychopharmakologische Behandlung ist dann notwendig, wenn in der Folge der krisenhaften Entwicklung ein manifestes syndromwertiges Zustandsbild entstanden ist, am häufigsten handelt es sich dabei um depressive Syndrome oder Angststörungen, oder wenn durch die Krise eine vorbestehende psychiatrische Erkrankung reaktiviert wird.

Akute Belastungsreaktionen und Anpassungsstörungen, die bei entsprechender Ausprägung als Diagnosenkategorien im Rahmen einer psychosozialen Krise in den meisten Fällen infrage kommen, haben aufgrund ihrer vielgestaltigen Form keine spezifische Therapie, sondern werden unter den oben beschriebenen symptomatischen Aspekten behandelt.

3.4.1 Tranquilizer

Symptome von Unruhe, Anspannung und Angst, aber auch Schlafstörungen können rasch und effektiv mit Substanzen aus der Gruppe der Benzodiazepine behandelt werden, und deren Einsatz kann daher auch in der Krisenintervention vorübergehend indiziert sein.

Die Behandlung mit Benzodiazepinen weist jedoch deutliche Limitierungen auf, dazu gehört die Gefahr der Abhängigkeitsentwicklung, aber auch die Beeinträchtigung der kognitiven Leistungsfähigkeit und Mnestik, sowie das Auftreten eines Symptomrebounds nach zu raschem Absetzen des Medikaments. Aufgrund dieser Problematiken ist jeweils abzuwägen, ob es aus anderen Substanzgruppen Alternativen für die Symptombehandlung gibt. Besonders bei älteren Menschen verschiebt sich das Nutzen-Risiko-Verhältnis einer Benzodiazepin-Behandlung ungünstig, und der Einsatz soll mit äußerster Zurückhaltung erfolgen. Im Normalfall soll ein Zeitraum von 2 bis 4 Wochen der Benzodiazepinverordnung nicht überschritten werden, bzw. dann auf jeden Fall für eine fachärztliche Betreuung gesorgt werden (RIEMAN, HAJAK, 2009).

Besondere Zurückhaltung mit Benzodiazepinen ist beim Vorliegen einer akuten Traumatisierung mit der Gefahr der Entstehung oder bereits beim Bestehen einer Posttraumatischen Belastungsstörung angezeigt. Auch wenn die akute Wirkung auf die Symptomatik eines Hyperarousals günstig ist, zeigen Untersuchungen, dass die amnestische Wirkung der Benzodiazepine eine positive Bewältigung der traumatischen Erinnerung auf neurobiologischem Weg behindert (HELLMANN, HEUSER, KRONENBERG, 2011).

Eine Schlafstörung ist oft das vorrangige Problem, das eine pharmakologische Intervention erfordert, wenn wir bedenken, dass sich bei Schlaflosigkeit inhaltliches Grübeln und affektive Einengung zuspitzen und der Mangel an Schlaf durch die fehlende Erholungsphase auch im weiteren Tagesverlauf deutlich nachwirkt.

Bei der Wahl einer Schlafmedikation wird generell zwischen Ein- und Durchschlafwirkung unterschieden. Die Verordnung eines reinen Einschlafmedikaments (z. B. Triazolam) ist nur mit großer Zurückhaltung bei leichten Einschlafstörungen anzuraten. Unter Berücksichtigung der affektiven Beeinträchtigung ist die nur kurze Wirkung mit der Gefahr, dass dann Schlafunterbrechung oder Früherwachen mit Gedankenkreisen besonders quälend auftritt, als ungünstig zu beurteilen.

Empfohlen wird im Falle eines Benzodiazepins als Schlafmedikation, jene Substanz zu wählen, die generell zur Entlastung mit guter anxiolytischer aber auch sedierender Wirkung verordnet wird, und aufgrund einer mittleren Halbwertzeit und fehlender aktiver Metaboliten gut steuerbar ist. Zu nennen ist Lorazepam, aber auch Oxazepam ist in Verwendung. In geringerer Einzeldosis eignen sich diese Substanzen gut bei Ein- bis Dreimalgaben, untertags Unruhe, Anspannung, Angst und affektive Einengung zu reduzieren – immer unter der Voraussetzung sorgfältiger ärztlicher Überwachung und zeitlicher Begrenzung der Behandlung. Die Reduktion des präsuizidalen Kernsymptoms der affektiven Einengung stellt in der Krisenintervention eine häufige und zentrale Indikation für eine Tranquilizer-Behandlung dar. Dabei ist besonders auch auf den zeitlichen Verlauf zu achten, damit nicht durch fehlende Kontinuität in der Medikamenteneinnahme oder zu lange Dosisintervalle Reboundeffekte auftreten, und eine akute Suizidalität zugespitzt wird. Die gute Aufklärung der Patienten darüber und eine Vereinbarung von Notfallmaßnahmen in solch einem Fall, darunter die Anleitung zum Einsatz einer Bedarfsdosis der Medikation, ist dafür besonders wichtig.

Eine besondere Rolle fällt dem Benzodiazepin Alprazolam mit starker anxiolytischer, aber nur schwacher sedierender Wirkung zu. Der Einsatz ist indiziert, wenn Angstsymptome im Vordergrund stehen und eine stärkere Beruhigung nicht erforderlich ist.

Gerade bei der Schlaftherapie wird oft auf Substanzen, die keine reinen Tranquilizer sind, zurückgegriffen, besonders Antidepressiva mit einer sedierenden Wirkkomponente kommen „off-label" zum Einsatz (RIEMANN, HAJAK, 2009). Das Fehlen des Abhängigkeitspotenzials als auch der anhaltenden kognitiven Beeinträchtigung vermeiden zeitliche Limitierungen. Bei längerer Anwendung werden die spezifischen antidepressiven, aber auch langfristig anxiolytischen Effekte genützt. Weitere Möglichkeiten bestehen im Einsatz von modernen Neuroleptika mit sedierender, schlaffördernder Wirkung und mit günstigen affektiven Effekten.

3.4.2 Antidepressiva

Eine länger anhaltende affektive Beeinträchtigung im Sinne eines depressiven Zustandsbildes, aber auch eine fortdauernde Angstsymptomatik stellen in der Krisenintervention die Indikation für eine antidepressive Medikamenteneinstellung dar. Zur Anwendung kommen moderne Antidepressiva. Nicht angezeigt sind hingegen die alten tri- und tetrazyklischen Substanzen aufgrund stärkerer Nebenwirkungen und ihrer besonders bei Suizidalität gefährlich geringen therapeutischen Breite, durch die es bereits mit einer nicht sehr großen Anzahl an rezeptierter Medikamentenmenge zu einer letalen Überdosierung kommen kann.

Zumeist kommen Substanzen mit einer serotonergen Wirkkomponente zum Einsatz, die für einen guten direkten Effekt auf den Bereich der Stimmung, aber auch auf Angst verantwortlich ist (Selektive Serotonin Wiederaufnahmehemmer (SSRI), z. B. Escitalopram, Sertralin, Fluoxetin, und duale Antidepressiva mit Serotoninwirkung wie Serotonin und Noradrenalin Wiederaufnahmehemmer (SNRI), z. B. Duloxetin, Milnacipran, Venlafaxin, oder die sedierenden Antidepressiva Mirtazapin und Trazodon). Rein noradrenerge oder kombiniert noradrenerg dopaminerge Antidepressiva mit vorrangig aktivierender und motivationsfördernder Wirkung spielen im Bereich der Krisenintervention kaum eine Rolle (Selektive Noradrenalin Wiederaufnahmehemmer (NARI), Dopamin und Noradrenalin Wiederaufnahmehemmer (DNRI)). Auf die ausführliche Besprechung antidepressiver Therapie und ihrer Prinzipien soll an dieser Stelle nicht eingegangen werden, sondern auf die umfangreiche Literatur dazu verwiesen werden.

Zu betonen ist hier aber die nötige Sorgfalt bei einer Antidepressivaeinstellung im Hinblick auf eine mögliche oder manifeste Suizidalität der Patienten und die doch erhebliche Latenz bis zum antidepressiven Wirkungseintritt. Gerade bei akuten Krisen ist für die Zeit, bis eine effektive antidepressive Wirkung erzielt wird, eine ausreichende symptomatische Entlastung und Reduktion von Gefährdung essenziell. Es seien hier die zentralen Prinzipien in diesem Zusammenhang angeführt: Ausreichende rasch wirksame Symptombehandlung durch begleitende Tranquilizer oder sedierende Antidepressiva und Neuroleptika, kurzfristiges Wiederbestellen zu Kontrollterminen, gute Vorsorge für Notfallmaßnahmen und Vorbesprechung der Situation im Alltag bis zum nächsten Kontrolltermin.

Besonders muss hier auf die in der Literatur beschriebene gering aber signifikant erhöhte Gefahr des Auftretens oder der Verstärkung von Suizidalität durch die Gabe von Antidepressiva der Substanzgruppen SSRI und SNRI bei Kindern und Jugendlichen hingewiesen werden, die bei der Behandlung von depressiven Zustandsbildern, nicht aber bei der Behandlung von Angsterkrankungen relevant ist (BRIDGE et al., 2007). Bei dieser Personengruppe ist im Zweifelsfall die psychopharmakologische Therapie durch Fachärzte in diesem Bereich vorzunehmen.

Tab. 6 *Gefahren bei der medikamentösen Krisenintervention*

Gefahr	Maßnahme
Unzureichende akute Wirksamkeit, Entstehung eines Reboundeffekts	Einsatz von Substanzen mit Tranquilizerwirkung Ausreichende Dosierung und kurzfristige Therapiekontrolle
Unzureichende Wirksamkeit im Verlauf	Kurzfristige Kontrolltermine (persönlich u./o. telefonisch) Verfügbarkeit Notfallintervention für Patient klären
Non-Compliance	Ausreichende Exploration von Vorerfahrungen, Ängsten und Vorbehalten Ausreichende Aufklärung über Wirkung, Verlauf und Nebenwirkungen
Selbstschädigende Einnahme der verordneten Medikation, Intoxikation	Auswahl von Medikamenten mit großer therapeutischer Breite In der Akutphase Verschreibung oder Mitgeben von nur kleinen Medikamentenmengen
Abhängigkeitsentwicklung	Konsequentes ärztliches Monitoring bei Benzodiazepin-Verordnung

3.4.3 Neuroleptika

Auch in akuten Lebenskrisen kann es bei entsprechender Vorbelastung zum Auftreten einer psychotischen Symptomatik kommen, die einen entsprechenden Neuroleptikaeinsatz erforderlich macht. Auch hier sei auf die entsprechende Literatur an anderer Stelle verwiesen.

Eine häufigere Indikation in der Krisenintervention für die Behandlung mit sedierenden Neuroleptika entsteht durch das Auftreten von vor allem starker Anspannung, besonders mit dysphorischer und aggressiver Note, daher auch besonders bei Fremdgefährdung, aber auch bei Suizidalität, und auch bei Schlafstörung. Die früher in dieser „off-label" Indikation verwendeten sogenannten niederpotenten Neuroleptika (z. B. Chlorprotixen) wurden zunehmend von neueren atypischen Neuroleptika abgelöst. Einige Substanzen aus dieser Gruppe haben mittlerweile auch Indikationen im Bereich affektiver Erkrankungen, als stimmungsstabilisierende Medikamente, und auch bei der Behandlung von depressiven Episoden (z. B. Quetiapin, Olanzapin), und eignen sich in zumeist niedrigeren Dosierungen sehr gut zur Beruhigung, Schlafförderung und Distanzierung.

3.4.4 Allgemeine Prinzipien der Medikamentenbehandlung in der Krisenintervention

Für das Gelingen der psychopharmakologischen Intervention bei Menschen in akuten Krisen ist zunächst darauf zu achten, dass auch eine kurze basale somatische und psychiatrische Anamnese erfolgt, damit nicht mögliche Kontraindikationen (Benzodiazepine bei Abhängigkeitserkrankung in der Anamnese, mögliche Schwangerschaft etc.), drohende Wechselwirkungen, aber auch hilfreiche Informationen über positive oder negative Psychopharmaka-Vorerfahrungen übersehen werden.

Auf einen möglichen aktuellen und vorübergehenden Substanzabusus, den wir öfter im Rahmen einer akuten Krise beobachten können (in der Regel mit Alkohol), ist auch bei negativer Abhängigkeitsanamnese zu achten. Einerseits ist dieser Umstand als Faktor einer möglichen Gefährdung zu berücksichtigen, andererseits kann hier durch eine gute symptomatische medikamentöse Behandlung leicht Abhilfe geschaffen werden.

Bei bestehenden früheren Erfahrungen kann unter Umständen auf eine Vormedikation zurückgegriffen werden, die bereits gut wirksam war und vertragen wurde, andererseits kann es wichtig sein, negative Erfahrungen zu besprechen, offensichtliche Unverträglichkeiten in der Entscheidung für eine Medikation zu berücksichtigen oder auch mögliche Gründe für negative Erfahrungen zu erkennen und der Person verständlich zu machen. Im Falle der Krisenintervention ist eine Aufklärung der Patienten über Wirkung und Nebenwirkungen besonders wichtig, um einen guten Erfolg der Behandlung zu ermöglichen und das Entstehen von Negativerfahrungen so gut als möglich zu vermeiden.

Häufig sind wir mit Ängsten vor möglichen negativen Auswirkungen und einer negativen Stigmatisierung einer Psychopharmakabehandlung konfrontiert. Für das Gelingen der Intervention ist das Eingehen auf die erlebten Ängste und Bewertungen oft entscheidend. Am häufigsten wird von den Patienten die Angst geäußert, von den Medikamenten abhängig zu werden und/oder eine Persönlichkeitsveränderung zu erfahren und die Kontrolle über sich selbst zu verlieren.

Abschließend sei an dieser Stelle betont, dass die primäre Aufgabe der Medikamentenbehandlung in der Krisenintervention darin besteht, die eigenen Bewältigungsmöglichkeiten möglichst zu stärken und zu mobilisieren und so bei der Krisenbewältigung zu unterstützen, während darauf geachtet werden soll, dass nicht das Erleben von Hilflosigkeit und Ohnmacht verstärkt wird und ein ohnedies beeinträchtigter Selbstwert nicht weiter untergraben wird. Entsprechend ist auch darauf hinzuweisen, dass eine Medikamentenbehandlung nicht als einzige Unterstützung angeboten werden soll ohne auf den Bedarf nach weiteren unterstützenden Maßnahmen zur Krisenbewältigung zu achten.

3.5 Telefonische Krisenintervention

Die Arbeit am Telefon wirft ganz spezielle Probleme auf: Zum ersten kann alles, was wir in einem persönlichen Gespräch an averbaler Kommunikation beobachten können und was uns insbesondere in der Beurteilung der affektiven Lage sehr hilfreich ist, bei der Arbeit am Telefon nur über den akustischen Kanal laufen. Zum zweiten kann ein solches Gespräch jederzeit vom Anrufer/von der Anruferin unterbrochen werden. Zum Dritten können auch Zufälligkeiten sowie auch Funkstörungen im Mobilnetz die Verbindung stark beeinträchtigen. Letztendlich ist die Arbeit auch körperlich sehr anstrengend. Weiters ist die Gefahr, bei telefonischen Beratungen durch andere Personen gestört zu werden, ziemlich groß. All diese Schwierigkeiten können sich jedoch auch als Vorteile herausstellen: Auch lernt man über das Telefon sehr gut, die Gemütslage des anderen zu beurteilen und die eigenen Emotionen richtig zu vermitteln. Die Anonymität, die durch die mittelbare Kommunikation über das Telefon möglich ist, erleichtert es auch manchen KlientInnen, in Kontakt zu treten. Das Beiziehen von mehreren HelferInnen bei einem besonders schwierigen Gespräch ist praktisch nur bei telefonischen Gesprächen unmittelbar möglich. Das Unerwartete der Telefonkontakte macht diese Arbeit auch immer wieder spannend.

Falldarstellung

Anrufer (A): „Ich kann nicht mehr, ich bin am Ende, ich kann nicht mehr, ich kann überhaupt nichts mehr, ich kann … die Nacht hat mir den Rest gegeben."
Helfer (H): „Hat Ihnen den Rest gegeben … Was war in der Nacht?"
A: „Ja mein Mann ist fortgegangen, und das ist das Ärgste für mich, wenn ich ganz allein bin."
H: „Wenn Sie ganz allein sind."
A: „Das ist das Ärgste für mich!"
H: „Da fühlen Sie sich dann so richtig im Stich gelassen?"
A: „Ja, ja!!!"
H: „Das ist das!"
A: „Ich kann mit niemandem reden, ich will ja immer nur das Beste."
H: „Was ist das Beste?"
A: „Immer nur, nur … Ich hab' niemanden, ich habe niemanden mehr. Ich hab' nur meinen Mann, und der mag mich nicht mehr."
H: „Er mag Sie nicht mehr?"
A: „Nein."
H: „Wo ist Ihr Mann jetzt? …"
A: „Fort."
H: „Und das werden Sie nicht überleben können?"
A: „Ja, das halt ich nicht mehr aus."
H: „… nicht mehr aus (?)"
A: „Wissen Sie, wir sind jetzt über 10 Jahre verheiratet, und in dieser Zeit …"
Das Gespräch ist in Gang gekommen, es wird die Beziehung der Anruferin zu ihrem Mann besprochen und von mehreren Seiten beleuchtet. Daraus entwickelt die Anruferin neue Vorstellungen, wieder mit ihm ins Gespräch zu kommen und

den Suizidplan zurückzustellen. Eine Beratung zu dritt wird angeboten. Beim telefonischen Kontakt am nächsten Tag berichtet die Anruferin über ihre Aktivitäten, neue Möglichkeiten werden besprochen, Rückschläge und Bewältigungsmöglichkeiten werden erörtert sowie die Verzweiflung und die Suizidgedanken des Vortags thematisiert. Der Mann wollte nicht zu einem Beratungsgespräch kommen, die Anruferin wollte es weiter – mit telefonischer Unterstützung – selbst versuchen (was ihr tatsächlich gelang!).

In diesem Fall war es für den Helfer natürlich angenehm, einen persönlichen Kontakt anbieten zu können, auch wenn dieser letztlich nicht in Anspruch genommen wurde. Telefonnotrufe, die diese Möglichkeit nicht haben, müssen, wenn sie die Anrufende/den Anrufenden dazu bewegen wollen, direkt und persönlich Hilfe aufzusuchen, oft ungleich mehr Motivationsarbeit leisten. Anbei eine Zusammenstellung der

Aufgaben und Vorgangsweise im telefonischen Beratungsgespräch, wenn auch die Möglichkeit eines persönlichen Kontaktes gegeben ist

A. Klären der Situation und Hilfsvorstellungen

a) Kontakt aufnehmen und Problematik erfassen

Auch am Telefon sind Akzeptanz, Echtheit und Empathie unabdingbare Voraussetzungen für Beziehung und Kooperation als Basis für ein hilfreiches Gespräch.
- Der/die AnruferIn muss *ermutigt* werden, das Problem oder die belastende Situation sowie den Anlass für den *heutigen* Anruf ausführlich zu schildern, um deutlich zu machen, *wofür* genau und konkret Hilfe gesucht wird.
Unser Verhalten und unsere Fragen dienen dieser Klärung sowie einem ersten Ordnen und Prioritäten-Setzen bei mehrfachen Schwierigkeiten! Die Priorität setzt der/die AnruferIn, wir verhelfen lediglich dazu! Das bedeutet z. B. auch: Bei ausufernder Weitschweifigkeit in einer Atempause das bisher Verstandene zusammenzufassen oder behutsam und Anteilnahme äußernd zu unterbrechen und dann jedenfalls die Kernfrage zu wiederholen; bei Erregungszuständen Zeit zu geben für das Äußern der Gefühle und durch Sachfragen das Gespräch in Gang zu bringen; bei Nicht-schildern-Können oder Nicht-schildern-Wollen der Situation unsere Bereitschaft zu „passender" Hilfeleistung zu bekunden und den/die AnruferIn zu einem persönlichen abklärenden Gespräch einzuladen.

b) Hilfsvorstellungen entwickeln
- Der/die AnruferIn muss zur Äußerung von Hilfevorstellungen veranlasst werden, sowohl direkt, z. B. „Was wäre jetzt eine Hilfe?", als auch indirekt, z. B. „Haben Sie etwas Ähnliches schon einmal erlebt? Was hat damals geholfen?". In jedem Fall muss erkundet werden, was *jetzt* bereits unternommen wurde und mit welchem Ergebnis. Wenn der/die AnruferIn keine eigenen Hilfevorstellungen entwickeln kann, dann muss eine persönliche Hilfvorstellung als

Möglichkeit eingebracht und die eventuelle Ablehnung verstehen-wollend hinterfragt werden, z. B. „Könnte Ihnen ... x ... helfen?" „Welche Schwierigkeiten sehen Sie dabei?"
Unsere Fragen, Anregungen, Vorschläge dienen der Eingrenzung und Präzisierung möglicher und realisierbarer Hilfeleistungen!

- Der/die AnruferIn muss gefragt werden, ob und welche Betreuung aktuell besteht oder früher bestanden hat, und inwiefern eine bestehende Betreuung **nicht** ausreichend hilfreich ist. Es muss besprochen werden, **was** daran verbessert werden sollte und **wie** das geschehen könnte, z. B., indem dem/der BetreuerIn Unzufriedenheit, Wünsche, Erwartungen mitgeteilt und zu erwartende Reaktionen besprochen werden (Beziehungsklärung).
Der/die AnruferIn muss ermutigt werden, bereits bekannte und als hilfreich erprobte HelferInnen oder Beratungsstellen neuerlich aufzusuchen.
Unsere Fragen, Anregungen, Bemerkungen und sonstigen Äußerungen dienen der besseren Nutzung von *bestehenden* oder schon *bekannten* **Beziehungen** im familiär-sozialen und professionellen Bereich! Dem zugrunde liegt das Wissen und die Erfahrung, dass eine „hinreichend gute" Beziehung **Grundbedingung des Helfens** ist, insbesondere in Zeiten von Krisen oder sonstigen Zuständen psychosozialen Missbefindens.

c) Mit Sonderfällen zurechtkommen
- Wenn der/die AnruferIn von **Suizid-Gedanken** (-Impulsen, -Absicht) spricht, muss geklärt werden, wie es dazu gekommen ist, was passiert ist, wann diese Gedanken auftreten, wie lange sie schon auftreten, wie er/sie sich bisher dagegen wehren/schützen konnte. Wie fühlt sich der/die AnruferIn sonst (auch körperlich)? Treten diese Gedanken erstmals auf? Welche Hilfen gab es seinerzeit, was wurde jetzt an Hilfe gesucht?
  - Falls eine **akute Krise oder unklares Geschehen** vorliegt und **keine** professionelle Hilfe existiert, erfolgt eine Einladung zu einem persönlichen Gespräch.
  - Falls eine akute Krise oder unklares Geschehen vorliegt und professionelle Hilfe existiert, erfolgt eine Klärung der bestehenden Betreuung und, wenn möglich, eine Rückbindung an diese. Wenn diese Rückbindung nicht möglich ist, erfolgt eine Einladung zu einem persönlichen Gespräch
  - Falls keine akute Krise vorliegt und professionelle Betreuung besteht, wird so vorgegangen wie zuvor beschrieben. Falls eine Rückbindung nicht möglich ist, erfolgt die Vermittlung an eine entsprechende andere Institution.
  - Falls **keine** akute Krise und **keine** professionelle Hilfe bestehen, erfolgt die Vermittlung an eine entsprechende andere Institution.
  In allen vier Fällen muss besprochen werden, *wie* der/die AnruferIn die angebotene Hilfe erreichen wird.

- Wenn der/die AnruferIn **Hilfe für eine andere, „dritte" Person** möchte, gilt es, die Problemlage sowie die Hilfsvorstellungen aus Sicht des Anrufers/ der Anruferin zu erkunden (siehe oben).
  Zusätzlich fragen wir, worüber der/die AnruferIn sich besonders Sorgen macht, was er/sie befürchtet, welche *Hinweise* für diese Befürchtungen existieren. Falls die „dritte" Person *anwesend* ist, bitten wir sie direkt ans Telefon; falls sie nicht anwesend ist, besprechen wir eine etwaige Rückbindung an die Vorbetreuung (s. o.) oder bieten an, dass sie uns anrufen möge bzw. im Falle einer akuten Krise persönlich kommen möge, andernfalls nennen wir eine andere Betreuungsmöglichkeit.
  Wir fragen den/die AnruferIn nach der persönlichen Beziehung zur „dritten" Person und ob er/sie glaubt, diese zum Hilfe-Aufsuchen motivieren zu können; wenn nicht, muss ein Gespräch darüber geführt werden, in dem die Gründe für das Nicht-Motivieren-Können abgeklärt und Alternativen entwickelt werden.
  Anregungen dazu:
  - *persönliche Beziehung ist zu belastet*, mögliche Hilfe wird *deshalb* nicht angenommen: wer hat besseren Zugang als AnruferIn? (vielleicht: FreundInnen, ArbeitskollegInnen, Hausparteien, MitbewohnerInnen ...)
  - *Argumente fehlen*: was könnte AnruferIn sagen und wie könnte er/sie das sagen? (vielleicht: ich mache mir Sorgen, ich möchte, dass du zu X gehst)
  - *„dritte" Person hat Angst/Misstrauen*: Wovor? Was könnte da eine Hilfe sein? (vielleicht: Begleitung von AnruferIn oder jemand anderem; Information, dass Anonymität möglich ist und keine Zwangsmaßnahmen ergriffen werden)
  - *„dritte" Person ist möglicherweise psychisch krank*: Unter welchen *körperlichen* Beschwerden *leidet sie*? Könnte sie deswegen zum Arzt gehen? (vielleicht: Schlafstörungen, Beschwerden mit Kreislauf oder Verdauung, unspezifische Schmerzen ...)

Wir fragen den/die AnruferIn, wie er/sie überhaupt mit dieser Situation zurecht kommt, wie es ihm/ihr geht, mit wem er/sie darüber sprechen kann.
Eventuell bieten wir ihm/ihr ein weiteres Telefongespräch für zusätzliche Überlegungen an oder laden ihn/sie zu einem persönlichen Gespräch ein.

B. Mit Emotionen umgehen

Auffangen, eingehen auf und akzeptieren von hörbaren Gefühls- und Belastungsreaktionen, wie z. B. deutlichem Zögern, längeren Pausen, Weinen, Schreien ...
Wir vertiefen für kurze Zeit das Gespräch im emotionalen Bereich durch Beschreiben, Verdeutlichen, Benennen oder Erfragen der augenblicklichen Gefühlslage und des körperlichen Befindens, auch der daraus folgenden Schwierigkeiten. Wir fragen, was passieren könnte, was befürchtet wird und dann vor al-

lem, **was wie** Erleichterung bringen kann, eventuell auch, ob jetzt jemand für AnruferIn da ist, erreichbar ist.

Wenn wir den Eindruck/das Gefühl haben, der/die AnruferIn könnte daran denken, fragen wir **direkt**, ob der/die AnruferIn daran denkt, sich das Leben zu nehmen (oder andere zu verletzen/töten). Wir fragen nach den Hintergründen und Umständen, was der/die AnruferIn tun könnte, damit das nicht geschieht, was dazu nötig wäre, wer und was dabei helfen könnte. Wir versuchen, im Gespräch zu bleiben und neuerlich den/die AnruferIn zu bewegen, zusätzliche Hilfe in Anspruch zu nehmen.

In schwierigen Fällen eine/n weitere/n Helfer/in hinzuziehen!

C. Abschließende Interventionen

Hier geht es um das Deutlich-Machen der nächsten Schritte; eventuell kann das Wesentliche wiederholt oder zusammengefasst werden. Jedenfalls machen wir in freundlicher Weise verständlich, warum wir, wenn notwendig,

- zu einem persönlichen Gespräch einladen (möglicher Zweck: rasches Auffangen – Abklärung Entscheidungshilfe – Überbrückung – kurzfristige Betreuung) oder
- eine andere Institution bzw. BeraterIn/PsychotherapeutIn vermitteln oder
- zur bestehenden Betreuung rückbinden (falls nach Beziehungsklärung möglich)
- ein weiteres Telefongespräch vereinbaren (möglicher Zweck: Rückmeldung, weitere Überlegungen machen, Stützung)

Im zweiten und dritten Fall muss mit Enttäuschung und Widerständen gerechnet werden: Diese sollen wir verstehen und aushalten, außerdem sollten wir nochmals versuchen, unser Bemühen um die *beste* Hilfe zu erklären und den Sinn unserer Vermittlung zu erläutern. Wir diskutieren also *nicht* darüber, ob eine akute Krise besteht, sondern *wie* und *wo*, entsprechend unserer Einschätzung der Gesamtsituation, *zweckmäßig* geholfen werden kann.

Telefonseelsorge – Telefonnotrufe leisten enorm viel in der Krisenbewältigung, die MitarbeiterInnen werden üblicherweise besonders für die Telefonarbeit geschult, wobei sich hier das Rollenspiel sehr bewährt hat. Relativ selten (zwischen 1 und 7 % aller Anrufe) sind Telefonate mit suizidgefährdeten AnruferInnen. Diese relative Seltenheit, gepaart mit der Vorstellung, von einem Menschen angerufen zu werden, der gerade giftige Substanzen eingenommen hat, und ihm dann nicht helfen zu können, macht eine der üblichen Ängste des Telefonberaters/der Telefonberaterin aus. Daraus resultiert dann nicht selten eine große Scheu, den Anrufer/die Anruferin direkt auf Suizidalität hin anzusprechen. Erfahrungsgemäß gehört es zu den größten Seltenheiten, dass, wie z. B. in dem berühmten Film *The Cry for Help* mit Sidney Portier, tatsächlich ein/e Telefonberater/in mit der Situation befasst ist, von einem/einer Sterbenden angeru-

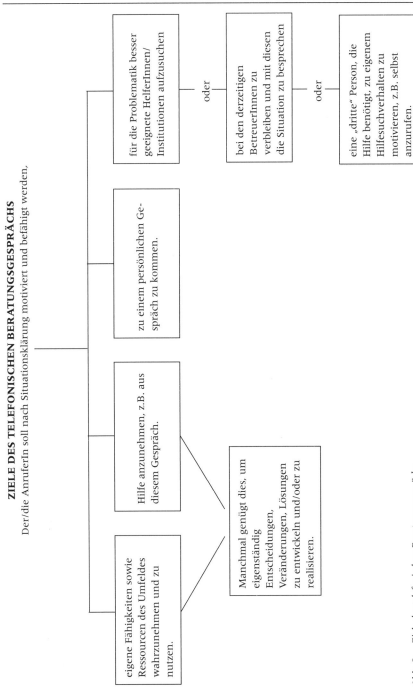

Abb. 3 *Ziele des telefonischen Beratungsgesprächs*

fen zu werden. Üblicherweise bleibt diese Situation jedoch ein Albtraum und kommt in der Realität praktisch nicht vor.

Die telefonische Krisenintervention unterscheidet sich in der Praxis nicht von der sonstigen Krisenarbeit: Das Arbeiten an der **Beziehung**, die **Entlastung**, das **Einbeziehen** anderer Personen oder Ressourcen, das Erheben der **Krisensituation** und allfälliger **Suizidgefährdung** sowie die Entwicklung eines **Aktionsplans** sind auch hier die Grundvoraussetzungen (s. Kap. 3 bzw. in der Kurzform Kap. 4 „BELLA").

Zum seltenen Umgang mit suizidgefährdeten Anrufern haben sich folgende 24 Punkte bewährt, die man sich sinnvollerweise gleich zum Telefon hängen sollte, damit man sie jederzeit zur Hand hat.

24 Leitpunkte zum Telefongespräch mit suizidalen Personen (nach H. Sorgatz)

1. Nimm jeden Selbsttötungshinweis am Telefon ernst!
2. Ein Lebensmüder am Telefon hängt noch am Leben, sonst hätte er nicht angerufen!
3. Suizidales Verhalten ist häufig ein (letzter) Versuch, mit einem Mitmenschen zu reden, und sei er noch so anonym.
4. Suizidale Äußerungen müssen aktives Zuhören auslösen.
5. Suizidenten sehen häufig schwarz/weiß. Sie erwarten daher in den meisten Fällen eine eindeutige Kommunikationsstruktur (z. B. Vater – Kind).
6. Die gefährlichen Höhepunkte einer suizidalen Krise dauern nur wenige Stunden. Befürchte nicht, dass du dir zuviel vergibst, wenn du dich (als Letzter) eventuell ausnutzen lässt.
7. Wenn du selbst mit deinen suizidalen Gedanken und Wünschen im reinen bist, dann kannst du angstfrei mit den suizidalen Bestrebungen des anderen umgehen.
8. Zeige Sorge um den anderen, aber keine Angst vor den Worten und Vorhaben des anderen.
9. Vermeide ängstliche-wohlgemeinte Umschreibungen. Sage statt „Suizid" „Du willst dich töten" oder statt „Tabletten nehmen" „Du willst dich vergiften".
10. Suizidale Anrufer schwanken ambivalent zwischen Leben und Tod. Verdeutliche diese Ambivalenz und verstärke sie, sodass der andere sich noch einmal beide Alternativen überlegen muss.
11. Versuche den anderen beim Namen zu nennen, das schafft die erste persönliche Beziehung.
12. Wer sich das Leben nehmen will, hat ein Recht darauf, dir mit persönlichen Forderungen und ungereimten Gedanken auf die Nerven zu fallen.
13. Überlasse dem anderen die Art, in der er mit dir sprechen möchte. Ist er sachlich, sei du sachlich; ist er technisch, sei du technisch; ist er weich, sei du auch weich.

14. Lass dich nicht in seine Hoffnungslosigkeit hineinziehen, sondern hinterfrage sie durch vorsichtige Modifikation seiner Behauptungen.
15. Vermeide direkte Warum-Fragen, die den anderen in die Ecke drängen.
16. Versuche, den anderen zu Mini-Aktionen anzuregen. „Wir müssen lange miteinander sprechen, wollen Sie nicht etwas ans Telefon holen (zum trinken, zum rauchen), wollen Sie sich nicht hinsetzen?"
17. Versuche, den anderen auf ihm noch wichtige Personen anzusprechen. Falls er wirklich keine hat, biete dich als solche an.
18. Versuche zu ergründen, welche der sechs wichtigsten Lebensbereiche (Selbst, Arbeit, Religion, soziale Beziehungen und Liebe, Sex, Partnerschaft) noch am ehesten Auftrieb verleihen können.
19. Rege den anderen an, Fantasien über seine Zukunft zu entwickeln, aber nimm ihm diese Arbeit nicht ab.
20. Lass dich nicht von logischen Schlussfolgerungen überzeugen wie „darum muss ich mich umbringen". Wandle sie um in „deshalb *könnten* Sie sich (in absehbarer Zeit, unter bestimmten Umständen, wenn diese und jene Möglichkeiten nicht mehr offenstehen) vergiften".
21. Frage indirekt nach Wohngegend, Arbeitsstelle, Arbeitskollegen etc., aber nur, wenn du die Adresse herausfinden musst.
22. Sage dem anderen, wie gut du es findest, mit ihm zu sprechen.
23. Versuche eine Abmachung zu erreichen, dass der andere, bevor er sich tötet, noch einmal dich anruft – und zwar erst, nachdem er die von ihm vorgeschlagenen Alternativen ausprobiert hat.
24. Habe keine Angst davor, dass sich manche Menschen ihr letztes menschliches Recht nehmen, auf das auch du – zumindest in Gedanken – wohl nicht verzichten möchtest.

Natürlich ergeben sich aus dieser besonders aktiv werbenden Haltung auch Probleme in Bezug auf Abhängigkeit und **DaueranruferInnen**. Diese zählen zu den größten Problemen von Telefonnotdiensten. Der Umgang mit ihnen lässt sich dadurch wesentlich erleichtern, dass erstens **jeder/jede** Telefonarbeiter/in genauestens über diese Daueranrufer **informiert** sein muss, zweitens ein **gemeinsames Konzept** im Umgang mit diesen erarbeitet werden muss, das drittens hauptsächlich darin besteht, das **Anliegen** dieses Daueranrufers, das zumeist niemals klar herausgearbeitet wurde oder sich im Laufe der oft über Jahre gehenden Daueranrufe verloren hat, neu gesucht wird. Daraus ergeben sich notwendigerweise Restriktionen für den/die AnruferIn, die aber nur dann gesetzt werden können, wenn der/die DaueranruferIn auch verstehen kann, dass eine bessere Strukturierung ihm/ihr besser helfen wird als die bisherige „Selbstbedienungsattitüde", die häufig nur mehr darin besteht, die zahlreichen und oft auch langatmigen Anrufe zu rechtfertigen und am eigentlichen Problem (z. B. der Unselbstständigkeit, der Angst vor dem Verlassenwerden, der Unsicherheit, der Spannungsintoleranz) gar nicht zu arbeiten. Eigene, aber auch internationale Untersuchungen zu dieser Problematik ergaben, dass nicht – wie befürchtet – es zu Eskalationen der Suizidalität kommt, sondern dass im Gegenteil die Suizidalität abnimmt und es auch generell zu einer Stabilisierung und Besserung im Befinden der DaueranruferInnen kommt. Der Hilfsstelle gelingt es auf diese Art, die Anzahl von DaueranruferInnenn zu reduzieren bzw. von vornherein DaueranruferInnen nicht entstehen zu lassen.

3.6 Beziehungen der Krisenintervention zur Notfallpsychiatrie

Psychiatrische Notfälle beschäftigen im präklinischen Bereich Notarzt- und Rettungsdienste – das Vorkommen wird dort mit einem Anteil von etwa 10 % angegeben (KÖNIG et al., 1996), andererseits sind sie Versorgungsaufgabe besonders für die regionalen stationären als auch ambulanten allgemein- und sozialpsychiatrischen Bereiche. Ursachen sind akute Exazerbationen, aber auch das Neuauftreten einer psychiatrischen Erkrankung oder akute Zuspitzungen im Rahmen eines persönlichen Krisengeschehens.

Akute Suizidalität, akute Verwirrtheit, akute Erregung und Aggression, Ausbruch einer akuten Erkrankung, wie z. B. eines Herzinfarktes, Schlaganfalles etc. oder auch einer psychischen Erkrankung bedingen einen psychiatrischen oder gegebenenfalls medizinischen Notfall. Dabei überwiegt die plötzliche und unmittelbare Gefährdung des Lebens, der körperlichen Integrität oder der Gesundheit.

Diese Umstände verlangen für den Notfall im Vergleich zur Krisenintervention eine aktivere Herangehensweise. Es muss rasch eine erste Klärung im Sinne einer Triage erfolgen, damit die entscheidenden Maßnahmen veranlasst bzw. durchgeführt werden. Das Gespräch mit den Betroffenen und gegebenenfalls den Angehörigen wird durch die Helfenden nach Prioritäten strukturierend geleitet. Dabei werden wichtige Informationen erfragt, parallel dazu aber auch erste Interventionen gesetzt. Es wird aktiv ein tragfähiges Beziehungsangebot für die Akutintervention vermittelt und auf die Hintanhaltung noch weitergehender Regression bzw. Zunahme von Gefährdung geachtet. Ein entscheidendes Prinzip bei der Eindämmung von Gefahr ist primär auch auf die Situation und mögliche Gefährdungen der Helfer und auf den Erhalt von deren Handlungsfähigkeit zu achten.

Für die erste Orientierung wird bei einem psychiatrischen Notfall nach Leitoder Schlüsselsymptomen unterschieden (nach KATSCHNIG & DAVID, 1990, und RUPP, 2010):

- Bewusstseinsstörung
- Verlust des Realitätsbezuges, Wahnvorstellungen
- Verzweiflung, Suizidalität
- Aggression, Konflikt mit Drohung und Gewalt
- Suchtmittelmissbrauch
- Angst und Panik
- Hemmung, Antriebslosigkeit, Stupor

Mit Ausnahme der ersten beiden Leitsymptome wird man Ähnliches auch bei Krisen finden, sofern diese jedoch erhebliches Ausmaß bzw. den Charakter einer akuten Gefährdung annehmen oder die Kommunikation verunmöglichen, ist die Situation als Notfall zu definieren. Rupp definiert den Notfall als die Eskalationsform der Krise, bei der eine akute Selbst- oder Fremdgefährdung angenommen werden muss, und die rasche Intervention erfordert (RUPP, 2010).

Medizinische Notfälle bedürfen natürlich sofortiger medizinischer Hilfe zur Erhaltung des Lebens oder zur Wiederherstellung der erheblich oder akut bedrohten Gesundheit. Wenn die akute Gefährdung, also der Notfall, vorbei ist, sollte nicht übersehen werden, dass zu Beginn des Notfalls möglicherweise eine Krise stand, die ihn auch ausgelöst haben kann und einer entsprechenden Bearbeitung bedarf, oder es die persönliche Krise, die durch den nicht vorhergesehenen medizinischen Notfall entstanden ist, zu versorgen gilt.

Ein weiterer Aspekt gilt dem Umstand, dass viele Krankheiten – psychiatrische als auch somatische, insbesondere dann, wenn sie chronisch bzw. rezidivierend sind, die Krisenanfälligkeit beträchtlich erhöhen können, dass also – ähnlich wie bei chronisch protrahierten Krisen – viele Probleme und Veränderungen zu Krisenanlässen werden können und die entsprechenden Krisen ihren charakteristischen Verlauf nehmen. Gerade bei chronisch rezidivierenden psychischen Erkrankungen ist dann oft nicht leicht unterscheidbar, ob die akute Verschlechterung in der Tat eine Krise, also eine Reaktion auf einen Krisenanlass ist oder eine Exazerbation der bestehenden Erkrankung bzw. ein neuerlicher Schub oder eine neuerliche Krankheitsphase darstellt.

Von vielen psychisch Kranken, aber auch von ihren Angehörigen werden Verschlechterungen oder der Neubeginn der psychischen Erkrankung üblicherweise als Krise bezeichnet, auch wenn es sich dabei um einen psychiatrischen Notfall handelt, da die akute Verschlechterung bzw. Beeinträchtigung im Vordergrund steht, von der man hofft, dass es „nur" eine vorübergehende Krise wäre und nicht das Rezidiv oder Wiederaufflackern der schweren psychischen Krankheit.

Gelegentlich erfordert es in der Tat einige Erfahrung bzw. die Beiziehung von Fachleuten, um psychiatrische Notfälle von psychosozialen Krisen unterscheiden zu können. Dies ist für den Betroffenen sehr wesentlich, da es einerseits für einen Menschen in einer psychosozialen Krise nicht unbedingt hilfreich ist, ihn ausschließlich medizinisch-psychiatrisch als Notfall zu behandeln, andererseits ist es wenig sinnvoll, einem psychiatrischen Notfall die dringend notwendige psychiatrische Hilfe vorzuenthalten. Um dies differenzialdiagnostisch einigermaßen gut beurteilen zu können, empfiehlt sich nicht nur eine gute Kooperation der Krisenintervention mit der Psychiatrie, sondern auch angemessenes psychiatrisches Wissen für Personen, die Krisenintervention betreiben, und entsprechende Erfahrung in Krisenintervention für Personen, die primär mit Notfällen zu tun haben (Notärzte, Rettungsdienste, Pflegepersonen).

Diese Aspekte machen deutlich, wie wichtig eine gute Schulung in Kompetenzen der Krisenintervention und des Umgangs mit Suizidalität im Feld psychosozialer und medizinischer Arbeit ist. Entsprechend stellen diese Aus-, Fort- und

Weiterbildungen auch einen bedeutsamen Schwerpunkt in den nationalen Suizidpräventionsprogrammen dar (siehe das entsprechende Kapitel in diesem Buch).

Abschließend soll eine sehr positive Entwicklung in diesem Bereich hervorgehoben werden, nämlich die Etablierung mobiler Krisenverventionsteams, wie sie beispielsweise in Österreich bereits flächendeckend gelungen ist, die in der Zusammenarbeit mit den herkömmlichen Rettungsdiensten die wichtige Vorort-Versorgung von akuten traumatischen Krisen, d.h. also in der ersten Phase des Schocks von Betroffenen, bereitstellen. Sie ermöglichen an der Schnittstelle von Notfall und akuter persönlicher Krise eine rasche, Eskalationen vorbeugende Intervention und leisten Weichenstellungen für das weitere gute Gelingen persönlicher Krisenbewältigung von betroffenen Personen.

3.7 Organisation der Krisenintervention

Es gibt das nach LITMAN (1970) benannte Gesetz, wonach die Kompetenz des Psychiaters umso geringer sei, je höher die Suizidgefährdung eines Menschen ist. Dieses sicher etwas überspitzte Gesetz zeigt jedoch die Notwendigkeit einer gut organisierten Laienhilfe. Wie die Erfahrungen der *Samaritans* in England gezeigt haben, ist von dieser Art der Laienbetreuung ein hoher psychohygienischer Wert zu erwarten. Gerade die Krisenarbeit der Laien und Paraprofessionellen vermag einerseits die Distanz zu den professionellen Institutionen zu verkürzen, andererseits jedoch auch Krisen, häufig noch im Anfangsstadium, zu bewältigen. Dazu gehören auch Sonderformen therapeutischer Gemeinschaften wie Selbsthilfegruppen, Anonyme Alkoholiker, Anonyme Depressive etc., Einrichtungen wie die Telefonseelsorge, soziale Notrufdienste, aber auch andere soziale Einrichtungen wie Altenhilfe, Bahnhofssozialdienste und dgl. Sie stellen ein unschätzbares Potenzial der Krisenbewältigung dar. Besondere Bedeutung erlangen diese Dienste dann, wenn sie sieben Tage in der Woche und 24 Stunden am Tag in Betrieb sein können. Diese ständige Erreichbarkeit ist allerdings keine unabdingbare Forderung für jede Institution: die Betriebszeiten müssen sich in erster Linie nach den tatsächlichen Bedürfnissen, die nicht ohne Aufwand und Experimentierfreudigkeit zu eruieren sind, und nach den örtlichen Gegebenheiten richten. Ein Überangebot vermindert zweifellos das Selbsthilfepotenzial der Bevölkerung und bringt Erschwernisse in der Hilfe zur Selbsthilfe. Darüber hinaus ist es für die Organisation einer Stelle, die (auch) Krisenintervention betreibt, wesentlich, welche eigenen Bedürfnisse und Erwartungen sie hat und wie ihr Selbstverständnis aussieht: Betrachtet sie sich primär als Vermittlungsstelle zu anderen betreuenden und therapeutischen Einrichtungen, will sie selbst lediglich im aktuellen Kontakt Hilfe vermitteln, alles weitere jedoch anderen überlassen, oder will sie darüber hinaus auch Nachbetreuungsaufgaben übernehmen. Wir selbst konnten z. B. feststellen, dass die Effizienz wesentlich absinkt, wenn die Anzahl der Kontakte unter fünf lag (Sonneck et al., 1978). Dies war eine wichtige Motivation für uns, der eigentlichen Krisenintervention Vorrang einzuräumen. Wie Erfahrungen aus den USA zeigten, ist professionelle Suizidverhütung in eigenen Suizidverhütungszentren nicht in ausreichendem Maße effektiv. Erst der weitergespannte Rahmen der Krisenintervention gewährleistet neben anderen Hilfsmöglichkeiten auch eine Suizidprophylaxe. Ein möglichst enges Netz von leicht erreichbaren Hilfsstellen mit der ständigen Möglichkeit der Supervision, der Hilfe und Unterstützung durch ein professionelles Zentrum, sichert offenbar den größten Wirkungsgrad. Dieses Zentrum, das als Hilfs- und Schlüsselstelle für viele soziale Einrichtungen dienen kann, ist günstigerweise in den Schwerpunkt eines Sektors zu stellen und von einem Team von ÄrztInnen, PsychologInnen, SozialarbeiterInnen, aber auch anderen helfenden Professionen und Freiwilligen zu betreiben. Team heißt, dass in dieser dynamisch zu verstehenden Gruppe von HelferInnen allen praktisch dieselben Aufgaben zufallen, dass lediglich, entsprechend der Ausbildung, eine jeweils andere Gewichtung zum Tragen kommen wird. Unterschiedliche Gehälter, unterschiedliche Dienstverträge, Sonderverträge für Akademiker und dgl. werden dem Teamgedanken abträglich sein und die Zusammenarbeit erheblich erschweren, in kritischen Fällen immer wieder unmöglich machen: Sosehr der/die Einzelne die Verantwortung für „seinen"/„ihren" Klienten hat, so wenig darf er/sie damit im akuten Fall alleingelassen werden. Besonders krisenanfällige Populationen müssen in Eigeninitiative gefunden, aufgesucht und womöglich an Ort und Stelle versorgt werden. Der Einbeziehung der Umgebung, der Familie bzw. der Nachbarschaft kommt ganz besonderer Stellenwert zu. Familientherapeutischen Ansätzen ist wohl, wo immer möglich, der Vorzug zu geben. Einen sehr aufwendigen Ansatz, der aber offenbar imstande ist, sowohl die Suizid- als auch die Suizidversuchsrate zu senken, finden wir in dem von Berggren & Cullberg (1978) durchgeführten NACKA-Projekt. Ein ähnliches Modell in England (Ratna, 1978), das den älteren Menschen zum Schwerpunkt hatte, konnte mithilfe eines mobilen psychiatrischen Bereitschaftsdienstes u. a. auch die Rate an Überdosierungen senken, während die Suizidrate konstant blieb (also nicht anstieg, wie man aufgrund der Reduzierung der Aufnahmezahlen und Entlassungen von chronischen Krankenhauspatienten offenbar befürchtet hatte). Gerade für den alten Menschen, der sich häufig in chronischen Krisen befindet, bedarf es besonderer Angebote, um von ihm als Hilfe wahrgenommen zu werden.

Zu den weiteren Aufgaben dieses Zentrums gehören die Koordination mit anderen sozialen Einrichtungen und die Unterstützung anderer Stellen, wenn sie durch die Intervention bei schweren Krisen überfordert sind. Neben der Öffentlichkeitsarbeit und der Schulung von MitarbeiterInnen ist die Effizienzkontrolle einer der wichtigsten Punkte. So schwierig die evaluative Forschung von Kriseninterventionsprogrammen methodisch und praktisch ist, so notwendig ist sie. Ein gut ausgearbeitetes Dokumentationssystem in einem überschaubaren Sektor kann die technischen Schwierigkeiten, die solchen Untersuchungen im Wege stehen, am besten umgehen, wenn auch, wie z. B. bei Telefonberatungen, nicht völlig überwinden.

Zusammenfassung Krisenintervention orientiert sich an der Beziehung, am aktuellen Anlass, dem aktuellen Zustand, der sozialen Situation und an den vorhandenen Hilfsmöglichkeiten. Der Erstkontakt in den verschiedensten Situationen, das erste Gespräch – persönlich oder telefonisch – Maßnahmen zur unmittelbaren Entlastung und Erleichterung und notfalls direkte Unterstützung sowie Weichenstellungen für das weitere Vorgehen sind die Grundpfeiler der Krisenintervention als Hilfe zur Selbsthilfe, sodass in selbstständiger und kompetenter Entscheidungs- und Handlungsfähigkeit die Krise aktiv, konstruktiv und womöglich innovativ bewältigt werden kann.

4. Krisenintervention kurzgefasst

(Das »BELLA«-System)

Krisenintervention konkret

BELLA
Interventionskonzept
für akute
Krisensituationen
/-zustände

eine praktische Anleitung

zusammengestellt von P. Lahninger u. I. Lembden

K R I S E

... wie helfe ich dem Klienten?

B E L L A
Kriseninterventionskonzept

hilft Dir helfen

Interventionskonzept für akute Krisensituationen

Beziehung aufbauen
Erfassen der Situation
Linderung von Symptomen
Leute einbeziehen, die unterstützen
Ansatz zur Problembewältigung

Kriseninterventionskonzept  E L L A

Beziehung aufbauen

- **schaffe einen einladenden Anfang**
  - *Grüss Gott! Ich bin ...*
  - *Wollen Sie Platz nehmen?*
  - *Pause*
  - *Was kann ich für Sie tun?*

- **höre dem Klienten aufmerksam und einfühlsam zu**
  - *Ich kann gut verstehen, dass das für Sie ein Problem ist!*
  - *Wollen Sie mir mehr erzählen?*

- **vermittle dem Klienten, dass Du ihn ernst nimmst und dass Du Dir seiner Schwierigkeiten bewusst bist**
  - *Ich sehe, es fällt Ihnen schwer, darüber zu reden!*

Kriseninterventionskonzept B L L A

Erfasse die Situation
Befasse Dich

- mit den Gründen des Kommens
- mit dem Krisenanlass und den davon unmittelbar Betroffenen
- mit der derzeitigen Lebenssituation des Klienten (auch mit dem hier und jetzt)
- mit möglichen Veränderungen durch die Situation

- *Was hat Sie bewogen, gerade heute zu kommen?*
- *Seit wann genau geht es Ihnen so schlecht?*
- *Hat dieses Ereignis Einfluss auf andere Lebensbereiche?*
- *Was glauben Sie, wird sich durch dieses Ereignis in Ihrem Leben ändern?*

Kriseninterventionskonzept B E L A

Linderung der schweren Symptomatik

- gehe auf die emotionelle Situation des Klienten ein
  - Panik
  - Depression
  - Suizidrisiko erhellen

- versuche den Klienten
  - zu entlasten

  - ordnen zu lassen

  - durch Übungen zu entspannen

  - falls notwendig, medikamentös zu helfen
  - v. a. bei Suizidgefahr!

- *Sie haben erwähnt, dass es Ihnen nicht gut geht, wie äußert sich das?*
- *Wie, glauben Sie, wird es weitergehen?*

- *Wenn Ihnen zum Weinen zumute ist, tun Sie es?*
- *Welche Dinge sind Ihnen jetzt am wichtigsten?*
- *Wollen Sie versuchen, dieses Gefühl in einem Ton zu äußern?*

Kriseninterventionskonzept B E L A

←

Leute einbeziehen, die unterstützen

- versuche, Hilfssysteme des Klienten von ihm einsetzen zu lassen
  - Gibt es jemanden, mit dem Sie darüber reden können?

- wenn notwendig, auch Hilfssysteme wie Selbsthilfegruppen und Institutionen
  - Es gibt da eine Selbsthilfegruppe, die sich mit diesem Problem besonders befasst!

Kriseninterventionskonzept B E L L

←

Ansatz zur Problembewältigung finden verhilf' dem Klienten

- das eigentliche Problem zu definieren
  - Welchen Grund gibt es, dass es Ihnen dadurch so schlecht geht?

- Widersprüchlichkeiten zu sehen
  - Sie sagen, auf der einen Seite, dass ... und auf der anderen Seite ...

- die gefühlsmäßige und reale Bedeutung des Problems zu erfassen
  - Wenn das Problem so gelagert ist, welche Konsequenzen hat das dann?
  - Glauben Sie, können Sie das verwirklichen, was wir gerade erarbeitet haben?

- sich für eine Veränderung zu entscheiden !
  - ... Wie?

Kriseninvention kurzgefasst 109

1. Sitzung

» B E L L A «

ist die unmittelbare
Hilfe, die **sofort**
einsetzen soll
= unmittelbare Ziele

Ich kann nicht
passiv-abhängig

2. bis 10 Sitzung

übergeordnete Ziele:

Ermögliche dem
Klienten
- **Selbstvertrauen und Selbstwertgefühl zu entwickeln**

Ich bin O.K.
aktiv-autonom

- **Entscheidungsfähigkeit wieder zu erlangen**

- **alternative konstruktive Verhaltensweisen zu finden und zu erproben**

mittels

Standortbestimmung

Schritte planen **Erfolge aufzeigen**

Ziele im Auge behalten

Abschluss vorbereiten

Standortbestimmung
↓
Erfolgreiche Bewältigung aufzeigen
↓
Neuorientierung

Zusammenfassung Diese praktische Anleitung zur Krisenintervention wurde in einem Seminar von den Teilnehmern zusammengestellt. Sie fasst in dem Akronym BELLA das Allgemeine Interventionskonzept (**B**eziehung, **E**motionale Situation, **L**inderung der Symptome, **L**eute einbeziehen, **A**nsatz zu Problembewältigung) im Erstkontakt und in den Folgegesprächen bis zur Beendigung der Krisenintervention zusammen.

5. Spezielle Kriseninterventionen

5.1 Krisen und Familie

Krisen laufen nicht im sozialen Vakuum ab. Einerseits sind Interaktionen im unmittelbaren sozialen Umfeld häufig der Krisenanlass (im Kriseninterventionszentrum Wien rangieren z. B. Partnerkonflikte mit über 50 % an erster Stelle, Generationsprobleme mit etwa 40 % im Mittelfeld), andererseits können in diesem Rahmen auch viele Krisen abgefangen werden.

Selbst bei sehr isolierten, alleinstehenden und kontaktarmen Personen, die einen guten Anteil der durchschnittlichen Klienten einer Kriseninterventionsstelle ausmachen (im Wiener Kriseninterventionszentrum etwa 20 %), entstehen und verlaufen Krisen nicht ohne interaktionellen Bezug. Diesen Zusammenhang sah die Krisenintervention bereits seit ihren Anfängen, beschäftigte sie sich doch zu Beginn vornehmlich mit den Auswirkungen von Verlusten, hervorgerufen durch Katastrophen- und Kriegseinwirkungen, auf die Hinterbliebenen. Lange Zeit hindurch wurde in der Krisenintervention das soziale Umfeld lediglich dazu herangezogen, dem Hauptbetroffenen „cotherapeutisch" zur Seite zu stehen. Erst in den vergangenen zwanzig Jahren wurde mehr und mehr die individuelle Krise insofern in Beziehung zur Umwelt gebracht, als deren Mitbeteiligung an der Entstehung, Bewältigung, Vermeidung oder Chronifizierung der Krise in den Mittelpunkt krisenintventionistischen Handelns gestellt wurde. Wenn im Folgenden von Familie und Familienmitgliedern gesprochen wird, so darf nicht übersehen werden, dass auch andere soziale Gruppierungen wie z. B. Arbeits- und Behandlungsteams in ähnlicher Weise betroffen sind, wie es an Familien in exemplarischer Weise dargestellt wird. Dies ist besonders für die helfenden Berufe zu beachten, da jedesmal, wenn es z. B. Konflikte der Betreuer untereinander gibt, damit gerechnet werden muss, dass auch bei den Betreuten vermehrt Schwierigkeiten und Krisen auftreten werden.

Wir können davon ausgehen, dass jede Familie vom Beginn ihrer Entstehung bis zu ihrem Ende eine Reihe von Krisen durchmachen wird (s. a. Kap. 5.2). Dies sind in erster Linie **Veränderungkrisen** – z. B. Geburt eines (ersten) Kindes, Schuleintritt, Ablösung von der Familie, ebenso Berufs- und Wohnungswechsel – aber durchaus auch **traumatische Krisen** wie Trennung des Partners, Krankheit oder Tod eines Familienmitglieds, Arbeitslosigkeit etc. Viele Familien verarbeiten diese Krisen mithilfe ihrer eigenen Krisenbewältigungsmöglichkeiten selbst, erhöhen ihre Stabilität und Reife als Familie und ermöglichen das dadurch auch dem Einzelindividuum. Ein anderer Teil von Familien ist bereits so sehr belastet, dass oft kleinste Zusatzschwierigkeiten die gesamte Familie in eine Krise bringen. Ein dritter Typus produziert von sich aus ständig Krisen, und eine relativ kleine Gruppe verleugnet standhaft jede innerfamiliäre Krise und verlegt ihren ganzen Druck auf die Umwelt, Nachbarschaft etc.

Ähnlich wie beim Einzelnen ist die Krisenanfälligkeit und -bewältigungsfähigkeit einer Familie nicht eine für alle Krisenanlässe gleich konstante, sondern es gibt auch einen „familienspezifischen Stellenwert", der einzelnen Ereignissen zugesprochen wird, d. h., dass z. B. Familien mit üblicherweise ausreichenden Bewältigungsstrategien bei speziellen Belastungen dennoch in Krisen kommen können. Darüber hinaus beobachtet man belastende Familiensituationen, die aber aufgrund ihrer oft jahrelangen Dauer nicht mehr als Krisen bezeichenbar sind, in deren Verlauf es aber immer wieder zu krisenhaften Zuspitzungen kommt (z. B. Scheidungen, schwere chronische Krankheit oder Behinderung eines Familienmitglieds). Solche Entwicklungen zeigen häufig einen bestimmten Verlauf (z. B. Verleugnung, dann Niedergeschlagenheit, später Zorn und „Ambivalenz", letztlich Neuorientierung), auf den dann die jeweiligen Krisenaktivitäten abzustimmen sind (GOLAN, 1983).

So wie eine individuelle Krise Ausdruck einer Familienkrise sein kann, eine individuelle Krise die Krise der Familie erst auslösen kann, kann auch eine von einem Familienmitglied von außen hereingebrachte Krise an ein anderes Familienmitglied weitergegeben werden.

Begegnung mit Menschen in der Krise und ihren Familien
In unserer täglichen Arbeit sind wir häufig mit Krisen von Einzelpersonen befasst, und es ist nicht immer unmittelbar möglich, zumindest einen Teil der Familie gleich in den Erstkontakt einzubeziehen. So wünschenswert das auch sein mag – nicht nur im Hinblick auf die weitere Intervention – dürfen wir angesichts der Not der gesamten Familie keinesfalls die individuelle Bedrängnis übersehen oder geringachten. Es ist aber im weiteren Verlauf für das Verstehen der Familiendynamik von großem Interesse, warum ggf. bestimmte Familienmitglieder zur gemeinsamen Arbeit mit den Therapeuten nicht zu bewegen sind bzw. nicht bewegt werden.

Es ist selbstverständlich, dass die Entscheidung eines Menschen, „seine" Krise alleine, ohne die Familie miteinzubeziehen, bewältigen zu wollen, respektiert werden muss. Nicht selten aber wird in diese Entscheidung die Haltung des Helfers miteinfließen, also inwieweit z. B. ich selber lieber mit dem einzelnen Betroffenen gleichsam „in Ruhe", ohne Intervention der Familie arbeiten will, oder ob ich es für sinnvoller halte, die Familie direkt kennenzulernen. Erstere Einstellung beobachten wir bei uns häufig, wenn wir mit jüngeren Menschen zu tun haben, die in einem Ablösungsprozess begriffen sind, letztere bei den typischen Partnerkonflikten, bei denen wir den Eindruck haben, dass sich das an uns wendende Familienmitglied vor allem einen Verbündeten in uns suchen will, um das alte System in der Familie weiter aufrechterhalten zu können. Es ist evident, dass eine solche Konstellation sehr bald scheitern wird, wenn nicht möglichst frühzeitig diese Erwartungshaltung zum Gegenstand der Intervention wird. Bei all jenen Personen, bei denen auf der Partnerebene keine Gemeinsamkeit (mehr) vorhanden ist bzw. auch nicht mehr angestrebt wird und die Elternebene geklärt ist bzw. nicht besteht, wird ein familientherapeutischer Zugang nicht sinnvoll, ja gar nicht möglich sein. Darunter fallen auch all jene, bei denen der eine Partner die Trennung bereits vollzogen hat und der zu uns kommende Teil diese alleine nicht bewältigen kann. Die Krisenintervention ist dann schon deshalb besonders schwierig, weil für die Auseinandersetzung der Partner fehlt. Ähnliches erleben wir auch bei Trennung durch Tod, noch viel deutlicher bei Trennung durch Suizid (s. Kap. 6.4.5).

Wenn HÄFNER (1974) anführt, dass bei schweren Krisen z. B. eine kurzfristige Krankschreibung u. a. ein durchaus praktikables Krisenmanagement sein kann (bei schweren Konflikten am Arbeitsplatz oder um Sekundärprobleme am Arbeitsplatz hintanzuhalten), so muss man auch erwähnen, dass das kurzfristige Herausnehmen aus einer völlig verfahrenen krisenhaften Familiensituation für die Krisenbewältigung hilfreich sein kann. LANGSLEY & KAPLAN aber (1968) wollen durch ihr „treatment of families in crisis" ein solches Vorgehen gerade verhindern und setzen alles daran, dass die Familie sich nicht solcherart eines ihrer Mitglieder, das als „psychisch krank" definiert wird, entledigt. Sie übersehen aber u. E. dabei, dass auch der Betroffene von sich aus diese Entscheidung treffen kann und dadurch die Krisenarbeit gelegentlich erst begonnen werden kann; aber natürlich nur, wenn ausreichend berücksichtigt wird, was diese Änderung für jeden Einzelnen und die Familie bedeutet. So war es z. B. erst dann möglich, einer seit vielen Wochen dauernden Krise einer jungen Frau, die mit ihrer hilfreichen Umgebung diese Krise bewältigen wollte, wirksam zu begegnen, nachdem sie sich in ihrer Erschöpfung entschlossen hatte, durch einen stationären Aufenthalt sich und die ebenso erschöpfte Umgebung zu entlasten. Gerade bei sehr dramatisch und turbulent verlaufenden Krisen mit ihrem oftmaligen Schwanken zwischen Reaktionssymptomatik und Problembearbeitungsansätzen (sie sind gekennzeichnet durch starke Erregung, Schlaflosigkeit, Unruhe, gelegentlich kurzfristig wechselnd mit völliger Apathie) haben wir den Eindruck, dass es nur eine relativ kurze Zeitspanne gibt, in der wirksame Krisenintervention betrieben werden kann: vorher ist die Bereitschaft zu einer Änderung zu gering, nachher fehlt bereits die Möglichkeit dazu, und es gelingt dann sicher nicht in allen Fällen, mit Hilfe der Umgebung diese Periode so abzufangen, dass wieder die Bearbeitungsphase (CULLBERG, 1978) erreicht werden kann.

Mit einer weiteren Form der **Trennungsbewältigung** haben wir auch nicht selten zu tun: Der eine Partner will sich trennen, wagt es aber wegen der massiven Krisensymptomatik des anderen nicht und versucht nun, diesen, „zuständigkeitshalber" als Patienten bei uns abzugeben. In diesen Fällen ist es jedoch zumeist nicht allzu schwierig, auch den „Lieferanten" in die Trennungsarbeit einzubeziehen, zumal er durch seine Lieferfunktion bereits eine gewisse Bereitschaft zur Mitarbeit zeigte. Kommen mehrere Mitglieder einer Gemeinschaft gleichzeitig, und sind sie sich über die Gemeinsamkeit ihres Problems im Klaren oder lässt sich das im Erstgespräch gleich gemeinsam klären, so ist dann zumeist eine Krisenintervention gar nicht mehr nötig, sondern es wird z. B. eine Familientherapie/-beratung eher am Platze sein.

Krisenintervention ist an die aktuelle Krise gebunden und kann auch nur dort angewendet werden. Rein phänomenologisch sehen **chronische Krisen** im Querschnitt ähnlich aus, bedürfen aber eines ganz anderen Behandlungskonzepts. Aus diesem Grund ist es von besonderer Wichtigkeit, gleich beim Erstkontakt ausreichende Klarheit über die **Dauer** einer Krise zu erlangen. Wenn auch chronische (über Monate und Jahre gehende) Krisen bei alten und/oder vereinsamten Menschen besonders häufig vorkommen, darf dennoch nicht übersehen werden, dass es auch chronische Familien- und Partnerkrisen gibt, die zweifellos umfangreicherer Therapie bedürfen und durch Krisenintervention nur weiter verfestigt werden könnten.

Sogenannte Begleitpersonen werden in der Krisenintervention im Allgemeinen in die Intervention einbezogen, in welcher Form aber und in welchem Ausmaß bestimmt weitgehend der deklarierte Patient.

Nicht selten vermittelt ein alleine Hilfe suchender Partner, dass er aus an sich durchaus „geordneten Familienverhältnissen" komme, dass nur ausgerechnet jetzt dieses oder jenes individuelle Problem bestehe, sodass, wenn es bewältigt würde, die alte Beziehung ungetrübt fortgesetzt werden könne. Es ist dann zumindest mit diesem einen Partner allein nicht ausreichend zu klären, wie die tatsächliche familiäre Situation ist, und es wird deren Berücksichtigung immer nur vorläufig sein können.

Noch deutlicher wird die Notwendigkeit, die Familie in die Intervention einzubeziehen, wenn das eine Familienmitglied lediglich hinsichtlich seiner durch das Verhalten des/der anderen Partner/s entstandenen Belastungen Hilfe will. Liegt dabei der aktuelle Konflikt primär außerhalb der Familie, so gehen wir auch gerne mit je getrennten **und** gemeinsamen Sitzungen mehrgleisig vor, beschränken uns aber zumeist auf die Hauptbetroffenen.

Falldarstellung

> Ein Beispiel möge dies verdeutlichen: Eine 40-jährige Frau, verheiratet, Mutter von zwei Kindern, berufstätig, fand beim Wohnungsaufräumen einen Notizzettel, auf dem ihre 13-jährige Tochter Suizidgedanken notiert hatte. Die Mutter sagt, sie wisse, dass ihre Tochter Schwierigkeiten mit einigen Mitschülern habe und hätte auch mit ihr darüber gesprochen; daher sei sie besonders entsetzt darüber, wie tief dieser Kummer sitze und in großer Angst, dass sich die Tochter tatsächlich das Leben nehmen werde. Wir sprechen von dieser Angst, von den Sorgen und Belastungen, von dem Gefühl, für die Kinder verantwortlich zu sein, dem schlechten Gewissen, weil sie ihnen zu wenig Aufmerksamkeit und Bestätigung gibt im Verhältnis zu den für sie selbstverständlichen Forderungen nach Leistung und Selbst-

ständigkeit. Der Zusammenhang zwischen Angst und schlechtem Gewissen wird ihr deutlich, und so mildert sich das Angstgefühl. Nun können wir uns mit der Situation der Tochter eingehender befassen und vereinbaren für den nächsten Tag ein Gespräch mit dem Mädchen. Im Verlauf der weiteren Betreuung finden sieben Gespräche mit dem Mädchen statt, in denen sowohl ihre Kontaktschwierigkeiten in der Schule als auch die aktive Mitgestaltung sozialer Situationen erarbeitet werden, das heißt z. B.: Unsicherheit und Ängste im Umgang mit den anderen, ebenso ihre Möglichkeiten zur aktiven Auseinandersetzung mit den Klassenkollegen. Mit Mutter und Tochter gemeinsam wird in zwei weiteren Gesprächen ein günstigerer und für beide annehmbarer Kommunikationsstil herausgearbeitet.

Durchführung der Krisenintervention
Das System der Krisenintervention für Familien lehnt sich sehr an das zur individuellen Krisenbewältigung an (s. Kap. 3.3) und weist lediglich einige, allerdings ganz entscheidende Modifikationen auf (LANGSLEY & KAPLAN, 1968):
1. Die Krise wird als Familienproblem definiert und *nicht* als intra-individueller Konflikt.
2. Die Familienmitglieder erkennen ihre Rollen und Rollenkonflikte innerhalb der Familie.
3. Die Familienmitglieder erkennen die Wirkung ihrer Aktionen auf die anderen Mitglieder.
4. Die Krisenbewältigung ist gemeinsames Ziel der Familie.
5. Jeder übernimmt Aufgaben und Kompetenzen zur Erreichung dieses Ziels.

Krisenintervention kann nicht ohne Bezug auf das soziale Gefüge durchgeführt werden. Das Vorgehen wird allerdings pragmatisch, also sach- und handlungsgerecht sein müssen. Dogmatismus, z. B. in Bezug auf bestimmte Therapiesettings, die nur zeitaufwendig zu arrangieren wären, verbietet sich schon in Hinblick auf die Akuität der Krise und die Gefahr, Krisenhilfe und damit auch Verantwortung zu verdünnen. In das technische Vorgehen fließen je nach Bedarf und gegebenen Möglichkeiten Elemente aus den verschiedensten psychotherapeutischen Verfahren ein. Dennoch hat Krisenintervention ihren Platz als eigenständige Technik bei krisenhaften Situationen und Zuständen. Krisenintervention ist also kein Ersatz für andere Therapieformen, ebensowenig ein „Vorgehen zweiter Wahl", wenn Zeit, persönliches Engagement oder finanzielle Mittel für eine andere indizierte Psychotherapie fehlen. So vielfältig Krisenintervention in ihrer praktischen Durchführung ist, so variantenreich wird auch die Einbeziehung der Familie und die Beschäftigung mit ihr ausfallen müssen. Diese hat den aktuellen Gegebenheiten, den realen Möglichkeiten und den unmittelbaren Bedürfnissen Rechnung zu tragen, damit jene, die Hilfe brauchen und wollen, diese auch tatsächlich erfahren können.

116 Spezielle Kriseninterventionen

Die Einbeziehung von Familienmitgliedern in die Behandlung depressiver Patienten *(L. Reiter*)*

In den letzten Jahren wurden zahlreiche Untersuchungen durchgeführt, die einen Zusammenhang zwischen Familiensituation einerseits und Ausbruch und Verlauf depressiver Störungen andererseits nachweisen konnten (zur Übersicht siehe DRYDEN, 1981; HAUTZINGER & HOFMANN, 1979; REITER, 1984, 1988, 1990). Kurz gefasst fanden sich folgende Zusammenhänge:
a) Partnerschwierigkeiten und familiäre Probleme gehören zu den häufigsten Auslösern von Depressionen;
b) in der akuten Phase der Depression werden alle familiären Lebensbereiche im Sinne einer Verschlechterung betroffen;
c) nach Abklingen der depressiven Symptome bleiben häufig Spannungen mit dem Partner und anderen Familienmitgliedern bestehen;
d) bei prämorbid deutlich gestörten Beziehungen findet sich ein ungünstigerer Krankheitsverlauf;
e) geringere soziale Unterstützung des Depressiven durch Personen seiner Umgebung verschlechtert den Krankheitsverlauf (social-support-Hypothese).

Wenn man nun die Frage stellt, ob es eine typische Paarbeziehung Depressiver gibt, so muss dies im engeren Sinne verneint werden. So fand z. B. HELL (1982) drei verschiedene Typen von Paarbeziehungen. Es gibt aber doch so etwas wie häufig auftretende Konfliktverläufe, deren Kenntnis für die Therapie wichtig ist (REITER, 1983).

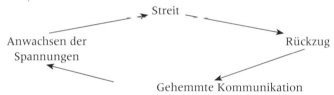

Abb. 1   *Circulus vitiosus depressiver Kommunikation (nach KAHN et al., zitiert nach Coyne, 1986)*

Abbildung 1 zeigt einen solchen Circulus vitiosus der Interaktion, der von den Betroffenen als äußerst quälend und nicht zu unterbrechen erlebt wird.

Es kommt zu einem Wechsel von offenem und verdecktem Konflikt, von Aggression und Rückzug bzw. Wendung der Aggression gegen die eigene Person (Suizidrisiko).

---

* Dieser Abschnitt (S. 116–119) wurde von Ludwig Reiter verfasst.

Tab. 1 *Interaktion zwischen depressivem Patienten und seiner Familie (nach* ANDERSON *et al., 1986)*

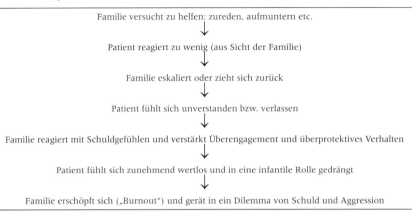

Tabelle 1 beschreibt den Verlauf der Interaktion zwischen der Familie und dem Depressiven über einen längeren Zeitraum hinweg. Obwohl sich alle Beteiligten äußerste Mühe geben, resultiert aus den gegenseitigen Missverständnissen und Unkenntnissen letztlich ein Zustand der Enttäuschung und Erschöpfung, der einer Heilung der Störung im Wege stehen kann.

Auch hier ist es den Beteiligten oft nicht möglich, aus eigener Anstrengung den Verlauf zu unterbrechen. Bekannt ist, dass nach Abklingen der Störung bei einem Familienmitglied oftmals Probleme (meist depressive Symptome) bei einem anderen auftreten, was am ehesten als Erschöpfungsreaktion gedeutet werden kann.

Was lässt sich aus diesen Erkenntnissen für die therapeutische Praxis ableiten? Die wohl wichtigste Forderung ist, dass Angehörige in der einen oder anderen Form in die Behandlung einbezogen werden sollten. Nur in Ausnahmefällen wird dies in Form einer Partner- oder Familientherapie notwendig sein, zunächst geht es mehr um das „Management" des Umgangs zwischen dem Depressiven und seinen Angehörigen. Tabelle 2 zeigt einige der Prinzipien, die sich in der Arbeit mit Angehörigen bewährt haben.

Tab. 2 *Bewältigungsstrategien bei depressiven Störungen (nach* ANDERSON *et al., 1986)*

I. Vermieden werden soll:
Ständiges Zureden
Wörtlichnehmen von Aussagen des Patienten
Dominieren des ganzen Familienlebens durch die Krankheit
Ständige Pflegehaltung von Angehörigen (Überforderung!)

118 Spezielle Kriseninterventionen

II. Balance des Verhaltens gegenüber dem Patienten:
Berücksichtigung der vielfältigen Realitäten in der Familie
Unterscheidung zwischen Patient und Krankheit
Korrektur unrealistischer Erwartungen
Realistische Unterstützung und Verstärkung
Vermeiden unnötiger Kritik
Klare und einfache Kommunikation
Für Aktivität und Struktur sorgen

III. Alle Familienmitglieder sind wichtig:
Jeder braucht Zeit für sich
Vermeiden von Märtyrerrollen
Akzeptieren negativer Gefühle
Begrenzen der Auswirkungen der Krankheit

IV. Umgang mit speziellen Problemen:
Suiziddrohungen
Medikation

Wie auf den ersten Blick zu sehen ist, handelt es sich dabei nicht um „Psychotherapie" im Sinne der Konfliktbearbeitung, sondern um „Bewältigung" (Coping) der Krankheit. Ein Grundprinzip bei dieser Form der Arbeit mit der Familie ist die **Information** und die **Anleitung**. Der Therapeut muss also bis zu einem gewissen Grad im Sinne der Krisenintervention aktiv sein.

Wie könnte nur eine praktisch handhabbare **Indikationsstellung** aussehen, in der auch die Frage der Psychotherapie berücksichtigt ist? Abbildung 2 zeigt in sehr vereinfachter Form ein Schema, in dem zwischen verschiedenen Stadien der Depression einerseits und dem Zustand der Ehe bzw. Familie andererseits unterschieden wird. In der akuten Phase empfiehlt sich das in Tabelle 2 gezeigte Vorgehen, in dem Information und Instruktion eine wesentliche Rolle spielen.

Zustand der Ehe bzw. Familie / Stadium der Depression	Ehe und Familie primär nicht gestört	Ehe und Familie primär deutlich gestört
akute Phase	Stützung, Führung, Information von Patienten und Angehörigen („Dämpfen" der Konflikte)	
Subakute Phase bzw. Stadium der Remission	Bei entsprechender Indikation Einzeltherapie	Paar- oder Familienberatung bzw. -therapie
	Bearbeitung der Konflikte	

Abb. 2 *Indikationsstellung bei depressiven Störungen in Abhängigkeit von der Ehe- und Familiensituation*

Wenn vom Patienten oder Angehörigen über tiefgreifende Konflikte, die als Auslöser in Frage kommen, berichtet wird, so möchte ich in Anlehnung an COYNE (1984) empfehlen, diese in der akuten Phase nicht im Sinne eines konfliktzentrierten Gesprächs zu bearbeiten, da weder der Patient noch die Angehörigen dazu in der Lage sind. Im Sinne der Krisenintervention (REITER, 1976, 1978) geht es um die Wiederherstellung bzw. Erreichung eines Niveaus, auf dem dann konfliktzentriert gearbeitet werden kann. Es stellt sich auch gelegentlich nach Abklingen der akuten Symptome heraus, dass Probleme, mit denen die Beteiligten meist ganz gut selbst zu Rande kommen, in der akuten Phase drängender erlebt werden als sie dies sonst sind. Auch hier würde eine Auseinandersetzung in der akuten Phase nur unnötige Belastungen bringen. Es geht mir hier nicht darum, den Therapeuten zu ermutigen, Konflikte zu verleugnen, sondern lediglich um die Wahl des richtigen Zeitpunkts zu deren Bearbeitung. Eine seit langem bekannte Schwierigkeit ist allerdings, dass sich Depressive nach Abklingen der akuten Symptome von jedem psychologischen Zusammenhang distanzieren. Hier wird es darum gehen, entsprechend den Prinzipien der Krisenintervention (REITER, 1976) in der akuten Phase jenes Maß an Einsicht beim Patienten und seinen Angehörigen zu wecken, das nachher dazu beiträgt, sich den Problemen zu stellen.

Abschließend möchte ich darauf hinweisen, dass Depression heute von allen mit dieser Störung eingehender Befassten als komplexes Phänomen gesehen wird, das in der Praxis oft ein multidisziplinäres Vorgehen nötig macht. So habe ich z. B. sehr gute Erfahrungen als wissenschaftlicher Leiter des Instituts für Ehe- und Familientherapie und der Eheberatungsstellen der Stadt Wien mit Fällen gemacht, die uns von behandelnden Ärzten und Institutionen zur Bearbeitung von Ehe- und Familienkonflikten zugewiesen wurden. Die Zusammenarbeit in diesen Therapien oder Beratungen klappt in der Regel sehr gut, sodass keine Widersprüche in den Therapiezielen und Interventionen auftreten. Es geht darum, bei der Behandlung Depressiver alle verfügbaren Institutionen und Ressourcen zu nützen, da der einzelne Behandler oft nicht in der Lage ist, ein komplexes Behandlungsangebot selbst bereitzustellen.

5.2 Krisen in Paarbeziehungen

Unter einer Paarbeziehung verstehen wir die verbindliche Beziehung zwischen zwei meist gegengeschlechtlichen Partnern, die sich zusammengetan haben, um ein Stück des Lebenswegs gemeinsam zu gehen.

Phasen in einer Paarbeziehung

Eine solche verbindliche Paarbeziehung, aus der in vielen Fällen früher oder später auch eine Ehe wird, ist nun aber kein statischer Zustand, sondern ein phasenhafter Prozess.

Jürg WILLI (1990, S. 31) unterscheidet vier Phasen, die eine Ehe oder Beziehung durchläuft:

Tab. 3   *Phasen der Ehe (WILLI, 1990)*

1. Die Phase der stabilen Paarbildung
2. Die Aufbau- und Produktionsphase der (Ehe-)Gemeinschaft
3. Die Krise der mittleren Jahre
4. Die Alters-Beziehung

1. Die Phase der stabilen Paarbildung

In einer mehrjährigen Phase des Ausprobierens sammelt der Jugendliche zahlreiche (auch sexuelle) Erfahrungen in der Beziehung zum anderen. Er befindet sich in einer Phase der Identitätssuche, seine Beziehungen sind inkonstant und narzisstisch gefärbt. Mehr und mehr wächst sein Bedürfnis, sich in seiner Persönlichkeit von einem (im Gegensatz zu den Eltern) unvorbelasteten Partner bestätigt und unterstützt zu fühlen und mit diesem gemeinsame Lebenspläne zu schmieden.

Die Phase der Paarbildung ist oft geprägt von Unsicherheiten und Ängsten: der Angst vor der Ablösung von der Ursprungsfamilie, der Angst vor Bindung, Verpflichtung und Verantwortung, der Angst, sich selbst aufgeben zu müssen oder der Angst, in der neuen Rolle zu versagen. Dies äußert sich häufig im Auftreten von Depressionen, Panik- und Angstzuständen; oft erscheint Flucht als der einzige Ausweg.

2. Die Aufbau- und Produktionsphase der Paarbeziehung

Mit der Heirat erwirbt sich das Paar meist seinen eigenen Platz in der Gesellschaft. Identität und soziale Stellung des Paares werden aufgebaut, ein gemeinsamer Haushalt und ein eigenes Heim werden geschaffen, eine Familie wird gegründet. Zwischen den Partnern kommt es zu einer Aufteilung von Aufgaben und Verantwortung bezüglich Arbeit, Freizeit, Sozialleben, Umgang mit Geld etc. Individuelle Berufs- oder Lebenspläne werden mehr oder weniger auf die familiäre Situation abgestimmt. Diese konkreten Anforderungen „schweißen das Paar zusammen" und lassen beide Partner reifer werden; oder sie führen zu Regression und gegenseitiger Abhängigkeit.

3. Die Krise der mittleren Jahre

Die Erwartungen an die Partnerschaft haben sich erfüllt oder auch nicht, gemeinsame Ziele sind erreicht bzw. hinsichtlich ihrer Realisierbarkeit korrigiert oder aufgegeben worden. Die Motivation zur Gemeinsamkeit ist nicht mehr im bisherigen Ausmaß gegeben. Man erinnert sich an individuelle Lebensziele, für deren Umsetzung nun endlich Zeit und Platz wäre oder für die es nun endgültig zu spät ist. Im Idealfall wäre jetzt der Zeitpunkt erreicht, den gemeinsam erworbenen Komfort, die Sicherheit und das Prestige der langen Beziehung zu genießen und sich individuellen Interessen zuzuwenden. Aber sehr oft kommt es jetzt zum gegenseitigen „Aufrechnen" der für die Beziehung erbrachten Leistungen und Verzichte, zum Vorwurf, selbst zu kurz gekommen zu sein und „die besten Jahre" der Beziehung geopfert zu haben. Das eigene Älterwerden, das einem durch das Älterwerden des Partners täglich wie ein Spiegel vor Augen gehalten wird, wird zunehmend zum Problem. Der „Nachholbedarf" (wonach auch immer) wird dadurch immer drängender, außereheliche Beziehungen zu meist Jüngeren werden aufgenommen. Die Probleme, mit denen Mann und Frau in dieser Lebensphase konfrontiert sind, sind unterschiedlich. Aus der langjährigen Beziehung auszubrechen oder sich an Ehe und Familie ängstlich zu klammern sind zwei bekannte Lösungsmöglichkeiten dieser individuellen Krisen der Lebensmitte.

Der Beziehung neue Inhalte zu geben, für das eigene Leben selbst Verantwortung zu übernehmen und dem anderen seine Individualität zuzugestehen, verlangt von beiden Teilen Ehrlichkeit, Großzügigkeit und Nachsicht.

4. Die Alters-Beziehung

In dieser letzten Phase der Partnerschaft rückt das Paar wieder näher zusammen, man braucht sich gegenseitig. Die Abhängigkeit voneinander in der Bewältigung des Alltags kann täglichen Kleinkrieg oder aber einen gemeinsamen Lebensabend bedeuten, in dem beide Partner mit Nachsicht und Sorge einander zur Seite stehen (s. Kap. 5.7).

Wie dargestellt hat also jede Phase ihre eigenen Probleme und Konflikte, die als durchaus „normal" zu bezeichnen sind. Die Umstellung von der Beziehungsform der einen Phase in diejenige der nächstfolgenden Phase macht Angst und verlangt von beiden Partnern Mut zur Aufgabe einer schon längst nicht mehr stimmigen Beziehungsdefinition und zu den dadurch entstehenden Konflikten.

Die akute und oft gefährliche Zuspitzung von Paarkrisen entsteht meist gerade dadurch, dass sich Partner auf diesen unumgänglichen Entwicklungsprozess nicht einlassen können.

Eine weitere Dynamik, der jedes Paar ausgesetzt ist, ist der Konflikt zwischen **Autonomiebedürfnis** und **Verschmelzungswunsch** der beiden Beziehungspartner. Immer wieder ist ein Stück Distanz notwendig, um sich dann einander wieder nähern zu können. Die Angst vor dem „Abschnitt Trennung" und dem bloß „fragmentarischen Wiedersehn", wie *Goethe* es beschrieb, ist groß. Und da das Ideal der ausschließlichen Harmonie und Nähe nach wie vor die Erwartungen an eine Zweierbeziehung maßgeblich mitbestimmt, kann dieser Konflikt Unsicherheit und Enttäuschung auslösen und zu Krisen führen. Hierher gehört die von uns oft beobachtete „Desillusionierungsphase", die manche Paare in eine Krise stürzt: Wenn die anfängliche Verliebtheit nachlässt und auch einander Trennendes erstmals wahrgenommen wird, kommt es zu ersten, die Betroffenen oft sehr irritierenden Konflikten dieser Art.

An dieser Stelle sei noch auf ein Phänomen hingewiesen, das FREUDENBERGER & NORTH (1992) als **„Beziehungs-Burnout"** bezeichnet haben. Die Burnout-Symptomtrias (SONNECK, 1992) – emotionale Erschöpfung, Depersonalisierung (Distanzierung von anderen Menschen und ihren Problemen) und Leistungseinbuße (Leistungsunzufriedenheit, tatsächliche Leistungsreduzierung) – kann auch innerhalb einer Paarbeziehung auftreten und diese stark beeinträchtigen.

Beim „ansteckenden Burnout" übertragen sich die Burnout-Symptome eines ausgebrannten Partners, der auch den Anforderungen einer Beziehung nicht mehr nachkommen kann, auf den anderen Partner, der sich seinerseits insuffizient und depressiv fühlt.

Beim „Burnout mit Sogwirkung" werden vor allem der Partner und die Beziehung als überfordernd und belastend erlebt. Die eigentlichen Burnout-Ursachen hingegen (hohe berufliche oder allgemeine Überforderung oder auch Unterforderung!) werden als solche nicht wahrgenommen.

Beziehungen, die sehr leidenschaftlich und intensiv begonnen haben, müssen irgendwann naturgemäß wieder etwas abkühlen. Oft bedeutet dies das Ende einer solchen Beziehung. Wir sprechen dann von „Intensitätsburnout" (FREUDENBERGER & NORTH, 1992) (s. Kap. 2.1.4).

Akute Beziehungskrisen

Als *akute Beziehungskrise* bezeichnen wir den durch ein bestimmtes Ereignis bewirkten **Verlust der Beziehungsbalance**, die sich nicht mehr einpendeln kann. Die dadurch entstandene neue Lebens- und Beziehungssituation kann im Moment von einem der Beziehungspartner oder von beiden nicht sinnvoll bewältigt werden, da sie bisher erworbene Lebensbewältigungsstrategien überfordert.

Welche **Ereignisse** können nun innerhalb einer Paarbeziehung zum *Anlass einer akuten Krise* werden?

1. Das Auftreten einer neuen, die Beziehung destabilisierenden Person.

   Die Geburt eines Kindes etwa beeinträchtigt die Intimität eines Paares und zieht viel Aufmerksamkeit und Zuwendung aus der bisherigen Zweierbeziehung ab.

   Das Bekanntwerden der Außenbeziehung eines Partners verletzt die Grenzen des Paares nach außen und innen und stört die Gleichgewichtsbalance empfindlich.

2. Der Verlust einer die Beziehung stabilisierenden Person.

   Meist sind es Kinder, aber auch Angehörige aus den Ursprungsfamilien, die für die Beziehung ein wichtiges Bindeglied darstellen, Pufferfunktion haben oder als einseitige Bündnispartner dienen, um so die Beziehung in Balance zu halten.

   Auch der Verlust eines bedrohlichen Dritten, gegen den man sich zusammengeschlossen hat, auf den Spannungen und Aggressionen aus der Beziehung „hinausprojiziert" wurden, kann die Beziehung destabilisieren.

3. Unfall oder Erkrankung eines Partners,

   besonders wenn sie mit Behinderung oder mit einem chronischen Verlauf verbunden sind. Die Rollenverteilung der Partner innerhalb der Beziehung sowie gemeinsame Pläne und Ziele müssen auf die neue Situation abgestimmt

werden – bisher erfolgreich verdrängte Probleme, z. B. Abhängigkeit, Ungleichgewichtigkeit in der Beziehung etc. können akut werden.
4. Die individuelle Krise eines Partners.
5. Berufliche Veränderungen eines Partners.
Sei es der Verlust der Arbeit, ein Aufstieg nach oben oder ein Arbeitswechsel überhaupt – immer ist damit eine soziale, finanzielle und den Status des Paares betreffende Veränderung verbunden. Innerhalb der Beziehung kann es zu einem Ungleichgewicht kommen.
6. Räumliche Veränderungen.
Der Umzug in eine kleinere/größere Wohnung macht eine Neudefinition von Intimität innerhalb der Beziehung notwendig. Ein Wohnortswechsel beispielsweise beeinflusst durch die neue soziale Außensituation auch die Dynamik innerhalb des Paares.

Entscheidend aber ist die jeweils **subjektive Bedeutung**, die das eine Krise auslösende Ereignis mit seinen möglichen realen und fantasierten Folgen für das Paar hat.

Als besonders **krisenanfällige Paare** sind zu erwähnen:
1. neurotische/kollusive Beziehungen (WILLI, 1990, S. 47)
   Beiden Partnern gemeinsam ist ein neurotischer Konflikt. Dieser wird von beiden in unterschiedlichen Rollen in der Beziehung neu belebt, wiederholt und nicht gelöst (was man sich gerade durch diese Partnerwahl unbewusst erhofft hat), sondern weiter in Verdrängung gehalten. Beide Beziehungspartner spielen in ihren Bedürfnissen zusammen (Kollusion). Solche Beziehungsmuster – oft lange Zeit durchaus funktional („der Blinde stützt den Lahmen") – geraten aber leicht in Schwierigkeiten: Wenn z. B. die eine Position übertrieben wird, wird auch die Kollusion dysfunktional.
2. Beziehungen, deren Partner von ihrer Geschichte her (Familie, Kultur, Religion etc.) einen sehr unterschiedlichen Umgang mit Problemen und Konflikten mitbringen.

Sich in einer Situation zu befinden, die nicht bewältigbar ist, macht hilflos, ratlos und angespannt. Je nachdem, ob der Krisenanlass für den Betroffenen Verlust, Bedrohung oder Herausforderung bedeutet, kann sich diese Spannung primär als Depression, Angst oder Panik äußern.

Diese Gefühle können sich auch in körperlichen Beschwerden mitteilen, z. B. als Herzrasen, Atemnot, motorische Unruhe, Schlafstörungen, allgemeine Erschöpfung, Kopfschmerzen, Verdauungsbeschwerden etc. (s. Kap. 2.3).

Handelt es sich nun um die Krise innerhalb einer Paarbeziehung, so werden wir Folgendes beobachten:

Immer geht es einem der Partner schlechter als dem anderen; einer ist der Aktivere, der andere verhält sich eher passiv, mehr hilfebedürftig. WILLI (1990, S. 20) bezeichnet das in seinem **Kollusionsmodell** als **regressive** bzw. **progressive Position** innerhalb einer Beziehung, die im Idealfall wechselweise vom einen, dann vom anderen eingenommen wird. Es kann aber auch sein, dass in einer Paarbeziehung diese beiden Positionen polarisiert fixiert sind (z. B. ist einer *immer* der Helfer, der andere *immer* der Hilfsbedürftige, einer *immer* der Starke, der andere *immer* der Schwache etc.).

Die unterschiedliche körperliche und psychische Verfassung von zwei Beziehungspartnern soll uns aber nicht darüber hinwegtäuschen, dass *beide* in einer Krise sind und diese Positionen, je fixierter sie sind, desto eher und für die Betroffenen unerwarteter kippen können.

In Krisen ist die *affektive Belastung* sehr hoch. Starke Affekte drängen nach Entlastung und Entladung, was in Form von impulsiven Aggressions- und Kurzschlusshandlungen geschehen kann.

Besonders in Paarkrisen kommt es sehr häufig zu aggressiven Androhungen oder Handlungen. Die emotionale Eskalation überfordert oft die Möglichkeiten einer vielleicht ohnehin schon gestörten verbalen Kommunikation (s. Kap. 5.5). In diesem Sinne können auch die autoaggressiven Handlungen oder Drohungen im Rahmen einer akuten Paarkrise verstanden werden.

Wie bei allen Krisen besteht auch bei Paarkrisen die Gefahr der *Somatisierung*. Infolge mangelnder Verbalisierungsfähigkeit bzw. fehlender Unterstützung durch die Umwelt muss der Körper als Ausdrucksmittel eingesetzt werden, um auf sozial akzeptierte Weise Hilfe zu mobilisieren (s. Kap. 2.4).

Erster Kontakt mit einem Paar in einer Krise

Meist sind es drohende oder erfolgte aggressive Auseinandersetzungen, Suiziddrohungen, der Suizidversuch oder der schlechte psychische und/oder körperliche Zustand eines Partners, die ein Paar dazu veranlassen, eine Beratungsstelle, einen Psychotherapeuten oder einen Arzt aufzusuchen.

Wird der Hausarzt aufgesucht oder gerufen, dann meist aufgrund somatischer Beschwerden, sei es nun, wie oben geschildert, mit der für eine Krise typischen körperlichen (Begleit-)Symptomatik oder im Stadium der Somatisierung.

Beim Erstkontakt mit dem Paar kann zunächst Folgendes passieren:
Der „professionelle Helfer" steht dem Paar als außenstehende Drittperson gegenüber und läuft Gefahr, von den beiden dazu verwendet zu werden, einen *offenen ehelichen Konflikt zu vermeiden* oder sich damit lediglich besser zu arrangieren:
1. Er kann von einem der beiden als verständnisvolle Aussprechperson für Eheschwierigkeiten einbezogen werden – man geht entlastet nach Hause und eine Auseinandersetzung mit dem Partner erübrigt sich fürs erste.
2. Er kann von einem der beiden die unter Umständen verführerische Rolle des potenten Unterhändlers übertragen bekommen.
3. Er kann vom Paar aufgrund seiner Autorität zu richterlichen Urteilen über Gut/Böse oder Normal/Abnormal genötigt werden.
4. Das Paar „verschwört" sich gegen ihn und seine Interventionsversuche.

Der Therapeut/Arzt soll diese *Interaktionsbestrebungen wahrnehmen*, ihrer *Verlockung* oder *Kränkung widerstehen* und sich seinerseits um *Allparteilichkeit bemühen*.

Bevor mit dem Paar eine Krisenintervention begonnen werden kann, müssen einige *Voraussetzungen* erfüllt sein:
1. Die Krise muss als *Paarproblem* definiert sein, und nicht als individuelles Problem eines Beziehungspartners! (In letzterem Fall müssen mit diesem Einzelgespräche vereinbart werden.)
2. *Beide Partner* sollen mit einem Gespräch zu dritt (mehr oder weniger) *einverstanden* sein.
3. Die Krisenintervention soll ein *gemeinsames Ziel* des Paares sein, beide Partner werden Aufgaben und Verantwortung zur Erreichung dieses Ziels übernehmen müssen.

Stellt sich jedoch heraus, dass die *Anliegen* der beiden sehr *unterschiedlich und* miteinander *unvereinbar* sind, so müssen mit den Betroffenen, sofern sie sich überhaupt Unterstützung von außen wünschen, getrennt *Einzelgespräche* geführt werden. (Veränderungen im Leben eines Beziehungspartners werden unweigerlich auch zu einer Veränderung des Systems führen!)

Bei allen Personen, bei denen auf der *Paarebene keine Gemeinsamkeit* mehr vorhanden ist und auch nicht angestrebt wird, ist eine Paarkrisenintervention nicht angezeigt. Ist das Paar nur noch auf der *Elternebene* oder einer *geschäftlichen, beruflichen Ebene* miteinander verbunden, so soll auf andere Beratungsmöglichkeiten hingewiesen werden (Familienberatungsstellen, Mediation, Rechtsberatung etc.).

Wenn ein Partner die *Trennung* bereits *vollzogen* hat, der zweite diese alleine nicht bewältigen kann, sind Einzelgespräche mit dem Zurückgelassenen angebracht, eine Paarkrisenintervention dagegen ist sinnlos. Dennoch kann ein Gespräch zu dritt hilfreich sein, um einen halbwegs *geordneten Rückzug* aus der Beziehung zu ermöglichen und weitere Kränkungen und Verletzungen zu reduzieren.

Krisenintervention mit Paaren

Die Krisenintervention ist an die akute Krise gebunden und kann nur dort angewendet werden!

Sie orientiert sich an der **aktuellen Situation**, an der körperlichen und psychischen **Verfassung** der Betroffenen, an deren **Anliegen** sowie an den **Ressourcen** der Umwelt.

Auch hier gelten die **allgemeinen Prinzipien** der Krisenintervention: rascher Beginn, Aktivität des Helfers, Methodenflexibilität, Fokussierung auf die aktuelle Situation, Einbeziehung der Umwelt, Entlastung, interprofessionelle Zusammenarbeit (s. Kap. 3.3).

Die *Krisenintervention* mit *Paaren* folgt im Wesentlichen dem Interventionskonzept im Umgang mit Einzelpersonen, die sich in einer Krise befinden (s. Kap. 3.3).
1. Wir versuchen, zu *beiden* Partnern eine Beziehung aufzubauen, indem wir mit Aufmerksamkeit und Empathie zuhören und beiden Partnern vermitteln, sie ernst zu nehmen.

2. Wir klären den Grund des Kommens, den Krisenanlass, die momentane Lebens- und Beziehungssituation beider und was bisher zur Bewältigung der Situation von wem unternommen wurde. Das Problem soll so gut wie möglich geordnet und definiert werden, Gemeinsamkeiten und Unvereinbarkeiten sollen dargestellt werden. Wie ist das Paar bisher mit ähnlichen Schwierigkeiten, Problemen, Krisen umgegangen? Was unterscheidet diese Krise von bisherigen? Wie ist man im jeweiligen Elternhaus mit Meinungsverschiedenheiten umgegangen? Immer sollen *beide* die Möglichkeit zur Darstellung der eigenen Sicht der Dinge bekommen!
3. Wir gehen auf die psychische und körperliche Situation *beider* ein.
   Die akute Suizidgefahr und Gefahr von Aggressionshandlungen soll *gemeinsam* abgeschätzt werden.
   Wo gibt es Entlastung für den einen, den anderen oder für beide? (Kurzfristige Trennung, Einbeziehen von unterstützenden Verwandten/Bekannten, Medikamente, Hilfseinrichtungen etc.)
4. Wenn das Problem definiert und seine gefühlsmäßige und reale Bedeutung erfasst ist, versuchen wir das Paar dabei zu unterstützen, sich für eine Veränderung der derzeitigen Situation zu entscheiden, mit der *beide* im Moment leben können. Wie kann ein diesbezüglicher Kompromiss aussehen? *Beide* Partner werden sich Aufgaben und Rollen teilen müssen, um das zu erreichen. Die dazu notwendigen Schritte sollen genau strukturiert, ein zeitlicher Rahmen vereinbart werden. Der Wunsch nach einer „idealen" Lösung für beide wird oft geäußert und ist durchaus legitim, in einer Krisensituation aber kaum erfüllbar.
   Die Entfaltung der Kreativität des Paars im Finden einer Lösung, die nicht auf Kosten eines Partners geht, setzt die vorurteilsfreie Offenheit des Therapeuten voraus!
5. Abschließend wird das Gespräch zusammengefasst und – wenn von allen erwünscht – ein neuerlicher Termin vereinbart, dessen Sinn und Ziel werden kurz umrissen.

Tab. 4 *Ziele der Paarkrisenintervention*

1. Ein weiteres Eskalieren der Situation verhindern
2. Zeit für die Krisenbearbeitung gewinnen
3. Irreversible Kurzschlusshandlungen verhindern
4. Gefühle und Konflikte verbalisieren
5. Kompromisslösungen für die akute momentane Situation finden
6. Zu einer Paartherapie motivieren

Aus unserer Erfahrung umfasst die Krisenintervention mit Paaren im Durchschnitt ein bis drei Gespräche. Die Gespräche, besonders das Erstgespräch, sind zeitlich und inhaltlich sehr aufwendig, für die Betroffenen aber meist entlastend.

Die Ziele (Tab. 4), ein weiteres Eskalieren der Situation zu verhindern, Zeit zu gewinnen, irreversible Kurzschlusshandlungen zu verhindern sowie Gefühle und Konflikte zu verbalisieren, werden oft erreicht. Ein halbwegs symmetrischer Kompromiss kann leider nicht immer gefunden werden. In einigen Fällen ist es möglich, Schienen in Richtung einer Paartherapie zu legen.

Meist bringt erst eine akute Krise die Chance für eine schon längst fällige Beziehungsveränderung. Dass es oft fürs erste nur kleine Veränderungen sind, soll die Betroffenen und vor allem uns Therapeuten nicht resignieren lassen.

GOETHE sagte bereits: „Ich habe viel in der Welt versucht und immer dasselbe gefunden: in der Gewohnheit liegt das einzige Behagen des Menschen; selbst das Unangenehme, woran wir uns gewöhnten, vermissen wir ungern." Es ist also zu erwarten, dass große und rasche Veränderungen zumeist eher zu einer neuerlichen (Veränderungs-)Krise, denn zu einer Bewältigung führen.

5.3 Entwicklungskrisen bei Jugendlichen

Psychosoziale Krisen bedeuten bekanntlich nicht nur Überforderung, sondern auch eine Chance. Jede bewältigte Krise führt zu innerem Wachstum und intensiver Wandlung und ist für die weitere Entwicklung des jungen Menschen wertvoll, auch wenn während der Bewältigung momentan großer Leidensdruck besteht.

5.3.1 Entstehung von Entwicklungskrisen

Lebensverändernde Entwicklungsphasen
Die gesamte Entwicklung des Menschen verläuft von Anfang an nicht gleichmäßig, sondern in unterschiedlich schnellen Schritten. Im Verlauf jedes neuen Entwicklungsabschnitts kann es zu einschneidenden Veränderungen für den jungen Menschen kommen. Diese Veränderungen sind für die gesamte Entwicklung des Menschen wichtig, da nur über diese – oft kritischen – Phasen die nächste Entwicklungsstufe erreicht werden kann. Diese schwierigen Abschnitte stellen also noch keine Krisensituationen dar, allerdings kann es in ihrem Verlauf zu psychosozialen Krisen kommen. Eine der schwierigsten Entwicklungsphasen ist die Pubertät. Aus diesem Grund soll hier die Pubertätskrise genauer betrachtet werden.

Subjektive Krisenanfälligkeit in der Pubertät
Eine besondere Rolle spielt die Auseinandersetzung mit der genitalen Reifung, der Sexualität und dem gleich- und andersgeschlechtlichen Partner. Enttäuschungen und Kränkungen können rasch eintreten, ebenso Selbstzweifel und Stimmungsschwankungen („Launenhaftigkeit").

Der junge Mensch auf der Suche nach neuen Werten muss sich mit den bestehenden Ideologien auseinandersetzen und erlebt dabei Radikalismen ebenso wie Resignation und die ganze Spannbreite zwischen völligem Aufgehen im System und Ausbruch. Zwangsläufig kommt er spätestens jetzt auch zur Frage nach dem Sinn des Lebens.

Von all diesen Veränderungen ist natürlich auch die Umwelt mitbetroffen, die dann nicht selten mit Unverständnis, Sanktionen oder Hilflosigkeit reagiert.

Dennoch bewältigen die meisten jungen Menschen diesen schwierigen Lebensabschnitt, auch wenn er dramatische Zuspitzungen erfährt, ohne erhebliche Gefährdung für die weitere Entwicklung. Für einige Jugendliche sind jedoch bestimmte Umstände während dieser Zeit subjektiv besonders belastend.

Faktoren, die den Pubertätsverlauf beeinflussen und gegebenenfalls zu Auslösern für Krisen werden können

- Die **emotionale Einbettung** in der Familie, das Ausmaß an Vertrauen, Sicherheit und Geborgenheit. Eine Gefährdung ergibt sich bei einem schwierigen oder unvollständigen Elternhaus. Ebenso, wenn der Erziehungsstil zu autoritär-repressiv bzw. zu sehr vernachlässigend-unbeachtend ist und das Kind dadurch zu wenig Richtlinien für eine eigenständige Persönlichkeitsentwicklung bekommt.
- Die **Art der Aufklärung** und der Aussprachemöglichkeiten über körperliche Veränderungen, über Geburt und Tod spielen während des gesamten Entwicklungsverlaufs und im speziellen während der Pubertät eine große Rolle.
- Die **Identifikation** mit der Geschlechtsrolle und die Bearbeitung des Problems der genitalen Sexualität, der eigenen Männlichkeit bzw. Weiblichkeit und gegebenenfalls damit verbundenen Schuldgefühlen.
- Möglichkeiten der **Kontaktanbahnung** zu Gleichaltrigen beiderlei Geschlechts. Probleme bei der Herstellung und dem Ablauf von Beziehungen, wie z. B. „Liebeskummer", können Krisen auslösen.
- Erfolg oder Misserfolg bei der Suche nach **Leitbildern** und Leitideen, die Vorbilder darstellen können.
- Das Bedürfnis nach **Gruppennähe** und Gruppenzugehörigkeit ist stark ausgeprägt. Die Gruppe kann zu einem Risikofaktor werden, wenn sie entweder den jungen Menschen vereinnahmt und ihn auf problematische Gruppenregeln verpflichtet (z. B. Sekten, Drogensubkulturen etc.), oder ihn durch zu hohe Exklusivitätsforderungen ausschließt.
- Stellung in der **Schule** und später in der **Berufsausbildung** sowohl im Leistungsbereich als auch im Beziehungsbereich (Mitschüler bzw. Arbeitskollegen, Lehrer bzw. Lehrherrn). Unter ungünstigen Voraussetzungen stellt die Schule (Arbeitsplatz), der (dem) nach der Familie die größte Bedeutung als Lebensraum zukommt, eine große psychische Belastung für den Jugendlichen dar (s. Kap. 5.4).
- Auseinandersetzung der Jugendlichen mit Normen und Werten der Gesellschaft. Anstelle der Familie tritt die Gesellschaft mit anfangs noch undeutlichem, jedoch unmissverständlich forderndem Charakter.

In welcher Form gelingt es dem Jugendlichen, sich mit den Gesellschaftsnormen auseinanderzusetzen, in welcher Form gelingt eine Anpassung?

Von der Gesellschaft geht ein starker Druck aus, nach dem Leistungsprinzip zu leben, andere Wertvorstellungen sind derzeit in unserem Kulturraum kaum gefragt. Für den Heranwachsenden ist es unter den gegenwärtigen gesellschaftlichen und wirtschaftlichen Bedingungen schwierig, sinnvolle Lebensinhalte zu finden: Die Arbeitsmarktsituation mit ihren überhöhten Leistungsanforderungen und ihrem Existenzdruck ist angespannt; dazu kommt ein Freizeitangebot, das fast ausschließlich von kommerziellen Interessen diktiert wird, wodurch es für den Jugendlichen immer schwerer wird, Zeit und Raum für seine Entfaltung zu finden.

Die Auseinandersetzung des Jugendlichen mit der Welt der Erwachsenen bringt ihn auch in Kontakt mit gesundheitlichen Gefährdungen, wie z. B. Nikotin, Alkohol, Medikamenten oder illegalen Drogen, weiters dem Konsum- und Suchtverhalten unserer Zeit.

Ein **wesentlicher Aspekt**, der bei der **Entstehung** von Krisen beim jungen Menschen mitberücksichtigt werden muss, ist dessen individuelle Lerngeschichte: Wie ging er mit Krisen um, die früher auftraten? Welche Erfahrung hat er bei der Bewältigung von Krisensituationen? Wie groß ist das eigene Hilfspotenzial, wie groß sein Streben nach Autonomie? Bei diesen Fragen sind das Alter und der Entwicklungsstand des jungen Menschen von Bedeutung, insbesondere sein Ausmaß an Selbstständigkeit bzw. Abhängigkeit von Bezugspersonen (wie erfolgreich ist der Jugendliche in seinem Loslösungsprozess – wie reagieren die Eltern darauf?).

5.3.2 Kennzeichen psychosozialer Krisen beim jungen Menschen

Psychosoziale Krisen äußern sich im Gesamten ähnlich wie beim Erwachsenen (s. Kap. 2), beim jungen Menschen muss man jedoch Folgendes zusätzlich beachten:
- Bei praktisch allen Krisen kommt es auch zu **körperlichen Beschwerden** verschiedenster Art wie Schlaflosigkeit, Magen- und Darmbeschwerden, Kopfschmerzen, Abgeschlagenheit, Müdigkeit u. ä. m., oft als vorerst **einziger** Hinweis auf ein Krisenereignis.
- Häufig beobachtet werden weiters **Änderungen im Verhalten** des jungen Menschen: Veränderungen im Essverhalten (Appetitlosigkeit verbunden mit Gewichtsabnahme oder umgekehrt, Unmäßigkeit beim Essen oft in Form von Attacken), Konzentrationsschwierigkeiten, Änderungen der Alltagsgewohnheiten, Abwendung von alten Freunden, Familie und Interessen, Abkapselung, Leistungsschwankungen oder gänzliches Leistungsversagen in Schule und Beruf; Flucht in eine Traumwelt, Alkohol-, Drogen-, Medikamentenmissbrauch u. ä. m.
- Oft treten „kindliche" Verhaltensweisen auf, wie z. B. Fingerlutschen, Nägelbeißen. Es scheint, dass der junge Mensch die Entwicklung dadurch verleugnen will, dass er sich auf frühere, vertraute und bewährte Verhaltensweisen zurückzieht.

Treten Verhaltensauffälligkeiten abrupt auf, sind sie meist mit einem sozialen Knick im Leben des jungen Menschen verbunden.

Nicht bewältigte Krisen können verschiedene Krankheiten auslösen oder zu verschiedenen Kurzschluss-, aber auch Aggressionshandlungen führen, wie z. B. Von-zu-Hause- oder Von-der-Schule-Davonlaufen, Vandalismus, aber auch suizidale Handlungen.

5.3.3 Umgang mit jungen Menschen in Krisen

Die erste und wichtigste Voraussetzung ist der **Kontakt**. Eine besondere Schwierigkeit ergibt sich dann, wenn die unmittelbare Umgebung des jungen Menschen (Eltern, Lehrer, Freunde), die zumeist auch direkt von der Krise betroffen ist, anstatt sich mit ihm auseinanderzusetzen, den Jugendlichen an eine helfende Stelle „abschiebt" (s. a. Kap. 3.3). Dies äußert sich dann häufig so, dass die Bezugspersonen eine Änderung (Besserung, Heilung) des Jugendlichen wünschen, wogegen sich der Jugendliche wehrt, um sich behaupten zu können, und seinerseits eine Änderung der anderen fordert oder zumindest erwartet. Dem Helfer stellt sich dadurch eine doppelte Aufgabe: einerseits muss er die Bezugspersonen des Jugendlichen bei deren Krisenbewältigung stützen (s. Kap. 5.1), andererseits soll er die Bereitschaft des Jugendlichen für eine Mitarbeit zur Veränderung seiner Situation wecken. Eine gute Möglichkeit des Einstiegs bieten somatische Beschwerden oder körperliche Symptome, die in verschlüsselter Form persönliche Schwierigkeiten signalisieren. Man kann nur dann eine Motivation zu einer Veränderung aufbauen, wenn man eine akzeptierende und verständnisvolle Haltung einnimmt und dem Jugendlichen das Gefühl gibt, ernst genommen zu werden, wenn man sich bemüht, seine Sprache zu verstehen und ihm und sich genügend Zeit zum Verständnis der Probleme gibt. Durch diesen Aufbau **gegenseitigen Vertrauens** werden erste Schritte zu einer partnerschaftlichen Beziehung gesetzt.

Wenn der Kontakt gelungen ist, kann die unmittelbare Krisenintervention beginnen:

Es ist wichtig, „hier und jetzt" mit der Bearbeitung des aktuellen Konflikts zu beginnen und nicht das Gespräch auf einen späteren Zeitpunkt zu verschieben.

Im Vergleich zur allgemeinen Krisenintervention (s. Kap. 3.3) ist herauszustreichen, dass es bei Kindern und Jugendlichen **besonders** wichtig ist, die Bezugspersonen verstärkt miteinzubeziehen, z. B. zur Unterstützung des Jugendlichen durch gemeinsam besprochene Aktionen oder im Konfliktfall, um mit den Bezugspersonen und dem Jugendlichen Vereinbarungen über beiderseitige Verhaltensänderungen herauszuarbeiten (s. a. Kap. 5.1).

Mithilfe kleiner, für den Jugendlichen überschaubarer Schritte wird wieder Hoffnung möglich und Selbstvertrauen aufgebaut. Diese kleinen Erfolge bringen zuerst Erleichterung und Entspannung der aktuellen Situation.

In der Folge wird der Jugendliche ermutigt, Eigeninitiative zu entwickeln und selbst bei der Problemlösung aktiv mitzuwirken. Wenn ich als Helfer das Recht des Betroffenen akzeptiere, selber Verantwortung für sich zu übernehmen, kann ich seine Hilflosigkeit verringern. Der Jugendliche lernt, im gemeinsamen Gespräch für sich selbst einzutreten und neue Wege einzuschlagen. Damit kann das Ziel der Krisenintervention, nämlich Hilfe zu sein für die Verwirklichung des jeweiligen eigenen Lebens, eingeleitet werden.

Falldarstellung
AHS-Schülerin; 8. Kl.; 17 Jahre
Das Erstgespräch im Kriseninterventionszentrum (KIZ)
Die Klientin wird unmittelbar vom Krankenhaus, wo sie nach einem Suizidversuch stationär behandelt worden war, von ihrer Mutter ins KIZ gebracht.

Das Gespräch mit der Klientin ist fast unmöglich, sie beantwortet die gestellten Fragen einsilbig oder überhaupt nicht. Sie wirkt schläfrig, erschöpft, unkonzentriert, nicht motiviert. Offenbar steht sie noch unter dem direkten Medikamenteneinfluss der Überdosierung, die aktuelle Suizidgefährdung lässt sich dadurch gar nicht abschätzen. Da die Mutter in einer Wohngemeinschaft wohnt, wo das Mädchen laufend betreut und beobachtet werden kann, und die besorgte Mutter sehr kooperativ ist und so wie ihre Tochter einen weiteren Spitalsaufenthalt rundweg ablehnt, wird das Mädchen vorläufig, zumindest bis die Beeinträchtigung durch die Medikamente soweit abgeklungen ist, in Betreuung der Mutter und der Mitbewohner belassen. Diese können sich bei Bedarf an uns wenden.

Ich versuche dem Mädchen zu vermitteln, dass ich ihren Zustand akzeptiere und nichts verlange, wozu sie nicht selbst bereit ist. Sie soll selbst entscheiden, ob und wann sie das gemeinsame Gespräch möchte, und wir einigen uns, dass sie nach Hause geht, sich zuerst ausruht und ein anderes Mal kommt.

Vier Tage danach:
Die Klientin kommt auf eigenen Wunsch, schaut etwas frischer aus, wirkt aber noch immer sehr verschlossen. Es geht ihr etwas besser, sie ist bereit, mit mir über das Geschehene zu sprechen.

Zur **Vorgeschichte** erfahre ich: Die Scheidung der Eltern erfolgte, als die Klientin 5 Jahre alt war; sie ist immer ein problemloses Kind (im Vergleich zu dem um vier Jahre älteren Bruder) gewesen, sehr selbstständig, eine emotionale Stütze für die Mutter mit einer wechselseitig sehr guten und vertraulichen Beziehung. Bis zum Anfang der Sommerferien am Ende der 7. Klasse AHS ist die Klientin in ihrem Verhalten unauffällig; sie ist bei den Freunden in der Schule beliebt, kontaktfreudig, sehr verantwortungsbewusst; sie hat keine Leistungs- oder sonstigen Schwierigkeiten in der Schule. Während der letzten Sommerferien hatte die Klientin eine Arbeit angenommen, die sie sehr interessierte. Am Beginn ist sie sehr begeistert gewesen, zu Ende eher lustlos und desinteressiert. Seit dem Spätherbst wirkt sie auch für andere deprimiert, zieht sich zurück, hat Konzentrations- und Lernschwierigkeiten mit deutlichem Leistungsabfall und versucht, sich das Leben zu nehmen.

Als unmittelbaren Anlass für diesen Suizidversuch führt die Klientin an, dass ihre gesamte Umgebung außerordentlich besorgt reagiert hätte, was ihr zwar einerseits guttat, sie aber andererseits mehr und mehr unter Druck setzte: Einerseits spürte sie die starken Erwartungen ihrer Umgebung, dass sie wieder so sein sollte wie früher, andererseits nahm sie gegenüber der aktiven Umgebung ihre eigene Insuffizienz besonders deutlich wahr. Als man sie dann etwas energisch aufforderte, sich doch zusammenzureißen, war für sie deutlich, dass sie ein so anstrengendes Leben nicht weiterführen könne.

Zu dieser Situation erarbeiten wir Folgendes: Durch ihre erste Konfrontation mit dem Leben außerhalb des schulischen Bereichs (Ferienarbeit) ist sie sehr verunsichert worden. Ihre Vorstellungen vom Leben sind ins Wanken geraten; plötzlich erlebt sie alles anders. Sie erlebt, dass viele Menschen eine Art „Doppelleben" führen, dass sie Probleme mit der Beurteilung von Situationen hat, Probleme mit den Mitmenschen und den Beziehungen zu ihnen. Sie stellt plötzlich alles Bisherige in Frage, sie ist desillusioniert. Sie hat Schwierigkeiten mit sich selbst in Bezug auf ihre Rolle als Mädchen (mit ihrem Körper und der Sexualität). Sie hat Schwierigkeiten mit der Schule und der Berufswahl.

Die Intervention

Das Erstgespräch hat offenbar eine Vertrauensbasis geschaffen, wir konnten weitere gemeinsame Arbeit vereinbaren.

In den folgenden drei Sitzungen beschäftigen wir uns detailliert mit den einzelnen Bereichen, die der Klientin Schwierigkeiten machen, klären Alternativmöglichkeiten; sie bestimmt dann selbst die konkreten Schritte (wieder in die Schule gehen, mit der Mutter und den Professoren die Matura besprechen etc.), sie bestimmt auch, wie und wann wir zusammen arbeiten. In zwei weiteren Sitzungen berichtet sie über ihre Erfolge, wir vereinbaren den Abschluss der Intervention: Sie ist stabilisiert, hat konkrete Pläne; wir einigen uns, dass sie sich nach Bedarf, spätestens vier bis sechs Wochen (nach dem schriftlichen Teil der Maturaprüfung) wieder meldet.

Die Postvention

Die Klientin kam wie vereinbart nach ihrer schriftlichen Maturaprüfung, die sie bestanden hatte: sie fühlt sich sehr gut, sie ist zwar nicht mehr so „problemlos" wie früher, sie erlebt auch viele Konflikte, findet sich aber damit gut zurecht. Sie hat konkrete Pläne für die Ferien und auch ganz genaue Vorstellungen über das weitere Studium.

Eine wichtige Überlegung für mich war gleich zu Beginn, ob es sich bei der Klientin nicht auch um den Beginn eines phasenhaften depressiven Geschehens handeln könnte und die Krise, die primär als Veränderungskrise anzusprechen war, dadurch wesentlich verstärkt wurde. Wir vereinbarten deshalb noch weitere Kontakte, auch um der Klientin deutlich zu machen, dass sie sich bei neuerlichen Notsituationen an mich wenden könnte. Tatsächlich kam es noch im Herbst desselben Jahres, also ein halbes Jahr später, zur Entwicklung einer typischen depressiven Symptomatik, die unter anderem auch medikamentös abgefangen werden konnte. Sie und ihre Umgebung hatten gelernt, diese Anzeichen wahrzunehmen, entsprechend damit umzugehen und Hilfe in Anspruch zu nehmen.

5.4 Der krisengefährdete Schüler

In der Auseinandersetzung des jungen Menschen mit seiner Umwelt, der Konfrontation seiner Entwicklung mit dem abgeschlossenen Status der Erwachsenenwelt, erlebt der junge Mensch eine Reihe von Schwierigkeiten, die nicht selten zu krisenhaften Ereignissen werden können. Krisenanlass, Krisenanfälligkeit, Chronifizierungsfaktoren, die Reaktion der Umwelt und die Verfügbarkeit von Hilfsmöglichkeiten bestimmen im Wesentlichen auch hier den Verlauf und den Ausgang einer Krise. Die Intervention darf den Werdeprozess nicht zusätzlich belasten, sondern muss die Weiterentwicklung zum Ziel haben und die Chance einer Neugestaltung des Lebensstils wahrnehmen. Ein partnerschaftliches Verhältnis, verständnisvolles und akzeptierendes Verhalten fördern das Vertrauen, um das Selbstwertgefühl des jungen Menschen zu heben und ihm zu ermöglichen, das Bedürfnis nach einer Veränderung zu erkennen. Da gerade bei dieser Personengruppe die Distanz zu den professionellen Hilfen besonders groß ist, kommt der Krisenarbeit von Laien und Paraprofessionellen erhebliche Bedeutung zu, denn nicht zuletzt ist es die unmittelbare Umgebung, die den Großteil der Krisen häufig noch im Anfangsstadium durchaus befriedigend bewältigen hilft.

Aus dem Wissen, dass sich gefährdete Schüler kaum jemals von sich aus an institutionelle Hilfsmöglichkeiten wenden werden, dass eine ausreichende Solidarität seitens der Mitschüler üblicherweise nicht erwartet werden kann und die Eltern der betroffenen Schüler nicht initiativ genug werden können, erscheint es notwendig, dabei den an sich schon mit einer Reihe von Aufgaben belasteten Lehrern in dem Spannungsfeld Schüler, Eltern und Lehrer die Hauptrolle zuzuteilen: Im Folgenden wird der Versuch unternommen, der jeweiligen Bezugsgruppe einige praktikable Hinweise zu geben, die dazu beitragen sollen, krisenhafte Entwicklungen womöglich schon im Anfangsstadium abzufangen, Krisensituationen wahrzunehmen, Krisengefährdete rechtzeitig zu erkennen und im Umgang mit Personen in krisenhaften Situationen das volle pädagogische Geschick auch tatsächlich zum Einsatz zu bringen. Bestreben dieses Artikels ist es nicht, utopische Forderungen und Ideen zu verfechten, sondern die in der Praxis als nützlich und durchführbar erkannten Maßnahmen auch einem breiteren, über den unmittelbaren Arbeitsrahmen der professionellen Helfer hinausgehenden Personenkreis bekanntzumachen.

Somit werden nur zu einem sehr geringen Teil Neuerungen angeregt, der Schwerpunkt liegt in bereits existierenden Möglichkeiten, die vielfach nur noch entsprechend erweitert, ausgebaut und zugänglicher gemacht werden sollen. Auch hoffen wir, durch Unterstützung verschiedener, schon länger bestehender Lehrer-, Schüler- und Elterninitiativen diesen ein zusätzliches Gewicht zu verleihen, damit deren Chance, sich durchzusetzen, größer wird.

Es ist evident, dass ein isoliertes Vorgehen, nicht zum gewünschten Erfolg zu führen vermag, dass dem komplexen Problem der Krisen von Schülern nicht durch einzelne Maßnahmen, sondern nur durch eine Reihe von Initiativen sinnvoll begegnet werden kann. Darüber hinaus erscheinen diese Vorschläge auch insofern nützlich, als sie zugleich zu mehr Sicherheit und Selbstvertrauen im Umgang mit schwierigen Menschen führen können.

Maßnahmen, die in erster Linie Schulen, schulische Behörden und Lehrer betreffen

1. Kleine Klassen: Diese alte Forderung ist wohl eine der wichtigsten Bedingungen, das Arbeitsverhältnis des Lehrers in einem so überschaubaren Rahmen zu halten, dass er einerseits auf Gefährdungen aufmerksam werden kann, andererseits diesen auch begegnet. Auf sozial Schwache ist hier besonderes Augenmerk zu richten. Ausgliederungsprozesse müssen erkannt werden (z. B. ist das Klassenfoto, das sich nicht jeder leisten kann, ein solcher Faktor, der, ohne besonders beachtet zu werden, sozial Schwache in Richtung Außenseiterpositionen manövrieren kann).
2. Pädagogische Ausbildung: Bereits in der Ausbildung sollte die Sensibilität für persönliche und soziale Situationen bzw. Veränderungen in diesen Bereichen gelehrt und gefördert werden. (Hilfsmöglichkeiten: Das Wahrnehmen krisenhafter Zustände wird in jenen Unterrichtsgegenständen erleichtert, in denen die Persönlichkeit des Schülers eher einbezogen ist bzw. zutage tritt, wie z. B. im Zeichnen sowie in Gegenständen, in denen Aufsätze üblich sind, des weiteren im Religionsunterricht, aber auch in Leibesübungen und solchen Fächern, in denen sich z. B. Außenseiterpositionen besonders zeigen.) Die Kenntnis von Soziogrammen, ein gewisses Basiswissen, wie sich Gruppierungen bilden, wie sie gefördert werden und wie bestimmte Gruppensituationen darin entstehen, erhöhen die Sensibilität pathologischen Gruppenkonstellationen gegenüber.
3. Es ist begrüßenswert, in Seminaren den Umgang mit besonders problematischen Schülern zu erarbeiten, wie es z. B. für den ärztlichen Bereich in sogenannten Balintgruppen seit vielen Jahren durchgeführt wird. Die Kenntnisse von „Krisenintervention" (wie gehe ich mit Schülern in schwierigen Situationen um) scheint eine wichtige Voraussetzung in Fragen der pädagogischen Ausbildung zu sein. Krisenintervention ist kein Einzelereignis, sondern ein dynamischer Prozess, in dem Hilfesuchender und Helfer gemeinsam die Probleme, die der Anlass für die Krise waren, bewältigen. Das wichtigste ist der **rasche Beginn** (Krisenbewältigung kann man nicht lange aufschieben oder vertröstend vertagen) sowie das Errichten einer **tragfähigen Beziehung**. Der Betroffene muss spüren, dass der Helfer bereit ist, sich mit ihm einzulassen, ihm zuzuhören, dass er mit ihm reden kann, dass der Helfer mit ihm gemeinsam ein kurzes Wegstück gehen wird. Ein Mensch in einer Krise ist zumeist überwältigt von den widersprüchlichsten Gefühlen; für den Helfer ist es dann oft nicht einfach, den Betroffenen zu ermutigen, diese Gefühle wahrzunehmen und sie auszusprechen. Doch nur in der **Auseinandersetzung mit den Gefühlen** kann eine **Reflexion des Krisenanlasses** und seiner Konsequenzen erfolgen. Gerade beim jungen Menschen sind seelische Krisen in verschiedenste körperliche Beschwerden eingebettet; eine verständnisvoll akzeptierende Haltung auch diesen Symptomen gegenüber wird den Zugang zu den Schwierigkeiten des jungen Menschen erleichtern. Das Gespräch findet seinen Abschluss in der gemeinsamen Erarbeitung der nächsten erreichbaren

Ziele und wird nicht selten einen weiteren Kontakt vorsehen, in dem die mittlerweile erreichten Ziele besprochen und eventuell aufgetretene Schwierigkeiten neu angegangen werden. Wir wissen, dass solche Interventionen zumeist nur kurz dauern und Eskalierungen, Chronifizierungen und Ausgliederungen hintanhalten, mit deren Bewältigung dann erfahrungsgemäß alle Betroffenen überfordert wären.

Diese Schwerpunkte sollten auch in Fortbildungsveranstaltungen weiter vertieft werden, besonders in Lehrerschulungen, in denen der Lehrer selbst wieder zum Schüler wird und die Schulsituation erleben kann.

4. Beratende Lehrer: Diese sollten keine „Spezialisten" sein, die für besonders problematische Fälle herangezogen werden, sondern eher in die Schule integrierte Vertrauenslehrer.
5. Verbesserter Kontakt zu den Eltern: Wie motiviere ich jene Eltern, die üblicherweise zu Besprechungen nicht kommen, die sich also einer Zusammenarbeit entziehen? Informelle, auch telefonische Kontakte, unverbindliche Sprechstunden, Initiativen über Elternvereine und andere Eltern und Bekannte etc. werden den Zugang eher erleichtern als offizielle Vor- und Einladungen.
6. Verbesserungen des Schulklimas durch gezielte Verstärkung der positiven Leistungen.

Die besondere Hervorhebung des Negativen, also das alleinige Beachten der Fehler ist eine vielgeübte, jedoch völlig unadäquate Methode, das Interesse zu fördern. Entsprechende Hebung des Gemeinschaftsgefühls der Klassen wird die Bemühungen um ein gutes Klassenmilieu wesentlich unterstützen. Insbesondere bei diesem letzteren Punkt erscheint es sinnvoll zu erwägen, wieweit diesbezüglich Eltern miteinzubeziehen wären. Da es sich dabei um eine für viele ungewohnte Neuorientierung handelt, muss man mit dem Widerstand einiger Eltern rechnen, sofern es nicht gelingt, rechtzeitig deren Verständnis für die angestrebte Solidarität zu wecken. Diese Solidarität bedeutet nicht die Erziehung von einigen Klassenbesten, sondern das Erreichen eines Klassengesamtziels.

7. Häufige Klassenbesprechungen des Klassenvorstands oder des Klassenvertrauenslehrers mit den Schülern über die Ereignisse der vergangenen Periode unter besonderer Berücksichtigung jener Schüler, die in ihren Problemen zu ersticken drohen (also nicht nur jene Schüler, die z. B. hinsichtlich des Lehrziels gefährdet erscheinen). Es sollen über die eigentliche Lernförderung hinaus auch Maßnahmen besprochen werden können, die für gefährdete Kinder oder auch deren Eltern zum Tragen kommen.

Wie kann nun aber ein Lehrer, der mit all diesen und bekanntlich noch sehr vielen weiteren Aufgaben belastet ist, diesen Schwierigkeiten standhalten?

Ist das Klima in der Schule so, dass auch er selber ein „Lernender" ist, dass es für ihn selber attraktiv ist, Interesse zu entwickeln, oder wird er darin eher behindert?

Ganz parallel wird auch das pädagogische Milieu auf die Schüler wirken. Hat der Lehrer Hilfe, Stütze, Aussprachemöglichkeiten, wenn ihn der tägliche Lehrbetrieb zu überrollen droht? Ist ihm das Lehrziel und die pädagogische Praxis so klar, dass er sie auch seinen Schülern transparent machen kann? Verfügt er über ausreichende gruppendynamische Erfahrung und Kenntnisse, um das Gruppengeschehen in seiner Klasse ausreichend überschauen zu können?

Wieviel hier noch zu tun wäre zeigt u. a. die verstärkte Inanspruchnahme des Kriseninterventionszentrums durch Lehrpersonen zu Beginn des Schuljahrs, einer für Unterrichtende sehr belastenden Zeit. Schüler hingegen sind erwartungsgemäß eher gegen Ende des Schuljahrs gefährdet, wie auch die in Österreich im Februar und Juni erhöhten Suizidraten dieser Altersgruppen zeigen (FRIEDRICH-SCHÖLER & FRIEDRICH, 1985).

Gruppenpädagogische Seminare mit Schwerpunkt Problembewältigung in der Klasse und durch die Klasse haben in dieser Hinsicht besonders hohen Informationswert.

Maßnahmen, die besonders die Eltern betreffen
1. Aktivieren der Elternvereine und -initiativen: In vielen Fällen fristen Elternvereine noch immer ein sehr bescheidenes Dasein. Sie beschränken sich auf die Erfüllung der unumgänglich notwendigen Pflichten, die jährliche Hauptversammlung und die Finanzierung des Schikurses. Nur wenige Elternvereine verstehen sich als Partner der Schule und der Schüler.
2. Nicht selten fühlen sich Eltern, wenn sie mit der Schule zu tun haben, wieder in die Schülerposition gedrängt und reagieren dann häufig verschüchtert oder im Gegenteil aufsässig. Nur wenigen geschickten Lehrern ist es möglich, hinter dieser Aggressivität bedeutsame Anliegen und Sorgen der Eltern zu erkennen und zu erfahren. Auch ist es immer wieder erstaunlich, wie gering der Informationsstand hinsichtlich bildungspolitischer Ziele und pädagogischer Verfahren ist. Dringend geboten erscheinen alle Versuche zu besseren Kontakten zwischen Lehrern und Eltern, um besseres gegenseitiges Verständnis zwischen den Interessensgruppen zu erreichen. Auch hier wiederum werden informelle Kontakte fruchtbringender sein als offizielle Veranstaltungen wie Sprechtage und Elternabende. Besondere Probleme in der Beziehung Eltern – Schule bestehen dort, wo die Erziehungskompetenzen unklar verteilt sind. Wenn also z. B. Eltern, die Schwierigkeiten mit ihren Kindern haben, diesen mit der Autorität des Lehrers drohen, oder anstatt den Kindern bei ihren Schulproblemen zu helfen, diese an die Schule abschieben, ebenso, wenn z. B. soziale Probleme zur Gänze auf das Elternhaus abgewälzt werden.
3. Elternschulung: Die Fragen, wie gehen Eltern mit den (Schul-)Problemen ihrer Kinder um, wie ist deren Erziehung und wie verhält sich diese zum Erziehungsstil der Klasse, stehen dabei besonders im Vordergrund. Zu diesen Fragen gibt es längst eine umfangreiche Literatur, deren einziger Nachteil offenbar darin besteht, dass sie kaum gelesen wird. Die Behandlung der Erziehungsproblematik in den Medien erreicht Eltern wesentlich leichter.

Maßnahmen, die primär die Schüler betreffen
1. Erziehung zu Solidarität und demokratischem Bewusstsein, sodass die Schüler von sich aus schwierige und gefährdete Mitschüler einbinden können. Dadurch könnten auch Konkurrenzstreben und auf Kosten anderer erzielte eigene Leistung weitgehend neutralisiert werden.
2. Eigeninitiative der Schüler und Kreativität: Nicht selten sind es die Schüler selbst, die gute Ideen zur Bewältigung von Problemen haben. Nehmen wir sie auch immer ernst, sind wir ausreichend offen, uns von ihnen belehren zu lassen?
3. Kontakte zu Lehrern und Elternorganisationen. Werden Schüler zu solchen Kontakten ausreichend ermutigt, wissen sie über ihre Möglichkeiten Bescheid?

Maßnahmen zur Verbesserung der Zusammenarbeit mit Institutionen außerhalb der Schulen
1. Es gibt heute vielerorts Einrichtungen und Begegnungsmöglichkeiten, die sich die Krisenbewältigung bei jungen Menschen angelegen sein lassen. Häufig sind diese aber nicht für Eltern, Schüler und Lehrer gleicherweise attraktiv, sodass eher Gegenpositionen und Ablehnung als Zusammenarbeit wahrgenommen werden.
2. Viele Berater sehen sich der Schule gegenüber fälschlicherweise in einer schwachen (schülerähnlichen?) Position und vermeiden deshalb von sich aus Kontakte zu schulischen Einrichtungen und Hilfsangeboten, die aus dem Unterrichtsbereich kommen.

Schüler leben vornehmlich in drei Lebensbereichen: dem Elternhaus, der Schule und in der Gemeinschaft ihrer Mitschüler. Je besser die Zusammenarbeit dieser drei Gruppen funktioniert, umso eher kann ein Bereich Probleme in einem anderen bewältigen helfen. Je geringer die Beziehungen der einzelnen Gruppen untereinander sind, umso größer ist die Wahrscheinlichkeit, dass der Schüler zwischen den drei Gruppierungen steht, was unweigerlich für den Betroffenen ernsthafte Folgen haben muss. Das pädagogische Selbstverständnis der Schule hilft, das Verhältnis gegenseitiger Vorurteile abzubauen, den Kontakt zwischen den drei Bereichen zu fördern und damit alle Beteiligten konfliktfähiger zu machen. Das kann nicht bedeuten, dass es dann keinerlei Schwierigkeiten geben wird; diese werden aber dann nicht mehr auf Kosten einzelner ausgetragen werden müssen, sondern können im Interesse aller Beteiligten bewältigt werden.

5.5 Krisen und Gewalt

Reden statt schießen
Überlegungen zur Prävention schwerer Gewalthandlungen im familiären Nahraum anhand eines Fallbeispiels *(L. Reiter*)*

Einleitung

Schwere Gewalthandlungen in der Familie oder im familiären Nahraum (z. B. Eifersuchtsmorde) erregen durch die spektakuläre Berichterstattung in den Medien in der Regel große Aufmerksamkeit. Oft kann nachgewiesen werden, dass die Tat mehrfach angekündigt wurde. Die Medien finden dann heraus, dass Nahestehende häufig über die Vorbereitungen zur Tat informiert waren und sich um Rat an die Polizei, an andere Personen oder an Behörden gewandt hatten, ohne dass dieses Maßnahmen nach sich gezogen hätte. Interviews mit den Behörden führen dann zu der stereotypen Antwort: „Wenn wir jede (Mord-)Drohung ernst nehmen würden, müssten wir am Tag tausend oder mehr Personen verhaften! Da auf diese Weise das Schicksalhafte und Unabwendbare der Vorfälle für jeden „einsichtig" gemacht wurde, kehrt die Öffentlichkeit zur Tagesordnung zurück, in dem Gefühl, das Menschenmögliche gemacht zu haben. Bis zum nächsten Drama, wo sich derselbe Ablauf wiederholt.

Anhand der folgenden Falldarstellung soll gezeigt werden, dass es in Einzelfällen sinnvolle Möglichkeiten der Prävention geben kann. Abschließend sollen dann einige über den Fall hinausgehende allgemeine Gesichtspunkte diskutiert werden.

Falldarstellung

Herr A., 35 Jahre alt, ruft mich an und bittet dringend um einen Termin. Er habe gehört, dass ich mich mit Familienproblemen befasse, weshalb er meinen Rat wünsche. Er schildert sein Problem folgendermaßen: Vor einem halben Jahr habe er eine etwas jüngere verheiratete Frau kennengelernt, mit der er bald eine intime Beziehung aufgenommen habe. Da die Frau ihre Ehe als sehr unglücklich dargestellt habe, sei man zu dem Entschluss gekommen, dass sie sich scheiden lassen solle und dass die beiden dann eine gemeinsame Zukunft haben würden. Der Ehemann, Herr K., sei aber bald hinter die Sache gekommen und bedrohe ihn jetzt auf das massivste. Er fahre ihm mit dem Auto nach und beobachte ihn, rufe seinen Chef an, um diesem die ganze Sache zu erzählen und bedränge seine Frau, die Beziehung abzubrechen. Was ihn aber am meisten beunruhige, sei die wiederholt telefonisch ausgesprochene Drohung von Herrn K., ihn „auf die Intensivstation zu bringen". Er wisse nicht, wie er sich verhalten solle. Ich schlage vor, dass ich als nächsten Schritt mit Frau K. sprechen möchte. Das Gespräch findet am selben Tag

---

* Dieser Abschnitt (S. 138–144) wurde von Ludwig Reiter verfasst und erstmals veröffentlicht in: L. REITER, C. AHLERS [Hrsg.], Systemisches Denken und therapeutischer Prozess. Springer, Berlin 1988); Abdruck mit freundlicher Genehmigung des Verlags.

statt. Frau K. ist über das Verhalten ihres Mannes entrüstet. Nachdem ihr Mann von ihrem Verhältnis erfahren habe, habe er sie vergewaltigt, „um sie zurückzugewinnen". Sie sei auch mehrmals von ihm geschlagen worden. Danach sei sie mit ihrer 5-jährigen Tochter zu einer Freundin gezogen, aber rasch wieder zurückgekehrt, da ihr Mann gedroht habe, ihrem Freund „sofort etwas anzutun". Frau K. erklärt, dass sie sich ein weiteres Zusammenleben mit ihrem Mann nicht vorstellen könne und auf jeden Fall von ihm wegwolle. Über eine gemeinsame Zukunft mit Herrn A. müsse sie noch in Ruhe nachdenken. Ich schlage Frau K. vor, dass ich auch ihren Mann allein sehen möchte und vereinbare einen Termin für ihn am nächsten Tag.

Herr K., etwa 30 Jahre alt, kommt zum vereinbarten Termin. Er bestätigt die schon bekannten Fakten. Sein Standpunkt sei klar: Ein anderer Mann habe in seiner Ehe nichts verloren. Wenn er sich aber doch einmische, müsse er mit den Folgen fertigwerden. Seine Frau sei schuldlos, denn sie sei von Herrn A. „hörig gemacht worden". In der Ehe habe es „eine Krise" gegeben, aber alles werde sich wieder „einrenken". Von mir auf die Drohung angesprochen, erkundigt sich Herr K., ob in meinem Zimmer ein Aufnahmegerät installiert sei. Nachdem ich dies verneine, meint er, dass man ihm nichts beweisen könne. Ich habe das Gefühl bei diesem ersten Gespräch, dass Herr K. zu Gewalt und Gewaltanwendung keine Distanz hat und dass er es ernst meint. In verschlüsselter Form teilt er mir mit, dass er im Fall des Weggehens seiner Frau seinen Nebenbuhler schwer schädigen oder töten und danach Suizid begehen würde („Es wird keinen Richter geben"). Ohne seine Frau habe das Leben keinen Sinn. Ich erkundige mich nach Waffen. Herr K. habe ein Gewehr zu Hause, aus dem seine Frau allerdings das Magazin herausgenommen und weggeworfen habe.

Ich verwende in diesem Gespräch sehr viel Aufmerksamkeit auf die Herstellung einer Beziehung zu Herrn K. Er ist misstrauisch, und ich habe das Gefühl, seine Gesprächsbereitschaft könnte jeden Moment in Feindseligkeit umschlagen und zum Abbruch des Gespräches führen. Ich schlage eine gemeinsame Sitzung mit dem Ehepaar am nächsten Tag vor.

Vor der nächsten Sitzung bespreche ich das Problem mit Kollegen. Als Bundesbeamter bin ich verpflichtet, derartige Fälle anzuzeigen. Kollegen und Kolleginnen raten mir, mit dem Justizministerium Kontakt aufzunehmen. Ich rufe Herrn Ministerialrat S. an und bespreche die ganze Angelegenheit mit ihm. Nach Beratung mit Kollegen im Ministerium teilt er mir mit, dass das Ministerium auf dem Rechtsstandpunkt stehe, dass ein Therapieangebot das beste sei und dass das Unterbleiben der Anzeige in diesem Fall gerechtfertigt sei.

In der nächsten Sitzung schlage ich dem Ehepaar vor, gemeinsam eine Konfliktlösung zu suchen. Dazu wird folgender Kontrakt (mündlich) abgeschlossen:
a) ab sofort unterbleiben alle Drohungen,
b) Frau K. stellt bis zur Klärung der Situation den Kontakt zu Herrn A. ein (dies bezieht sich nicht auf Telefonate),
c) Herr K. liefert seine Waffen bei mir ab,
d) beide akzeptieren, dass ich Herrn A. allein sehe,
e) wenn die Abmachungen nicht eingehalten werden, breche ich die „Therapie" ab und erstatte Anzeige.

Das Paar stimmt zu, und in einer am folgenden Tag stattfindenden Sitzung mit Herrn A. erhalte ich auch dessen Einverständnis. Er hatte zwischenzeitlich überlegt, sich zu bewaffnen, unterließ dies aber nach meiner Frage, ob er sich wirklich ein „high noon" vorstellen könne.

Die folgenden Sitzungen mit dem Paar finden zunächst in einer deutlich entspannten Atmosphäre statt. Herr K. bringt sein Gewehr mit, das ich in meinem Schrank einschließe. Ich wende mich der gemeinsamen Geschichte des Paares und der jedes der beiden Ehepartner zu, um für die gemeinsame Problemlösung ein besseres Verständnis der Situation und der an ihr Beteiligten zu gewinnen.

Von Herrn K. erfahre ich, dass er bald nach seiner Geburt von den Eltern zu seiner Großmutter väterlicherseits gegeben wurde, die ihn aus nicht bekannten Gründen nach einigen Jahren an die Großeltern mütterlicherseits „weitergab". Die Lehrzeit verbrachte er zunächst bei seinem Vater, dann in Heimen. Nach der Militärzeit zog er nach Wien, wo er seine Frau kennenlernte.

Eine Episode aus der Geschichte des Paares ist mitteilenswert. Als Frau K. einmal von ihrem Mann weg wollte, schlug er den Nebenbuhler nieder. Sie kehrte daraufhin zu ihm zurück. Frau K. zeigt in diesem Gespräch Verständnis für die Schwierigkeiten ihres Mannes, ist aber verärgert, dass er sie jetzt mit Gewaltandrohung hindern will, zu ihrem Freund zu ziehen.

Nach dieser Sitzung fährt das Paar mit der Tochter zu den Eltern der Frau, die außerhalb von Wien leben. Nach der Rückkehr kommt es zu einer Eskalation. Herr K. schlägt seine Frau, weil sie nicht mit ihm schlafen will. Daraufhin will sie ihn verlassen. Er sperrt sie in der Wohnung ein. In der darauffolgenden Sitzung spreche ich unsere Abmachung an und weise darauf hin, dass ich so nicht mit ihnen arbeiten könne. Herr K. ersucht daraufhin um ein Einzelgespräch. Bei diesem Gespräch geht es um die inneren Prozesse, die den jeweiligen „Ereignissen" vorangehen. Herr K. hat hier wenig Zugang, er spricht lediglich davon, dass er „eine Wut" bekomme. Am Ende der Stunde ersucht er mich um eine Verschreibung eines Beruhigungsmittels. Ich gebe ihm ein Neuroleptikum in niedriger Dosierung mit. Es kommt wieder zu einer Beruhigung der Situation. Das Paar macht sich Sorgen um die Tochter, die Symptome entwickelt hat.

Die Beruhigung dauert nur kurz. Herr K. macht den Versuch, seine Frau mit einer (unbekannten) Substanz zu betäuben, um sie zu vergewaltigen. Daraufhin verlässt sie mit der Tochter die Wohnung und zieht zu einer Freundin. Sie droht ihrem Mann mit Anzeige. Er bittet sie, dies zu unterlassen und willigt in die Scheidung ein. Daraufhin zieht Frau K. mit ihrer Tochter zu ihrem Freund. Die Scheidung findet wenige Tage später statt.

Zum nächsten Termin kommt Herr K. allein. Er berichtet, dass seine Frau ihn angerufen habe, weil sie sich bei ihrem Freund nicht wohl fühle. Sie möchte zurück. Tatsächlich zieht sie Tage später wieder zurück. Ihren Freund will sie nicht mehr wiedersehen. Das Paar beschließt einen gemeinsamen Urlaub ohne Tochter. Frau K. schlägt ihrem Mann eine Zeit der sexuellen Abstinenz vor, bis sich alles wieder beruhigt hat.

Zum letzten Gespräch kommt Herr K. wieder allein. Er teilt mir mit, dass seine Frau ihn gebeten habe, nur ganz kurz mit mir zu reden und das Gewehr abzuholen. Ich spreche trotzdem länger mit ihm über die zurückliegenden Ereignisse. Er meint, dass er das Gewehr ruhig bei mir abgeben konnte, weil er die Tat mit einer anderen Waffe, einer „Pump Gun" ausgeführt hätte. Er hätte seinen Nebenbuhler nicht getötet, sondern ihn „bestraft", indem er ihn verstümmelt hätte. Ein sofortiger Tod sei zuwenig Strafe gewesen. Herr K. ist bei dieser Sitzung von seinen

Plänen allerdings distanziert, weil sie ihm im instrumentellen Sinne nicht zielführend erscheinen. In Zukunft werde er anders handeln, weil bei einer solchen Vorgehensweise „nichts herausschaut". Schuldgefühle oder Scham kann ich bei ihm in diesem Gespräch nicht entdecken. Obwohl ich ihn mehrfach zur Frage von Gewalt anspreche, kommen nur instrumentelle Überlegungen.

Insgesamt fanden 14 Gespräche in einem Zeitraum von zwei Monaten statt. Während der ganzen Zeit unterstützten mich Kolleginnen und Kollegen der Universitätsklinik für Tiefenpsychologie und Psychotherapie durch mehrmalige gemeinsame Besprechung des Verlaufs und der Entscheidungen. Ich musste mir auch Kritik anhören, da ein Teil der Kolleginnen und Kollegen der Meinung war, ich hätte die Frau gefährdet und die „Therapie" wäre überhaupt auf ihrem Rücken ausgetragen worden. Allerdings fiel weder mir noch anderen eine echte Alternative ein. Da ich davon ausging – und dies wurde im letzten Gespräch mit Herrn K. bestätigt –, dass er zu einer schweren Gewalttat an seinem Rivalen entschlossen war, setzte ich auf Zeit. Nachträglich denke ich, dass es besser gewesen wäre, den Versuch der Trennung des Paares auf begrenzte Zeit vorzuschlagen (z. B. dass Frau K. zu ihrer Freundin gezogen wäre) und das Paar bei den Sitzungen gemeinsam zu sehen.

Schwierig war für mich der Verzicht auf eine direkte Supervision durch ein Team (dies war aus organisatorischen Gründen damals nicht möglich), da die nachträgliche Supervision zwar hilfreich war, eine direkte Zusammenarbeit mit Kotherapeuten bzw. einem Team aber nicht ersetzen konnte.

Prinzipien der systemischen Krisenintervention

Technisch ließ ich mich bei der Arbeit im Wesentlichen von den von mir 1978 zusammengestellten Richtlinien der Krisenintervention leiten. Ich habe damals folgende Prinzipien formuliert (REITER, 1978) und sie später geringfügig ergänzt:

a) Sofortiges Eingreifen
Der Grund für den unmittelbaren Beginn einer Intervention ist v. a. die Gefahr irreversibler Handlungen und Entscheidungen durch die Betroffenen. Im Stadium der Krise besteht die Tendenz, den Spannungszustand durch dramatische Aktionen bzw. Kurzschlusshandlungen zu beenden. Daraus leitet sich für den Therapeuten die Verpflichtung zum sofortigen Beginn ab.

b) Aktivität des (der) Therapeuten
Die Forderung nach aktivem Verhalten des Therapeuten leitet sich aus der Notwendigkeit der Konfrontation der Betroffenen mit den Ursachen und den Folgen von Handlungen ab. Die Aufgabe des Therapeuten ist es, „aus dem Gewirr von Gefühlen, Stereotypien, Vorurteilen, Missverständnissen, jahrelang aufgestauten und oft paranoid verarbeiteten Erlebnissen den eigentlichen Konflikt herauszulösen" (PÖRKSEN, 1970; zit. nach REITER, 1978). Übergroße Rücksichtnahme auf den appellativen Charakter des Leidenszustands der Betroffenen durch Vermeidung von Konfrontation würde nur zur Verdrängung der tatsächlichen Konfliktursachen führen und ist deshalb nicht mit gezielter Krisenintervention

vereinbar. Diese Forderung stellt für den Patienten eine Belastung dar, die zu einem weiteren Prinzip der Krisenintervention führt.

c) Gleichzeitige Stützung

Wird in der Phase der hohen Belastung des Patienten und seines Milieus eine begleitende Stützung verabsäumt, so brechen die Patienten die Therapie ab, da das Ausmaß der Spannung ihre Toleranzgrenze übersteigt. Auf die Konfrontation werden sich die Patienten nur dann einlassen, wenn eine tragfähige Beziehung zum Therapeuten besteht. Diese muss rasch aufgebaut werden. Das Therapeutenverhalten wird zu einer wichtigen Variablen, vielleicht mehr als in anderen therapeutischen Verfahren.

d) Der Behandlungsfokus

Krisenintervention konzentriert sich im Wesentlichen auf die gegenwärtige Problematik. Dies soll jedoch nicht bedeuten, dass Hinweise und Verknüpfungen mit biografischen Momenten verpönt sind. Interpretationen können oft wesentliche Einsichten vermitteln und – dies sind Erkenntnisse jüngeren Datums – ein stützendes Element enthalten (KERNBERG, 1990). Zu den Zielvorstellungen der Krisenintervention ist zu sagen, dass die aktive und konstruktive Bewältigung einer schweren Krise in gemeinsamer Arbeit von Therapeuten und Patienten mehr leisten kann als eine bloße Wiederherstellung des Ausgangszustands. Die konstruktive Bewältigung stellt auch ein Modell für die Bewältigung künftiger Krisen dar.

e) Pragmatismus und Methodenintegration

In der Krisenintervention ist die Aufrechterhaltung eines Methodenpurismus kontraindiziert. Das Vorgehen richtet sich nach situativen Erfordernissen und sollte flexibel sein. Therapeutische Techniken werden unter dem Gesichtspunkt der raschen Situationsbewältigung eingesetzt und nicht als Wert an sich erlebt.

f) Einsatz von Psychopharmaka

Als unterstützendes Mittel wird je nach Zielsymptom oder Zielsyndrom die entsprechende medikamentöse Behandlung durchgeführt (bei Nichtärzten in Zusammenarbeit mit Ärzten).

g) Arbeit mit dem Problemsystem

Alle zum „Problemsystem" (GOOLISHIAN & ANDERSON, 1988) gehörenden Personen sollten an der Therapie teilnehmen, wobei nicht bei jeder Sitzung alle anwesend sein müssen. Dies geschieht nicht nur aufgrund ihrer „Verwicklung", sondern als Ressource. Der Unterschied zwischen einer individuumszentrierten und einer systemischen Krisenintervention besteht in der systematischen Einbeziehung aller relevanten Personen, um ein Festschreiben der Problematik bei einer Person zu vermeiden.

Wo immer es möglich war, ließ ich mich bei dem dargestellten Fall von den Prinzipien der Krisenintervention leiten. Ich überlasse es dem Leser/der Leserin zu beurteilen, inwieweit er/sie das dargestellte Beispiel als „Therapie" ansehen möchte bzw. wieviele Aspekte sozialer Kontrolle eingeflossen sind (zu diesbezüglichen wichtigen Unterscheidungen s. Ludewig, 1989). Das primäre Ziel war, eine schwere irreversible Gewalthandlung zu verhindern. Während der Arbeit mit den Mitgliedern dieses Problemsystems stellte ich eine Fülle von Überlegungen zur Paardynamik und zur individuellen Pathologie, aber auch über die Stärken und Ressourcen der Personen und des Systems an. Ich stelle diese Überlegungen hier nicht dar, weil die Bearbeitung psychologischer oder interaktioneller Gesichtspunkte gegenüber dem primären Ziel der Gewaltverhinderung nachrangig war. Zu einer therapeutischen Arbeit, bei der sich die Beteiligten auf eine Auseinandersetzung mit ihren Motiven und Absichten tiefer eingelassen hätten, kam es nicht.

Von besonderer Bedeutung im Rahmen meiner Intervention waren einerseits ethische Fragen, andererseits war es das Problem der Allparteilichkeit. Welches Risiko war vertretbar? Wem konnte was zugemutet werden? Wann musste ich die „Therapie" abbrechen? Wurde der „Täter" nicht letztlich bedroht? Alle diese Fragen mussten ständig im Lichte von Alternativen überlegt werden. Schwierig war letztlich auch die Frage der Neutralität (Selvini-Palazzoli et al., 1980), da es auch für Therapeuten Grenzen der Empathie gibt. Hier war besonders die Haltung von Herrn K., Gewalt ohne sichtbare Zeichen von Schuld oder Angst anzudrohen, schwer zugänglich. Hilfreich waren für mich – beim Verständnis der Pathologie von Herrn K. und beim Umgang damit – die Arbeiten von Kernberg (z. B. 1988).

Lassen sich schwere Gewalthandlungen im sozialen Nahraum verhindern?

In den letzten Jahren ist das Thema „Gewalt und Familie" zunehmend intensiv diskutiert worden. Dies gilt v. a. für den Bereich von Gewalt an Kindern. Das Thema der Gewalt unter Erwachsenen (z. B. der Eifersuchtsmord) wurde demgegenüber in der deutschsprachigen Literatur kaum thematisiert. Mit der Falldarstellung möchte ich einen Beitrag leisten, das Schicksalhafte und Unabänderliche von schweren Gewalthandlungen im sozialen Nahraum in Frage zu stellen. Es scheint mir – zumindest in einzelnen Fällen – durchaus möglich, hier präventiv zu arbeiten. Welche Vorgangsweise wäre möglich?

Das Bekanntwerden einer Morddrohung oder der Androhung schwerer Gewalt sollte zu einer gemeinsamen Intervention von Behörden und psychosozialen Diensten führen, wobei die „Intervention" der Behörden darin bestehen sollte, psychosoziale Krisenintervention zu ermöglichen. Eine reine Polizeiaktion ist sinnlos. Eine Drohung dieser Art kann auch als Hilferuf in einer als aussichtslos erscheinenden Situation gesehen werden, die zum Angebot psychosozialer Hilfe führen sollte. Dabei ist eine enge Kooperation zwischen den am Problem Tätigen eine ganz wesentliche Voraussetzung. Androhungen dieses Schweregrads sind juristisch relevante Tatbestände. Psychosozialen Beratern ist es nicht zuzumuten, im rechtsfreien Raum zu agieren. Sie brauchen die Unterstützung von Behörden. Sinnvoll wäre die Durchführung von Modellversuchen, in denen dann das beste Vorgehen erkundet werden könnte. Genauso wichtig ist die Veränderung der allgemeinen Meinung zu diesem Thema. Krankheit führt heute in der Regel zu entsprechender Behandlung. Bei Gewalt gegen Kinder (z. B. sexueller Kindesmissbrauch) gibt es Strategien und institutionelle Antworten (s. dazu LEVOLD et al., 1990). Die Androhung schwerer Gewalt unter Erwachsenen sollte ebenfalls psychosoziale Interventionen nach sich ziehen. Voraussetzung dafür sind allerdings mit diesen Problemen vertraute Berater oder Therapeuten mit der entsprechenden organisatorischen „Infrastruktur". Die Initiative zur Veränderung muss – so meine ich – allerdings v. a. von den Angehörigen psychosozialer Berufe und Dienste kommen.

„Ohne SIE werde ich nicht sterben"

Falldarstellung

Frau B. ist eine 37-jährige Frau, die seit 21 Jahren mit einem zwei Jahre älteren Mann verheiratet ist und eine 20-jährige Tochter hat. Sie und ihr Mann sind in derselben Firma beschäftigt. Frau B. wurde von ihrer Mutter in beiläufiger Begleitung ihres Mannes ins Kriseninterventionszentrum gebracht. Die Zuweisung erfolgte über die Psychiatrische Universitätsklinik, mit der ihre Mutter vorher mehrmals telefoniert hatte. Frau B. war aufgebracht, sehr unruhig und überzeugt, dass wir ihr nicht helfen können.

Ihr Wunsch und ihr Ziel ist es, die Freundin des Mannes zu töten: „Ganz langsam sie sterben lassen und ihr dabei in die Augen schauen." Diese Idee besteht seit vier Monaten mit zunehmender Intensität.

Frau B. war bereits vor Wochen am Arbeitsplatz ihrer Rivalin gewesen, um herauszufinden, ob dort eine Möglichkeit für die Tat bestünde. Sie war fest entschlossen, sich nach dem Mord an der Freundin ihres Mannes selbst umzubringen. Aus Sorge um ihre Tochter schob sie aber das Vorhaben vorläufig auf. Heute früh erwachte sie jedoch mit dem zwingend-quälenden Impuls, allen Bedenken ihrer Tochter gegenüber zum Trotz endlich zur Tat schreiten zu müssen. Ihre Zerrissenheit setzte ihr sehr zu, und sie rief ihre Mutter an. Diese kam, führte zahlreiche Telefonate, in denen sie um Hilfe bat, und so kamen sie – Frau B., ihr Mann und ihre Mutter – zu uns, die alle das Vorhaben von Frau B. kannten.

Die Klientin berichtet später, dass sie die einzige Tochter ihrer Eltern war. Mit 6 Jahren Scheidung der Eltern, wobei sie intensiv den Schmerz der Mutter miterlebte und deren Hass auf die andere Frau, zu der der Vater zog.

In den folgenden Jahren ging die Mutter einige Beziehungen ein und heiratete letztlich den Stiefvater der Klientin. Von diesem Mann wurde das damals 12-jährige Mädchen immer wieder sexuell belästigt und von ihm verpflichtet, nichts der Mutter zu sagen. Diese Zeit erlebte sie als besonders ekelig, schwierig und belastend, aufrecht hielt sie nur die Hoffnung, dieser Situation möglichst bald zu entkommen.

Mit 16 Jahren lernte sie ihren Mann kennen, heiratete und brachte mit 17 ihre Tochter zur Welt. Ein unproblematisches Kind, dem sie alles ersparen wollte, was ihr in ihrer Kindheit angetan worden und unangenehm gewesen war. Es waren für sie „Jahre des Glücks", unterbrochen von einer schweren Erkrankung, bei der sie „dem Tode nahe war". Als die Tochter 10 Jahre alt war, wurde Frau B. in derselben Firma wie ihr Mann berufstätig.

Vor etwa einem Jahr begann eine für sie sehr arbeitsintensive Zeit, sie absolvierte über viele Monate hinweg zahlreiche Überstunden. In dieser Zeit war ihre Tochter zweimal schwanger, alle erfuhren eher davon als sie als Mutter. Erstmals hatte sie massive Sorge und Selbstzweifel, als Mutter versagt zu haben. In dieser Zeit fiel ihr auch eine Veränderung ihres Mannes auf. Vor kurzem hatte sie dann von ihm erfahren, dass er mit einer ehemaligen Arbeitskollegin eine Beziehung hätte. Nach diesem Geständnis berichtete ihre Tochter, dass sie vor Tagen den Vater und die frühere Arbeitskollegin in eindeutiger Situation in der Wohnung angetroffen hätte und sie ihm hätte versprechen müssen, keinesfalls etwas der Mutter zu sagen, da er das selber tun wolle. (Diese Situation erinnerte die Klientin in schrecklicher Weise an ihre eigene Kindheit und an die Situation, in der ihre Mutter damals stand.)

Da ihre Rivalin auch mit anderen Mitarbeitern in intimen Verhältnissen gestanden war und dies infolge der räumlichen Beengtheit allgemein bekannt war, gab es am Arbeitsplatz des Ehepaars größere Wirrnisse, zu denen Frau B. aktiv beitrug. Sie kontaktierte den Mann der ehemaligen Arbeitskollegin und deckte deren sonstige Beziehungen auf. Außerdem versuchte sie, dieser Frau ähnlich zu werden, weshalb sie durch selbst indiziertes Erbrechen nach jeder Mahlzeit ihr Gewicht um insgesamt 20 kg reduzierte. Sie suchte den praktischen Arzt auf, der ihr Beruhigungsmittel über viele Wochen hinweg verordnete, bis er den Missbrauch bemerkte und die Medikamente sofort absetzte.

Daraufhin kam es zu einem sehr starken Abstinenzsyndrom mit Schweißausbrüchen, Zittern, Schlaflosigkeit, ständiger Gereiztheit, Ängstlichkeit, starken Beklemmungen und der Angst zu ersticken. Der praktische Arzt war über Wochen hinweg davon überzeugt, dass es sich dabei um eine „Hysterie" handle, bis er die Patientin endlich an einen Neurologen überwies. Von diesem bekam sie ein Rezept mit der Vereinbarung, dass sie wiederkommen solle, wenn die Medikamente aufgebraucht seien. Drei Tage lang nahm sie die verordneten Medikamente, nachdem am dritten Tag keine Besserung bemerkbar war, unternahm Frau B. einen Suizidversuch mit fast allen zu Hause vorhandenen Medikamenten. Nach der Entgiftung wurde sie vom Krankenhaus mit dem Auftrag entlassen, eine bestimmte Untersuchung durchführen zu lassen, da ein pathologischer Befund festgestellt worden war. Nach der ersten Untersuchung suchte sie wieder den Hausarzt auf; dieser meinte, dass ein „Krebs nicht von ungefähr komme". Am selben Abend war für sie klar, dass daran nur die Freundin des Mannes – also die frühere Arbeitskollegin – schuld sein könne und diese dafür „bezahlen müsse".

Nach einem vorerst unklaren Befund und einer neuerlichen Untersuchung wurden die Fantasien, dass sie die Freundin ihres Mannes werde töten müssen, konkreter. Es wurde eine erste Operation durchgeführt. Als Frau B. erfuhr, dass eine neuerliche Operation erforderlich wäre, da sich die Verdachtsdiagnose Krebs doch bestätigt hätte, verabschiedete sie sich gewissermaßen von ihrem Leben, verspürte aber gleichzeitig den Wunsch, die Operation zu überleben, weil das, was ihr „angetan wurde", gesühnt werden müsse: „Ich werde nicht alleine sterben, ich werde *Sie* langsam sterben lassen, *Sie* leiden sehen und Genugtuung erleben und *Sie* mitnehmen."

Nach der Operation unterzog sich die Patientin einer Bestrahlungs- und Chemotherapie. Je unerträglicher und belastender diese Behandlung wurde, desto grausamer wurden ihre Mordfantasien, jedoch ohne Handlungsdruck.

Zu dieser Zeit entschied sich ihr Mann wieder für sie, doch das erreichte Frau B. kaum noch. Alle Bemühungen ihres Mannes wurden entwertet, und die Auseinandersetzungen drehten sich nur um seine (scheinbar permanent anwesende) Freundin. Auf einen konkreten Zeitpunkt für die Tat konnte sich Frau B. jedoch wegen ihres Verantwortungsgefühls ihrer Tochter gegenüber nicht festlegen.

Die Situation wurde akut, als vor wenigen Tagen der Arzt eine neuerliche Untersuchung vorschlug und mit einer vorbereitenden Behandlung begann. Als sie erste belastende Symptome dieser Vorbereitung wahrnahm, führte dies zu dem festen Entschluss: „Ich sterbe nicht allein, denn *Sie* ist an allem schuld."

Am Tag des Erstgesprächs war sie aufgewacht mit der Gewissheit, heute die Freundin des Mannes töten zu müssen.

Als sie beim Erstgespräch darüber spricht und berichtet, dass sie die Waffe schon beschafft habe, vermittelt sie deutliche Triumphgefühle. Ihre Unruhe und Aufgebrachtheit verknüpft sie mit der Angst vor den kommenden Untersuchungen, die Angst vor dem möglichen pathologischen Befund hingegen ist nicht ansprechbar. Groß ist jedoch ihre Verzweiflung, der Tochter, die noch unter den beiden Schwangerschaftsabbrüchen leidet, noch Zusätzliches anzutun und wieder als Mutter zu versagen. Im zweiten Teil des Gesprächs, an dem auch eine Ärztin teilnimmt, wird überlegt, ob für Frau B. eine Entlastung von dem sie quälenden Druck durch medizinische Hilfe möglich ist. Es erweist sich aber, dass sie medikamentöse Hilfe wegen der schlechten Erfahrungen, die sie mit Psychopharmaka gemacht hatte, keinesfalls will (auch würde das eine Unterbrechung der Untersuchungsvorbereitungen bedingen), und dass sie eine Aufnahme ins Krankenhaus als Schutz vor Kontrollverlust strikt ablehnt: Wie komme sie dazu, wo doch die Freundin des Mannes an der ganzen Misere schuld sei. Auch bedeute das Krankenhaus **ihren** Tod, und die Freundin müsse **vor** ihr sterben. Herr B. formuliert, dass seine Angst vor einem neuerlichen pathologischen Befund bei seiner Frau für ihn viel belastender sei als die Mordabsicht.

Er fühlt sich chancenlos, schuldig, ratlos und hilflos – ein Zustand, der auch sie „verrückt" macht, denn er stehe in der Beziehung für Sicherheit und Geborgenheit: „Er war mein Fels."

In diesem Gesprächsabschnitt werden die Ziele der Klientin herausgearbeitet.

1. „Nicht ohne *sie* sterben zu wollen". Das Sterben der Klientin ist jedoch derzeit nicht wirklich aktuell und kann von ihr auch so eingeschätzt werden. Ihr vordringliches Ziel ist, die Zeit bis zu den Befunden abzuwarten und diese möglichst schnell zu erhalten, danach werde Klarheit bestehen, ob alles in Ordnung sei oder ob eine neuerliche Behandlung erforderlich wäre. Das heißt konkret, dass entweder weiterhin möglichst alle Untersuchungsvorbereitungen zu treffen sind, oder den bereits vereinbarten Untersuchungstermin zu verschieben, wodurch auch hinsichtlich des geplanten Mordes und Suizidgedankens das unmittelbare Risiko abgeschwächt wäre.

Frau B. ist damit einverstanden, bis zur nächsten Stunde am nächsten Tag zu überlegen, welche dieser beiden Alternativen bezüglich der weiteren Untersuchungen sie ergreifen wird.

Als zweites Ziel stellt sich heraus, dass sie „möglichst alles tut, damit die Tochter nicht die Leidtragende der Geschichte ist". Damit wird für Frau B. immer klarer, dass ihre Absicht so doch nicht zu verwirklichen ist. Daran schließen sich Überlegungen an, wie sie sich sichern kann, wenn ihre Wut und Mordlust sie wieder überfallen und was sie selbst noch in ihrer derzeitigen Situation mit Unterstützung ihres Mannes und ihrer Mutter unternehmen kann. Herr B. ist bereit, ihr konkret zu helfen.

Das zweite Gespräch am nächsten Tag kommt nicht zustande, da Frau B. telefonisch mitteilt, dass sie erkrankt wäre und die ganze Nacht schon hoch gefiebert habe. Sie teilt aber ihre Entscheidung mit, dass sie die Untersuchungsvorbereitungen nicht abbrechen werde, und es wird ein Gesprächstermin in fünf Tagen vereinbart, zu dem sie meint, wieder genesen zu sein. Ihr unmittelbares Ziel ist es jetzt, vorerst mit der starken Erkältung fertig zu werden.

Zum dritten Kontakt kommt das Ehepaar gemeinsam. Trotz der starken Beeinträchtigung durch die Erkältung, aber auch durch die Vorbereitung für die bevorstehende Untersuchung versuchte Frau B. an ihren Zielen weiterzuarbeiten. Sie bestätigt nochmals ihre strikte Weigerung eines stationären Aufenthalts und berichtet – auch für ihren Mann überraschend –, dass sie ernsthaft die Scheidung als eine Möglichkeit der Veränderung dieser Situation sehe, falls sie bemerken sollte, dass sie mit ihm nicht mehr werde leben können.

Somit ist der Konflikt endlich auf die Partnerebene gelangt und besteht nicht mehr, wie bisher, fast ausschließlich zwischen den beiden Frauen. Ihr Mann reagiert rasch: „Ich kann mir nicht vorstellen, dass du ohne mich leben kannst." Diese Aussage bezieht Frau B. wieder auf ihre Krankheit und nicht auf sich, und wieder greift das alte Muster von Mord und Suizid. In dieser Situation wird versucht, die Bedürfnisse beider Partner herauszuarbeiten, wodurch es überraschend schnell zu einer Entspannung der Situation kommt. Für beide ist abschließend die Trennung eine Möglichkeit, die der Mann zwar keinesfalls möchte, die Frau allerdings doch für den Fall, dass sie miteinander nicht mehr leben können.

Ein neues Ziel von Frau B. besteht nun darin, wieder genug Lebensraum zu bekommen, der ihr knapp geworden ist, da seit über einem Jahr der Freund ihrer Tochter in der elterlichen Wohnung wohnt. Insbesonders seit ihrem Krankenstand, Wochen vor der ersten Operation, erlebte das Frau B. als sehr beeinträchtigend, sie hatte dieses Problem jedoch noch niemals angesprochen. „Wir waren alle von dieser Mitteilung geschockt und hätten das nie vermutet", kommentiert Herr B. Dies eröffnet eine Chance, dass alle Beteiligten an einer Veränderung der Situation arbeiten könnten, und nicht nur Frau B. die ganze Last der Bewältigung aufgebürdet ist. Weiters berichtet Frau B. von ihren mittlerweile stärker werdenden körperlichen Beeinträchtigungen im Zusammenhang mit der Nachuntersuchung, wobei vage auch Ängste vor einem schlechten Ergebnis durchklingen.

Am Ende dieser Sitzung ist klar, es gibt sowohl Trennendes als auch Unüberbrückbares durch die Ereignisse des letzten Jahres; es gibt jedoch deutlich mehr gemeinsame Ziele und Bedürfnisse, die beide in Angriff nehmen wollen.

Der vierte Kontakt findet eine Woche später statt, wobei im Mittelpunkt die Angst vor einem neuerlichen pathologischen Befund steht. Frau B.s Mann beschwichtigt sie: „Es wird schon alles gut gehen." Augenblicklich hat Frau B. eine Unzahl kränkender Geschichten präsent und attackiert ihn damit. Wir überlegen gemeinsam, wie die Angst und die Sorge zu gemeinsamen Themen für beide werden können. Das ist insbesondere für Herrn B. sehr harte Arbeit, weil er gewohnt ist, sich Unangenehmes nicht anschauen zu müssen.

Letztlich ist Frau B. entschlossen, wenn auch beunruhigt, so doch abzuwarten, was der Befund bringen wird. Sie sagt, sie wäre auch bereit, sich nötigenfalls nochmals einer sehr belastenden Behandlung zu unterziehen. Dies ist die erste Entscheidung, die Frau B. für ihr Leben tut, nicht gegen ihres und das der ehemaligen Freundin ihres Mannes.

Für das nächste Gespräch wird ein Termin nach der Untersuchung ausgemacht, da die Untersuchungsvorbereitungen Frau B. körperlich stark zusetzen, wodurch sie zunehmend erschöpft und antriebslos ist.

Fünfter Kontakt mit Herrn und Frau B.: Alle Befunde sind „in Ordnung". Die nächste Untersuchung ist erst in einem halben Jahr und danach einmal jährlich. Beide sind sichtlich entlastet und stolz, die letzten Wochen gemeinsam durchgestanden zu haben.

Wir sprechen über den Tag, an dem Frau B. erstmals ins KIZ kam „mit der Sicherheit, dass ihr alle alles antun können und sie deshalb sterben müsse". Sehr präsent ist ihr heute noch ihre Wut und Aggression und die Gewissheit, alles selbst beenden zu müssen, allerdings auch beenden zu können.

Bei diesem Gespräch ist Frau B. entschlossen, mit der teilweise vorhandenen Beeinträchtigung zu leben und alles zu tun, um ihre Lebensqualität wieder auf das Niveau vor den Ereignissen des letzten Jahres zu heben. Beide Partner bemühen sich, miteinander über ihre Ängste zu reden, ebenso über wünschenswerte und notwendige Veränderungen. Themen sind nicht mehr Macht und Ohnmacht, sondern konstruktiver Umgang mit der Situation unter besonderer Bedachtnahme eigener Bedürfnisse. Beide fahren zum „Üben" dieser neuen Strategien gemeinsam zwei Wochen auf Urlaub.

In den drei dem Urlaub folgenden Gesprächen wurden die sehr unterschiedlichen Probleme beider Partner thematisiert. Frau B.s Bedürfnisse, freier, selbstständiger zu werden, verunsicherten den Mann sehr stark, und die Unsicherheit des Mannes bietet Frau B. ein breites Angriffsfeld. Die Wünsche von Frau B. sind stark ambivalent: einerseits die Sehnsucht nach „völliger" Freiheit, andererseits nach „totaler" Sicherheit. Die Reaktionen des Ehemannes führen vom anfänglichen Bemühen- und Entsprechenwollen, egal was seine Frau von ihm verlangt, letztlich zur Einsicht, das nicht schaffen zu können. Damit eröffnet sich die Chance, konkrete Grenzen des für den jeweiligen Partner Möglichen anzuschauen, zu verbalisieren und gemeinsame Ziele zu erarbeiten.

Im letzten Gespräch – vom Ehepaar als solches bestimmt – betrachten sie es als gemeinsame Aufgabe, wieder *mit*einander zu leben unter Bedachtnahme auf die jeweils eigenen Grenzen, und sie fühlen sich sicher genug, das ohne fremde Hilfe in Angriff zu nehmen. Dennoch ist die Rückversicherung, sich wieder melden zu können, wichtig, besonders für Herrn B.

Kommentar zur Falldarstellung
Diese sehr dramatische Krise versetzte natürlich auch die Helfer in große Unruhe und Sorge, nicht zuletzt, weil sich Frau B. aus den angeführten Gründen strikt weigerte, sich stationär aufnehmen zu lassen. Dieses Vorgehen hätte zweifellos die Helfer beruhigt, notgedrungen auch die Situation entspannt, kaum jedoch Frau B. zu ihrer raschen Entscheidung für ihr Leben geholfen, da sie den stationären Aufenthalt sicherlich wieder nur als Qual, an der ihres Mannes Freundin schuld sei, erlebt hätte.

In diesem Fall, der auch die Helfer an die Grenzen ihrer Verantwortlichkeit führt – bei Selbst- oder Fremdgefährdung ist auch gegen den Willen des Betroffenen ein stationärer Aufenthalt in die Wege zu leiten, wenn alle anderen Möglichkeiten nicht mehr zielführend sind –, konnte dank der Kooperation der Mutter und vor allem des Mannes ein hohes Risiko eingegangen werden.

Weiters wirkte sich für die Entwicklung der Situation günstig aus, dass die Untersuchungsvorbereitungen Frau B. zunehmend müder, erschöpfter und antriebsloser machten, und dass der grippale Infekt mit hohem Fieber sehr unmittelbar eine Unterbrechung der Eskalierung erzwang.

5.6 Krisen von Patienten im Krankenhaus

Krisen bei stationären Patienten begegnen wir häufig in folgenden Situationen:
1. Ein Teil jener Patienten, die einen Suizidversuch unternehmen, ist weiter suizidgefährdet (s. a. Kap. 6.2).
2. Bestimmte Probleme, besondere Lebensumstände und belastende Lebenssituationen zwingen den Patienten, diese Probleme durch körperliche Beschwerden und Symptome zu äußern. Im Hintergrund dieser Beschwerden stehen nicht selten psychosoziale Krisen.
3. Erlebnisse, Reaktionen und Verarbeitung von körperlichen Erkrankungen, Untersuchungen, Diagnosen, Behandlungsmaßnahmen sowie der Einfluss des „Heilmilieus" führen häufig zu psychischen Alterationen.
4. bei bestimmten somatischen Therapien, die zu psychischen Beschwerden führen:
   a) besondere Eingriffe, Operationen und belastende Behandlungen,
   b) somatische Behandlungen, die direkt zu psychischen Alterationen führen können (z. B. Cortison- oder Reserpintherapie).

1. Patienten nach Suizidversuch
Man weiß heute aus einer Reihe epidemiologischer Untersuchungen, dass etwa zehn Prozent jener Personen, die einen Suizidversuch unternehmen, innerhalb der nächsten zehn Jahre durch Suizid sterben. Man erkennt daraus, dass ein relativ geringer Prozentsatz nach dem Suizidversuch weiter suizidgefährdet ist. Sehr häufig handelt es sich bei Suizidversuchen um den Ausdruck direkter Konflikte, die oft bereits durch die Suizidhandlung bzw. die damit verbundenen Kon-

sequenzen einer raschen, wenn auch häufig nicht sehr dauerhaften Lösung zugeführt werden.

Die obligate Zuziehung eines Psychiaters ist sicherlich nicht in allen Fällen notwendig, häufig genügt bereits ein Gespräch mit dem Betreffenden, besonders aber mit seinen Angehörigen, um die weitere Suizidgefährdung abzuschätzen. Die Kenntnis des präsuizidalen Syndroms (RINGEL, 1981) sowie eine grobe Diagnostik schwerer psychischer Störungen genügen im Allgemeinen vollauf: Von besonderer Wichtigkeit sind dabei Suizidgedanken und -fantasien, die – je drängender und konkreter sie sind – einen umso deutlicheren Hinweis auf eine bestehende Gefährdung ergeben, besonders dann, wenn sie mit fehlender Zukunftsperspektive, affektiver Einengung, also fehlender affektiver Resonanz (affektivem Mitschwingen) verbunden sind.

Über die weitere Vorgangsweise s. Kap. 6.2.

2. Psychosoziale Krise
Generell scheint es, als ob viele Menschen ihre psychischen und sozialen Probleme nur durch körperliche Beschwerden und Symptome äußern könnten. Man weiß heute, dass mehr als die Hälfte jener, die in ein Krankenhaus eingewiesen wurden, kurz vor der Einlieferung unter einem erheblichen Druck standen (Stressful-Life-Events, DOHRENWEND). Ein Gespräch über die Ereignisse, die in letzter Zeit vor der stationären Aufnahme erfolgten, kann hier klärend wirken, wobei man jedoch erkennen muss, dass der Konflikt auch häufig nicht bewusst sein kann.

Die sogenannte „larvierte" oder „maskierte" Depression, also eine Depressionsform, die nicht primär als Depression, sondern als eine primär körperliche Störung imponiert, bei der man jedoch charakteristische Symptome wie Antriebsstörung, Lustlosigkeit, abendliche Remission, Durchschlafstörung immer wieder finden kann, sieht gelegentlich auch wie eine Krise aus. Darüber hinaus können jedoch auch noch klassische Formen von Depressionen mit den oben erwähnten Symptomen sowie einer deutlichen Befindlichkeitsstörung im Sinne einer Antriebsstörung und einer fehlenden Affizierbarkeit in Verbindung mit beispielsweise Adynamie, Appetitlosigkeit und Gewichtsverlust eine maligne oder konsumierende Erkrankung vortäuschen. Mit der Depression verbundene körperliche Beschwerden, wie z. B. Obstipation, aber auch Durchfälle sowie somatische Reaktionsbildung und Befürchtungen, können als „Eintrittssymptom" in das Krankenhaus fungieren. In beiden Fällen handelt es sich jedoch nicht um Krisen, sondern um psychische Erkrankungen, die spezieller Behandlung bedürfen.

3. Reaktionen auf körperliche Erkrankungen und Diagnosen
Das unmittelbare Erleben von organischer Erkrankung und Symptomen und die Auseinandersetzung mit ihnen führen oft zu psychischen Beschwerden. Setzt eine schwere Störung vitaler Funktionen oder ein Schmerzanfall plötzlich und unerwartet ein, dann fühlt sich der Betroffene ohne den Schutz von Anpassungs- und Verleugnungsmechanismen unmittelbar mit dem Einbruch von Krankheit

konfrontiert. So wird z. B. eine heftige Schwindelattacke, eine massive Blutung, ein Erstickungsanfall oder eine erste akute Kolik starke Beunruhigung oder schwerste Angst auslösen, sofern das Bewusstsein erhalten bleibt. Indessen scheint die Angst nicht proportional zu der Stärke des Schmerzes und dem Ausmaß der Behinderung zu sein: chronisch rezividierende Migräneanfälle, starke Atmungsbehinderung bei Schnupfen oder ein die Bewegungsfreiheit erheblich einschränkender schmerzhafter Muskelkater pflegen nicht beunruhigend zu wirken, weil die Ursache dieser Symptome bzw. ihr Verlauf dem Betroffenen aus seiner Lebenserfahrung vertraut sind.

Tritt zur intensiv erlebten, akut einsetzenden Störung aber die Eigenschaft des Unbekannten, des im Verlauf unabschätzbaren, unerklärlichen Vorgangs hinzu, dann bekommt der Mensch Angst. Die Intervention der Angstkrise fällt hier mit der notfallmäßigen Behandlung des akuten organischen Ereignisses zusammen. Der Patient fühlt sich augenblicklich entlastet und gesichert, wenn ihm z. B. durch den Notarzt fachkundige somatische Hilfe zuteil wird. Handelt es sich jedoch um lebensbedrohende Krankheiten, Prozesse mit längerem Krankheitsverlauf, der den Kranken zwischen Hoffnung und Verzweiflung schwanken lässt und zu einer tiefergehenden Auseinandersetzung mit existenziellen Fragen zwingt, so entwickeln sich die seelischen Reaktionen komplizierter: Nach anfänglicher **Panik** versucht der Patient häufig, sich zu **isolieren**, beginnt dann, mit seinem Schicksal zu **hadern**, zeigt Gefühle von **Ärger** und Neid, fasst gute Vorsätze und versucht mit seinem Schicksal zu **handeln**. Plötzlich überfällt ihn in der Erkenntnis des unaufhaltsam nahenden Todes eine große **Traurigkeit** über alles, was er verliert und an unerledigten Lebensproblemen zurücklässt. Dem Akzeptieren des Todes folgt eine letzte Phase – knapp vor dem Tod –, eine Phase, in der es praktisch keine Gefühle mehr gibt, also keine Einengung der Gefühle, sondern den Verlust der Gefühle und der Dynamik sowie der Affekte (KÜBLER-ROSS, 1971) (s. a. Kap. 5.7).

Wesentlich für das Erleben und die Reaktionen auf eine körperliche Erkrankung ist der Einfluss prämorbider Persönlichkeitsfaktoren. Dazu gehört eine Reihe sozialer und kultureller Faktoren, die auf das individuelle sogenannte Krankheitsverhalten wirken, wie Berufssituation, die Leistungsmotivation, eigene Konzepte über Gesundheit und Krankheit, eine allfällige Neigung, aus Symptomen Krankheitsgewinn zu ziehen, oder die gegenteilige Einstellung, eine Störung eher zu dissimulieren oder zu bagatellisieren (BÖKER, 1978).

Interaktionen zwischen Patient und Behandelnden können Krisenquellen sein. Durch Missverständnisse und Kommunikationsstörungen können sich gegenseitige Enttäuschungen ergeben. Beide fühlen sich unverstanden, und der Behandler, der dem Patienten gleichsam ein richtiges Krankheitsverhalten als Gebot auferlegt, ist enttäuscht. Interaktionsprobleme sind auch sprachliche Verständigungsschwierigkeiten, z. B. bei Gastarbeiterpatienten, wo immer wieder auffällt, dass averbale Ausdrucksmittel wie Gestik, Mimik, Jammern etc., besonders betont, aber auch dementsprechend beachtet werden müssen. Das Wichtigste in der Beseitigung solcher Interaktionsschwierigkeiten ist wohl primär das Erkennen.

Auswirkungen von Untersuchung, Behandlung, Krankheitsmilieu: Es gibt zahlreiche Untersuchungen, wie Patienten auf das Krankenhaus reagieren. Rund die Hälfte reagiert auf die Situation mit Angst bzw. massiver Furcht und dem Gefühl der Existenzbedrohung; nur rund ein Fünftel fühlt sich in der Klinik geborgen. Der Rest ist leicht ängstlich und hat gemischte Gefühle.

Man weiß heute längst, dass die Gefahr depressiver, gereizter, apathischer, dämmriger und deliranter Komplikationen um so größer ist, je mehr man den Kranken allein lässt und von menschlichen Kontakten isoliert. Gefahren, die sich dabei auf Intensivpflegestationen, sterilen Zelten und in Abteilungen ergeben, die primär von Apparaten und nicht von Menschen betreut werden, liegen auf der Hand. Häufig fühlen sich dann die Patienten in ihrer Autonomie überwältigt und zur Panik getrieben. Hier wird Aufklären und Informieren nicht nur zum juristischen Gebot der Aufklärungspflicht, sondern ist selbst ein wichtiges Therapeutikum, das die Selbstheilungskräfte des Kranken anregt und ihn zum mitverantwortlichen Partner zu gewinnen und seiner Angstbereitschaft zu begegnen vermag.

4. Reaktionen auf bestimmte somatische Therapien

Krisenanlässe sind belastende, besonders verstümmelnde Eingriffe; Eingriffe, die das Selbstwertgefühl sehr vermindern, wie etwa Mamma-Amputationen, Kastration, aber auch gesichts- und kieferchirurgische Eingriffe und dergleichen, des weiteren sehr belastende Behandlungen, die mit starken Nebenwirkungen, z. B. Erbrechen, Potenzstörungen und dergleichen, aber auch z. B. kosmetisch beeinträchtigenden Nebenwirkungen, wie etwa Haarausfall oder deutlicher Gewichtszunahme oder -reduktion behaftet sind.

H. WIMMER (1986) evaluierte ein selbstentwickeltes Programm zur prä- und postoperativen Betreuung, das sich hauptsächlich auf Information und Besprechen von Ängsten bezog. Wimmer konnte nachweisen, dass sich dadurch die Komplikationsrate, die Verweildauer und der Medikamentenkonsum deutlich reduzieren lassen, während das subjektive Wohlbefinden deutlich ansteigt. Auf diese Art und Weise würden für einen Aufwand von etwa 100 Mark mindestens 3.000 Mark „eingespart".

Weiters gibt es somatische Therapien, die direkt zu psychischen Beschwerden führen können, wie z. B. Cortisonpsychosen, Cortisondepressionen oder Depressionen durch Reserpin, Verwirrtheitszustände beispielsweise durch Antiparkinsonmittel und dergleichen. Diese Reaktionen stehen bereits an der Grenze zu den organischen Psychosen, die jedoch keine Krisen sondern Notfälle sind.

Definition: Organische Psychosen
Bei einer organischen Substratschädigung, sei es durch Schädel-Hirn-Traumen, Tumore, Blutverlust, Elektrolytverschiebung, bestimmte Herzerkrankungen, Fieberzustände und dergleichen, aber auch Schädigungen durch chronischen Gift- oder Medikamenteneinfluss, treten nicht selten raptusartige Bilder, delirante Zustände, akute Angstanfälle oder halluzi-

natorische Episoden auf. Führendes Symptom all dieser Beschwerden sind Bewusstseinseinengung, Zeichen von Hirnleistungsschwäche (Auffassung und Aufmerksamkeit sowie Merkfähigkeit und Gedächtnis), charakteristische Affektstörung und Aspontanie, Interesselosigkeit, verminderte Reaktionsfähigkeit, aber auch Störung der Wahrnehmung sowie des Assoziierens, häufig auch motorische Beeinträchtigung der Gestik. Auch delirante Symptome sind bei diesen Exogenen Reaktionstypen anzutreffen, wobei die Verwirrtheit, also die Störung der situativen Orientierung (Ort und Zeit), neben einer sogenannten Entzügelung des impressiven Wahrnehmungsmodus (Halluzinationen, Illusionen und Anmutungserlebnisse) sowie motorische Erregung auftreten. Solche schweren hirnorganischen Zustandsbilder sind jedoch leicht und deutlich zu erkennen, die genauere Differenzierung obliegt dem Fachmann, wenn auch die Therapie im Allgemeinen sehr einfach durch eine ausreichende Sedierung erfolgt sowie natürlich in der Behandlung der somatischen Grundkrankheit.

Aus dem bisher Gesagten wird klar, dass nicht nur im Krankenhaus, sondern auch vor und besonders nach einem Krankenhausaufenthalt schwierige emotionale Situationen für den Patienten bestehen – nicht nur das Warten auf ein Bett, sondern auch die Angst, sich beim stationären Aufenthalt einer Krankheit stellen zu müssen, bringen mehrfache Probleme. Auffallend ist z. B. der Suizid relativ kurz (Wochen bis Monate) nach der Entlassung aus dem Krankenhaus. Solche Ereignisse sind nicht unbedingt ein Zeichen der Hoffnungslosigkeit, die durch den eventuellen Krankenhausaufenthalt vermehrt wurde, sondern häufiger durch die Umstellung nach einem längeren Krankenhausaufenthalt und die damit verbundenen Probleme bedingt. Darum sollten wir den Patienten vor der Entlassung unbedingt fragen, wie er sich seine unmittelbare Zukunft vorstellt. Die Antwort gibt wichtige Hinweise auf eine mögliche Einengung.

Zuletzt soll nicht unerwähnt bleiben, dass all diese Schwierigkeiten und Krisen, die Patienten im Krankenhaus durchmachen, auch die Ärzte und das Krankenpflegepersonal nicht unberührt lassen. Deshalb kommt es häufig auch bei uns zu schweren Krisen, mit denen wir manchmal selbst von unseren Kollegen allein gelassen werden (s. a. Kap. 6.4.11). Wenn man sich an solche Situationen bei sich selbst erinnert und auch daran, wann und wie jemand einem dabei geholfen hat, wird es einem mithilfe des oben Gesagten nicht schwerfallen, sich auch den Patienten gegenüber richtig zu verhalten. Hat man die Krise, die Schwierigkeit, in der sich der Patient befindet, erfasst, und ist es einem möglich, die zehn Minuten, die man für ein Gespräch braucht, zu erübrigen, so soll man versuchen, primär einmal zuzuhören und den Wunsch nach oberflächlichen, abwimmelnden Trostäußerungen abzuwehren. Man soll versuchen, den Patienten zu ermutigen, sich mit seinen Gefühlen zu konfrontieren. Deshalb ist es wichtig, wenn er z. B. weint, wenn er klagt oder sich beschwert, nicht leichtfertig mit Trost zu sein, nicht an seine „Männlichkeit" zu appellieren, sondern dem Patienten offen und unumwunden mitzuteilen, dass er sich jetzt in einer sehr schwierigen Situation befindet und man diese Schwierigkeiten versteht. Damit wird man dem Patienten wesentlich mehr helfen als mit einem beiläufigen „Sie werden schon wieder gesund", an das ohnedies niemand mehr glaubt. Es kann nämlich kein ärgeres

Missverständnis zwischen zwei Menschen geben, als wenn beide wissen, wie es wirklich steht, es sich der eine aber nicht einzugestehen traut, und der andere, der Patient, es nicht darf.

5.7 Krisen älterer Menschen

Die Alten, das heißt: die über 60-jährigen, sind keinesfalls eine homogene Altersgruppe, weshalb man zwischen den jungen Alten und dem höheren Alter jenseits des 75. Lebensjahrs unterscheidet. Obwohl diese Unterscheidung sehr nach Statistik klingt, scheint es dennoch berechtigt, zwischen zwei Abschnitten zu unterscheiden: Erstens jenem Abschnitt, in dem ein Großteil der Menschen in unseren Breiten zwar nicht mehr erwerbstätig, jedoch meist bei guter Gesundheit ist und grundsätzlich die Möglichkeit hat, aktiv und kreativ das Leben zu gestalten und produktiv zu sein; zweitens dem Abschnitt des höheren Alters, wenn der stärkere Rückzug aus der Gesellschaft mit dem nun deutlich bemerkbaren Schwund der körperlichen und geistigen Kräfte in Zusammenhang steht.

Gleichsam am Eintritt in das Alter steht die **Berufsaufgabe**, die gegen Ende des sechsten und Anfang des siebenten Lebensjahrzehnts durchaus herbeigesehnt wird. Je näher allerdings der Zeitpunkt der Pensionierung kommt, desto heftiger wünscht sich die Mehrzahl, diesen hinausschieben zu können. Direkt nach dem Ausscheiden aus dem Berufsleben ist die Einstellung zur Pensionierung am negativsten, um dann einige Jahre später wieder vorwiegend positiv beurteilt zu werden. Interessant ist, dass Arbeiter, die schwere körperliche Arbeit leisten müssen, einer vorzeitigen Pensionierung am positivsten gegenüberstehen. Die Umstellung auf das Pensionsalter gelingt umso leichter, je eher jemand bereits zuvor Interessen und Hobbies entwickelt hat, denen er sich nun intensiver widmen kann. Ähnliches wurde auch bei Eintritt in die Arbeitslosigkeit beobachtet. Psychophysisches Wohlbefinden im Alter korreliert mit höherer Bildung, geistiger Aktivität, breitem Interessensradius, größerem Ausmaß an Sozialkontakten und Zukunftsbezug. Menschen, die in ihrem bisherigen Leben nicht die Erfahrung machen konnten, dass kreative und flexible Lösungsstrategien die Voraussetzung für die positive Bewältigung ihrer Probleme darstellen, weil sie z. B. nur nach Vorschrift oder nach Modell agiert haben, werden in der Bewältigung dieser Umstellung große Schwierigkeiten haben. Nicht selten entwickeln sich dann **Veränderungskrisen**, die in diesem Fall als **Pensionsschock** bezeichnet werden, als Resultat der Konfrontation mit der neuen Situation: Nach dem Gefühl des Versagens, dem Ansteigen von Druck und innerer Spannung kommt es zum Mobilisieren innerer und äußerer Hilfsmöglichkeiten. Dieser Zeitpunkt stellt eine große Chance für den Helfer dar, da hier seitens des Betroffenen aus starker innerer Not große Bereitschaft besteht, Hilfe anzunehmen. Ist die Hilfe adäquat, kommt es zur Bewältigung und damit auch zur Beendigung dieser eben erst beginnenden Veränderungskrise; ist die Hilfe inadäquat, kann es zu Rückzug und Resignation kommen, allenfalls auch zu Chronifizierungen (s. u.).

Ebenso kann sich jedoch auch ein Vollbild der Krise entwickeln, das durch starke affektive Turbulenz, abwechselnd mit Apathie, tiefster Verzweiflung, Depressivität, Hoffnungslosigkeit, Hilflosigkeit, Feindseligkeit, Wut, Aggression und Trauer und oft schwerer körperlicher Begleitsymptomatik gekennzeichnet ist. Daraus kann sich einerseits wiederum Chronifizierung oder Krankheit entwickeln, Alkohol- oder Medikamentenabhängigkeit bzw. suizidales Verhalten, im günstigsten Fall jedoch Bearbeitung der veränderten Situation und Neuorientierung (s. Kap. 2.1.2).

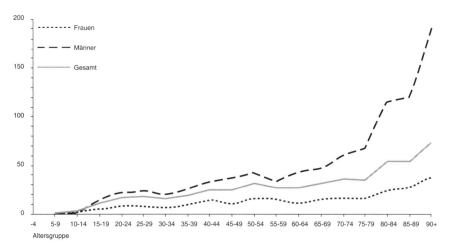

Abb. 3 *Suizidraten 1998 nach Altersgruppen und Geschlecht – Österreich (s. a. Kap. 9.2.4)*

Obwohl wir wissen, dass sich auch im Alter Menschen nur einigermaßen zufrieden fühlen können, wenn sie in der Umwelt Funktionen innehaben, wenn sie gebraucht und bestätigt werden, herrscht dennoch und gerade bei alten Menschen die Vorstellung vor, dass das Alter ein Leben des dauernden Freizeit- und Ferienmachens sein sollte. Da es heute bei uns vielen alten Menschen materiell erheblich besser geht als sie es sich je erträumt haben, meinen sie, zur Zufriedenheit mit ihrem Schicksal verpflichtet zu sein. Diese Verpflichtung können sie jedoch nicht einlösen, wenn sie keine echte Herausforderung zu einem Beitrag an der Gestaltung unserer Welt erleben. Dies führt zu Insuffizienzgefühlen, Selbstvorwürfen, Isolation und Depression. Es ist bekannt, dass sich die Suizidrate nach dem 55. Altersjahr bis ins hohe Alter, insbesondere bei Männern, erschreckend erhöht (Abb. 3).Wenn wir also fragen, was wir für alte Menschen tun können, so ist ein Teil davon sicher auch die Frage, was alte Menschen für uns tun können.

Die Pensionierung bringt für ein Ehepaar tiefgreifende Veränderungen mit sich, und für viele Paare ist das Alter die problematischste Zeit ihres Zusammenlebens. Wenn zwei Menschen zu sehr aufeinander bezogen sind, so können sie diese Situation nur aushalten, wenn sie sich gemeinsame Feinde aufbauen. Dies sind nicht selten die Nachbarn, tragischerweise oft auch die eigenen Kinder, besonders häufig jedoch ist der gemeinsame Feind eine Krankheit, die zum alles einschließenden Thema wird und das gemeinsame Leben ausfüllt und bestimmt. Es ist jedoch wichtig, neben der Krankheit auch noch andere Interessen und Aktivitäten aufrechtzuerhalten, da sonst die Gefahr des chronischen Krankheitsverhaltens (Chronifizierung) gegeben ist (s. Kap. 2.1.3).

Tab. 5 *Häufig beobachtete Veränderungen beim chronisch Kranken*

a) Persönlichkeit:	Psychomotorische Verlangsamung
	Reizbarkeit
	Hypochondrie
	Depressivität
b) Verhalten	Fordernd-manipulativ
	Suchtentwicklung
	Sekundärer Krankheitsgewinn
	Schlechte Kooperation
	Soziale Isolation
c) Somatische Störungen	Schlafstörungen
	Obstipation
	Adipositas
	Appetitstörungen
d) Schmerzverhalten	Absinken der Schmerzschwelle

In Tabelle 5 (GERBER, 1986) finden sich häufig beobachtete Veränderungen beim chronisch Kranken in der Persönlichkeit, im Verhalten, den somatischen Folgen, insbesondere auch im Schmerzverhalten. Die Anpassungsfähigkeit des alternden Organismus wird durch körperliche Erkrankungen häufig zusätzlich eingeschränkt.

Organfunktionsstörungen im Alter

Der überwiegende Teil von Organfunktionsstörungen im Alter wird nicht durch den physiologischen Alterswandel, sondern durch krankhafte Prozesse, die das Alter begleiten und belasten, verursacht. Viele solcher Krankheiten neigen zur Chronifizierung, weshalb man auch von **„alternden Krankheiten"** spricht. Daneben gibt es auch eine Reihe von Krankheiten, deren Häufigkeitsverteilung eng an das höhere Lebensalter gebunden ist. Dazu gehört z. B. der Altersdiabetes, klinische Erscheinungen und Komplikationen der Arteriosklerose sowie vielfältige degenerative Veränderungen am Bewegungsapparat, Prostataadenome etc. Diese **Alterskrankheiten** sind typische einschränkende Kriterien der Rehabilitation (siehe Tab. 6, nach GERBER, 1986). Darüber hinaus gibt es natürlich auch noch viele Krankheiten, die in jedem Alter auftreten und somit auch das Alter belasten können.

Tab. 6   *Einschränkende Kriterien der Rehabilitation*

Zentralnervensystem:	Eingeschränkte kortikale Leistung (Psychoorganisches Syndrom, Demenz)
	Läsion der nicht-dominanten Hemisphäre
	Zentrale Lähmungen
	Visusminderung
	Gesichtsfeldausfälle
	Hörverlust
	Sprachstörungen
Kreislauferkrankungen:	Schwere Herzinsuffizienz
	Koronare Herzkrankheit
	Orthostatische Dysregulation
	Synkopen
Metabolische Störungen:	Schlecht einstellbarer Diabetes mellitus
	Leberinsuffizienz
	Niereninsuffizienz
Harninkontinenz	
Stuhlinkontinenz	
Adipositas	
Deformierende Skeletterkrankungen	
Eingeschränkte Lungenfunktion	
Gleichzeitige Erkrankung an Malignom	
Fehlende soziale Einbettung (verwitwet, geschieden, ledig)	
Gleichzeitig vorhandene Psychose	
Fehlende Motivation	
Schlechte Compliance (Kooperation)	
Ausgeprägte Regression	

Das Erkennen und Behandeln des synchronen Zusammenwirkens von chronifizierten Krankheiten, primären Alterskrankheiten und Krankheiten im Alter stellen an den Arzt besondere Anforderungen und sind die eigentliche Kunst, die sehr viel Intuition und Kreativität erfordert. Das Zusammenwirken von psychosozialen und biologischen Faktoren ist bei älteren Menschen ganz besonders intensiv. Da Ärzte besser ausgebildet sind für die Behandlung von Krankheiten und weniger für die Behandlung von Menschen, fühlen sich Ärzte zunächst von älteren Menschen leicht überfordert. Die Krankheitssituation ist wenig übersichtlich, und es geht mehr um ein Austarieren subtiler Gleichgewichte als um endgültiges Heilen einer isolierbaren Krankheit. Das Verabreichen von Medikamenten erfordert besondere Sorgfalt und Zurückhaltung, da im Alter gewisse Medikamente paradox wirken können und allfällige Nebenwirkungen häufig von alten Patienten als belastender erlebt werden, denn die positive Wirkung als hilfreich (SCHNIEDER-STEIN & RIEGLER, 1990). Hier gilt ganz besonders, was unter ärztlicher (beziehungsfördernder) Grundhaltung (s. Kap. 6.4.3) verstanden wird.

Mit zunehmendem Alter und der Verlängerung der Lebensdauer wird die Wahrscheinlichkeit, krank und pflegebedürftig zu werden, größer. Es erhöht sich das Risiko, Bewohner eines **Alten- oder Pflegeheims** zu werden. Vielfältige Untersuchungen zeigen, dass die Einweisung in ein Heim auf die Zufriedenheit, den Gesundheitszustand und die Lebensdauer der Alten katastrophale Auswirkungen haben kann (s. Veränderungskrisen und Suizidalität). Immer wieder wird darauf hingewiesen, dass alte Menschen wenig anpassungsfähig seien. In keinem Lebensabschnitt werden jedoch einem Menschen so häufig und so gravierende Neuanpassungen abverlangt wie im Alter. Die Versetzung in ein Heim bringt für den alten Menschen häufig den Verlust all seiner normalen Lebensbezüge mit sich. Der Pflegebedürftige lebt wohl noch als Körper weiter, er ist jedoch eine Sozialleiche. Das Personal von Pflegeheimen ist oft enttäuscht, wenn die Insassen untereinander keinen Kontakt aufnehmen, sich kaum aktivieren lassen und passiv herumsitzen: Wegen der belastenden Atmosphäre haben Pflegeheime Mühe, genügend qualifiziertes Personal zu finden, das noch dazu sehr leicht „ausbrennt". Sehr charakteristisch ist, dass sich das Ausbrennen gerade bei Ärzten häufig primär darin zeigt, dass sich diese von ihren Patienten und deren Problemen zurückziehen (s. Kap. 2.1.4). Aus Zeitmangel neigt das Personal dazu, den Alten alles abzunehmen und sie damit noch in mehr Passivität und Abhängigkeit zu treiben, was zusätzlich die Atmosphäre belastet.

Erst langsam wird erkannt, dass es nicht das höchste und einzige Ziel sein kann, alte Menschen zu versorgen und zu pflegen, sondern ihnen die Möglichkeit, soweit wie nur immer möglich, zu einem menschenwürdigen Leben geboten werden muss. Aber auch die Alten scheinen sich heute darauf umzustellen, auch in ihren höheren Jahren neue Kontakte und Freundschaften zu suchen und zu pflegen und dadurch geistige, aber durchaus auch erotische Anregung zu erfahren. Noch bis vor wenigen Jahren war Sexualität ein Tabu, bzw. wurde sie gar nicht zur Kenntnis genommen, und die Ansicht, bei der Frau erlösche das sexuelle Bedürfnis mit dem Klimakterium, war weit verbreitet. Mittlerweile wissen wir, dass es primär der Partnermangel ist, weshalb Frauen in älteren Jahren seltener Geschlechtsverkehr haben als Männer, und nicht der Mangel an Libido. Dazu kommt zweifellos, dass die Gesellschaft eher bereit ist, einem Mann im Alter sexuelle Aktivität zuzugestehen und ihn auch attraktiv zu finden als einer Frau.

Zunehmende Verluste und Einschränkungen biologischer, sozialer und psychischer Art bedingen ein Akzeptieren des Altgewordenseins und führen glücklicherweise nicht so selten zu einem Vertrautwerden mit dem **Sterben** und dem eigenen **Tod**. Dieses Vertrautwerden ist oft ein schmerzlicher Prozess, der über verschiedene Phasen (Tab. 7) ohne Unterstützung von verständnisvollen Angehörigen und professionellen Helfern nicht ohne weiteres gelingt.

Tab. 7 *Phasen der Auseinandersetzung (nach* KÜBLER-ROSS, *1971)*

1. Schock und Ablehnung der Realität
2. Aggressivität und Wut
3. Versuch, zu verhandeln
4. Depression
5. Akzeptanz – Bewältigung

Nur ein Akzeptieren dieser Phasen als notwendige Reaktion auf das nahende Ende ermöglicht es, in Frieden und Einverständnis zu sterben, charakteristische Ängste zu besprechen und nicht mit „tröstenden Worten" wegzuschieben (FRISCHENSCHLAGER, 1989). Palliative Maßnahmen, insbesondere die Regulierung von Atmung, Schlaf, Verdauung sowie Schmerzfreiheit und die Einbeziehung der Angehörigen in den gemeinsamen Abschieds- und Trauerprozess ermöglichen es dem Sterbenden, seinen persönlichen Weg bis zum Tod zu gehen und gewährleisten jeden Tag jene Lebensqualität, die der Bedeutung dieser letzten Zeitspanne zukommt.

Das Zusammenwirken von psychosozialen und biologischen Faktoren ist bei älteren Menschen besonders intensiv. Die Frage sollte nicht so sehr lauten, inwiefern zeigen ältere Menschen Leistungseinbußen, als vielmehr, welche Strategien finden sie, um Leistungseinbußen zu kompensieren.

In keinem Lebensabschnitt werden einem Menschen so gravierende Neuanpassungen abverlangt wie im Alter, wenn Versorgung und Pflege im Mittelpunkt stehen und nicht das Bestreben, ein menschenwürdiges Dasein zu bieten. Sicher kommt es für einen älteren Menschen weniger darauf an, wie *alt* er wird, sondern darauf, *wie* er alt wird.

> **Zusammenfassung** Bei Krisen ist das soziale Umfeld sowohl bei Entstehung und Verlauf als auch bei der Bewältigung von Bedeutung. Daraus ergeben sich aus dem Allgemeinen Interventionskonzept spezifische Modifizierungen. Diese sind insbesondere auf jene Ressourcen bezogen, die im sozialen Kontext liegen. Krisenintervention kann dergestalt nicht nur die Krisenbewältigung vorantreiben, sondern auch nicht selten Eskalationen, wie z. B. Chronifizierungen, aber auch den Ausbruch von Gewalt vermeiden helfen.

6. Krisen und Suizidgefährdung

Ob eine Krise Anlass zu intensiver Wandlung und innerem Wachstum, zur Heilung oder zur Katastrophe wird, die letztlich auch zum Suizid führen kann, hängt von einer Reihe von Faktoren ab:
1. vom Krisenanlass,
2. von dessen subjektiver Bedeutung für den Betroffenen,
3. von seiner Krisenanfälligkeit und
4. von der Reaktion der Umwelt.

Diese Umstände sind von ebensolcher Bedeutung für den weiteren Verlauf wie
5. Hilfsmöglichkeiten, die der Betroffene selbst hat, und
6. das Maß seiner sozialen Integration.

Eine der wichtigsten, aber auch verantwortungsvollsten Aufgaben bei der Arbeit mit Menschen in akuten **Krisen** ist wohl die Einschätzung der Suizidalität. Hilfreich dafür ist die Kenntnis der **Risikogruppen**, der **suizidalen Entwicklung** (PÖLDINGER, 1968) und des **präsuizidalen Syndroms** (RINGEL, 1969) (s. Kap. 6.3).

6.1 Suizidgefährdung

Als suizidgefährdet sind Personen oder Personengruppen anzusehen, deren Risiko zu suizidalem Verhalten höher bzw. erheblich höher liegt als das der Normalpopulation; unter suizidalem Verhalten sind **Suizidankündigungen** (direkte oder indirekte Suizidhinweise, Suiziddrohungen), **Suizidversuche** und **Suizide** zu verstehen. **Suizidgedanken** treten wohl bei jedem Menschen im Verlauf seines Lebens auf; daran professionelle Interventionsmaßnahmen zu knüpfen, ist nicht nur von der Quantität her unmöglich, sondern auch schon deshalb, weil sie für den Außenstehenden zumeist nicht evident sind. Hinsichtlich der Häufigkeit des Auftretens von Suizidankündigungen liegen uns keine sicheren Zahlen vor, wir wissen jedoch, dass Suizidankündigungen häufige Vorläufer von Suizidhandlungen, insbesondere von Suiziden, sind.

Hohes Risiko ist nach BECK et al. (1974) eine Suizidanzahl von 1.000–10.000 auf 100.000 einer bestimmten Population, also ab einem Suizidrisiko, das etwa 50–500mal höher ist als das der Normalpopulation. Aufgrund zahlreicher Unter-

suchungen wissen wir, dass die potenzielle Risikopopulation nach dem Maß ihrer **Suizidgefährdung** in folgender Reihenfolge, wenn es dabei natürlich auch Überschneidungen und Mehrfachdeterminierungen gibt, anzusetzen ist:
1. Alkohol-, Medikamenten- und Drogenabhängige,
2. Depressive aller Arten,
3. Alte und Vereinsamte,
4. Personen, die durch eine Suizidankündigung, und
5. solche, die durch einen Suizidversuch (Parasuizid) auffällig wurden.

Die ausschließliche Beschäftigung mit der letzten Gruppe, die lange Zeit als primäre Zielgruppe für Suizidprophylaxe angesehen wurde, bedeutet, das größte Augenmerk auf jene mit dem vergleichsweise niedrigsten Suizidrisiko zu richten (dennoch bis zu etwa 50mal höher als in der Normalpopulation; KREITMAN, 1980). Dass trotzdem die Betreuung nach Suizidversuch so lange die zentrale Stellung in der Suizidprävention innehatte, ist u. a. dadurch erklärbar, dass es in der großen Fülle der Suizidliteratur nur sehr wenige Arbeiten gibt, die sich mit Katamnesen nach Suizidversuch beschäftigen, dass der Parasuizid häufig als versuchter Suizid diesem gleichgesetzt wurde, und dass überdies der Suizidversuch alarmierender abläuft als z. B. eine depressive Verstimmung: Rund 10–15 % der Bevölkerung kämpfen mit Lebensproblemen und haben darunter erheblich zu leiden. Davon wird $^1/_{10}$ ärztlich behandelt, wovon wiederum nur $^1/_5$ in psychiatrische Behandlung kommt. Die Depression als Ausdruck eines Leidenszustandes befindet sich also auf einem relativ niedrigen Erkennbarkeitsniveau. Ein Suizidversuch hingegen ist als zumeist dramatisches Ereignis häufig dazu angetan, größere Beachtung zu erlangen. Sehen wir von Extremwerten bei einigen Untersuchern ab, so bestätigt die Mehrzahl, dass etwa 10 Jahre nach dem Suizidversuch 5–10 % durch Suizid verstorben sind, also etwa 1 % pro Jahr, wobei unmittelbar nach dem Suizidversuch dieser Prozentsatz höher anzusetzen ist, später etwas niedriger, jedoch konstant weitergeht.

Man muss annehmen, dass etwa 30 % aller Suizide von **Depressiven** unternommen werden: Dieser Prozentsatz ist auf etwa 50 zu erhöhen, wenn man Depression nicht nur im engen Sinne der psychiatrischen Krankheitslehre versteht, sondern auch als nosologisch unspezifischen affektiven Gefühlszustand. Ein weiteres Drittel der Suizide wird von **Alkohol-, Medikamenten- und Drogenabhängigen** unternommen, wobei die beiden letzten Gruppen offenbar zahlenmäßig zunehmen. Etwa 40 % sind über 60 Jahre, und diese Grenze verschiebt sich in unseren Breiten noch weiter nach oben. Bedenkt man diese Tatsache, so wird klar: Wirksame Suizidprophylaxe kann nur auf dem Boden eines breiten psychosozialen Ansatzes betrieben werden. Unter der Voraussetzung von 20 Suiziden auf 100.000 der Bevölkerung müssen wir, gestützt auf Erfahrungswerte von LITMAN (1970), annehmen, dass z. B. in einem Bereich wie Wien mit etwa 1,5 Millionen Einwohnern rund 12.000 Personen jährlich gezielt betreut werden müssten, wenn die Suizidrate signifikant gesenkt werden soll. Um diese überwältigende Zahl von potenziell Gefährdeten auf die tatsächlich kritischen Fälle einzuengen, wird in den letzten Jahren die **Krise** als das die Intervention bestimmende Merkmal herangezogen, da man davon ausgeht, dass die Krise häufig der Vorläufer einer Suizidhandlung ist, die Suizidhandlung also eine der möglichen Lösungsstrategien der Krise ist. Andererseits ist die Krise für die Umwelt doch so weit erkennbar, dass der Betroffene aus der „anonymen" Gruppe der Risikopopulation herausgehoben wird.

Versuchen wir, die Risikopopulation der *Suizidversuchsgefährdeten* festzustellen, so stoßen wir auf erhebliche Schwierigkeiten: Wenn wir sagen, dass es in erster Linie junge Frauen sind, die aus den unteren sozialen Schichten kommen, in ärmlichen Umständen mit relativ wohlhabender Nachbarschaft leben, so mag das für Wien zutreffen, diese Gruppe jedoch als Risikopopulation anzusprechen, ist gerade noch statthaft, weil sie knapp die 1 %-Grenze erreichen dürfte. Eine gewisse Risikogruppe stellen zweifellos Personen nach Suizidversuch dar (ein Mittelwert von etwa 20 % der Versuche erscheint hier durchaus realistisch). Die Suizidankündigung wird jedoch nur etwa in 1/3 der Fälle Vorläufer des Suizidversuchs sein.

Risikogruppen im Hinblick auf *Suizidankündigungen* zu bestimmen, erscheint aufgrund der außerordentlichen Häufigkeit des Vorkommens noch schwieriger. Will man versuchen, im Hinblick auf Krisensituationen Gruppen mit erhöhtem Risiko zu bestimmen, so muss man sich ähnlich wie bei dem Vorkommen von Suizidgedanken in der Bevölkerung darüber im klaren sein, dass z. B. die Lebensveränderungskrisen praktisch zum normalen Verlauf der menschlichen Entwicklung gehören, aber auch traumatische Krisen außerordentlich häufig vorkommen. Grenzen wir sie auf jene Personen ein, die mit ihren Krisen nicht ohne organisierte Hilfe fertig werden, werden wir wohl ähnliche Gruppen finden wie bei Suizid und Suizidversuch.

6.2 Strukturierung des Umgangs mit „Suizidalität"

Um gezielte und effektive Hilfe zu gewährleisten, d. h. richtige Hilfe dem richtigen Problem zuzuordnen, ist es notwendig, die Vorstellung zu revidieren, dass Suizidgedanken, Suizidankündigungen und Suizidversuche Entwicklungsstadien einer pathologischen Entwicklung hin zum Suizid sind. In der Verhütung suizidalen Verhaltens kann man erst dort aktiv werden, wo dieses Verhalten auch offenkundig wurde. Suizidgedanken, die angeblich von jährlich etwa 10 % der Bevölkerung ernstlich erwogen werden, lassen uns, da sie uns nicht bekannt sind, keine Möglichkeit einer Intervention. Es kommen also nur drei Ereignisse in Betracht, die **Suizidankündigung**, der **Suizidversuch** und der **Suizid**, die entsprechende Hilfsaktionen von außen zur Folge haben müssen. Wenn auch gewisse Überschneidungen immer wieder möglich sind, spricht doch vieles dafür, dass diese drei Ereignisse zu einem hohen Grad eigenständig und voneinander unabhängig sind. Eine weitgehende Gleichsetzung gibt eine nur wenig differenzierte und verschwommene Sicht des Problems und der Hilfsmöglichkeiten. Es wird für das jeweilige Ereignis zu überlegen sein, was getan werden kann, um dessen Auftreten zu verhindern, was zu tun ist, wenn das Ereignis bereits eingetreten ist, und was anschließend unternommen werden muss. Diese Aktivitäten wurden in dem Konzept der **Prävention, Intervention** und **Postvention** zusammengefasst.

Wird allerdings auch die Eigenreaktion, auch im Sinne von Selbsthilfe, mitberücksichtigt, so werden auch **Suizidgedanken** als eigenes Phänomen zu behandeln sein.

Abb. 1 *Prävention, Intervention und Postvention suizidaler Phänomene*

Tab. 1 *Zuordnung suizidaler Phänomene*

	Suizid-gedanken	Suizidan-kündigung, Suizidhinweise	Suizidversuch (Parasuizid)	Suizid
Prävention		„Provokation"		
Intervention				Forschung
Postvention				Angehörige

6.2.1 Suizidgedanken

Suizidgedanken sind, ähnlich wie auch andere suizidale Phänomene, z. B. Suizidhinweise und Parasuizide, nicht immer unbedingt Ausdruck einer misslichen Situation und/oder eines misslichen Zustands. Es handelt sich offenbar nicht selten um ein (gedankliches) Ausloten der eigenen Grenzen, der eigenen Möglichkeiten und Variationen im menschlichen Leben. Gerade wir Helfer wissen von uns selber, wie wichtig die gedankliche Auseinandersetzung mit unserer eigenen Suizidalität ist, wir kennen selbst auch genau die entlastende Funktion derselben. Suizidgedanke ist jedoch nicht gleich Suizidgedanke, hat doch bereits PÖLDINGER (1968) in seiner Beschreibung der **suizidalen Entwicklung** darauf hingewiesen, dass im zweiten Stadium, im Stadium, wie er es nennt, der Ambivalenz (besser erscheint mir: Stadium der Abwägung) eine relativ hohe Gefahr besteht, dass der Entschluss zu einem Parasuizid oder Suizid darauf folgt, während das erste Stadium der Erwägung sehr häufig nicht in das zweite übergeht.

Auch im präsuizidalen Syndrom (RINGEL, 1969) ist sehr gut differenziert zwischen **aktiv intendierten Suizidgedanken** im Sinne einer gedanklichen Beschäftigung und **passiv sich aufdrängenden**, sich mehr und mehr konkretisierenden Suizidfantasien und -überlegungen. Es ist also bei Suizidgedanken in erster Linie auf die Qualität und auf den Inhalt dieser Gedanken zu achten, zu differenzieren, ob es sich dabei um Möglichkeiten der Bewältigung, um stumme, nur von mir selbst, aus mir heraus gehörte Appelle oder um Warnsignale handelt.

Eine **Prävention** der Suizidgedanken erscheint nach dem vorher Gesagten wenig sinnvoll; die **Intervention** dürfte am ehesten darin liegen, dass der Betroffene für sich selbst die erwähnte Differenzierung vornimmt und die Bedeutung und den Hinweis, den er aus diesen Gedanken bekommt, versteht. Es besteht entweder die Möglichkeit der Auseinandersetzung und der Bearbeitung oder der **Mitteilung** nach außen, was glücklicherweise in vielen bedrohlichen Situationen zu einem hohen Prozentsatz auch tatsächlich geschieht.

Es erscheint wesentlich, auch die Bevölkerung darüber zu informieren, dass es außerordentlich wichtig wäre, quälende Suizidgedanken anderen mitzuteilen sowie zu erlernen, wie mit solchen Mitteilungen umzugehen ist (s. u.). Eine **Postvention** bei Suizidgedanken ist wiederum nur intraindividuell möglich, etwa in der Art: „Ich habe gestern an Suizid gedacht, wie geht es mir damit heute?"

In Wien lässt sich im Verlauf der letzten 25 Jahre, in denen ich mich mit diesem Problem professionell beschäftige, ein gewisser Wandel feststellen. Viele Menschen können bereits akzeptieren, dass die gedankliche Auseinandersetzung mit dem Suizid zum Leben dazugehört, viele haben auch gelernt, dass diese Gedanken nicht verwerflich, nicht verboten und nicht ein Zeichen von Minderwertigkeit sind. So war es außerordentlich beeindruckend, dass bei der Eröffnung des 13. Internationalen Kongresses für Suizidprävention und Krisenintervention in Wien ein prominenter Vertreter eines Ministeriums ganz offen über seine und seiner Frau Betroffenheit anlässlich des Suizids des eigenen Sohnes sprach und in der Öffentlichkeit seine damaligen Suizidgedanken darlegte.

6.2.2 Suizidankündigung/Suizidhinweise

Darunter sind bekanntlich nicht nur offene Mitteilungen zu verstehen, sondern auch sehr versteckte Andeutungen und Aktionen, die uns daran denken lassen, dass der Betroffene sich mit Suizidimpulsen herumschlägt. Das sind neben „provozierten" Unfällen aber auch die sogenannte „Ruhe vor dem Sturm" (KIELHOLZ; 1967), letzte Verfügungen und dergleichen.

Bereits bei der **Prävention** zeigt sich erneut, dass das Konzept der Prävention, Inter- und Postvention nicht konsequent anwendbar ist, kann doch Prävention der Ankündigung natürlich nicht heißen, dass Suizidgedanken nicht geäußert werden dürfen, da sie doch ein wichtiger, wenn nicht der **wichtigste Hinweis** auf **Suizidgefährdung** sind. Es müsste also statt Prävention hier eigentlich Provokation von Suizidankündigungen heißen. Gerade den Suizidhinweis als solchen zu erkennen und dem Betroffenen zu helfen, diese Hinweise auch aussprechen zu können, ist eine wesentliche prophylaktische Aktivität; das Gespräch darüber entlastet und lockert bzw. verhindert suizidale Einengung.

> **Wenn Sie das Gefühl haben, Ihr Gegenüber könnte an Suizid denken, bitte fragen Sie ihn danach!**

Die **Prävention** müsste sich auf die Entstehung von Suizidgedanken beziehen. Wie und ob das durchführbar ist, erscheint in hohem Maße fraglich, sofern man sich nicht mit allgemeinen Maßnahmen – wie netter zueinander zu sein, menschlicher, freundlicher – zufriedengeben will. Bei größeren gesellschaftlichen Veränderungen muss man sich jedoch dabei vor Augen halten, dass jede Änderung im sozialen Gefüge die Suizidrate (zumindest kurzfristig) erhöhen kann, wie bereits DURKHEIM 1897 zeigen konnte.

Bei der **Intervention** der Suizidankündigung handelt es sich zweifellos um eine wichtige suizidpräventive Maßnahme, da heute mit hoher empirischer Sicherheit gesagt werden kann, dass Leute, die einen Suizid ankündigen, ein höheres Risiko hinsichtlich eines späteren Suizids haben als solche, die es versuchen und überleben. Bei der Frage, wie ernsthaft diese Ankündigung gemeint ist, geht es keinesfalls um eine zwangsweise stationäre Einweisung, sondern um die Einschätzung der Suizidgefährdung (s. Kap. 6.3). Man sollte keine Anstrengung scheuen, allen Stellen, die erfahrungsgemäß mit Risikogruppen zu tun haben, eine entsprechende Schulung in der Einschätzung der Suizidalität und in den direkten und weiteren Hilfsmöglichkeiten zu vermitteln.

Die **Postvention** der Suizidankündigung entspricht weitgehend der postventiven Aktivität nach einem Suizidversuch; sie besteht in der Identifizierung von Untergruppen mit hohem Risiko hinsichtlich eines späteren Suizids. Gerade Personen mit depressiven Erkrankungen äußern häufig Suizidwünsche. Die Fähigkeit, diese Anzeichen auch zu verstehen und ein Grundwissen über Symptome und Behandlung von Depressionen sowie über den Umgang mit depressiven Menschen sollte nicht nur in Fachkreisen bekannt sein. Die Hilfe, die angeboten wird, sollte wenn möglich Bezugspersonen miteinbeziehen, um zu erkennen, welche Bedeutung der Suizidankündigung in der Kommunikation in diesem Gefüge zukommt (s. a. Kap. 5.1–5.5).

6.2.3 Suizidversuch (Differenzierung s. Kap. 6.3)

Prävention

Suizidversuche werden in erster Linie von jüngeren und jungen Menschen unternommen. Die Hilfe muss darauf hinzielen, den jungen Menschen zu motivieren, den gefährlichen körperlichen Appell um Hilfe zu vermeiden und andere Lösungsstrategien zur Bewältigung von Krisen zu wählen. Generell wird ein offener Kommunikationsstil gefördert werden müssen, wobei ein wesentlicher Schwerpunkt bei Jugendzentren, Schulen und ähnlichen Einrichtungen liegt. Offenbar gibt es lokal identifizierbare Subkulturen, in denen Selbstschädigung ein häufiges Mittel der Krisenbewältigung darstellt. Daraus ergibt sich eine direkte Arbeitsmöglichkeit im Sinne der Gemeinwesenarbeit.

Intervention

Die Intervention bei Suizidversuch erstreckt sich über drei Schritte:
1. körperliche Behandlung,
2. Untersuchung, um allenfalls Fälle mit psychiatrischen Krankheiten ausfindig zu machen bzw. pathologische Milieus aufzudecken,
3. Krisenintervention.

Diese ist in erster Linie die **frühzeitige Kontaktaufnahme**, die Ermutigung zu **emotionalen Äußerungen** und zu weiteren **sozialen Kontakten** auch in der unmittelbaren Krankenhausumgebung. Zu beachten ist allerdings, dass ein offenes intimes Gespräch erst dann sinnvollerweise stattfinden soll, wenn der Patient wirklich wach ist. Bis zu diesem Zeitpunkt wird sich die Kontaktaufnahme mehr auf Berühren und Ansprechen beschränken. Steht der Patient nämlich noch unter der Einwirkung der Vergiftung, gleichsam in einem postnarkotischen Zustand, wird er, ähnlich wie in einer Narkoanalyse, vielleicht Dinge erzählen, die er lieber für sich behalten hätte. Der Patient erinnert sich im wachen Zustand dann nur noch daran, dass er möglicherweise irgendwelche sehr persönlichen Dinge ausgeplaudert hat, er weiß aber nicht mehr, welche. Dies führt nicht selten zu lauerndem Misstrauen gegenüber dem Helfer und behindert eine gute Beziehung ganz erheblich.

Darüber hinaus ist die Erhebung der **sozialen Situation** von größter Bedeutung, spielt diese Situation doch gerade bei einem so multifaktoriellen Phänomen, wie es ein Parasuizid darstellt, eine ganz erhebliche Rolle.

Patienten nach einem Suizidversuch erwarten primär, dass man mit ihnen darüber spricht, und es ist erstaunlich, wie selten das geschieht. Da es sich bei den Parasuiziden in fast 90 % der Fälle um Vergiftungen handelt, werden Interventionsmaßnahmen an internistisch-anästhesiologischen Einheiten am sinnvollsten sein. Die Angliederung von Entgiftungsstationen an psychiatrische Einheiten scheint heutzutage nicht mehr praktikabel und bringt auch hinsichtlich nachgehender Betreuung eher Nachteile, ist es doch nicht mehr vertretbar, Menschen, die einen Suizidversuch unternehmen, durch ihren Aufenthalt in der psychiatrischen Station als psychisch abnorm zu stigmatisieren. Welche Organisationsform am ehesten kontinuierliche Betreuung jener gewährleistet, die Hilfe am nötigsten haben, wird sehr von den örtlichen Gegeben- und Gepflogenheiten abhängen. Sicherlich ist es ein Vorteil, wenn ein kleines Team (zumeist angeschlossen an eine psychiatrische Ambulanz) unmittelbar nach Beendigung der somatischen Therapie, womöglich ohne besonderen zeitlichen Druck, ihre Interventionsmaßnahmen setzen kann. Inwieweit dabei eine Art „Postintensive Krisenstation" nötig und zweckmäßig ist, ist unterschiedlich, wenn auch die Lösung insofern für die Betreuer recht angenehm ist, als sie den Druck, dass das Intensivbett bereits für den nächsten benötigt wird, vermeiden kann. Eine Konsiliarbetreuung der Entgiftungsstation durch einen Einzelnen wird meist zu erheblicher gegenseitiger Frustration führen, was letztlich zum Schaden der Betroffenen ist. Zweifellos ist es von Vorteil, bereits in der Aufwachphase des Patienten betreuend wirksam zu werden, was aber keinesfalls nur von einem Krisenteam, sondern ebensogut auch von anderen Betreuern geleistet werden kann.

Situation nach dem Suizidversuch
Der Patient befindet sich im Krankenhaus. Die Vergiftung selbst und speziell das Aufwachen wird offenbar recht unterschiedlich erlebt, fast immer jedoch angstvoll, häufig sehr unklar. Wir konnten erheben, dass rund die Hälfte durchaus zufrieden mit der Behandlung war, Vertrauen zu Arzt und Pflegepersonal hatte und diese als zugewendet und interessiert erlebte, die andere Hälfte jedoch war unzufrieden, konnte kein Vertrauen fassen und erlebte die Behandler als sehr abweisend und distanziert. Interessanterweise konnte eine Zwischengruppe nicht festgestellt werden. Zur Illustration soll der Bericht einer Patientin hier angeführt werden:

„Pip ... pip ... pip ... ganz leise dringt es in mein Bewusstsein. Sind es sphärische Klänge? Ganz langsam durchdringen einige Gedanken mein Hirn. Sie sind noch nicht geordnet. Aber dieses monotone Piepsen kommt mir sehr bekannt vor. Mit einem Schlag wird mir klar: ‚Es ist ein Monitor!' Ganz vorsichtig versuche ich mich zu bewegen. Es geht nicht. Ich versuche zu schlucken. Es geht nicht. Irgendetwas steckt in meinem Mund. Aber was? Langsam versuche ich die Augen zu öffnen. Die Lider sind schwer. Nach einiger Zeit gelingt es mir. Ich sehe eine weiße Gestalt, die mit einem Bett vorüberfährt. Auf dem Bett liegt jemand, aber er ist mit einem weißen Leintuch zugedeckt. Weißes Leintuch ... Bett ... Körper ... Tod. Diese Gedanken jagen durch mein Hirn. Plötzlich wird mir alles klar. Ich liege auf einer Intensivstation, und man hat soeben einen Toten an mir vorbeigefahren. So eine Scheiße! Wieder nicht geklappt! Warum liege nicht ich auf diesem Bett, zugedeckt mit einem weißen Leintuch.
Der Neid könnte einen fressen. Am besten, ich mache die Augen wieder zu. Nach einiger Zeit öffne ich sie wieder. Ich taste (in Gedanken) systematisch meinen Körper ab und bemerke, in jeder Körperhöhle steckt ein Schlauch. Magensonde, intubiert, Kavakatheter, Dauerkatheter und zu allem Überfluss ein intraarterieller Katheter. Außerdem bin ich angebunden.
An meinem Kopfende steht ein Monitor, eine Perfusorspritze mit Dopamin, eine Spüllösung und sogar eine Nährlösung.
An alles haben sie gedacht, nur an eines nicht.
Sie haben mich nicht gefragt, ob ich will. Je munterer ich werde, desto aggressiver bin ich.
Wenn ich könnte, würde ich alle umbringen.
Die Schwestern sind sehr freundlich, und vor allem fragen sie nicht. Ich kann ihre Freundlichkeit nicht erwidern, denn ich bin verdammt zu leben!"

Weiteres Vorgehen

Wie aus diesem Bericht hervorgeht, werden die unmittelbar durchgeführten Entgiftungsmaßnahmen sehr häufig als Behinderung empfunden, insbesondere natürlich die Intubation und dergleichen. Diverse medizinische Prozeduren, gegebenenfalls Transferierungen, Erstgespräche mit der Umgebung und den Angehörigen werden durchgeführt, eventuell zeigen sich jetzt bereits gesundheitliche Schäden, Behinderungen, die durch die Vergiftung, gelegentlich auch durch die lebensrettenden Sofortmaßnahmen eingetreten sind. Nicht selten wird nun der ursprüngliche Konflikt verleugnet oder einer raschen oberflächlichen Lösung zugeführt, unter Umständen, um eine schnelle Entlassung aus dem Krankenhaus zu erreichen.

Zu berücksichtigen ist auch die **spezielle Situation**, in der sich der Mensch nach dem Suizidversuch befindet: Versorgt im Krankenbett und wenig aktiv, verlangt man von ihm, der sterben wollte, für die Weichenstellung zur Postvention Eigeninitiative, Selbstbestimmung und Motivation, das Leben, das er gerade wegwarf, zu bejahen.

Brief an das Personal der Entgiftungsstation

"Sehr geehrte Schwestern und Pfleger!

Sehr lange habe ich gewartet, um Ihnen diesen Brief zu schreiben. Immer wieder habe ich versucht, Ihre Verhaltensweisen zu entschuldigen. Da ich selbst sechs Jahre an einer Intensivstation gearbeitet habe, war auch ich mit Patienten, die einen Suizidversuch unternommen haben, konfrontiert. Am 24. 2. 1983 wurde ich bei Ihnen nach einem Suizidversuch mit Neuroleptika aufgenommen. Von medizinischer Seite waren Sie sicher gut, aber die menschliche Seite ließ sehr zu wünschen übrig: Ich wurde nie direkt gefragt bzw. mit meinem Namen angesprochen. Für Sie war ich nur der übliche Mittagessen-Fall und die vom ‚Steinhof'. Ich habe mir von Ihnen kein Verständnis erwartet, aber wenigstens Höflichkeit und Respekt vor meiner Person.

Obwohl ich psychisch krank bin, habe ich ein Recht darauf, wie ein Mensch behandelt zu werden. Oder sind wir Selbstmörder in Ihren Augen Menschen zweiter Klasse? Falls auch andere Patienten so behandelt werden wie ich, so fördern Sie nicht gerade ihren Überlebenswillen!

Sollte diese Verhaltensweise lediglich an einer schlechten Tagesverfassung gelegen haben, so betrachten Sie diesen Brief als hinfällig, wenn nicht, so ersuche ich Sie, einmal gut nachzudenken und es in Zukunft besser zu machen.

Wir wollen kein Mitleid oder falsches Verständnis.
Behandeln Sie uns nur wie Menschen – ‚nur'!
Mit freundlichen Grüßen
E. K. Diplomierte Krankenschwester."

Ein solcher Brief sollte uns sehr zu denken geben. Einer eigenen Untersuchung zufolge herrscht auf Entgiftungsstationen oft ein **emotional angespanntes Klima**. 90 % der dort Tätigen fühlen sich durch die Befassung mit Menschen nach Suizidversuchen überfordert. Die Einstellung zum Patienten hängt interessanterweise z. B. sehr von dem Vergiftungsgrad ab. Von jemandem, der schwer vergiftet ist, wird üblicherweise angenommen, dass es ihm auch mit der Suizidabsicht ernst war. Leichtere Vergiftungen hingegen werden als sogenannte „demonstrative Suizide" nicht beim Namen genannt und nicht beachtet. Ähnlich ergeht es

Menschen nach wiederholten Suizidversuchen und solchen mit bekannten und vermuteten psychischen Krankheiten.

Postvention

Will man nach einem Suizidversuch **weitere Versuche** vermeiden, so wird es äußerst schwierig sein, die entsprechende Risikopopulation ausfindig zu machen, wenn auch, wie die katamnestischen Untersuchungen zeigen, die Rückfallquote etwa 20 % beträgt. Die Einbeziehung der Umwelt des Patienten gibt am ehesten die Chance, gefährdende Verhaltensweisen aufzudecken und einer Änderung zuzuführen. Die größte Gruppe der Suizidversuche findet sich unter jüngeren Frauen, die in einer interpersonellen Konfliktsituation überdosieren. Sie entsprechen am ehesten dem Typus, der durch den Suizidversuch um Hilfe ruft, sie bekommen diese Hilfe auch, aber zumeist in einer falschen Art, und da diese Hilfe gleichsam erzwungen wurde, hält sie meist auch nicht lange an und macht es ggf. nötig, eine neuerliche dramatische Aktion zu unternehmen. Gerade für diesen Typus der Parasuizide ist Familien- bzw. Partnertherapie von besonderer Bedeutung, um die schwierige Situation bearbeiten zu können, die diesen Menschen dazu gezwungen hat, in solch dramatischer Weise Hilfe zu suchen. Hilfe nach einem Suizidversuch sollte jedoch nicht nur als Handlung gesehen werden, die weiteres suizidales Verhalten vermeiden will, hat doch Hilfe als Antwort auf einen Hilferuf offenbar eigenständigen Wert.

Ist es das Ziel, den **Suizid** zu verhindern, so muss man jene relativ kleine Untergruppe (5–10 %) suchen, die dieses hohe Suizidrisiko hat: Die **Älteren** und die **psychisch Kranken** werden als besonders gefährdet anzusehen sein, wie es überhaupt eine wichtige suizidpräventive Maßnahme ist, primäre, sekundäre und tertiäre Prävention für die langdauernden und rezidivierenden **psychiatrischen Erkrankungen** durchzuführen, insbesondere bei Alkoholismus und endogenen Depressionen. (In Wien waren rund 20 % aller Suizide im Jahr davor in stationärer psychiatrischer Behandlung!)

Alle Maßnahmen, die das Los psychisch Kranker erleichtern und bessern, können diesbezüglich hilfreich und wertvoll sein. Die angebotene Hilfe sollte kontinuierlich über eine gewisse Zeitspanne angeboten werden, da viele Untersuchungen dafür sprechen, dass, *wenn* ein Suizid einem Suizidversuch folgt, dieser häufiger kurze Zeit danach stattfindet als später. (Vorsicht: „Nahtstellen" der Betreuung z. B. zwischen stationär und ambulant!)

Um herauszufinden, wie groß das Risiko der Suizidversuchsgruppe ist, neuerlich in Krisen zu kommen, wurden fast 600 Personen 10 Jahre nach einem Suizidversuch nachuntersucht (SONNECK, 1982). Von dieser Gruppe waren 5 % an Suizid verstorben, 12 % verstarben eines natürlichen Todes, von den restlichen kamen 35 % im Verlauf der 10 Jahre in neuerliche Krisen, davon unternahmen 18 % einen weiteren Suizidversuch. Mittels des von TRAPPL (1977) entwickelten Prognoseverfahrens konnte die gesamte Gruppe auf ein Viertel eingeengt werden, in der das Krisenrisiko doppelt so hoch wie in der Ursprungsgruppe ist. In der großen Restgruppe (also den verbleibenden drei Vierteln) verdünnte sich diese Krisenpopulation von 35 % auf 22 %. Bei Anwendung dieses Verfahrens auf Alkoholkranke nach Suizdversuch konnten 70 % derjenigen, die wiederum in Krisen kamen, richtig prognostiziert werden. Ausgehend von der Annahme, dass auch dem Suizid eine Krise vorausgeht, wurden die Daten jener 5 %, die durch Suizid verstorben waren, dem Verfahren unterzogen. Es konnten ebenfalls 70 % richtig vorhergesagt werden, das heißt, dass unter Berücksichtigung der falsch positiv Prognostizierten wiederum ein Viertel aus der Gesamtgruppe herausgelöst werden konnte, dessen Suizidanteil dreimal so hoch ist wie das der Gesamtgruppe; in den verbleibenden drei Vierteln senkt sich die Risikogruppe von 5 % auf 2 %, also um mehr als die Hälfte. (Das Prognoseverfahren wurde mithilfe multipler linearer Regression von Binärmerkmalen entwickelt, die entsprechenden Regressionskoeffizienten wurden bestimmt.)

Nach dem hier durchgeführten Rechenverfahren ist das Krisenrisiko hoch, wenn der Suizidversuch ein wiederholter war, nicht im Rausch und nicht im Affekt durchgeführt, als Diagnose eine andere als reaktive Depression gestellt, keine Religionszugehörigkeit festgestellt wurde und der Berufsstand ein anderer war als selbstständig.

Im Einzelnen angeführt mit den Gewichtszahlen:

Wiederholter Suizidversuch	30
Suizidversuch im Rausch	– 21
Suizidversuch im Affekt	– 32
Diagnose: reaktive Depression	– 15
Keine Religionszugehörigkeit	29
Berufsstand: selbstständig	– 68
Additive Konstante	69

Ist nach Summierung aller zutreffenden Merkmale einschließlich der additiven Konstante der Gesamtwert *über* 50, so ist die Wahrscheinlichkeit neuer Krisen hoch, liegt der Gesamtwert *unter* 50, ist sie gering.

Auffallend ist, dass durch die Heranziehung späterer, im Verlauf der Katamnese erfasster Daten die Prognose nicht mehr wesentlich verbessert werden konnte. Weiters ist bemerkenswert, dass nur neuerliche Krisen, also ein relativ unspezifisches Verhalten, prognostiziert werden konnte/n, nicht jedoch spezifische Aktionen wie Suizidversuch oder gar Suizid. Dies ist uns ein Hinweis dafür, dass bei jeder Krise erneut eine eventuelle Suizidalität mitbedacht werden muss.

Das weitere Schicksal von Menschen nach versuchtem Suizid
Wir wissen sicher, dass
1. etwa 20–30 % in den nächsten 10 Jahren einen weiteren Suizidversuch unternehmen werden;
2. 10 % in den nächsten 10 Jahren an einem Suizid sterben werden;
3. die höchste Suizidgefahr im ersten Halbjahr nach dem Suizidversuch besteht;
4. der Grad der objektiven vitalen Lebensbedrohung *kein* Maß für die weitere Suizidgefährdung ist;
5. ein erhöhtes Suizidrisiko bei Patienten besteht, die bereits in psychiatrischer Behandlung waren, sei es wegen Alkohol-, Medikamenten- oder Drogenabhängigkeit, sei es aufgrund depressiver, aber auch schizophrener Erkrankungen (letztere Gruppen sind ja überhaupt hinsichtlich eines späteren Suizidrisikos hoch gefährdet);

6. etwa 10 % der Suizidversuche, die in Allgemeinkrankenhäusern nach Suizidversuch behandelt werden, durch psychotische Erkrankungen charakterisiert sind.

Nicht gesicherte Ergebnisse:
1. Die psychiatrisch-diagnostische Zuordnung, sofern überhaupt möglich, ist unsicher.
2. Was die weitere psychosoziale Entwicklung betrifft, so nimmt etwa die Hälfte aller Patienten eine eher günstige Entwicklung; 20 % müssen jedoch als weiterhin oder immer wieder suizidal angesehen werden. Hier ist es besonders notwendig, Kriterien zu finden, welche Personen diese rund 20 % sind (s. Kap. 6.3 Einschätzung der Suizidalität).

6.2.4 Suizid

Prävention
Da die Suizidankündigung bekanntlich sehr häufig dem Suizid vorhergeht, stellt die adäquate Reaktion auf diese Ankündigung eine erste wichtige präventive Maßnahme dar. Die Personengruppen, die einen Suizid begehen, sind andere als jene, die einen Parasuizid unternehmen. Es sind dies (s. o.) in erster Linie **Alkohol-, Medikamenten-** und **Drogenabhängige**, unter dieser Gruppe sind mehr Jüngere als sonst bei den Suiziden, sowie **Depressive**, insbesondere rezidivierend Depressive, **Alte**, Vereinsamte, Behinderte, Obdachlose sowie Minderheiten. Gute Sucht-, psychiatrische und Altenbetreuung wird einen wesentlich suizidprophylaktischen Effekt haben. Im Hinblick auf die sozialen Probleme dieser Risikogruppen wird man für adäquate Hilfe einen breiten psychosozialen Zugang benötigen, der koordinierter Hilfe und kontinuierlicher Betreuung durch verschiedene Professionen und Institutionen bedarf, um die soziale Distanz zwischen Helfern und Hilfesuchenden zu verringern. Gruppen mit besonders hohem Risiko können in einem begrenzten Gebiet leichter identifiziert und aktiv aufgesucht werden, damit ihnen direkt am Ort der Krisen Hilfe angeboten wird. All jene Personen, die üblicherweise mit Menschen, insbesondere in Krisensituationen, zu tun haben, sollten ein gehöriges Wissen über potenzielle Suizidgefährdung und den Umgang mit solchen Menschen haben.

Hospitalisierte psychisch Kranke, in erster Linie solche mit Psychosen, haben ein erheblich höheres Suizidrisiko. (Auffallend ist, dass bei dieser Untergruppe Frauen in gleicher Weise gefährdet sind wie Männer und nicht, wie in der Normalpopulation, im Verhältnis 1 : 2.)

Dass Fortschritte in der Liberalisierung des Klinikbetriebs und der Rehabilitation unbedingt eine Zunahme der Suizide zur Folge haben müssen, kann widerlegt werden, wenn nur entsprechend wachsam und vorsichtig vorgegangen und der Übergang in die Rehabilitation und Nachsorge nach gemeindenahen Prinzipien vorbereitet wird.

Intervention

Als Intervention beim Suizid könnte man all das bezeichnen, was unter „psychologischer Autopsie" zu verstehen ist, sowie alle Untersuchungen, die uns größeres Wissen über das Suizidgeschehen bringen. Diesbezüglich erleben wir in Wien erstmals, dass auch größere Institutionen, bei denen Suizide auftreten, wie z. B. bei der Untergrundbahn, die für Wien ein relativ neues Verkehrsmittel darstellt, an uns herantreten, um von uns Anregungen für wirksame Hilfsmöglichkeiten zu erfahren (s. Kap. 9.2.1).

Postvention

Da Hinterbliebene nach einem Suizid ein möglicherweise erhöhtes Suizidrisiko, sicher aber ein hohes Krisenrisiko haben, wenn sie sich mit dem Suizid des Angehörigen auseinandersetzen müssen, ist es sinnvoll, als postventive Maßnahme die Angehörigen als Zielgruppe zu nehmen. Der Versuch, mit den Hinterbliebenen in Kontakt zu kommen, ist nicht immer einfach. Unsere Erfahrungen haben gezeigt, dass ein obligater Hausbesuch außerordentlich häufig abgelehnt wird und als Eindringen und Einmischung in die Privatsphäre verstanden wird. Die Hinterbliebenen jedoch anzuschreiben, wahrt offenbar doch mehr das Prinzip der Freiwilligkeit und wird daher eher akzeptiert. Etwa 20 % treten dann mit uns in Kontakt (s. Kap. 6.4.5).

6.3 Die Einschätzung der Suizidalität

Wahrnehmen von Suizid-Gefährdung durch

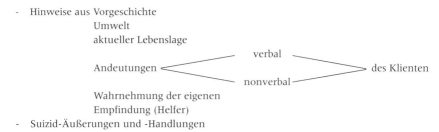

- Hinweise aus Vorgeschichte
    Umwelt
    aktueller Lebenslage
    Andeutungen — verbal / nonverbal — des Klienten
    Wahrnehmung der eigenen
    Empfindung (Helfer)
- Suizid-Äußerungen und -Handlungen

Einschätzung der aktuellen Suizid-Gefahr

- Seit wann Suizid-Gedanken?
- Wer weiß davon?
- Art der Suizid-Gedanken — überlegt / sich aufdrängend
- Bedeutung der Suizid-Vorstellungen

- Stadium der suizidalen Entwicklung
  - Erwägen = Möglichkeit
  - Abwägen = ja und nein
  - Entschluss = ja
- konkrete Vorbereitungen
- Ausmaß der affektiven Einengung
- Ausmaß der sozialen Integration
- Bestehende Fähigkeiten – Ressourcen – Möglichkeiten des Klienten
- Kontakt/Beziehung zum Berater

Merke: **Suizid-Gedanken bedeuten noch nicht Suizid-Absicht.**
Merke: **Suizid-Absicht ist noch kein unwiderruflicher Entschluss.**

Die Beurteilung des Suizidrisikos gehört zweifellos zu den verantwortungsvollsten Aufgaben, und es ist verständlich, dass seit langem nach verbindlichen Kriterien gesucht wird, um die Unsicherheit in der Einschätzung der Suizidalität, des Integrals aller Kräfte und Funktionen, die zu einem Suizid tendieren, zu reduzieren. Es liegen jedoch begreiflicherweise kaum genauere Untersuchungen über den Zeitraum unmittelbar oder kurz vor einem Suizid vor, und die Ergebnisse, die die sogenannte psychologische Autopsie bringen kann, sind häufig von nur geringem Aussagewert. Die Mehrzahl der Untersuchungen basiert auf der Exploration von Menschen, die einen Suizidversuch unternommen haben. Die Problematik dieses Ansatzes ist vielschichtig. Ein entscheidendes methodisches Problem bei der Postfactum-Untersuchung ist die Merkmalkonstanz: Die Annahme, dass die zu messenden Merkmale vor und nach einem Suizidversuch nur quantitative Veränderungen erfahren können, ist zumindest umstritten. Ebenso ist die Übertragung von Ergebnissen, die aus Untersuchungen an Suizidversuchen gewonnen wurden, auf Suizide ein fragwürdiges Unterfangen. Darüber hinaus kann man bei Suizidversuchen oft recht unterschiedliches Verhalten feststellen:

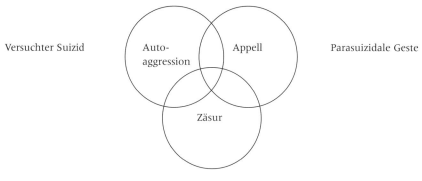

Abb. 2 *Parasuizidale Handlungen (nach FEUERLEIN, 1974)*

Aus Abbildung 2 geht hervor, dass der **versuchte Suizid** nicht die einzige suizidale Handlung ist, die nicht zum Tode führt. Gleichzeitig mit KREITMAN (1973) hat FEUERLEIN (1974) die Bezeichnung „parasuizidale Handlungen" vorgeschlagen. Während bei der Entwicklung zum Suizid die Selbstzerstörung im Vordergrund steht, sehen wir bei der Entwicklung zum Suizid*versuch*, dass hier neben der Autoaggression auch noch andere Faktoren eine große Rolle spielen, z. B. die Appellfunktion, weshalb wir Suizidversuche, bei denen der Appellcharakter im Vordergrund steht, als **parasuizidale Gesten** oder als kommunikative Suizidversuche bezeichnen. Es ist dies eine Form averbaler Kommunikation („cry for help"). Neben dem **versuchten Suizid** und der **parasuizidalen Geste** spielt die **parasuizidale Pause** im Rahmen der parasuizidalen Handlungen auch noch eine gewisse Rolle. Der Wunsch nach Ruhe, Beruhigung, eben einer Pause, ist vordergründig und wird meist mittels Schlafmitteln „parasuizidal" durchgeführt; eine suizidale Absicht, wenn überhaupt vorhanden, besteht lediglich in sehr schwacher Form. Diese Art wird gelegentlich auch salvatorischer Suizidversuch genannt.

Gibt es Möglichkeiten, mit einiger Sicherheit vorherzusagen, welche Art des Suizidversuchs unternommen werden wird? Besteht eine stark ausgeprägte suizidale Einengung (insbesondere affektive Einengung) und eine erhebliche erlebte oder tatsächliche Isolierung, so ist die Wahrscheinlichkeit, dass ein **Suizid versucht** wird, groß. Bei besserer sozialer Integration wird man bei Menschen, die einen eher „dramatischen" Lebensstil pflegen, eher aktiv sind und spektakuläre Aktionen lieben, mit **parasuizidalen Gesten** rechnen müssen; bei introvertierten, verschlossenen, alles in Eigenregie regeln wollenden oder auch entmutigten Menschen, die schnell den „Kopf in den Sand stecken", wird es, sofern eine suizidale Einengung fehlt, eher **parasuizidale Pausen** geben.

Es lässt sich also aus diesem sehr heterogenen Verhalten „Suizidversuch (= Parasuizid)" nicht ausreichende Information zur Suizidalität gewinnen, sondern es sind primär die **Versuchten Suizide**, die hinsichtlich (weiterbestehender) hoher Suizidalität von besonderem Interesse sind. Personen, die jene Versuchten Suizide unternehmen, gehören zu einem hohen Prozentsatz einer oder mehrer **Risikogruppen** an (häufig sind auch psychische Erkrankungen – Depressionen, Mischbilder, Schizophrenien, Borderline Störungen – diagnostizierbar), in unmittelbarem Vorfeld findet sich zumeist eine **Krise** (Reaktionsphase einer traumatischen oder Vollbild einer Veränderungskrise), weiters eine **Suizidale Entwicklung** und ein oft auch noch nach dem Versuchten Suizid persistierendes **Präsuizidales Syndrom**. All diese Merkmale finden sich auch in jenen Fällen, in denen wir ausreichende Information über die unmittelbare Zeit vor dem Suizid haben.

Die Einschätzung der Suizidalität 175

Abb. 3 *Schema zur Beurteilung der Suizidgefahr*

— Suizidhinweis
— Suizidankündigung

SUIZID-RISIKOGRUPPE?	KRISE?		SUIZIDALE ENTWICKLUNG?	PRÄSUIZIDALES SYNDROM?
		Konfrontation		
Alkohol-, Drogen- und Medikamentenabhängige	Schock	Scheitern	Erwägung	Einengung – dynamische – affektive
Depressive	Reaktion	Mobilisieren	Abwägung	
		Vollbild		Suizidgedanken
Alte und Vereinsamte	Bearbeitung		Entschluss	Einengung der – Wertwelt – zwischenmenschlichen Beziehungen
Suizidankündigung	Neuorientierung			
Suizidversuch				

In der Praxis stützt sich – wie Abb. 3 zeigt – die Einschätzung auf die Kenntnis
a) der Risikogruppen (s. Kap. 6.1),
b) der Krisen, Krisenanlässe und Krisenanfälligkeit (s. Kap. 2),
c) auf die Kenntnis der suizidalen Entwicklung und
d) des präsuizidalen Syndroms.

Suizidale Entwicklung

I. Erwägung		
	II. Abwägung	
		III. Entschluss
Psychodynamische Faktoren: Aggressionshemmung: Soziale Isolierung	Direkte Suizidankündigungen: Hilferufe als Ventilfunktion Kontaktsuche	Suizidhandlung Indirekte Suizidankündigungen: Vorbereitungshandlungen: „Ruhe vor dem Sturm"

Abb. 4 *Stadien der suizidalen Entwicklung*

In aller Regel geht der suizidalen Handlung eine suizidale Entwicklung voraus (PÖLDINGER, 1968). In Abbildung 4 wurde der Verlauf dieser suizidalen Entwicklungen schematisch dargestellt. In einem ersten Stadium wird der Suizid als eine mögliche Problemlösung in Betracht gezogen. Dabei spielen einerseits suggestive Momente eine sehr große Rolle, andererseits aber auch Aggressionen, welche nicht nach außen abgeführt werden können („ohnmächtige Wut"). Ist der Suizid einmal in Betracht gezogen, so kommt es in der Folge zu einem Kampf zwischen selbsterhaltenden und selbstzerstörenden Kräften, die jedem Menschen innewohnen. Aus diesem Kampf heraus sind auch jene Appelle oder Notrufe zu verstehen, von denen Farberow & Shneidman (1961) ihre Berechtigung ableiten, generell suizidales Verhalten als Hilferuf (cry for help) zu bezeichnen. Darunter verstehen wir sowohl das Reden von Suizid, leise Andeutungen in dieser Richtung als auch Drohungen und Voraussagen. Diese Appelle im zweiten Stadium der suizidalen Entwicklung dürfen nicht überhört werden. Sie geben dem Helfer eine Chance zu helfen (s. Abb. 5).

In einem dritten Stadium kommt es schließlich zum Entschluss. Dadurch tritt eine Beruhigung ein, die zumeist der Umwelt auffällt. Leider wird daraus aber meist der falsche Schluss gezogen, dass die Krise und damit die Gefahr vorbei seien.

Die Einschätzung der Suizidalität 177

Abb. 5 *Hilferufe des Eingeengten (Zeichnung einer 25-jährigen Patientin, s. Kap. 6.4).*

Das präsuizidale Syndrom

Tab. 2 *Das präsuizidale Syndrom (RINGEL, 1953)*

---

1. Einengung
- Situative Einengung;
- Dynamische Einengung mit einseitiger Ausrichtung der Apperzeption, Assoziation, Affekte, Verhaltensmuster und mit Reduktion der Abwehrmechanismen;
- Einengung der zwischenmenschlichen Beziehungen;
- Einengung der Wertwelt.

2. Gehemmte und gegen die eigene Person gerichtete Aggression

3. Suizidfantasien

1949 wurden in Wien 745 Personen nach Suizidversuchen untersucht; Ziel war es, ihre psychische Verfassung vor dem Ereignis zu klären. Dabei wurden bei fast allen Untersuchten Merkmale gefunden, die von RINGEL als präsuizidales Syndrom erkannt und 1951 erstmals beschrieben wurden.
Das präsuizidale Syndrom (Tab. 2) ist charakterisiert durch:
1. zunehmende Einengung,
2. gehemmte Aggression und
3. Suizidfantasien.

Diese drei Kennzeichen beeinflussen einander im Sinne einer Verstärkung und führen, sofern nicht interveniert wird, zur Suizidhandlung.

1. Einengung

Es entwickelt sich eine **situative** Einengung, also eine Einengung der persönlichen Möglichkeiten, die als Folge von Schicksalsschlägen oder eigenem Verhalten eintritt. Gravierender ist jedoch das Einengungs**gefühl**, das gleichsam am Übergang zur Einengung der Dynamik steht. Die **dynamische** Einengung bezieht sich auf die Apperzeption und Assoziation sowie auf Affekte und Verhalten. Die **affektive** Einengung bewirkt meistens ein ängstlich-depressives Verhalten, fehlende affektive Resonanz, fehlendes affektives Mitschwingen, am Höhepunkt der affektiven Einengung eine „auffällige Ruhe". Ferner beobachtet man Einengungen der **Wertwelt** und Einengungen und Entwertungen **zwischenmenschlicher Beziehungen**, was bis zum Verlust der Umweltbeziehungen gehen kann.

2. Gehemmte Aggression

Ob diese Hemmung auf eine spezifische Persönlichkeitsstruktur, auf spezielle psychische Erkrankungen oder auf fehlende oder sehr problematische zwischenmenschliche Beziehungen zurückgeht, ist therapeutisch außerordentlich wichtig.

3. Suizidfantasien

Werden solche Fantasien aktiv intendiert, sind sie lediglich ein Alarmsignal. Drängen sie sich jedoch passiv auf und konkretisiert sich die Art und Durchführung der Suizidhandlung, besteht höchste Gefahr. **Die Kombination von Suizidgedanken mit affektiver Einengung** (fehlende affektive Resonanz, mangelndes affektives Ansprechen) **weist deutlich auf Suizidalität hin.**

Tab. 3 *Fragen an suizidale Patienten (PÖLDINGER, 1968)*

Suizidalität	Haben Sie schon daran gedacht, sich das Leben zu nehmen?
Vorbereitung	Denken Sie bewusst daran oder drängen sich derartige Gedanken, auch wenn Sie es nicht wollen, auf? (Sich passiv aufdrängende Gedanken sind gefährlicher!)
Ankündigungen	Haben Sie schon über Ihre Absichten mit jemandem gesprochen? (Ankündigungen immer ernst nehmen!)
Einengung	Haben sich Ihre Interessen, Kontakte zu anderen etc. gegenüber früher reduziert?

Tab. 4 *Suizidale Risikofaktoren bei Depressiven (nach* KIELHOLZ, *1974)*

Was erheben wir zur Erhellung der Suizidalität?

A) *Eigentliche Suizidthematik und Suizidhinweise*
1. Eigene frühere Suizidversuche und Suizidhinweise
2. Vorkommen von Suiziden in Familie oder Umgebung (Suggestivwirkung)
3. Direkte oder indirekte Suiziddrohung
4. Äußerung konkreter Vorstellungen über die Durchführung oder Vorbereitungshandlungen
5. „Unheimliche Ruhe" nach vorheriger Suizidthematik und Unruhe
6. Selbstvernichtungs-, Sturz- und Katastrophenträume

B) *Spezielle Symptome und Syndrombilder*
1. Ängstlich-agitiertes Gepräge
2. Langdauernde Schlafstörungen
3. Affekt- und Aggressionsstauungen
4. Beginn oder Abklingen depressiver Phasen, Mischzustände
5. Biologische Krisenzeiten (Pubertät, Gravidität, Puerperium, Klimakterium)
6. Schwere Schuld- und Insuffizienzgefühle
7. Unheilbare Krankheiten oder Krankheitswahn
8. Alkoholismus und Toxikomanie

C) *Umweltverhältnisse*
1. Familiäre Zerrüttung in der Kindheit (broken home, sexueller Missbrauch)
2. Fehlen oder Verlust mitmenschlicher Kontakte (Vereinsamung, Entwurzelung, Liebesenttäuschung)
3. Berufliche und finanzielle Schwierigkeiten
4. Fehlen eines Aufgabenbereiches und Lebenszieles
5. Fehlen oder Verlust tragfähiger religiöser Bindungen

12 Zeichnungen eines 17-jährigen, was lässt sich daraus lernen?

Das Ziel dieses Kommentars ist es lediglich, eine Anregung zu bieten, auch Zeichnungen als Produkt eines Menschen zu sehen, das bezüglich der Verfassung und der hauptsächlichen Denk- und Gefühlsinhalte Aufschluss geben kann.

12 Zeichnungen eines jungen Mannes, der wenige Tage nach seinem 17. Geburtstag sein Leben beendete, und der etwa ein halbes Jahr vor seinem Tod schrieb:

„Weltuntergang

Die Menschheit hat es fertiggebracht, etwas Unglaubliches, Unbegreifliches, etwas Großes und doch etwas Schreckliches. Sie hat es geschafft, einen Planeten zu zerstören. Es war nicht ein Planet, es war der Planet. Einzigartig in seiner Struktur, im durchdachten System, in dem sogar das kleinste Lebewesen eine wichtige Rolle spielte. Erde, so hieß der Planet. Auch wenn er nur ein Staubkorn in der endlosen Weite des Universums war, so war er doch ein lebendes Staubkorn; eine Vollendung im wahrsten Sinne des Wortes.

Aber dieser einst blaue Planet ist tot. Flüsse und Seen sind verdampft; Bäume, Sträucher, Tiere und Menschen verbrannt. Es war eine mörderische Hitze. Sie tötete Leben, alles Leben. Nach dieser Hitze kam Kälte, abgrundtiefe Kälte. Wäre noch etwas vorhanden gewesen, das fühlen hätte können, so hätte es in „dieser" Zeit nicht überlebt. Es konnte nichts überleben, dazu waren Hitze und Kälte zu perfekt.

Jetzt ist er grau, der Planet, ein Staubkorn im All.

Aber doch, eines Tages wird sich der Staub in der Luft zu Boden senken, und Sonnenstrahlen werden auf den kahlen Stern fallen und dann wird es regnen ..."

Auffallend an dieser Serie ist, dass sämtliche Bilder schwarz-weiße Kohlezeichnungen sind, dass also keinerlei Farbe verwendet wurde. Die Leere der ersten drei Zeichnungen ist für sich alleine genommen zwar interessant, aber keinesfalls signifikant. Das erste Bild zeigt jedoch Bedrohliches und sollte uns anregen, mit dem Zeichner über den Inhalt des Bildes zu reden:

Was ist das Ziel dieser Raketen, in welche Richtung geht es, was wird durch den Abschuss bezweckt, wo sollen sie landen, was wird dort geschehen? Geht es in die leblose, kalte und schroffe Landschaft von Bild 2 oder in das unendliche unbelebte Weltall von Bild 3?

Bild 1

Bild 2

Die Einschätzung der Suizidalität 181

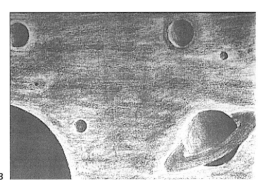

Bild 3

Sehr charakteristisch ist die Zeichnung 4, in der das dargestellt ist, was Ringel (1953) unter zunehmender Einengung versteht (aus der Weite des Weltalls der ersten drei Zeichnungen geht es hier in eine bedrückende Enge aus scharfen Felsen mit Kreuzen an den spitzen Gipfeln der Berge, einem gefährlich ausgesetzten Pfad in einer toten Landschaft mit einem kahlen Baum mit starr nach oben gerichteten Ästen). In der Beschreibung des präsuizidalen Syndroms von Ringel, also jener charakteristischen Verfassung des Suizidgefährdeten, spielt die zunehmende Einengung eine besonders große Rolle. Eine sogenannte situative Einengung, also die Vorstellung, das Gefühl oder die tatsächlich vorhandene situative Not, führt zur dynamischen Einengung, es kommt zu einer Einengung der aufgenommenen Inhalte, wo nur noch Negatives wahrgenommen wird und weiter Einengendes und Negatives dazu assoziiert wird, und wo auch eine ängstliche, depressive affektive Tönung im Vordergrund steht. Weitere Aspekte der Einengung sind solche der zwischenmenschlichen Beziehungen und des Werterlebens, wobei bisher wichtige Werte entwertet oder umgewertet werden.

Bild 4

Bild 5

Bild 6

Diese Einengung wird noch deutlicher in Bild 5, auf dem eine sehr starke und in die Unendlichkeit führende Perspektive einer eintönigen und trostlosen Barackenzeile, ein düster verhangener Himmel, (toten-)vogelähnliche Wolken und ein scharfer Schatten die Zeichnung beherrschen.

Bild 6 ist ähnlich wie Bild 4: schroffe Wände, ein kahler Baum, die Straße führt ins Meer, im Meer steht vor dem Mond ein Schiff. Dies könnte vielleicht noch Hoffnung signalisieren, ein Wegweiser zeigt Richtung Schiff, einer im Vordergrund auf die steil abfallenden Felsen. Das Schiff könnte, obwohl es bereits zerfetzte Segel hat, vielleicht ein Hinweis zur Überwindung der Einengung sein, sicherlich jedoch ein Hinweis des inneren Kampfes, der sich im Zeichner abspielt, des Kampfes von lebenserhaltenden und lebenszerstörenden Tendenzen. Ziehen wir jedoch das Bild 8 vor, so sehen wir, dass es sich bei dem Schiff offenbar um ein Totenschiff handelt, das mit gerefften Segeln im Meer verankert steht, der Fährmann ist der Tod mit der Sense. Das Bild signalisiert unheimliche „Ruhe vor dem Sturm", eine Ruhe, die bei suizidaler Entwicklung zumeist dann eintritt, wenn der Entschluss zum Suizid gefasst ist.

Bild 7, gefangen und eingeengt durch kräftige Äste und alleingelassen, isoliert auf einer Lichtung, weist auf eine Leiter hin, die in den Himmel führt. Handelt es sich hier um Fantasien über das Leben nach dem Tode? Ist links im Bild auf der Lichtung ein Grabhügel? Ein ähnlicher Ausweg wie auf Bild 6 könnte Bild 7 sein, wobei die Einengung unmittelbar in den Himmel weist. Die kleine Gestalt mit den erhobenen Armen symbolisiert die Kleinheit, Unbedeutendheit, von toter Natur überragt und eingeschlossen.

Bild 9 gibt uns bereits einen ersten wesentlichen Hinweis über die Art des geplanten Suizids. Spätestens hier müssen also konkrete Suizidgedanken vorgelegen haben; die den schroffen Alleebäumen gegenüberstehenden Kreuze, das in der Schlinge hängende Herz (es wird dieses Einengungs-Angstgefühl auf Bild 10 noch deutlicher), die trostlose, mondbeschienene kahle Landschaft, alles weist darauf hin, dass die Uhr langsam abläuft. Was bedeuten die beiden Spieße am Querbalken des Galgens?

Wer drückt auf Bild 10 dieses Herz ab, wer presst es – bis auf den letzten Blutstropfen – aus? Finden wir einen Hinweis auf Bild 12?

Bild 7

Bild 8

184 Krisen und Suizidgefährdung

Bild 9

Bild 10

Bild 11

Die ablaufende Zeit wird in Bild 11 ebenso wie der geplante Suizid besonders deutlich. In dieser Abbildung ist wiederum der Weg, der sich in die Unendlichkeit verliert und kein Ziel angibt. Stellt sich hier der Zeichner (der lange Haare hatte) selbst dar, der Richtung Grab greift, oder ist anderes gemeint? Ist die Sonne im Untergehen, ist rechts im Hintergrund eine Kirche? Noch hängt das Seil nicht am Baum.

Die Einschätzung der Suizidalität 185

Bild 12

Bild 12 ist in der Art der Felsendarstellung dem Bild Nr. 2 entsprechend (nur technisch viel weniger kunstvoll), jedoch völlig isoliert im Nichts herausragend. Hier taucht erstmals eine zweite Person auf. Was lässt sich mit dieser auf einem zehn Schritt messenden Plateau ohne Chance eines Abstiegs, ohne Umwelt anfangen?

Einengung, Isolierung, Todes- und Suizidgedanken, Kälte und Düsterheit sind die vorherrschenden Qualitäten dieser Bilder; Angst, Verzweiflung und Hoffnungslosigkeit mit nur einem Ausweg, dem Tod.
Ein Klassenkamerad schrieb einen Nachruf:

„Die, die dich gekannt haben
haben es gewusst.
Aber es kannte dich keiner.
Die, die mit dir auf gleicher Höhe standen
haben es verhindert.
Aber keiner stand mit dir auf gleicher Höhe.
Die, die dich verstanden haben
haben es dir ausgeredet.
Aber es verstand dich keiner.
Die, die gewusst haben wie du fühlst
denen hast du es gesagt.
Aber keiner kannte deine Gefühle.
Die, die den tieferen Grund deines Handelns kannten
haben dich unterstützt.
Aber keiner kannte den Grund.
Also fragt euch nicht warum es so kam
und nicht anders."

Paul Valéry schrieb: „Für den Selbstmörder bedeutet jeder andere nur Abwesenheit." Vielleicht ist die zweite Person auf dem letzten Bild der Hinweis auf diese Abwesenheit. Wenn es auch dem Zeichner dieser 12 Bilder nichts mehr helfen kann, wenn niemand ihn mehr aus seiner Einengung herausführen konnte, wenn er auch nicht mehr in das Leben zurückgeführt werden kann, vielleicht helfen uns seine Bilder, wachsamer zu werden, um anwesend zu sein.

6.4 Antisuizidale Therapie

Die von RINGEL (1953) entwickelte Therapieform rollt das präsuizidale Syndrom in umgekehrter Richtung auf: Wesentlich ist eine tragfähige zwischenmenschliche **Beziehung**, durch die der Ring der Einengung gelockert wird und der Patient zu kleinen, ihn nicht überfordernden **Erfolgserlebnissen** ermutigt sowie seine Fantasie in positiver Richtung angeregt wird. Ein Beispiel für diese Lockerung der Einengung sind die Abbildungen 6 und 7, die eine 25-jährige Patientin nach mehreren schweren Suizidversuchen zu Beginn und während der Behandlung malte.

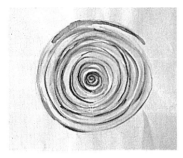

Abb. 6 *Einengung (Original schwarz-weiß)*

Abb. 7 *Öffnung der Einengung (Original orange-rot)*

Wie aber nun konkret vorzugehen ist, um eine tragfähige **Beziehung** zu erreichen, und wie die **Suizidalität** angesprochen und bearbeitet werden kann, findet sich in den folgenden Abschnitten.

Gelegentlich ist auch eine medikamentöse Therapie nötig; im akuten Stadium bevorzugt man dämpfende Medikamente. Stark aktivierende Antidepressiva, insbesondere zentrale Stimulantien und Halluzinogene, können die Suizidalität erhöhen. Zu beachten ist, dass trizyklische Antidepressiva bei Überdosierung erheblich toxischer sind als solche der neuen Generation (s. Kap. 3.4).

Umgang mit Suizidgefährdeten
Entsprechend den in diesem Kapitel grob umrissenen Gruppen – es sind deren noch einige identifizierbar (z. B. Arbeitslose, s. Kap. 8) – wird klar, dass der Umgang mit ihnen sehr unterschiedlich aussehen muss, um dem tatsächlichen Anliegen dieser Personen gerecht werden zu können.

Als **Hauptproblem** stellt sich immer wieder die Schwierigkeit, dass die Betroffenen zwar nicht mehr leben wollen, sich dieses Wunsches aber (noch) nicht ganz sicher sind. Es ist nun nicht immer leicht, mit diesen Leuten entsprechend umzugehen (s. REIMER, 1982). Eigene Untersuchungen ergaben auch, dass es in der Beziehung immer wieder zu **Interaktionsproblemen** kommt, die im Folgenden kurz dargestellt werden sollen: Stellt generell der Tod des Patienten für den Behandler eine schwere (narzisstische) Kränkung dar, so trifft dies in noch weit höherem Maße bei Suizid zu. Der Suizidgefährdete stellt weiters die Kompetenz des Helfers in Frage und ist für diesen nicht selten eine Bedrohung insofern, als er dessen (oft verborgene) Suizidalität aktivieren kann. Daraus entsteht dann in der Interaktion nicht selten ein Machtkampf, der der Resignation der Betroffenen Vorschub leistet. Weitere Gefahren sind in Tabelle 5 aufgelistet.

Tab. 5 *Gefahren im Umgang mit Suizidgefährdeten (KULESSA, 1985)*

1. Vorschnelle Tröstung
2. Ermahnung
3. Verallgemeinerung
4. Ratschlag
5. Belehrung
6. Herunterspielen des Problems (ggf. des Suizidversuchs!)
7. Beurteilen und kommentieren
8. Nachforschen, ausfragen, analysieren
9. Vorschnelle Aktivitäten entwickeln

Allerdings hat man im Umgang mit suizidgefährdeten Menschen einen Verbündeten, den man auf jeden Fall nutzen sollte: die Umwelt des Betroffenen. Es steht völlig außer Zweifel, dass für die Bewältigung einer suizidalen Krise die Reaktion der Umwelt von ganz besonderer Bedeutung ist. Für Suizidgefährdete gibt es keine größere Gefahr als die Isolation, die entsprechend dem präsuizidalen Syndrom nach *Ringel* eine Einengung der zwischenmenschlichen Beziehungen darstellt. Es sind also für den Umgang mit dem Betroffenen *beziehungsfördernde Maßnahmen* von größtem Nutzen (Tab. 6).

Tab. 6 *Beziehungsfördernde Grundhaltung*

1. Ich nehme den anderen an, wie er ist
2. Ich fange dort an, wo der andere steht
3. Ich zeige, dass ich mit ihm Kontakt aufnehmen möchte
4. Ich verzichte auf argumentierendes Diskutieren
5. Ich nehme die in mir ausgelösten Gefühle wahr (worauf weisen sie mich hin?)
6. Ich verzichte auf das Anlegen eigener Wertmaßstäbe
7. Ich orientiere mich an den Bedürfnissen
8. Ich arbeite an Partnerschaft und vermeide objektivierende Distanz

Diese beziehungsfördernde Grundhaltung ist von ganz besonderer Bedeutung. So haben z. B. Vergleichsuntersuchungen (Psychotherapie versus medikamentöse Behandlung) bei Depressiven ergeben, dass der Betroffene nur dann Nutzen aus der antidepressiven Medikation ziehen kann, wenn insbesondere bis zum oft einige Wochen dauernden Eintritt der antidepressiven Wirkung ein sehr enger und häufiger Kontakt aufrechterhalten wird.

Allgemein geht es im Umgang mit Suizidgefährdeten nicht primär darum, wie ein Mensch daran gehindert werden kann, sich selbst zu töten, sondern darum, wie seine Lebensumstände wieder so werden können, dass das Leben für ihn wieder lebenswert wird. Es ist ziemlich evident, dass weder der Betroffene das alleine schaffen kann noch auf Dauer ein Einzelner in der Betreuung dieses Menschen ausreichen wird können. Es ist also gerade in der Hilfe für Suizidgefährdete notwendig, dass sich der Helfer auch immer der Hilfe der anderen versichert.

Unmittelbar auf Suizidalität bezogene Maßnahmen können nur in einem sehr allgemeinen Raster dargestellt werden und müssen auf die individuelle biopsychosoziale Problematik abgestimmt werden (s. Tab. 7, KULESSA, 1985).

Der Umgang wird also entsprechend der Vielfältigkeit der bei Suizidalität vorliegenden Probleme ein sehr differenzierter, polypragmatischer sein. Nur ein auf die individuellen Bedürfnisse des Betroffenen bezogenes Angebot kann von diesem als „seine" Hilfe wahrgenommen werden, während Dogmatismus und Einseitigkeit ihn in seiner Überzeugung, dass niemand ihm helfen werde bzw. könne, bestärken werden. Als Grundpfeiler bleibt immer die **Beziehung** und das vorurteilsfreie Gespräch über die **Suizidalität**.

Tab. 7 *Intervention bei suizidalen Krisen*

1. Akzeptieren des suizidalen Verhaltens als Notsignal
2. Verstehen der Bedeutung und subjektiven Notwendigkeit dieses Notsignals
3. Bearbeitung der gescheiterten Bewältigungsversuche
4. Aufbau einer tragfähigen Beziehung (s. beziehungsfördernde Grundhaltung Tab. 5)
5. Wiederherstellen der wichtigsten Beziehungen (Ermutigen zu …)
6. Gemeinsame Entwicklung alternativer Problemlösungen (s. u.)

7. Gemeinsame Entwicklung alternativer Problemlösungen auch für künftige Krisen (Prinzip Hoffnung), Coping-Behaviour
8. Kontaktangebote als Hilfe zur Selbsthilfe

Wenn wir auch heute noch nicht sicher wissen, ob all diese Maßnahmen tatsächlich zu einer Reduktion der Suizid- bzw. Suizidversuchsraten führen können, muss es doch als Akt der Menschlichkeit betrachtet werden, mit Menschen in Not so umzugehen, dass ihre Not nicht noch verstärkt wird. Hilfe für Menschen in Bedrängnis hat an sich Wert.

Fehler im Umgang mit Suizidgefährdeten
REIMER (1986) hat folgende acht Fehler aufgelistet:

Tab. 8 *Häufige Fehler im Umgang mit Suizidpatienten*

- Trennungsängste übersehen (z. B. Urlaub, Stationswechsel, Entlassung)
- Provokation persönlich nehmen (Agieren von Ablehnung)
- Bagatellisierungstendenzen des Patienten mitmachen (Abwehr)
- Einseitige Betonung der Aggressionsproblematik
- Suizid-Pakte
- Mangelnde Exploration der jetzigen und eventuell früherer Umstände, die zu Suizidalität geführt haben
- Zu rasche Suche nach positiven Veränderungsmöglichkeiten (Abwehr)
- Internalisierte Klassifikation von Suizidversuchen anwenden

Da **Trennung** ein sehr häufiges Suizid(versuchs)motiv darstellt, sind Trennungen, die sich während der Behandlung von Personen nach Suizidversuch ergeben, gleichsam Wiederholungssituationen und von daher besonders gut zu bearbeiten. Z. B. ist der Übergang vom stationären zum ambulanten Bereich eine Nahtstelle, die nicht selten neuerliche Suizidalität auslöst, ebenso wie Therapieunterbrechungen durch Urlaube oder Kongressreisen und dergleichen. In engem Zusammenhang damit steht der Wunsch des Klienten, im Therapeuten einen verlässlichen und standfesten Helfer zu sehen. Manche Klienten versuchen diese Verlässlichkeit immer wieder auszutesten, was von Therapeuten leicht als **provokantes** Verhalten missdeutet werden kann.

Viele Patienten, die ihren Suizidversuch heil überstanden haben, wollen weder an ihre schwere innere Not, die zu dem Suizidversuch führte, noch an die nachfolgende Behandlung denken und versuchen durch **Bagatellisierung** beides ungeschehen zu machen. Dadurch ist ihnen allerdings die Aufarbeitung der Situation und damit die Bearbeitung der Krise unmöglich. Dennoch wird diese Tendenz nicht selten auch von den Therapeuten in ähnlicher Weise wie von der Umwelt unterstützt.

Eine einseitige, recht mechanistische Vorstellung der Suizidprävention besteht darin, dass der Patient seinen Suizidtendenzen dadurch entgegenwirken könnte, dass die „nach innen gewendete" Aggression nach außen gekehrt wird. Manche

Therapeuten empfehlen zur Kanalisierung dieser **Aggression** nach außen fast so etwas wie eine Provokation des Patienten, was einerseits die Beziehung auf eine harte Probe stellt, andererseits nicht selten schwere Schuldgefühle im Patienten auslöst und damit die Suizidgefahr verstärkt. Manche Suizidforscher, insbesondere aber auch Laienorganisationen halten **Suizidpakte** in der Behandlung von Suizidpatienten für hilfreich. Mittlerweile haben jedoch auch Untersuchungen die Vermutung bestätigt, dass Suizidpakte primär den Behandler „in Sicherheit wiegen". Viel wichtiger erscheint die Frage, ob der Klient sich selbst zutraut (und sich selbst versprechen kann), bei neuerlichen Belastungen anders als mit Suizidhandlungen zu reagieren (MODESTIN, 1989) (s. a. Kap. 6.2.3 und Kap. 7.3).

Mangelnde Exploration der **Umstände**, die zur Suizidalität geführt haben, verwehren dem Helfer die Suizidalität des Betroffenen zu verstehen und führen daher notgedrungen zu Fehlern in der Behandlung. Daraus resultiert dann nicht selten, gemeinsam mit den Bagetellisierungstendenzen, eine zu rasche Suche nach **positiven Veränderungsmöglichkeiten**.

Selbst erfahrene Suizidologen können sich nicht immer von dem **Vorurteil (Internalisierte Klassifikation)** frei machen, dass nur hinter lebensbedrohlichen Suizidversuchen eine ernsthafte Selbsttötungsabsicht steckt. So besteht die Gefahr, bei klinisch leichteren Suizidversuchen nicht mit ausreichender Gründlichkeit die Suizidalität einzuschätzen.

Im Umgang mit suizidgefährdeten Menschen ist also Folgendes zu beachten:
1. Verstehen des Patienten in seiner spezifischen Situation, speziell in der Situation, die zum Auftreten der Suizidalität führte („Wie war das genau, können Sie mir mehr darüber erzählen?")
2. Bezug zu diesem Ereignis herstellen („Das ist dann eine solche Situation, in der Sie an Suizid dachten?")
3. Suizidalität offen ansprechen („Denken Sie daran, Schluss zu machen?")
4. Beziehung und Interaktion ansprechen („Wie geht es Ihnen jetzt mit mir, während unseres Gesprächs?")
5. vorhersehbare Trennungen rechtzeitig bearbeiten („Zu den Feiertagen werde ich nicht erreichbar sein, überlegen wir jetzt schon, was das für Sie bedeutet.")

All unsere Kunst, alle Erfahrung und alles Geschick kann jedoch nicht immer verhindern, dass wir einen Klienten durch Suizid verlieren. Ein solches Ereignis löst in uns immer wieder starke Betroffenheit und intensive Gefühle aus, die ebenso wie jede andere Krise der Bearbeitung bedürfen. In solchen Situationen sollten wir die Hilfe unserer Umgebung nicht übersehen. Insbesondere das supervidierende Gespräch über den Behandlungsverlauf und die Ereignisse, die zum Suizid geführt haben, ist von großer Bedeutung. Dadurch wird es uns möglich, die eigene Betroffenheit vollständiger wahrzunehmen und zu einem Verhalten zu finden, das uns und unseren Klienten hilfreich ist.

6.4.1 Umgang mit Freund (F) oder Angehörigem (A) des Suizidgefährdeten (S)
(s. a. Falldarstellungen von Kap. 5.1 und 5.3)

- Keine **vorschnellen** Tipps geben: Situation erfassen und zu verstehen versuchen. Zur Situation gehört auch F/A insoweit, als eventuell die Gesamt-Dynamik seiner Beziehung zu S oder zumindest seine Vorstellungen und Gefühle in Bezug auf die Suizidgefahr (z. B. Angst, Zorn, Hilflosigkeit, Überforderung, Verantwortungsgefühl) die Kommunikation mit S beeinflussen und damit auch mögliche Hilfestellungen erleichtern oder erschweren: es geht also immer **auch** um F/A, nicht nur um S.
- Kein **sinnloses** Bohren in Persönlichkeit von F/A, wenn dieser seine emotionale Beteiligung nicht wahrhaben oder preisgeben will.
- Wieso vermutet F/A Suizidgefahr?
  1. S benimmt sich anders
  2. S hat von Suizid gesprochen ⟶ Klärung

Klärung:
ad 1) (S benimmt sich anders):
Wie ist das Verhalten? Wann hat es begonnen; mit welcher Veränderung fing es an; wie hat es sich bis heute entwickelt? Was beunruhigt F/A davon am meisten? Ist ein Anlass bekannt oder lässt sich einer vermuten?
Wer außer F/A macht sich noch Sorgen? F/A sucht Hilfe – heißt das, dass F/A am meisten von S Verhalten betroffen ist? Was trifft F/A? Wovor hat er Angst?
Hat F/A mit S über dessen Verhalten und Befinden gesprochen? Was hat S gesagt, wie hat er reagiert? Könnte F/A anders mit S ins Gespräch kommen (z. B. keine Vorwürfe machen, kein Urteil fällen)? Was wäre, wenn F/A sagt, dass er sich um S Sorgen macht, sich ihm gegenüber hilflos fühlt oder Angst um ihn hat?
Warum hat F/A nicht mit S gesprochen? Was hielt F/A zurück? Wovor fürchtet er sich? Würde er **persönlich** S helfen wollen: was würde er tun, wie lange, was nicht? Wer würde F/A unterstützen?
Hat jemand anderer einen besseren Zugang zu S? Wie könnte F/A mit dieser Person in Kontakt kommen? Würde F/A diesen anderen unterstützen und beraten?
ad 2) (S hat von Suizid gesprochen):
Wann hat S von Suizid gesprochen? Was genau hat er gesagt, in welchem Zusammenhang? Was war der Auslöser?
Wie hat F/A darauf reagiert, was hat er gesagt? Hat er ausführlich über die Suizid-Gedanken (Suizid-Absicht) mit S gesprochen? Weshalb denkt S an Suizid, was müsste für S anders sein, und wie sollte es sein, um weiterleben zu wollen?
Warum hat F/A nicht mit S gesprochen? (s. weiteres bei gleicher Frage unter 1)
Was bedeutet es, dass S gerade F/A seine Suizid-Gedanken anvertraut hat: was heißt es in ihrer Beziehung, was will S von F/A?
Was würde der Suizid von S für F/A bedeuten? Was wäre das Schlimmste für F/A?
Wie fühlte sich F/A damals, wie fühlt er sich jetzt?

Welche Unterstützung (Hilfe) möchte F/A für sich, wie kann er sie bekommen?

Hilfen für S:
Schwierigkeiten lösen, reduzieren, mildern: Welche Probleme hat S? Was sollte anders sein, wie könnte es sein? Warum lässt sich das nicht erreichen? Was hat er versucht zu tun? Ist die Wunschvorstellung erreichbar? Wie schnell (bald – braucht Zeit)? Was wäre ein annehmbarer Kompromiss? Für längerfristige Ziele: welche Zwischenschritte und -ziele sind in kurzer Zeit möglich? Was kann noch heute oder morgen getan werden? Wer kann S helfen? Wie, wobei? Wie kommt er zu diesen Unterstützungen? Was kann und will F/A dabei tun?

Befinden von S erleichtern: was würde ihm guttun (viel Schlaf, wenig Arbeit, viel Ablenkung etc.); wodurch könnte sich S Entlastung verschaffen: viele Gespräche mit Freunden – Spazierengehen in der Natur – ruhige, freundliche Atmosphäre um sich etc.

Mögliche Hilfen: Angehörige, Partner, Freunde, Kollegen, Nachbarn sind für konkrete und begrenzte Hilfeleistungen häufig zu gewinnen; Klubs, Selbsthilfegruppen, Interessensgruppen; professionelle, soziale, psychologische, medizinische, juridische Beratungsstellen und Ämter (je nach Problem).

In unmittelbarer Gefahr und falls S alles ablehnt: Polizeiarzt oder Rettung rufen.

Falldarstellung: indirekte Betreuung

Ein Kollege einer öffentlichen Beratungsstelle ruft an, weil er von einer seiner Klientinnen befürchtet, dass sie sich das Leben nehmen werde; sie sei 29 Jahre alt, unter äußerst belastenden Umständen geschieden, habe den achtjährigen Sohn gut allein aufgezogen, habe keine eigene Familie in Wien und vor dem Ehemann und dessen Angehörigen aus berechtigten Gründen Angst. Der Kollege betreue sie seit etwa einem halben Jahr. Vor einigen Wochen habe sie zu kränkeln begonnen und in den letzten Tagen von den behandelnden Ärzten erfahren, dass ihre Erkrankung fortschreitend sei und sie in wenigen Monaten schwer und bleibend behindert sein werde, so dass sie nicht nur ihren bisherigen Beruf aufgeben, sondern auch ihren gesamten Lebensstil verändern müsse. Sie, die schon gelegentlich Bemerkungen gemacht habe, dass es für sie besser wäre, nicht zu leben, habe ihn gestern angerufen und zu einem Gespräch für morgen zu sich gebeten, in dem sie mit ihm über ihr Testament sprechen wolle. Er fürchte sich vor diesem Gespräch, weil er das „Testament-Machen" in dieser Situation für eine Suizidankündigung halte; er wisse nicht, wie er sich verhalten solle und was er tun könne, um ihr zu helfen. Im weiteren Verlauf dieses Gesprächs diskutieren wir Überlegungen, Anregungen, Vorschläge, Hilfsmöglichkeiten, die sich vor allem folgenden Bereichen zuordnen lassen:

a) Dem Gefühls- und Vorstellungsbereich der Klientin: Es gilt, auf das Schockerleben bei Diagnose- und Prognosemitteilung durch die Ärzte einzugehen, der Klientin die Möglichkeit zu geben, diese Gefühle zu erleben. Welche Verluste verbinden sich für sie besonders mit der Behinderung? Welche Bedeutung hat

es für sie, behindert zu sein? Wie stellt sie sich vor, dass sie mit der Behinderung zurechtkommen kann?
b) Dem situativen Bereich: Was veranlasst sie, jetzt ihr Testament zu machen, welche Hilfestellung erwartet sie dabei von ihrem Betreuer?
Es gilt, gemeinsam mit der Klientin zu überlegen, was die jetzige bzw. die zukünftige Situation erleichtern könnte (schon jetzt muss Kontakt zu entsprechenden Behindertengruppen aufgenommen, müssen Kompensationsmöglichkeiten, Umschulung u. ä. überlegt werden), wobei unbedingt rasch erreichbare Hilfen fix eingeplant werden müssen. Inwieweit können andere Menschen (Nachbarn, Freunde) helfen, inwieweit kann der Sohn behilflich sein, ohne überfordert zu werden, und zwar so, dass die Klientin es ohne Schuldgefühl akzeptiert?
c) Dem Gefühls- und Vorstellungsbereich des Betreuers: Welche Bedeutung hätte die gleiche Behinderung für ihn? Wie ist seine persönliche Einstellung zum Suizid? Was würde der Suizid dieser Klientin für den Betreuer bedeuten?

Mithilfe dieser hier beispielhaft aufgezählten Gedanken findet der Kollege Leitlinien für das Gespräch mit der Klientin und für sein Reagieren. Wir vereinbaren ein weiteres Telefonat je nach Dringlichkeit. Drei Wochen später teilt er mit, dass die Klientin den Höhepunkt ihrer Krise bewältigt habe, wobei er der Klientin insbesondere im emotionalen Bereich Unterstützung geben konnte.

6.4.2 Gespräch mit Suizidgefährdeten

- Suizidhinweise wahrnehmen
- Hinweise aufgreifen und Suizidgedanken ansprechen
- Suizidgedanken, -fantasien, -impulse, ihre Häufigkeit, Zeitpunkt des Auftretens, Ängste und Bedenken davor etc. schildern lassen ebenso wie Sinn des Suizides, Vorstellungen und Pläne zur Verwirklichung
- Wer weiß noch davon? Wie waren dessen Reaktionen? War das erwartet?
- Auslösesituation detailliert schildern lassen, um die wesentliche Enttäuschung, Kränkung, Angst, Hilflosigkeit erfassen zu können
Verstärkt die Auslösesituation den Zweifel am Mann-Sein/Frau-Sein? Bedroht die Auslösesituation den persönlichen Wert, den Einfluss, die Macht, die Bedeutung (→ Versagen)?
Aktualisiert die Auslösesituation ein grundlegendes Gefühl von Nicht-Angenommen-Sein (Abgelehnt-Werden, Verlassen-Werden, Im-Stich-Gelassen-Werden, Nicht-Erwünscht-Sein)?
- Gab es bereits früher Suizidversuche? Was war damals die genaue Situation? Worin besteht die Ähnlichkeit zur jetzigen Situation?
- Wie ist das Befinden?
    - körperlich (Schlafen, Essen, Beschwerden)
    - seelisch (Affizierbarkeit, dominierendes Gefühl, Aktivität, Realitätsempfinden, Selbstkontrolle u. a.)
- Wie sind die Lebensumstände: Beruf, Finanzen, Familie, Partner?

- Fähigkeiten und Möglichkeiten des Klienten wahrnehmen, bestätigen, unterstützen, suchen; ihre Verwirklichung anregen
- Beziehungsnetz: wer kann unterstützend wirken? Wie? (Anwesenheit, Treffen, Gespräche ...)
- Wie ist Kontakt/Beziehung zum Berater?
- Was könnte dem Klienten helfen? (Suizidant ist immer ambivalent gegenüber Leben und Tod, er will nicht so wie jetzt weiterleben) Was müsste anders werden?
  Wie könnte das geschehen? Was kann er/jemand anderer dazu tun?
- Was braucht/möchte Klient *unmittelbar*?
  Krisenmanagement
  Für sich Gutes tun
  Problembearbeitung
  Was braucht/möchte Klient mittelfristig?
  Wie verlief das Gespräch für den Klienten bisher?
  Wie fühlt er sich jetzt?
  Zusammenfassender Kommentar des Beraters – Stellungnahme des Klienten
  Terminvereinbarung, Sinn weiterer Gespräche, Erreichbarkeit des Beraters
  Falls in der Zwischenzeit – Veränderung des Klienten
  – Entscheidungen
  – Aktivitäten des Klienten vorgesehen sind:
  Möglichkeiten zu telefonischem Kontakt anbieten und fix vereinbaren
- Stationäre Aufnahme:
  als Schutz vor sich selbst, wenn Klient seiner nicht sicher ist; zur Behandlung, wenn es Berater nicht möglich ist, Kontakt zu bekommen; bei großer Suizidgefahr, wenn Distanzierung vom Umfeld sinnvoll/notwendig und anders nicht möglich ist
- Beiziehung eines Arztes (Psychiaters):
  zur diagnostischen Abklärung unklarer psychischer Probleme, bei Psychoseverdacht
  bei Alkoholismus
  bei Depressionen mit phasenhaftem Verlauf (immer)
  bei Depressionen sonstiger Art: wenn seit längerer Zeit
  bei Schlafstörungen
  bei großer Unruhe/Angst
  bei Kontrollverlust
  bei Erschöpfung

6.4.3 Besondere Aspekte im Umgang mit Suizidgefährdeten

- Suizidalität als **sinnvolles Notsignal** akzeptieren und als Ausdruck dieses bestimmten Menschen in dieser bestimmten Situation verstehen
- Zu Suizidgefährdetem **aktiv** Kontakt aufnehmen, sich um ihn bemühen

- Suizidgefährdeten **so** akzeptieren, wie er ist – die Möglichkeit geben, seinen Weg zu finden; das heißt auch, ihn nach Gründen, Folgen, Risken, Vor- und Nachteilen, Wünschen etc. fragen und ihn damit konfrontieren
- Die **immer** vorhandene Ambivalenz gegenüber Leben und Tod aufgreifen, unter Umständen auch aufzeigen. **Erfahrung**: Suizidgefährdete wollen nicht unbedingt tot sein, sondern so (wie jetzt, wie bisher) nicht weiterleben.
- Für Suizidgefährdete **beständig und zuverlässig** sein (ihr Zentralproblem: Angst vor Verlassen-Sein, Angst vor Nicht-Erwünscht-Sein); **daher**: möglichst kein Betreuerwechsel (wenn, dann sorgfältige, mit dem Klienten besprochene Übergabe an neuen Betreuer), frühzeitige Urlaubsplanung und Besprechung (auch von Unterstützungsmöglichkeiten)
- Verdeckte Aggressionen **nicht direkt** ansprechen, sondern dem Suizidgefährdeten aktiv die Möglichkeit schaffen, über erlittene Enttäuschungen, Kränkungen, Herabsetzungen, über erlittenes Unrecht u. ä. frei sprechen zu können, um so aggressive Gefühle bewusstseinsfähiger, spürbarer und tolerierbarer werden zu lassen
- Selbstwertgefühl stärken (bei Suizidalität stark vermindert): alles tun, damit Klient eigene Fähigkeiten und Leistungen als solche anerkennen kann; **nicht unüberlegt** an seiner Stelle handeln (fördert Abhängigkeits- und Hilflosigkeitsgefühle); anregen, eigene Bedürfnisse ernst zu nehmen
- Helfer sollen *nicht*:
Verharmlosungstendenzen des Klienten mitmachen
Verallgemeinern – Beurteilen – Diskutieren
vorschnell trösten
vorschnell positive Seiten einer Situation aufzeigen
vorschnell Veränderungsmöglichkeiten suchen

6.4.4 Therapeutisches Arbeiten mit chronisch Suizidalen
(s. a. Kap. 7 Chronische Suizidalität)

Unter chronischer Suizidalität wird üblicherweise verstanden, dass suizidales Verhalten nicht nur in engem Zusammenhang mit Krisen, sondern über lange Zeit, meist auf der Basis langdauernder Störungen, typischer Lebensbiografien und Persönlichkeits(entwicklungs-)störungen für den Betroffenen zentrales Thema ist. Therapie mit chronisch Suizidalen ist keine Aneinanderreihung von Kriseninterventionen, sondern muss über die Bewältigung unmittelbarer suizidaler Krisen hinausgehen, indem jene Konflikte, deren Wurzeln in der individuellen Entwicklung liegen und sich in der Persönlichkeitsstruktur, im Lebensstil und einer möglichen psychischen Störung verfestigt haben, bearbeitet werden. Dabei wird sich die Behandlung zwar in erster Linie auf die Therapie dieser Störungen richten, der Therapeut wird jedoch stets gewärtig sein müssen, dass diese Therapie durch suizidales Verhalten des Patienten unterbrochen bzw. beendet werden kann. Somit ist es auch ganz besonders wichtig, die Bedeutung suizidalen Verhaltens im Prozess dieser Therapie zu verstehen.

Da die notwendigerweise längerfristigen Therapien mit chronisch Suizidalen nicht nur durch die Suizidalität des Patienten, sondern auch durch Gegenübertragungsreaktionen sehr störanfällig sind, ist es wichtig, ein genaues Setting auch für immer wieder vorkommende akute Zuspitzungen vorher zu besprechen. Es ist im Allgemeinen nicht möglich, dass ein einzelner Therapeut für sämtliche akute Situationen zuständig sein kann, weshalb eine klare Aufteilung vorgenommen werden muss, wer z. B. einen allfälligen medikamentösen Teil übernimmt, wer für die Hilfe in der akuten Krise zuständig ist, wie allenfalls stationäre Aufenthalte, im äußersten Notfall auch gegen den Willen des Betroffenen, durchgeführt werden.

Im Umgang mit chronisch Suizidalen ist in besonderem Maße das Problem der Aktivität zu beachten: Jede Aktivität seitens der Helfer ist genau darauf zu überprüfen, ob sie zur Unterstützung absolut nötig ist, ob sie die Beziehung festigen wird oder ob sie den Patienten weiter abhängig und unselbstständig macht. In diesem Zusammenhang ist auch zu beachten, dass der Therapeut keine unmöglichen Behandlungsabsprachen akzeptieren kann, die „ungewöhnliche Anstrengungen oder heroische Maßnahmen erfordern" (KERNBERG, 1984), denn dies führt letztlich immer zu einer Zunahme des selbstdestruktiven Potenzials des Patienten. Auch stellt sich gerade im Umgang mit chronisch Suizidalen das Problem der psychotherapeutischen Einflussmöglichkeit immer wieder von neuem, auch wenn es glücklicherweise nicht so selten gelingt, dass der Patient seine unerfüllbaren narzisstischen Träume gegen reale Beziehungen einzutauschen lernt.

6.4.5 Umgang mit Hinterbliebenen nach Suizid

Der Verlust eines geliebten Menschen ist schmerzvoll. Besonders groß ist der Schmerz aber, wenn der Verstorbene sich selbst für seinen Tod entschieden hat, wenn er durch Suizid verstorben ist. Zurück bleiben Angehörige – in Verzweiflung, Verlassenheit. Es liegt ein langer Trauerprozess vor ihnen.

Was können wir für sie tun? Wir können sie auf diesem langen Weg der Trauer begleiten, ihnen die Möglichkeit geben, sich zuzutrauen, Erinnerungen an den Verstorbenen auftauchen zu lassen, die Hinterbliebenen darin unterstützen, ihre Gefühle auszudrücken.

Wie bei anderen Verlusterlebnissen, die zu Krisen führen, kann man auch in diesem Trauerprozess vier Phasen unterscheiden (Verena KAST, 1989).

1. Phase des Nicht-Wahrhaben-Wollens:
Empfindungslosigkeit, Starre. Die Angehörigen haben das Gefühl, dass der Verlust gar nicht real ist. Diese Phase kann Stunden oder Tage dauern, nur selten auch Wochen, nämlich dann, wenn der Verlust abgespalten wird. Die Angehöri-

gen leben weiter als wäre (fast) nichts geschehen. Eine innere Leere macht sich breit.
Dafür mitverantwortlich ist häufig unsere Art, mit Tod, mit Bestattung umzugehen. Einem rituellen Abschiednehmen wird kaum Platz gegeben. Ungeachtet dessen sollte auf eines – wenn möglich – nicht verzichtet werden: den Verstorbenen als Toten zu sehen, da sonst die Wirklichkeit des Todes oft noch schwerer akzeptiert werden kann.

2. Phase der aufbrechenden chaotischen Emotionen:
Schmerz, Angst, Wut, Zorn, Schuldgefühle werden erlebt, oft beginnt die Suche nach Schuldigen. In dieser Zeit der Ruhelosigkeit, die meist von massiven Schlafstörungen begleitet ist, wenden sich Angehörige in ihrer Not nicht selten an professionelle Helfer: an niedergelassene Ärzte, Therapeuten – oder an uns im Krisenintervencionszentrum. Für die Helfer ist es wichtig, die Betroffenen immer wieder zu ermutigen, ihre Gefühle zuzulassen und auszudrücken: Wut, Zorn, Schmerz, Angst, Enttäuschung – all diese widersprüchlichen Gefühle sollen Platz haben, dürfen sein und sind normal.

3. Phase des Suchens, Findens und Sich-Trennens:
In vielen Gesprächen können die Angehörigen an nichts anderes als an den Verstorbenen denken. Es ist wichtig, auch den Träumen, Fantasien und Erzählungen über den Toten ihren Platz einzuräumen.
In dieser Phase beginnt der Betroffene den Verlust zu akzeptieren und das Leben mit dem Verstorbenen in das eigene Leben zu integrieren.

4. Phase des neuen Selbst- und Weltbezugs:
Der Angehörige bewegt sich wieder auf die Welt zu, zu den anderen Menschen hin. Der Verlust ist akzeptiert. Es kommt zu einer schmerzlichen Neuorientierung im Leben. Alte Werte werden überprüft, die Hinterbliebenen erlauben es sich nun eher, sich so zu verhalten, wie sie sich fühlen. So hören sie auf, sich zu verstellen, Anpassung ist unwichtig geworden.

Die Hilfe, die die Hinterbliebenen in ihrem Trauerprozess von ihrer Umgebung erhalten, ist leider oft sehr gering: Anteilnahme ist rar geworden, Unterstützung und Begleitung werden nur selten angeboten. Viel eher schlägt dem Trauernden die Hilflosigkeit und Verlegenheit seiner Mitmenschen entgegen. Angehörige von Verstorbenen, die sich umgebracht haben, erleben noch viel mehr als Menschen nach anderen Verlusten, dass sie gemieden werden. Zunächst suchen die Angehörigen Trost bei Freunden und Bekannten. Meist wird ihnen gerade dabei schmerzlich bewusst, wie wenige Freunde und Bekannte sie haben und wie schlecht die Wenigen mit Tod und mit Trauer umgehen können.
Eine Möglichkeit der Aussprache bietet für viele die **Selbsthilfegruppe**. Hier haben sie oft erstmals das Gefühl, wirklich mit ihrem Schmerz verstanden zu werden – und vor allem nicht alleine damit zu sein. Eine Gefahr liegt allerdings

darin, sich nur mehr mit Betroffenen zu treffen und allen anderen Menschen aus dem Weg zu gehen, denn je mehr sich Hinterbliebene von der Umgebung gezwungen fühlen, so zu tun, als wäre nichts geschehen, desto zorniger beharren sie auf ihrer Trauer, desto aggressiver wenden sie sich gegen diese Menschen. Der Verlust von Bekannten und Freunden wird verbittert in Kauf genommen.

In dieser schmerzlichen Erfahrung liegt die Gefahr, sich immer mehr zurückzuziehen – sich zu isolieren, aber es liegt darin auch die Chance, mutiger zu werden und das von den Mitmenschen zu verlangen, was man haben möchte.

Monate nach dem Todesfall fühlen sich Hinterbliebene im Kreise anderer Menschen oft noch fehl am Platz, wenn andere über Belanglosigkeiten wie Essen, Wetter etc. reden.

Stellen sich nach einiger Zeit wieder Gefühle von Freude und Hoffnung ein, so werden diese an sich selbst und besonders bei anderen Hinterbliebenen ängstlich beobachtet, denn es fällt vielen nach einem Suizid Hinterbliebenen überaus schwer, sich die „Erlaubnis" für positive Gefühle zu geben: „Wie kann ich etwas Schönes genießen, während mein Kind tot bleibt!"

Immer wieder kommt es zum erneuten Aufflackern von Verzweiflung und Depression. Aber die Pausen dazwischen werden immer größer, die „Rückfallsphase" kürzer und allmählich schwächer. Leider wird aber auch das gleichzeitige Unverständnis der Umwelt für den Schmerz der Angehörigen immer größer – und immer spürbarer. Bereits ein halbes Jahr nach dem Suizid gibt es kaum noch Schonung für die Angehörigen. Behutsame, vorsichtige Behandlung hat ein Ende genommen. Die Umgebung ist schon lange vorher zum „normalen Leben" übergegangen.

In den eigenen Familien kann es sein, dass die Menschen einander durch den Tod von Angehörigen näher kommen, doch auch das Gegenteil ist möglich. Sie sind enttäuscht voneinander, erleben ihre Trauer sehr unterschiedlich und finden nicht den gewünschten Halt im anderen.

Hat sich ein Kind umgebracht und gibt es noch weitere Kinder in dieser Familie, ist häufig die Angst spürbar, auch diese Kinder (durch Suizid) zu verlieren. Schuldgefühle und quälende Fragen werden zur Lebensbegleitung: Warum hat er/sie das getan? Warum habe ich nichts gemerkt? Worin habe ich versagt? Mögliche Antworten darauf kann nur der Betroffene selbst – allerdings mit der nötigen Begleitung – finden. Ratschläge bringen wenig.

Auch auf die Frage, wie die Betroffenen mit dem Todesfall umgehen sollten, gibt es keine sicheren Antworten von außen. Ist es besser wegzufahren oder zu Hause zu bleiben, das Zimmer des Toten umzuräumen oder nicht?

Jeder Trauernde muss **seinen** Weg selbst durch die Trauer finden. Wir können ihn dabei lediglich **begleiten**.

Falldarstellung 1

Zwei Monate nach dem Suizid seiner Lebensgefährtin kommt ein zirka 40-jähriger Mann zum ersten Mal ins Kriseninterventionszentrum. Er hat unsere Adresse von einer Ärztin erfahren, die ihn nach seinem vor fünf Tagen erfolgten Suizidversuch (mit Medikamenten) betreut hat.

Er beschreibt seine Beziehung als sehr eng und von seiner Seite her überaus aufopfernd. Er kann sich ein Leben ohne seine Partnerin nicht vorstellen. Die Zeit des Alleinlebens beschreibt er als Hölle (davor liegt eine gescheiterte Ehe). Alle Gedanken kreisen um den Suizid der Partnerin und um eigene Suizidfantasien.

Sein Gefühlszustand ist äußerst chaotisch. Wut, Angst und Verzweiflung lösen einander in rascher Folge ab. In weiteren Gesprächen werden seine Schuldgefühle immer massiver. Er macht sich große Vorwürfe, die Frau nicht gerettet zu haben. Das einzige, was ihm derzeit das Leben erleichtert, ist die Gewissheit, dass das Sterben nicht schwer geht und dass es nicht weh tut.

Herr X isoliert sich sehr. Er lässt kaum jemanden an sich heran, er hat große Angst, anderen die Zeit zu stehlen. Sein Leben erscheint ihm angesichts des Todes seiner Freundin wenig wertvoll. Er kümmert sich kaum um seine lebensnotwendigen Bedürfnisse wie Essen und Schlafen.

Nach einigen Gesprächen beginnt er sich etwas mehr um sich zu sorgen und die Hilfe anderer in Anspruch zu nehmen. Die einsamen Wochenenden sind besonders belastend für ihn. Alle Gedanken kreisen um die Tote und um seine Schuld an ihrem Tod.

Nach und nach versucht er, die Beziehung zu ihr realistischer zu sehen. Er spricht über die Probleme, die sie miteinander hatten, darüber, was er in dieser Beziehung alles auf sich genommen hat, worunter er gelitten hat, aber auch, was er in dieser Beziehung verwirklichen und leben konnte.

Aus der Erstarrung und der Flut von wilden Emotionen geht eine Phase der Besinnung hervor.

Die Themen der nächsten Sitzungen sind, was er von dieser Beziehung verloren geben muss und was er in sein weiteres Leben integrieren kann. Die Angst, nicht über seine Trauer hinweg zu kommen, ist einem Akzeptieren seiner Trauer gewichen. Begleitend stellen sich alte Fähigkeiten wieder ein, und auch neue Aktivitäten bekommen ihren Platz. Er übernimmt Verantwortung für seine Wünsche und ändert immer mehr sein früheres Weltbild, nach dem jeder für den anderen verantwortlich sei, jedoch keiner für sich selbst.

Rückblickend sieht er seine Krise, die durch ein so schmerzvolles Erlebnis ausgelöst worden war, auch als Chance für sich. Er hat die Chance zur Veränderung und Neuorientierung wahrgenommen. Er ist durch den schmerzhaften Trauerprozess hindurchgegangen und erlebt die Neuorganisation als Bereicherung und Vertiefung.

Nicht immer kann eine Trauer allerdings als Chance wahrgenommen werden, besonders schwierig ist es, wenn es sich bei dem aus dem Leben Geschiedenen um das eigene Kind handelt.

Falldarstellung 2

3 Wochen nach dem Suizid ihrer einzigen Tochter (23 Jahre) kommt ein Ehepaar (beide ca. 55 Jahre alt) zum ersten Mal ins Kriseninterventionszentrum.

Sie können den Suizid der Tochter noch gar nicht begreifen und hoffen darauf, dass es sich um einen „bösen Traum" handelt, aus dem sie bald erwachen werden.

Ihre Tochter stand knapp vor dem Studienabschluss. Sie war sehr intelligent und fleißig, eher introvertiert und verschlossen. Da Mutter und Vater ebenfalls eher ruhig und zurückgezogen lebten, war das Verhalten der Tochter für sie wenig auffällig. Suizidgedanken habe sie nie geäußert.

In den nachfolgenden Gesprächen geht es beiden noch schlechter als bei unserem ersten Kontakt. Die Anerkennung der Realität „unsere Tochter ist tot – und das endgültig" – ist äußerst schmerzvoll. Gefühle tiefster Verzweiflung, Wut und Enttäuschung brechen hervor. Das Leben erscheint ihnen vollkommen sinnlos. Sie haben mit dem Tod ihrer Tochter all ihre Hoffnungen, all ihre Freuden verloren.

Es ist kein „Zur-Ruhe-Kommen" für sie möglich. Auch in der Nacht quälen sie Gedanken an ihre Tochter. Nur mithilfe von beruhigenden Medikamenten können sie zumindest für einige wenige Stunden Linderung der Unruhe und Angst finden. Beruhigende Antidepressiva helfen etwas besser und ermöglichen wenige Stunden Schlaf. Das Erwachen am Morgen bleibt schrecklich. Am liebsten wäre es ihnen oft, nicht wieder aufzuwachen, diese unheimlichen Schmerzen, dieses tiefe Leid nicht mehr spüren zu müssen.

Auch ich bin tief betroffen vom Schmerz dieser Eltern, die offenbar mit großer Liebe an ihrer Tochter hingen, und spüre selbst meine Ohnmacht und Hilflosigkeit. Ich kann den Eltern nicht wieder zurückgeben, was sie verloren haben – ich kann sie nur in ihrem Schmerz, in ihrer Trauer begleiten.

Die weiteren Gespräche sind gefüllt von Erzählungen über die Tochter – mit Erinnerungen, Träumen und Fantasien über mögliche Beweggründe für ihren Suizid. Am erdrückendsten erleben die Eltern ihre Schuldgefühle. Sie machen sich viele Vorwürfe: „War unser Erbgut nicht gut – hätten wir gar kein Kind bekommen dürfen?" „Haben wir in der Erziehung so viel falsch gemacht?" Psychoanalytische Literatur „unterstutzt" besonders die Frau sehr in ihren Schuldgefühlen („Die Mutter ist an allem schuld").

Alle Stadien des Lebens ihrer Tochter werden betrachtet und wie zu einem Mosaik zusammengefügt. Die Unsicherheit und Unzufriedenheit der Tochter sind Thema der Gespräche – Ereignisse, die sie kaum wahr- und nicht ernstgenommen haben, gewinnen nachträglich oft erdrückende Bedeutung. Die Schuldgefühle darüber, dass sie Anzeichen ihrer Probleme und Schwierigkeiten nicht richtig erkannt und aufgegriffen haben, werden im Laufe der Gespräche etwas leichter. Gleichzeitig wird die Wut auf die „unsensiblen Mitmenschen" immer stärker. Die Ablenkungsversuche von Freunden und Bekannten machen sie ärgerlich. Sie wollen über ihre Tochter, über den Tod ihrer Tochter, über den Verlust und den Schmerz sprechen.

Es kommt zu einer kleinen Erleichterung ihres Schmerzes, als es ihnen gelingt, ihre Wünsche nach der Art von Unterstützung, die sie jetzt brauchen, auch anderen mitzuteilen. In einer Selbsthilfegruppe finden sie zusätzlich einen Ort, an dem sie ihre Trauer mitteilen können.

Auch neue Aktivitäten (Reisen) bekommen Platz in ihrem Leben. Ihre Trauer wird ruhiger, ihre Gefühlslage stabiler. Es gibt auch wieder Dinge, die sie gerne machen. Aber es fällt ihnen oft schwer, sich dies zuzugestehen.

Langsam, etwa neun Monate nach dem Suizid der Tochter, beginnen sie einander nicht nur in ihrem Schmerz, sondern auch in ihren lebensbejahenden Gefühlen zu unterstützen.

Wie oben erläutert, sind Ratschläge alleine zu wenig – dennoch seien in der Folge einige Punkte genannt, die helfen können, mit der Trauer zu leben (aus: „Mit Trauer leben" – von A. H. SENSEN, 1980).
1. Akzeptieren Sie die Trauer. Versuchen Sie nicht, „gefasst" zu sein. Nehmen Sie sich Zeit, um zu weinen.
2. Reden sie (viel) darüber. Versuchen Sie nicht, andere durch Schweigen zu schützen. Versuchen Sie Menschen zu finden, die zuhören können oder eine ähnliche Trauer erlebt haben.
3. Beschäftigen Sie sich. Erledigen Sie die nötigen Arbeiten und Tätigkeiten, die Ihre Gedanken in Anspruch nehmen, auch wenn Ihnen diese Tätigkeiten sinnlos erscheinen. Vermeiden Sie dabei aber hektische Aktivitäten.
4. Seien Sie gut zu sich selbst. Auch wenn Ihnen Ihre Gesundheit, Ihr Leben im Moment egal ist – kümmern Sie sich darum (Sie sind wichtig).
5. Ernähren Sie sich gut. In einer Zeit emotionaler und physischer Erschöpfung braucht Ihr Körper dies umsomehr.
6. Machen Sie regelmäßig Körperübungen. (Vielen Menschen tun z. B. Spaziergänge sehr gut.)
7. Verschieben Sie wichtige Entscheidungen.
8. Wenn Ihnen Kontakte zu Freunden, aber auch zu Selbsthilfegruppen zu wenig bieten, suchen Sie einen professionellen Berater auf.

Erfahrungen der Selbsthilfegruppe „Eltern trauern um ihr Kind", Graz

Als betroffene Mutter bin ich – ich bin klinische Psychologin – traumatisierte Teilnehmerin der Grazer Gruppe, meine fachliche Ausbildung lässt mich die Geschehnisse klarer sehen. Ich selbst kam ratlos und hilfesuchend, an all meinen fachlichen und menschlichen Fähigkeiten zweifelnd in die Gruppe gleich Betroffener.

Eltern, die ihre Kinder durch Suizid verloren haben, teilen den intensiven Trauerprozess mit den Eltern der durch Krankheit oder Unfall getöteten Kinder mit all den Folgeerscheinungen in Bezug auf die Restfamilie oder ihre Zukunftspläne. Auch das Weltbild jener Eltern, die ihre Kinder durch Suizid verloren haben, ist verändert, und weltanschauliche Fragestellungen werden dringend. Dennoch ist die Problematik eine eigene.

Der Tod durch Suizid ist kein zufälliger. Von einem jungen Menschen durch eigene Hand vollzogen, trifft diese Ungeheuerlichkeit den Kern unseres Lebens. Wir wissen, dass in vielen Fällen ein Entscheidungsprozess von mindestens zwei Jahren stattgefunden hat, den bewussten Wahrnehmungen der Eltern verborgen. Der Lebensfähigkeit ihres Kindes vertrauend, ließen sie Auffälligkeiten oft nicht an sich heran, ordneten sie dem Spielraum menschlicher Reaktionsmöglichkeiten zu. Hat sich das Kind getötet, müssen die Eltern ihre Täuschungen erkennen. Zeigte der junge Mensch deutlich eine psychische Störung, in der vermuteten Wahrscheinlichkeit eher heilbar als eine schwere körperliche Krankheit, setzte das Vertrauen in die Medizin mit ihrem Angebot an Psychopharmaka ein oder in eine psychotherapeutische Begleitung. Nun wird deren „Wirkungslosigkeit" erkannt. Das Gefühl, der Suizid wäre zu verhindern gewesen, setzt nicht am Tage des Todes ein, sondern prüft nun die verschiedenen Stadien des jungen Lebens. Schuldzuweisungen sind umfassender. Eltern hatten ein Kind, „das nicht leben wollte", „nicht leben konnte". Als tiefes Trauma wirkt auch oft das jahrelange bewusste Ringen um das Leben eines psychisch gestörten Kindes nach, das in seiner eigenen, schwer nachvollziehbaren Welt lebte, fremd für die Eltern, und das die Kräfte der Eltern absorbierte.

Der Tod durch Suizid ist noch immer gesellschaftlich tabuisiert, besonders in ländlichen Bereichen. Eltern haben sich bei uns gemeldet, besuchen aber dennoch nicht die öffentlichen Gruppenabende, da diese Eltern ein Bekanntwerden der Todesursache ihres Kindes fürchten. Diese wird am Wohnort streng geheim gehalten, was zur Isolierung der Trauernden beiträgt. Es kann auch sein, dass die Art des Todes bekannt wird, dass aber die Eltern nicht den Mut haben, offen aufzuklären, sodass Vermutungen wie „erwiesene Drogensucht" oder ähnliches kursieren. Grobe Schuldzuweisungen an die Eltern, an die Familie sind häufig, wobei meist Unkenntnis der wahren Zusammenhänge, ja auch nur hinsichtlich der möglichen Ursachen eines Suizids besteht. Die Realität verdunkelnde Meinungen wurden von Generation zu Generation weitergegeben, verstärkt durch unseriöse Massenmedien. Von der modernen Kirche nicht mehr akzeptiertes Glaubensgut prägt noch die Meinungen. Aufklärungsarbeit ist hier dringend erforderlich.

Unsere Aktivität ist im Großen gesehen **Laienarbeit**. Angeregt durch Ausbildungsmodelle zum qualifizierten „Trauerbegleiter" aus Deutschland wurden ähnliche Versuche einer Weiterbildung gestartet. Es wurde aber die Erkenntnis gewonnen, dass die Bewältigung des eigenen Lebens der Betroffenen, ihre Verpflichtungen in der eigenen Familie, ihr Beruf, ihre sehr unterschiedlichen Vorbildungen und ihre verschiedenen Erfahrungen im Umgang mit Menschen zu starke Faktoren darstellen, um die Betroffenen an einer zeitaufwendigen und „aufklärenden" Weiterbildung teilnehmen zu lassen. Die vermutlich nötige Selbsterfahrung stellt für darin oft Unerfahrene eine Verunsicherung dar, die unter Umständen eine Gefährdung ihres sozialen Umfelds bedeuten würde. Auch ist ihr „Interessensgebiet" oft auf das Schicksal des eigenen Kindes konzentriert, auf den Umgang mit Ärzten und der Klinik, auf die Hintergründe des Suizids – je nach Todesart des Kindes.

Vorteil einer Laiengruppe ist, dass sie Schwellenangst vermindert. Sich vor fremden Menschen zu öffnen, fällt schwer genug, denn Offenheit im persönlichen Bereich in Bezug auf die eigenen Gefühle oder auch, was das Leben mit dem Partner oder der Restfamilie angeht, wird noch recht häufig als Wagnis empfunden: „Jeder trägt für sich allein." Vielen Eltern gelingt es aber, je nach Persönlichkeit und Schicksal des Kindes, eine Auswahl unter den Teilnehmern zu treffen, in deren Gegenwart, oft im Zweiergespräch, dann Belastendes geäußert werden kann.

Laien sind kaum erfahren darin Gruppengespräche in Gang zu halten oder zu lenken. So ist es wahrscheinlich, dass Gruppengespräche oft nicht zum Kern der Problematik vorstoßen. Dennoch ist es sehr hilfreich teilnahmsvolle Zuhörer zu finden, die daran mitwirken, das unendliche Chaos im Gefühlsleben, in den Fragen nach Ursachen und in den eigenen Versagensgefühlen ein wenig zu ordnen. Dazu ist eigene Mitteilungsfähigkeit wichtig, dennoch machen die Mitteilungen der anderen auch Mut zur Aussprache. Instinktiv wird dem noch stark Suchenden mehr Zeit eingeräumt. Das Verständnis der anderen Teilnehmer wirkt befreiend, und da jede menschliche Reaktion, besonders bei gleich Betroffenen, ein Stück des eigenen Erlebens spiegelt, ist mit Verständnis und Geduld der meisten Gruppenmitglieder zu rechnen.

Aussprache ist ein wesentlicher Faktor, der unter Laien möglich ist. Sie ist aber nur *eine bestimmte* Möglichkeit. Kreativer Ausdruck wie Malen, Schreiben, Bewegungsübungen, der eine andere Ebene des Erlebens bewirkt, ist geschulten Leitern vorbehalten. Die Gefahr einer Gruppe, deren einziger Inhalt das Gespräch bildet, ist eine allmähliche Stagnation. Es treten Kreisläufe in den Gesprächen ein. Menschen, die in einer frühen Phase der Trauer stecken, kehren immer wieder zu den selben Themen zurück und arbeiten sie damit auf. Für diese Menschen ist ein solcher Rhythmus oft wichtig. Diejenigen, die ihr Leben wieder ein Stück im Griff haben, empfinden dies jedoch als sehr belastend. Das kann ein Anreiz für sie sein, eigene Aktivitäten zu verstärken. Damit wäre auch ein wesentlicher Faktor der Trauerbewältigung erreicht.

In offenen Gruppen ist es unvermeidbar, dass Menschen aufeinanderstoßen, die sich mehr oder weniger ansprechen. Wie oben erwähnt, ist durch die Konzentration von Betroffenen die Möglichkeit gegeben, unter Gleichgesinnten zu wählen. So tritt es immer wieder ein, dass sich „Splittergruppen" oder Kontaktkreise bilden, unter deren Mitgliedern verstärkte Aktivitäten wie Briefwechsel oder Telefonate, auch persönliche Besuche stattfinden.

Die Persönlichkeit eines Gruppenleiters prägt im Großen gesehen die Struktur einer Gruppe. Je nach eigenem Schicksal und eigener Überzeugung zieht er bestimmte Menschen an und bedingt so die Eigendynamik der Gruppe. Dabei geht es um den Austausch des Lebenswegs, um religiöse Aktivitäten, um Austausch und Bestärkung in weltanschaulichen Fragen. Manchmal werden fremde Referenten eingeladen, die die Gruppenthematik prägen (meist sind es Geistliche). Es werden öffentliche Vorträge zu bestimmten Themen wahrgenommen. Wer eine andere weltanschauliche Überzeugung besitzt (wer sich z. B. nicht mit den häufig für die Teilnehmer wichtigen Fragen der Esoterik auseinandersetzen möchte), kann den Besuch der Gruppe vermeiden oder selbst den Aufbau einer Gruppe organisieren. Dieser Wunsch kann auch dann der Fall sein, wenn sich zu wenig Schicksalsgenossen in Bezug auf das eigene Kind in der Gruppe befinden (z. B. wenn es um den Tod eines Kleinkindes geht).

Laien motivieren einander Informationen einzuholen und den Heilungsprozess zu fördern. Rundfunkinterviews, zu denen oft Eltern zu bestimmten Jahreszeiten (Allerseelen) gebeten werden, werden innerhalb des Landes in Form von

Kassetten verschickt, ebenso wird Literatur länderweit ausgetauscht, oder es werden einander tröstliche Gedanken mitgeteilt. Der Einzelne kann sich als Teil einer landesweiten Interessensgemeinschaft empfinden, was sein Gefühl der Isolation mindert.

Im Allgemeinen kommen Eltern, die eine Selbsthilfegruppe suchen, ohne professionelle Begleitung aus, manche nehmen sie kurzfristig an, hatten diese Begleitung gesucht, bevor sie in die Gruppe kamen. **Professionelle Begleitung** erscheint aber dann wünschenswert, wenn die Basis der Persönlichkeit eines Betroffenen schon vor dem Verlust des Kindes gefährdet war, wenn dem Betroffenen kreative Fähigkeiten mangelten, wenn die Weitergabe des Lebens durch ein Kind der Hauptinhalt des Lebens war. Es wird dann auch für den Therapeuten schwierig sein, ein tragendes Lebensgefühl zu entwickeln, vor allem, wenn es sich um ältere Menschen handelt.

Grenzen der Laienarbeit werden in deren Bereich aber auch spürbar, wenn es sich z. B. um familiendynamische Vorgänge handelt. So kann es sein, dass ein Kind die stabilisierende Dynamik in die Familie brachte, und ohne diesen jungen Menschen das Gefüge der Familie zusammenzubrechen droht. Die Betroffenen klammern sich an ihre Trauer, als ob sie noch etwas aus der Vergangenheit herüberretten könnten.

Problematisch werden die **verschiedenen Reaktionsmechanismen** von Mann und Frau erlebt. Besteht bei vielen Frauen das Bedürfnis nach Gespräch (sie sind auch meist diejenigen, die längerfristig in die Gruppe kommen), haben viele Männer den Wunsch, den Schicksalsschlag mit sich selbst zu verarbeiten, sodass Frauen, die schlecht auf eigenständiges Handeln vorbereitet sind, oft dem Drängen des Partners nachgeben, sich mit ihrem Schmerz nicht in eine öffentliche Gruppe zu begeben, oder sie nehmen an den Gesprächen nur zögernd teil. Die Konsequenz der verschiedenen Trauermechanismen ist oft gestörte Sexualität, und diese Konsequenz trägt zum Kreislauf von Appell und Rückzug bei. Verschieden sind bei den Partnern oft auch die Bedürfnisse nach Religion, nach mit ihr verbundenen Ritualen. Lange schwelende Persönlichkeitsunterschiede werden akut. Diese Familienprobleme, in die häufig auch verbliebene Kinder involviert sind, verlangen oft nach fachlicher Hilfe, die wiederum eher von Frauen gesucht wird.

Die Suche nach Hintergründen eines Suizids und die Prüfung von Thesen, wie sie Laien vornehmen, erscheint dem fachlich Geschulten oft problematisch. Er erkennt einseitige Deutungen, sie erscheinen ihm allzu pauschal, wenn er die verschiedenen Persönlichkeitsstrukturen der jungen Menschen beachtet. Dennoch scheinen es Deutungen zu sein, die befriedigen. Es ist eine Antwort, die den Leidensdruck mindert, auch wenn sie vermutlich nicht ganz den Tatsachen entspricht. Sie führt wohl in den Bereich des notwendigen Verdrängens von realen Zusammenhängen, das aber beim „Überleben" hilft.

Effektive Hilfe erfordert viel Zeit und Engagement auch jenseits der Gruppenabende, besonders vom Gruppenbegleiter, wenn er Vertrauen und ein Beziehungsverhältnis aufbauen will. Gerade dieser Zeitfaktor ist ein Vorteil der Laienhilfe. Hausfrauen, ihren gröbsten Pflichten in Bezug auf Versorgung der Familie enthoben, aber sensibilisiert durch eine Unzahl von sozialen Tätigkeiten, finden in der Hilfestellung für andere Betroffene oftmals ein neues Tätigkeitsfeld. Es gilt, die Todestage, die Geburtstage der verlorenen Kinder zu beachten, einfach nach dem Befinden zu fragen, das ja immer eine Auseinandersetzung mit der eigenen Lage ermöglicht. Es entstehen dadurch intime Beziehungen, ein Erleben miteinander, ein Teilen des Lebens, in dem die vergangene Geschichte langsam an Vertrautheit gewinnt. Der gleiche Schicksalsschlag erweist sich meist als tragend über die Grenzen sozialer Zugehörigkeit und bildungsmäßiger Grundlagen hinweg – zumindest im Bereich des zwischenmenschlichen Austauschs. So wird das „Wachsen am Leid" möglich.

Hinterbliebene, die berufliche Aufgaben wahrnehmen oder einen großen Interessenskreis pflegen, finden leichter in den Rhythmus des neuen Lebens hinein und sind für die Mitarbeit in unseren Selbsthilfegruppen nur schwer zu motivieren.

Schwierig für die Gruppenteilnehmer und Leiter wird es dann, wenn es um die Zuwendung zu frisch Betroffenen geht, während der eigene Bewältigungsprozess bereits eine gewisse Stabilität erreicht hat. Hier werden die Grenzen der eigenen Energien oft bewusst, das Eindringen in den anderen lässt die eigenen Verletzungen wieder aufbrechen, die Angehörigen fühlen in sich selbst das Bedürfnis, sich zu schützen. Auch kann ein Kontaktkreis, auch wenn es sich nicht um frisch Betroffene handelt, nicht beliebig erweitert werden, um die Qualität der Beziehungen, die einer „Pflege" bedürfen, nicht zu gefährden. Das emotionale Ausdehnungsvermögen eines Menschen ist begrenzt.

So wäre es wünschenswert, dass sich immer wieder neue Gruppenleiter finden, deren Engagement noch stark aus den eigenen Bedürfnissen und dem eigenen Leid entspringt.

Ist ein Elternteil **suizidgefährdet** – und gerade unter Betroffenen besteht der Mut und eine gewisse Selbstverständlichkeit, Suizidwünsche auszusprechen, da sie den meisten vertraut sind –, setzen besonders starke Aktivitäten vonseiten der Gruppenmitglieder ein. In einer derartigen Situation wird der Sinn der Aussagen, dass das eigene Leben noch Wert und Chancen hat, auch für denjenigen glaubhaft, der sich ein Erlöschen seines Lebens wünscht, denn diese Aussage wird von Menschen getroffen, die sich selbst zur Annahme ihres eigenen Lebens durchgerungen hatten.

Auch versuchte Suizide von Eltern werden gemeinsam aufgearbeitet, unter Umständen wird das Scheitern des Suizids sogar gemeinsam betrauert und dennoch als „vom Schicksal gewollte Chance" interpretiert. Trotz großer Bemühungen konnten wir jedoch in letzter Zeit in der Steiermark zwei Suizide von Müttern nicht verhindern. (Eine der Mütter, 50 Jahre, hatte Mann und Sohn innerhalb von vier Jahren durch Suizid verloren. Auch der Sohn der anderen Mutter starb durch Suizid.)

Bewährt haben sich die Wochenendzusammenkünfte, da sie auch Eltern zusammenführen, die an unseren Gruppenabenden nicht teilnehmen können. Es fanden sich bisher Teilnehmer aus drei Bundesländern ein, die heute auch untereinander eine private Vernetzung bilden. Durch die größere Zahl von Betroffenen können Eltern Kontakt zu vielen Schicksalen haben, die ihnen den Problemkreis „Suizid" zugänglicher machen. Die Thematik eigenen Versagens kann bewusster nach ihrer Wahrscheinlichkeit abgetastet werden und vermindert sich unversehens, wenn andere Eltern gerade das gegenteilige Verhalten ihren Kindern gegenüber zeigten, das aber dennoch das Leben ihres Kindes nicht retten konnte.

Diese Wochenenden wurden von mir locker geleitet, um die eigenen Aktivitäten der Teilnehmer nicht zu stark zu beschneiden. Es erfolgte je nach Wochenende eine bestimmte Themenstellung, dem Vertrautheitsgrad der Eltern untereinander und ihrem Aufnahmevermögen angepasst („Unsere Kinder bilden durch ihr Schicksal eine bestimmte Gruppe von Menschen", „Die Persönlichkeit unseres Kindes", „Wir können nur dann neue Lebensqualität erreichen, wenn wir uns dem Leben stellen"). Es wurden unterstützende Gedichte, Musikstücke oder Trosttexte eingebaut.

Diese Wochenenden begannen vor drei Jahren, ein Treffen erfolgte ein- bis zweimal jährlich. Von Anfang an war eine gewisse Kerngruppe anwesend, 10 bis 18 Teilnehmer, alle relativ homogen in Bezug auf den Zeitpunkt des Verlustes der Kinder und deren Alter. Zur Zeit ist eine langsame Lösung von diesen strukturierten Treffen erkennbar, es ist schwierig geworden, übergreifende Themen zu finden. Die eigene Stabilität ist gewachsen, eigene Interessen konnten gefestigt werden, die individuellen Unterschiede und Bedürfnisse der Teilnehmer treten stärker hervor. Neu hinzukommende Eltern haben es schwer, den „Wissens- und Vertrautheitsvorschuss" der anderen Teilnehmer einzuholen. Sie stecken meist noch in der frühen Phase der Desorientierung und Trauer und haben kaum Energien zur Anpassung übrig. Auch wenn der Wunsch jener Eltern, die ihr Leben wieder in den Griff bekommen haben, durchaus besteht, diesen frischbetroffenen Eltern Hilfestellung zu geben, erkennen die ersteren nun oft ihre Grenzen, die mit den eigenen Wünschen nach Sicherheit kollidieren, ein Problem, das, wie oben erwähnt, betroffene Eltern im Allgemeinen erfasst.

Um unsere Arbeit anschaulicher zu machen, möchte ich noch den Schicksalsweg einer Mutter aufzeigen, der wir helfen konnten:

Falldarstellung

E. ist eine Frau von 45 Jahren, die auf eine Trauergruppe im kleinstädtischen Bereich stößt. Sie selbst wohnt auf dem Land, ist Hausfrau, hat zwei erwachsene Töchter, die eine eigene Familie haben. E. leidet seit zwei Jahren an Krebs, und während sie sich zur Behandlung im Krankenhaus befindet, erfährt sie von ihrem Mann, dass sich das jüngste Kind, ein Sohn von 20 Jahren, völlig unerwartet das Leben genommen hat. Ihre Verzweiflung ist total. Für E. ist die Thematik Suizid eine völlig fremde. Schuld und Sinnfragen, der physische und der psychische Schmerz martern sie, sie wünscht in dieser hoffnungslosen Lage die Beendigung ihres Lebens. Sie findet in ihrem kleinen Dorf keinen Gesprächspartner, von dem sie sich in ihrer Lage wirklich verstanden fühlt. In der Trauergruppe erfährt sie Annahme, sie kommt ein wenig aus der Isolation heraus, die sie im Dorf empfindet. Zwei andere durch den Suizid ihrer Söhne betroffene Mütter aus der Gruppe, die im Umkreis von E. wohnen, wenden sich ihr in freundschaftlicher Weise zu. Wir von Suizid Betroffenen aus der Grazer Gruppe besuchen Frau E. zu Hause, was, wie sie betont, eine große Aufwertung ihrer Person für sie bedeutet. Wir werden auf das liebevollste bewirtet. Wir halten den Kontakt mit ihr, sie nimmt an unserem Wochenende in Graz teil, sieht sich auch dort noch anderen gleich Betroffenen gegenüber, fühlt sich wohl unter ihnen, der Schock „Suizid" reduziert sich. Obwohl schwer krank, hat sie nach diesem Wochenende den Mut, ihre Trauerkleider abzulegen und sich eine Zukunft vorzustellen. E.s Krankheit lässt sich aber nicht aufhalten, E.s Widerstände sind extrem geschwächt, unsere Begleitung wird auch Sterbebegleitung. Ihr großer Wunsch ist, dass wir an ihrer Beerdigung teilnehmen, sie auch dann nicht alleine lassen. Wir erfüllten diesen Wunsch. Als Vermächtnis nahmen wir ihren mutigen Kampf um eine neue Möglichkeit zu leben mit, ein Kampf, der sich für mich auch in einer Begebenheit zeigt, die E. für wert hielt, uns mitzuteilen und auf einem Foto festzuhalten: Der frische Grabhügel ihres toten Sohnes war für sie ein Symbol des Todes selbst, nachdem der Blumenschmuck verwelkt und entfernt worden war. Da kam ihr der Gedanke, Grassamen in die Erde zu legen. Nach wenigen Tagen war dieser braune Erdhügel grün geworden, ein Wunder war für sie geschehen. Etwas, das sie selbst gepflanzt hatte, begann zu gedeihen, ein Symbol der Hoffnung entstand durch ihre Hände.

Wir wissen, dass Institutionen mit der Angehörigenbetreuung oft überfordert sind, auch, dass sie nicht zu oft beansprucht werden, da die Schwelle zu groß ist, Anonymität gefürchtet wird. In früherer Zeit wurde Hilfe oft in den kirchlichen Stellen gesucht, heute erreicht ihr Trost, unserem Zeitgeist gemäß, immer weniger Menschen. Besonders ein durch Suizid verlorenes Kind gefährdet die Sinnfindung extrem und die Frage der Ursache des Leids wird vordergründig, das oft als tiefes Unrecht empfunden wird, für das es nur schwer gelingt, den herkömmlichen Trost des Wiedersehens anzunehmen. Wir müssen den Eltern helfen, den Weg zu finden, der sie ganz individuell anspricht, der ihnen etwas Ruhe bringt. Geduld und Zuwendung, wie sie gleich betroffene Laien vermitteln, ist ein fruchtbarer Boden, um Selbstheilungskräfte zu mobilisieren, auch wenn es sich nur um befristete und begrenzte Möglichkeiten handelt. Es werden sich aber immer wieder Menschen in Leid befinden, neue Kreise Gleichgesinnter werden erwachsen, wirkliche Humanität wird wirksam werden.

Um den Betroffenen die Verbalisierung ihrer Lage zu erleichtern und um leicht fassbare, persönlich ansprechende Hilfestellung zu geben, haben wir eine Reihe von Texten entworfen in Bezug auf den Trauerweg, den Umgang mit Schuldgefühlen, die veränderte Einstellung zu den Mitmenschen. Diese Texte können in den einzelnen Gruppen kopiert werden und finden so leichte und billige Verbreitung. Folgender Text wurde besonders dankbar von den trauernden Eltern angenommen:

Liebe Mutter, lieber Vater,

noch fühlst Du Dich in einem schrecklichen Alptraum, noch kannst Du das Geschehen nicht begreifen, noch weißt Du nicht, wie Du weiterleben kannst. Es ist auch Dir geschehen: Dein Kind hat seinem Leben *selbst* ein Ende gesetzt. Es konnte oder wollte sich nicht mehr dem Leben stellen. Ein Leben, das Du mit Teilnahme verfolgtest, in dem Du alle Chancen sahst, hat sich vernichtet. Die Last eines schweren Rätsels verändert Dein Leben.

Lass Dir behutsam helfen in Deinem Dich zerstörenden, Dein Leben verdunkelnden Gefühl, *mitschuldig* am Tod Deines Kindes zu sein.

Bilder, Sätze, Worte, besonders der letzten Zeit Deines Kindes, ziehen ohne Unterbrechung durch Deine Gedanken, und Du fragst Dich immer wieder, *warum* Du gerade in dieser Weise gehandelt, *warum* Du die Gefahr nicht erkannt hast, wie Du so *blind* und *arglos* sein konntest. Du bist voller Zweifel an Dir selbst, findest, als Mutter, als Vater versagt zu haben. Du siehst nur die *Versäumnisse*, nichts anderes ist fassbar für Dich. Manchmal wird durch Deinen *Schmerz* das Gefühl der *Wut* auf Dich selbst oder sogar des Hasses durchbrechen. Und vielleicht kreisen Deine Gedanken darum, wie Du für Deine Schuld *Buße* tun könntest – und Du findest nichts, was Dir sinnvoll helfen könnte.

Ich schrieb noch nach fast zwei Jahren nach dem Verlust: „Überall, wo ich die Materie des Lebens packe, wird sie zu Sand, zerfällt unter meinen Händen."

Dieser Zustand wird Dich noch lange begleiten, aber ich verspreche Dir, er wird schwächer, er tritt seltener auf, wenn Du noch etwas *Vertrauen ins Leben* bewahrt hast und versuchst, unsere menschlichen Möglichkeiten und Grenzen zu begreifen. Die *Zeit* hilft Dir, indem sie Deine Erinnerung lenkt. Eine *Kraft* in uns zieht uns weiter mit dem Lebensfluss, zieht uns hinein in neues Erleben.

Vielleicht hast Du wie ich das Glück, Dich in *Träumen* an Dein Kind zu erinnern (und jeder Mensch verarbeitet in seinen Träumen!). Es wird Dir oft unversehrt erscheinen, es spricht zu Dir wie früher, es bezieht Dich in sein Leben ein. Diese Träume können Dir deutlich machen, dass Du auch das *Vertrauen* Deines Kindes *besessen* und es nicht enttäuscht hast. Sie zeigen Dir das andere Bild von Dir, Dein Einbezogensein in das Leben Deines Kindes. Die Botschaften dieser Träume sind ein *kleiner Schritt* auf Deinem Weg zur Ganzheit, die Du früher warst, mit den Anteilen Deiner guten Seiten und Deinen unvermeidlichen Schwächen.

Wir Menschen müssen uns immer wieder als *unvollkommen* und *fehlbar* annehmen lernen. Wir haben die Fähigkeit zu bestimmten Wahrnehmungen. *Wie* sie aber unser Geist verarbeitet, das haben wir nicht in der Hand. Uns wird immer wieder schmerzlich bewusst, dass jede Handlung eines Menschen *verschieden* gedeutet werden kann, jede Aussage steht in einem Zusammenhang, den wir oft nicht kennen und der uns nicht bewusst ist. Jede Situation hat die Möglichkeit des Gelingens oder Scheiterns in sich.

Wir sahen unser Kind. Wir haben es nicht verstanden. Wir wollten es mit unserer Elternliebe schützen und konnten es nicht.

Du bist Dir sicher, Du wolltest immer voller Verantwortung handeln und wolltest alles vermeiden, um nicht an einem Menschen, besonders an dem Dir anvertrauten Kind, schuldig zu werden.

Wenn es Dir schon möglich ist, beobachte Dich, wie Du mit anderen Menschen umgehst, wie Du von ihnen angenommen wirst. Du bist jetzt *nicht anders*, als Du damals warst. Versuche, offen zu sein für die *Anerkennung*, die Dir entgegenkommt. Stück für Stück wirst Du Dein altes Selbst wieder verstehen lernen.

War es so, dass Du Schwierigkeiten hattest in der Beziehung zu Deinem Kind, beobachte *andere Eltern* im Umgang mit ihren Kindern. Du wirst erkennen, dass auch bei anderen Eltern Spannungen und *Konflikte* sichtbar sind. Sie sind in keiner Beziehung vermeidbar. Vielleicht entdeckst Du sogar, dass Du *verständnisvoller* handeln konntest. An der inneren Teilnahme, die Du diesen Kindern fremder Eltern entgegenbringst, wird Dir vielleicht ein Stück Deiner guten, wohlwollenden Gefühle für Dein eigenes Kind bewusst. Der *Alltag*, in dem Du damals standest, ließ Dich vieles nicht so klar sehen.

Die *Schärfe* der Erinnerungen an die *letzte* Zeit Deines Kindes wird allmählich verblassen, damit ihre quälende Verletzlichkeit. Die *nachfolgende Zeit* legt sich über sie wie ein Schleier. Deine Erinnerung wird sich allmählich *erweitern*. Du wirst diese Zeit *ergänzen* können mit anderen Ereignissen, schönen und schmerzhaften. Und ein ganzes, bunt gemischtes Leben wird klarer vor Dir aufsteigen, Dein Leben, zu dem auch jene *reiche Seite* gehört, als Dein Kind noch unter Deinem vollen Schutz stand.

Langsam wirst Du lernen, die Vergangenheit nicht nur im Schatten des furchtbaren Geschehens, des Verlustes Deines Kindes, zu sehen. *Stein um Stein baust Du auf.*

Du wirst Deine Dir mit Deiner Geburt und Deiner Natur mitgegebenen *Grenzen* erkennen und annehmen. Du musst vielleicht feststellen, wie wenig Du in Deinem Leben vermochtest, wie vieles Dir entglitt. Vielleicht kannst Du Dir deutlich machen, wie schwer das Leben auch für Dich war. Vielleicht wächst Dein *Mitgefühl mit Dir selbst*.

Vergiss nicht, dass wir die Themen unserer eigenen Erziehung in uns tragen und die verschiedenen Einflüsse der Zeiträume, durch die wir schon hindurchgegangen sind.

Du wirst annehmen müssen, dass Du Dein Kind vielleicht nicht richtig gesehen hast: Du hast es mit den Augen des Stolzes, des Vertrauens, der Hoffnung gesehen. Aber wie konntest Du es anders als seine Mutter, sein Vater? – *Du hast an das Leben geglaubt.* Und manches Verhalten magst Du umgedeutet haben, weil es Ängste in Dir geweckt hat, denen Du Dich nicht gewachsen fühltest.

Es kann auch sein, dass Du Deine Erziehungsmaßnahmen als falsch empfindest, dass Du meinst, Du warst zu streng, zu nachgiebig, zu unaufmerksam, zuwenig anteilnehmend, zu verwöhnend. Aber Du musst daran denken, dass Du heute alle Deine Schritte aus dem Blickwinkel des furchtbaren Geschehens heraus interpretierst. Du *wolltest* immer ein *guter* Elternteil sein. Jetzt verstehst Du vieles anders, aus Deiner Erfahrung.

Wenn Du es schaffst (manchmal schmerzt es zu sehr), schaue die verschiedenen Fotos Deines Kindes an, sie werden die *verschiedenen* Gefühle, die Du für Dein Kind hattest, zurückbringen. Versuche sie festzuhalten. Auch sie werden Dir helfen, Dich besser zu verstehen.

Du wirst erkennen, wie schwer Dein Kind oft einzuschätzen, wie komplex seine Persönlichkeit war, wie es Dir auch schon manchmal fremd war. Es hatte sich wohl schon ein großes Stück von Dir *gelöst* und hatte seine eigene Welt.

Es kann sein, dass Du mit dem Gefühl kämpfst, ausgeliefert zu sein im Leben, dass Du um den Sinn unseres Lebens ringst. Die Elternschaft war Dir eine so wichtige Aufgabe. Vielleicht aber gelingt es Dir trotzdem, unser Leben in *Demut* anzunehmen, *mit dem offenen Geheimnis seines Sinnes.*

Wenn Du Dich *mitteilst,* sooft es Dir möglich ist, trägt es zu Deiner Entlastung bei. Du wirst nicht allzuviele Menschen finden, die Dich anhören. Du findest aber Verständnis bei denen, die Dein Schicksal teilen.

Vielen Menschen, auch denen, die vorher keine Übung darin erworben haben, ist das Aufschreiben ihrer Gedanken eine Hilfe.

Die Stimme Deines Versagens wird sich noch lange melden, aber wie ich Dir sagte, seltener, leiser. Du wirst die Zusammenhänge Deines Lebens immer besser erkennen können. Aber Du musst noch einen schweren Weg weitergehen: *Den Weg zu einem neuen Vertrauen zu Dir selbst.*

Du trägst in Dir von Anbeginn an auch das *Recht* und vielleicht die *Pflicht* zu einem eigenen Leben, dessen Sinn für uns Menschen im Dunkeln bleibt. Und wenn das Gefühl der Schuld wie eine schwere Last zu Boden gesunken sein wird, wenn Du die tragischen, dunklen Mächte in Deinem Kind verabschiedet haben wirst, wenn das Wasser wieder sanft darüber hinweggleitet, wird sich das *Licht* aus dem Leben Deines Kindes im Wasser spiegeln und Du wirst dem Leben danken können, dass es Dich Mutter und Vater werden ließ – mit all den Schmerzen und den Chancen.

Deine
Erika Bodner

6.4.6 Suizidprävention durch den Hausarzt

Wann ist ein Patient gefährdet? Was kann der Hausarzt konkret tun?

Die meisten Suizidgefährdeten suchen vor dem Suizid noch einmal einen Arzt auf. Damit fällt dem Hausarzt in der Suizidprävention eine besonders wichtige Rolle zu.

Der Hausarzt ist relativ häufig mit Krisen befasst, bei denen aber nur zu einem geringen Prozentsatz auch mit Suizidgefährdung gerechnet werden muss. Allerdings erscheinen 70 % jener Personen, die durch Suizid sterben, innerhalb der letzten Monate beim Arzt. Rein statistisch heißt dies: Pro Jahr treten in der Sprechstunde etwa ein halbes Dutzend suizidgefährdeter Personen auf; jeder praktizierende Arzt verliert im Laufe seines Berufslebens etwa 10–20 Patienten durch Suizid (Litman, 1966).

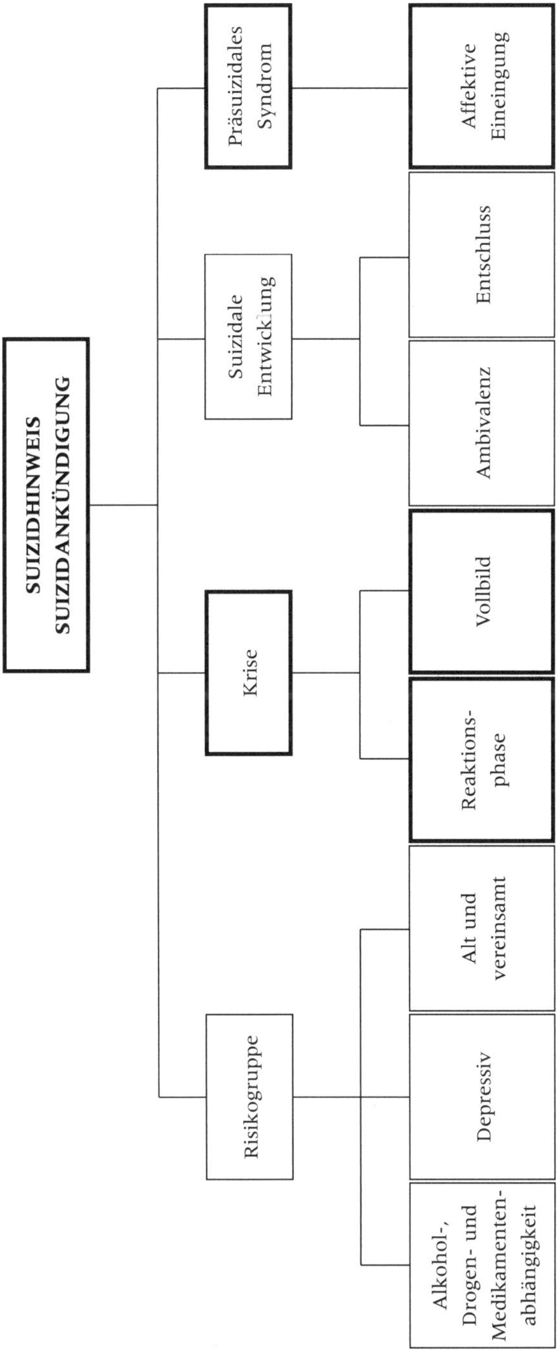

Antisuizidale Therapie 211

Abb. 8
Schema zur Beurteilung der Suizidgefahr

```
                                    ┌── Präsuizidales Syndrom ── Affektive Eineingung
                                    │
                                    │                         ┌── Entschluss
                                    ├── Suizidale Entwicklung ┤
                                    │                         └── Ambivalenz
SUIZIDHINWEIS                       │
SUIZIDANKÜNDIGUNG ──────────────────┤                ┌── Vollbild
                                    ├── Krise ───────┤
                                    │                └── Reaktionsphase
                                    │
                                    │                ┌── Alt und vereinsamt
                                    └── Risikogruppe ┼── Depressiv
                                                     └── Alkohol-, Drogen- und Medikamentenabhängigkeit
```

Wie erkennt man eine Gefährdung?
Mit welchen suizidgefährdeten Personengruppen hat es der Hausarzt zu tun? Primär handelt es sich dabei um Menschen, die mehr oder weniger deutlich, direkt oder indirekt **Suizidhinweise** bzw. **Suizidankündigungen**, **Suizidbotschaften** und **-mitteilungen** machen, zu einem gewissen Prozentsatz auch um Personen nach Suizidversuch (Parasuizid), bei denen die weitere Suizidgefährdung zur Debatte steht.

Wie wird der Arzt auf Suizidgefährdung aufmerksam?
Der sicherste Indikator dafür ist sicherlich der direkte oder indirekte **Suizidhinweis**. Das Wahrnehmen dieser Ankündigung, das Verstehen dieser Ankündigung als Notsignal und das vorurteilslose Gespräch über die Suizidtendenz sind die wichtigsten primären suizidpräventiven Interventionen.

Zur Beurteilung der Suizidgefährdung kann ein Schema dienen (Abb. 8):

Bei einer Suizidankündigung kläre ich zunächst ab, ob der Betroffene einer Risikogruppe angehört, ob er sich in einer Krise befindet, in welchem Stadium der suizidalen Entwicklung er steht, ob sich Hinweise auf affektive Einengung (präsuizidales Syndrom) finden. Gehört er z. B. einer oder mehreren Risikogruppe/n an, befindet er sich in der Reaktionsphase einer Krise, in der Phase des Entschlusses der suizidalen Entwicklung und ist keine affektive Resonanz, kein affektiver Rapport herstellbar, so besteht zweifellos akute Suizidgefährdung. Die Suizidgefährdung wird als gering, gelegentlich als ganz fehlend einzuschätzen sein, wenn keine akute Krise vorhanden ist, der Betroffene den Suizid lediglich als eine von mehreren Möglichkeiten mit in Erwägung zieht und keine affektive Einengung festzustellen ist. Zwischen diesen beiden Polen ist die jeweils individuelle Suizidgefährdung anzusiedeln.

Wie läuft die Intervention ab?
Der Ablauf der Intervention kann folgendermaßen gegliedert werden:
1. Errichten einer Beziehung (Ist der Patient kommunikationsfähig? Ist ein Arbeitsbündnis möglich?)
2. Einschätzen des Zustands des Patienten (Verstehen der subjektiven Not, sorgfältiges Zuhören, Schaffen von Klarheit, auch in Bezug auf erhöhte Krisenanfälligkeit [Depression etc.])
3. Erarbeiten einer gemeinsamen Krisendefinition, Zugang suchen zu angestauten Affekten (Angst, Wut, Schuldgefühle etc., über die Suizidgedanken, -wünsche und -vorstellungen sprechen)
   Entspannung (eventuell auch medikamentös)
4. Aktionsplan (kurzfristige Ziele setzen, gegebenenfalls nur Zeitstruktur bis zum nächsten Tag; Behandlungsplan: Wer soll wofür zuständig sein?)
   Einbeziehen von Angehörigen und gegebenenfalls anderer Hilfssysteme
   Frühere Lösungsstrategien – Neue Strategien
5. Abschließende Zusammenfassung (Konnte der Patient Hilfe finden, inwieweit kann er sie annehmen?)

6. Beendigung der Intervention nach bewältigter Krise in Form eines Rückblicks auf den Krisenverlauf und eines Ausblicks auf die nächste Zukunft.

Sehr vereinfacht sind also drei Ziele zu verfolgen (IRNINGER, 1986):
1. Entlastung (Situation entschärfen, „Dampf ablassen")
2. Klarheit schaffen (für sich und für den Betroffenen)
3. Maßnahmen treffen, weiterhelfen, weitere Hilfe organisieren.

Dieses Vorgehen ist im Allgemeinen dem Hausarzt aus seiner täglichen Arbeit mit Menschen in Krisen durchaus geläufig. Neu hinzu kommen lediglich das Erkennen und Aufgreifen der Suizidalität und die intensive Auseinandersetzung damit.

Wenn auch der einzelne praktische Arzt suizidgefährdeten Personen nur relativ selten begegnet, fällt ihm dennoch in der Suizidprävention eine besonders wichtige Rolle zu, da die überwiegende Mehrzahl von Suizidgefährdeten den niedergelassenen Arzt im Verlauf der letzten Monate vor dem Suizid aufsucht. Wenn der Allgemeinmediziner in der Lage ist, den Suizidhinweis, der sich oft hinter einem banalen Anliegen verbergen kann, wahrzunehmen und nach den o. a. Grundsätzen mit diesem Menschen umzugehen, ohne sich selbst, den Patienten oder dritte Personen zu überfordern, so wird diese Arbeit einen entscheidenden Einfluss auf die Suizidrate haben.

6.4.7 Selbstschädigung, Alkohol- und Drogenmissbrauch

Unter autoaggressivem Verhalten verstehen wir suizidales Verhalten, weiters Selbstverletzungen, Selbstschädigung ohne Tötungsabsicht, parasuizidale Pausen, bei denen es um eine Unterbrechung der schwierigen Situation geht, bis hin zu indirekt suizidalem Verhalten, das üblicherweise als risk taking behaviour bezeichnet wird; dazu gehören U-Bahn-Surfen, Bungy-Jumping, Free-Climbing, Provozieren von Unfällen und dergleichen mehr. Weiters wird man dazu auch bewusste oder unbewusste, direkte oder indirekte Gesundheitsschädigung zählen müssen, wie z. B. übermäßiges Essen, übermäßiges Rauchen, Alkohol- oder Drogenmissbrauch (s. u.), Verweigerung angemessener ärztlicher Untersuchungen und Behandlungen, aber auch Schädigungen, die primär das soziale Umfeld betreffen und zu sozialen Katastrophen und Isolation führen können, wie z. B. delinquentes Verhalten, Bandenbildung, aber auch Sektenbildung. Gerade bei Sekten wurde in jüngster Zeit häufiger von sogenannten Massensuiziden gesprochen, obwohl bekannt ist, dass bei diesen Katastrophen (z. B. Peoples Temple in Jonestown, Waco in Texas, Sonnentempelsekte in der Schweiz) primär der Großteil der Anhänger entweder zum Suizid gezwungen oder direkt getötet werden, und nur eine kleine Gruppe Getreuer oder der Sektenführer selbst durch Suizid verstirbt.

Besonderheiten selbstschädigenden Verhaltens sind auch Artefakte (facticious disorders), in gewissem Sinne auch Tätowierungen, wenn wir daran denken, dass z. B. bei tätowierten Häftlingen Selbstbeschädigungen erheblich häufiger sind als bei Nicht-Tätowierten. Bei dem sogenannten Münchhausen-Syndrom werden durch oft starke körperliche Selbstbeschädigung Krankheit und Verletzung vorgetäuscht. Weitet man den Begriff etwas aus, so ist evident, dass das aus der Psychosomatikforschung bekannte Typ-A-Verhalten (mit Ehrgeiz, Wetteifer, Ungeduld, Aggressivität, Zeitdruckgefühlen und Wachsamkeit) zu selbstschädigenden Konsequenzen führt, ebenso wie so mancher Workaholic nicht unmaßgeblich selbstdestruktive Tendenzen aufweist.

MENNINGER (1938) beschrieb neben dem sogenannten **chronischen Suizid** auch den **fokalen Suizid**, worunter man heute die klassischen psychosomatischen Erkrankungen einreihen würde. Unter dem Aspekt eines erweiterten Verständnisses der Psychosomatik im Sinne eines bio-psycho-sozialen Paradigmas wäre zu dieser Kategorie sicherlich noch eine ganze Reihe von anderen Erkrankungen zu zählen.

Zu den individuellen Selbstschädigungen gehört zweifellos die von RINGEL (1953) postulierte Neurose der Lebensgestaltung mit Verlust der expansiven Kräfte, Resignation und Stagnation sowie fixierten Verhaltensmustern, die in ähnlicher Art und Weise auch im präsuizidalen Syndrom, in das diese Neurose münden kann, beschrieben sind.

Unter Unfallpersönlichkeiten sind jene Personen aus der Gruppe von an Unfällen Beteiligten zu verstehen, die wiederholt Unfälle bewusst oder unbewusst verursachen oder auch erleiden. Dieser Unfall mag als Antwort auf eine Stresssituation, als Ersatz für einen Suizid oder als selbstauferlegte Bestrafung angesehen werden. In der aktiven Form finden sich hauptsächlich Selbstüberschätzung, Überaktivität, Risikobereitschaft und ungebremste Aggression, Kontaktstörungen, antisoziales Verhalten oder Rücksichtslosigkeit, während man bei passiven Unfallerleidern häufig masochistische Züge feststellen kann.

Eng verhaftet mit selbstdestruktivem Verhalten sind die sogenannten **Borderline-Persönlichkeitsstörungen**. Hier ist gerade zu Beginn der Therapie, aber auch an entscheidenden Phasen des Verlaufs, mit einer Zunahme selbstdestruktiven Verhaltens zu rechnen, wobei Schnitte an den Unterarmen, an den Innenseiten der Handgelenke, aber auch Kopfschlagen, Selbstverbrennungen der Haut, Strangulierungen und unkontrollierte Selbstmedikation oder Kratzen durchaus vorkommen. Diese Personen leiden zumindest teilweise unter diffusen depressiven Verstimmungen, Depersonalisations- oder Derealisationserlebnissen und Angstzuständen, nicht so selten findet sich auch ein präsuizidales Syndrom. Hintergrund der Selbstbeschädigung ist häufig nicht primär Suizidalität, sondern intensiver Selbsthass. Es werden jedoch auch lustvolle Komponenten beschrieben, und diese Handlungen werden gelegentlich sogar eingesetzt, um sich vor Suizidimpulsen zu schützen. Im Unterschied zu Patienten, die Artefakte durchführen, finden sich bei den Borderline-Persönlichkeitsstörungen Selbstbeschädigungen, die oft im geheimen ablaufen, ohne den geringsten appellativen Charakter, der bei Artefakten so typisch ist.

Neben diesen individuellen Selbstschädigungen gibt es jedoch auch kollektive, z. B. der durch intensivstes Wettrüsten entstandene Overkill sowie die (friedliche) Nutzung der Kernenergie, Umweltverschmutzung und Überbevölkerung.

Die Entwicklung von **chronischem Alkoholismus, Drogen-**, z. B. **Opiatabhängigkeit** und suizidalem Verhalten sind eng miteinander verbundene, autodestruktive Verhaltensweisen. Aus diesem Grunde hat bereits MENNINGER 1938 den Alkoholmissbrauch als chronischen Suizid bezeichnet. Diese enge Verknüpfung zeigt sich sowohl in der hohen Übersterblichkeitsrate als auch in der hohen Suizidrate dieser Personengruppen. So sind nach einer Katamnesenstudie von LESCH (1985) in einem Beobachtungszeitraum von vier bis sechs Jahren 23 % verstorben. 3 % verstarben durch Suizid, 1,8 % an einer akuten Alkoholvergiftung, 13,8 % an einer Alkoholfolgeerkrankung (zumeist Leberzirrhose) und 4,6 % an einer anderen Erkrankung. Es ist eine Frage der Suiziddefinition, ob eine tödliche akute Alkoholvergiftung unmittelbar zu den Suiziden zu rechnen ist oder nicht. Noch deutlicher wird das, wenn wir z. B. katamnestische Untersuchungen von opiatabhängigen Patienten betrachten (UHL et al., 1988), nach der nach 5 Jahren 12 % verstorben waren, 8 % durch Opiatüberdosierung, 1 % durch eine andere Suizidmethode. Ein weiteres hohes Risiko gerade bei Drogenabhängigen ist die HIV-Infektion. Zweifellos wäre es eine Überinterpretation, diese Infektionsgefahr auch mit selbstdestruktivem Verhalten generell in Bezug zu bringen, zumal es auch andere Risikogruppen mit erhöhter Infektionsgefahr gibt; die HIV-Infektion erhöht jedoch das Suizidrisiko um etwa das 10fache gegenüber der Allgemeinbevölkerung, und auch die Tatsache der Infektion stellt für den Betroffenen zumeist eine schwere Krise dar (GOTTSTEIN-VETTER & STILLE, 1991).

Auffallend bei beiden Personengruppen ist das relativ niedrige Todesalter, insbesondere bei Opiatabhängigen (nach der oben zitierten Studie zwischen dem 21. und 23. Lebensjahr). Ebenso auffallend ist ein hoher Anteil von depressiven Syndromen bei beiden Gruppen, die etwas mehr als 50 % ausmachen. Somatische, psychische, insbesondere auch soziale Veränderungen, meist im Sinne von wesentlichen Verschlechterungen, tragen das ihre zu der schwierigen Situation bei.

Eine eigene Untersuchung an 984 Patienten nach Suizidversuch, bei der 841 Nicht-Alkoholiker mit 143 Alkoholikern und 836 Nicht-Drogabhängige mit 48 Drogenabhängigen verglichen wurden, ergab, dass hinsichtlich der anamnestischen Suizidversuche und der Rezidive bei den Alkoholkranken ebenso Überkorrelationen vorlagen wie bei den Suchtkranken ($p < .0001$). Die Prozentzahlen bezüglich der Suizide lagen bei den Nicht-Alkoholikern bei 4,8 %, bei den Alkoholabhängigen bei 12,5 % und bei der Kombination von Alkohol- und Drogenabhängigkeit (n = 19) bei 61,7 % in einem Katamnesezeitraum von 10 Jahren.

Die enge Beziehung von Sucht und Suizid zeigt sich auch bezüglich ihrer Entstehung in den klassischen Krisenverläufen, wenn neben suizidalem Verhalten aus der Reaktionsphase der traumatischen Krise und aus dem Vollbild der Veränderungskrise auch Alkohol-, Drogen- und Medikamentenabhängigkeit resultieren kann. Als Erklärungsmodelle dienen die processual-cause-interpretation und die common-cause-theory, Modelle, die sich mühelos miteinander verbinden lassen: Ein Teil (15 %) aller Suizidversuche bei später Drogenabhängigen erfolgt schon vor Beginn der Sucht, also unabhängig von der Abhängigkeitsentwicklung, der größte Teil jedoch in Zusammenhang mit den psychosozialen Begleiterscheinungen der Abhängigkeitsentwicklung und der toxischen Wirkung des Suchtmittels. Letzteres ist insbesondere für den Alkohol insofern nachgewiesen, als depressive Durchgangssyndrome durch die Intoxikation provoziert werden können.

Wichtige Faktoren für den praktischen Umgang mit Suchtkranken
1. Bei jeder Arbeit mit Suchtkranken sind immer wieder auch die der Suizidproblematik zugrunde liegenden Fragen, so auch die Frage nach dem Lebenssinn, einzubeziehen, auch wenn Suchtkranke aus der häufigen Amnesie für die Zeit des Suizidversuchs dies oft als nicht vordringlich erachten.
2. Das bewusste Erkennen der Abhängigkeit ist für viele Betroffene ein unmittelbarer Krisenanlass, der nicht selten zu einem Suizidversuch führt. D. h., eine wichtige Voraussetzung zur Motivation zu einer Therapie, nämlich die Einsicht und das Erkennen der Abhängigkeit, ist ein relativ häufiges Motiv einer Suizidhandlung (30 %).
3. In etwa gleich hohem Maße sind Motive im familiären Bereich bzw. Ehe- und Partnerschaftskonflikte auslösend.
4. Die Überleitungszeiten von stationärer zu ambulanter Behandlung und umgekehrt, also die Nahtstellen der Behandlung, sind immer von besonderer Suizidgefahr begleitet. Dies gilt insbesondere für Personen ohne soziales Bezugssystem.
5. Im Umgang mit diesen Personengruppen, die üblicherweise langfristige Hilfs- und Behandlungskonzepte benötigen, besteht stets erhöhte Krisenanfälligkeit. Die mangelnden sozialen Ressourcen sind zu beachten, dasselbe gilt für die immer wieder auftretende Suizidgefahr. Die dann erneut nötig werdende Krisenintervention ist in den Gesamtbehandlungsplan zu integrieren, d. h. jede Intervention soll auch dazu verwendet werden, an der Motivation zu einer längerfristigen Behandlung zu arbeiten.

6.4.8 Suizidales Verhalten in Institutionen

Ein Suizid in einer Einrichtung, wie z. B. einem Heim, einem Krankenhaus oder einer Strafanstalt, ist immer ein Ereignis besonderer Tragik und erregt im Allgemeinen auch die Aufmerksamkeit der Öffentlichkeit und der Medien. Viele Gründe mögen dafür maßgeblich sein; einer davon ist sicher, dass man landläufig meint, in diesen Einrichtungen stünden die Menschen unter besonderer Obhut, in Strafanstalten sogar unter besonderer Bewachung. Dass aber gerade das unter bestimmten Umständen krisenhafte Zustände hervorrufen und verstärken kann, die auch zu suizidalem Verhalten führen, zeigen die Statistiken, die Suizidraten ausweisen, die deutlich höher als in der Bevölkerung sind.

Mit suizidalem Verhalten wird in erster Linie in solchen Institutionen zu rechnen sein, in denen Personen leben, die bekannten Risikogruppen angehören, also in psychiatrischen Krankenhäusern, in denen 150 bis 250 Suizide auf 100.000 Aufnahmen gezählt werden, in Alten- und Pensionistenheimen, deren Raten nicht sicher bekannt sind, aber auch im Strafvollzug, wo Suizidraten von etwa 80, bei Untersuchungshäftlingen von 200 auftreten und im Hinblick auf die besonderen Umstände in diesen totalen Institutionen auch besondere Probleme aufwerfen, wenn eher in Richtung Suizidverhinderung und weniger in Richtung Suizidverhütung gedacht wird (s. a. Kap. 9.2).

Suizid im Psychiatrischen Krankenhaus
Zumindest jeder zehnte Patient, der wegen einer (affektiven oder schizophrenen) Psychose an einer psychiatrischen stationären Einrichtung aufgenommen ist, wird im Laufe seiner Erkrankung durch Suizid versterben. Besonders gefährdet sind dabei jene, die nach nur kurzem Intervall **neuerliche Aufnahmen** erfahren und bei denen **frühere Suizidversuche** registriert werden konnten. Diese Suizidversuche sind in der Einteilung nach FEUERLEIN (1974) **versuchte Suizide,** werden also von Personen durchgeführt, die einer der bekannten Risikogruppen angehören, eine deutliche suizidale Entwicklung durchmachen, ein präsuizidales Syndrom zeigen und sich in einer Krise befinden (erhöhte Krisenanfälligkeit psychisch Kranker). Viele dieser Suizide ereignen sich während der Beurlaubung zu Hause oder unmittelbar nach der Entlassung, die im Hinblick auf den Suizid gefährlicher ist als der gesamte Krankenhausaufenthalt (FINZEN, 1988)!

Die psychische Krankheit dient gewissermaßen als Basis für die spezifische emotionale und soziale Situation des Patienten zum Zeitpunkt des Suizids:
- er erlebt sich als überfordert,
- ist alleingelassen,
- fürchtet sich davor, verlassen zu werden,
- er ist resigniert,
- verzweifelt,
- hoffnungslos.

Zu beachten sind:
1. Therapeutenverhalten, Therapiefehler
2. Imitationseffekte
3. Unterbringung (offen oder geschlossen)
4. Rehabilitationsdruck
5. Psychopharmaka
6. Hoffnungslosigkeit
7. Risikoeinschätzung

1. Therapeutenverhalten, Therapiefehler

Häufigstes Problem ist eine problematische Gegenübertragung (Gegenübertragungshass, MALTSBERGER & BUIE, 1974), die das Abwendungsverhalten des Suizidgefährdeten unterstützt. Häufig erwachsen daraus Fehler wie eine falsche Diagnose, eine falsch beurteilte Psychopathologie, eine falsche Therapie oder ein falsches Therapieziel.

2. Imitationseffekte

Suizide von Patienten lösen in der Institution im Allgemeinen innere Desorganisation und bei den Betreuern Ratlosigkeit, Resignation und Hoffnungslosigkeit aus, wobei die Furcht vor einem Nachfolgesuizid besonders lähmend wirkt. Der Suizid kann bei den Patienten als Problemlösung in den Mittelpunkt rücken und damit zum Auslösefaktor für den Anschlusssuizid werden (s. a. Kap. 9.2.1).

3. Offene – geschlossene Unterbringung, Rehabilitationsstationen

In allen drei Unterbringungsmöglichkeiten gibt es charakteristische Suizide:
- auf Rehabilitationsstationen sind vor allem jene betroffen, die besonders lange dort sind,
- auf geschlossenen Stationen jene, die in sehr kritischen Situationen sind,
- und auf offenen Stationen jene, die schon vielfache Krankenhausaufenthalte hinter sich haben.

Es ist zu beachten, dass, neben dem Freiheitsentzug, wirksame Möglichkeiten der Suizidprävention

die Vermittlung von Schutz und Geborgenheit,
eine engmaschige Betreuung,
das therapeutische Bündnis,
die Zuwendung,
Krisenintervention und
medikamentöse Stützung sind.

4. Rehabilitationsdruck

Rehabilitation ist eine lang andauernde intensive Belastung, die zwar ein hohes Maß von Erwartungen, damit aber zugleich ein großes Potenzial an Frustration und Enttäuschung mobilisiert. Versagen und Rückschläge münden besonders leicht in Hoffnungslosigkeit. Wichtig ist eine individuell dosierte Rehabilitation, womöglich auch in Übereinstimmung mit den Angehörigen.

5. Psychopharmaka

Die Gefahr der Verschleierung der Krankheitssymptomatik und damit der Vorspiegelung von „Pseudo-Belastbarkeit" liegt auf der Hand. Beachtung von immer wieder zitierten pharmakogenen Depressionen und entsprechende Behandlung sowie Beachtung der antriebssteigernden Komponenten sind zwar wichtig, der generelle Verzicht auf Antidepressiva scheint jedoch ein viel größeres Risiko zu sein als der Einsatz eines falschen Antidepressivums (FINZEN, 1988).

6. Hoffnungslosigkeit

Die Motive suizidgefährdeter psychisch Kranker unterscheiden sich **nicht** von den Motiven solcher Menschen, die nicht als psychisch krank diagnostiziert worden sind; **Hoffnungslosigkeit, Verzweiflung** und **Resignation** stehen auch bei diesen im Vordergrund.

7. *Risikoeinschätzung*
Beurteilung der „Basissuizidalität":
1. frühere Suizidversuche
2. Psychose
3. rasche Wiederaufnahme
4. fehlende Lebensperspektive
5. lebensverändernde oder traumatische Erlebnisse/Ereignisse

Tägliche Einschatzung der Suizidgefahrdung mit einfacher Protokollierung von PLUS, MINUS oder fraglich (FINZEN, 1988). Besondere Beachtung benötigen dabei jene Patienten, die nach vorhergehender suizidaler Symptomatik (häufige Suizidankündigungen, -anspielungen und -hinweise) „plötzlich" still, unauffällig, angepasst und „zufrieden" wirken (Abwendungsverhalten nach dem Suizidentschluss, PÖLDINGER, 1968). Auch darf nicht übersehen werden, dass bei dieser hoch empfindlichen Personengruppe oft schon geringste Veränderungen oder Verletzungen zu schweren Krisensituationen werden können (s. a. Kap. 7 Chronische Suizidalität).

Die Beantwortung dieser sieben Fragen führt üblicherweise im stationären Bereich zu einer Reihe von Maßnahmen, die das Suizidrisiko in der Institution zu senken helfen.

Suizidales Verhalten im Strafvollzug
Freiheitsentzug stellt für viele Menschen von vornherein eine besonders schwierige Situation dar: die Anpassung an die neue ungewohnte Situation, die Angst vor dem Unbekannten, Misstrauen gegenüber der Autorität, der Verlust der Kontrolle über die Zukunft, die Isolierung von der Familie und wichtigen Bezugspersonen, die Schande, eingesperrt zu sein und demütigende Erlebnisse sind nur ein Teil der typischen Belastungen. Vorbelastungen wie z. B. Alkohol-, Drogen-, Medikamentenmissbrauch, instabile Gesundheit bis hin zur Krankheit, natürlich auch seelische Krankheit, unbewältigte frühere Krisen und die oft eingeschränkte Fähigkeit, mit Belastungen angemessen umzugehen, kommen krisenhaften Zuspitzungen unter Haftbedingungen sehr entgegen.

Das Problem suizidaler Handlungen im Strafvollzug wird heute weltweit gesehen, und man ist international bemüht, die Suizid- und Suizidversuchsraten in Haftanstalten zu senken. Es gibt mittlerweile ermutigende Beispiele, dass entsprechende Aktivitäten im Strafvollzug durchaus wirksam sein können.

1. Beachten von Risikofaktoren
Aufgrund der kontinuierlichen Erfassung (in Österreich seit 1996) und aufgrund der internationalen Literatur zum Thema sind folgende Risikofaktoren zu nennen:

- Untersuchungshaft (v. a. unmittelbar in den ersten Tagen nach Inhaftierung),
- erhöhtes Risiko an „zeitbezogenen Zäsuren" (unmittelbar vor Prozessbeginn, unmittelbar nach Urteil, wenn Amnestie, Haftverkürzung etc. nicht bewilligt werden, wenn ungewollte Verlegung droht bzw. bereits erfolgt ist, auch: wenn gewollte Verlegung verweigert wird)
- Einzelunterbringung ist aller Wahrscheinlichkeit nach der „tödlichste" Einzelfaktor!
- Ausländer in Schubhaft
- bestimmte Deliktgruppen (Mord, Sittlichkeitsdelikte, „Amokläufe im Familienkreis", Mord mit anschließend versuchtem Suizid, Delikte mit hohen Unterschlagungs-/Betrugssummen)
- Drogen-, Alkohol- Medikamentenabhängigkeit in der Vorgeschichte des Häftlings (ein Typ von Abhängigkeit reicht bereits, bei Kombinationen von Abhängigkeit steigt das Suizidrisiko überproportional an)
- HIV-Positive, an AIDS und Hepatitis Erkrankte
- psychiatrische Vorbehandlungen/Unterbringungen
- Suizidversuche bereits in der Vorgeschichte bzw. schon in der Vorhaft
- offenkundige (und dokumentierte) Probleme mit Mitgefangenen und/oder dem Justiz-/Wachpersonal,
- vorhergehende Verwicklungen in Vorfälle in der Institution (Angriffe auf Mithäftlinge und/oder Personal, von Mitgefangenen attackiert /gequält etc. worden),
- familiäre Probleme („mit denen draußen" bzw. Scheidung)
- keinerlei Familienbindung (alleinstehend)

Alterskomponente: *Suizide* bevorzugt von Männern im vierten Lebensjahrzehnt oder älter (mit „harter" Methode, v. a. Erhängen), *Suizidversuche* bevorzugt von jüngeren Männern (bis ca. 30–35; „weichere" Methoden, z. B. Medikamente, Verschlucken von Fremdkörpern)

Zeitpunktkomponente: *Suizidversuche* in den „Mittagspausen" (am frühen Nachmittag), *Suizide* oft in der Nacht (nach Mitternacht, bis in die frühen Morgenstunden).

Zeitbezogene Phänomene: Es gibt Serien von suizidalen Handlungen auch in Justizanstalten (wie es für psychiatrische Institutionen – siehe die Monografie von A. FINZEN – schon länger bekannt ist). Suizidhandlungen werden bevorzugt in den ersten Tagen eines Kalendermonats (in den jeweils ersten Monatshälften ereignen sich signifikant mehr – nämlich 75 % – aller Suizidhandlungen) und auch um den Jahreswechsel herum unternommen.

Suizidhandlungen werden häufiger von solchen Häftlingen durchgeführt, die schon vor oder in der Haft (anstaltspsychologischer und/oder anstaltspsychiatrischer Dienst) in psychosozialer Betreuung standen. Schließlich ist zu bedenken: Schon die Männer der Normalbevölkerung haben ein gegenüber Frauen etwa doppelt so hohes Suizidrisiko, und die Häftlingspopulationen weisen (gemäß der erheblichen Geschlechtsdifferenz in Bezug auf Delinquenz/kriminelles Verhalten) einen immensen Männerüberhang auf! Natürlich haben aber auch inhaftierte Frauen im Vergleich mit dem Frauenteil der Normalbevölkerung ein stark erhöhtes Risiko für Suizidhandlungen!

2. *Personalschulungsmaßnahmen*

Ausbildung und Fortbildung der Justizwachebeamten und sonstiger Betreuer hinsichtlich Suizidrisiko, Einschätzung des Suizidrisikos, Krisenintervention, richtiger Umgang mit Krisen und suizidalen Phänomenen sowie suffiziente psychosoziale Behandlung und Betreuung etc. ist zumindest in einigen Ländern durchaus erfolgversprechend.

Direkte und auch verklausulierte Suizidankündigungen (mündlich und/oder schriftlich deponiert) immer ernst nehmen!

3. *Schaffen von Anlaufstellen*

„Samaritans", Kriseninterventionsarbeiter, die Zugang zu den Gefangenen haben und – von Gefangenen, aber auch vom Personal – angefordert werden können. Diese erforderliche Kriseninterventionsarbeit ist eigentlich nur realisierbar über einen Ausbau der anstaltspsychologischen Dienste (inkl. Aufnahme von speziell in diesem Bereich vorgeschulten Fachkräften) und spezifische Schulung/Weiterbildung der bereits eingerichteten anstaltspsychiatrischen Dienste. Es käme darauf an, dass jemand rund um die Uhr verfügbar ist (24-Stunden-Krisendienst vor Ort). An übliche Dienstzeiten gebundene, nur stundenweise Anwesende, konsiliarisch Tätige oder erst zu rufende Externe wären ungenügend.

4. *Schaffen von Rahmenbedingungen,*

die dem Häftling ein gewisses (möglichst hohes, aber eben institutionell noch vertretbares) Maß an Sicherheit, Kommunikation und Autonomie garantieren. Nur dadurch ist es möglich, Hilflosigkeit und Hoffnungslosigkeit, zwei wesentliche Bedingungen für suizidales Verhalten, nicht allzusehr anwachsen zu lassen.

Bewachung und Suizidverhinderung alleine können nicht wirksam sein!

Auf drei Einzelbefunde ist abschließend nachdrücklich hinzuweisen:
1. Die Einzelzellenunterbringung erhöht drastisch das Suizidrisiko und ist augenscheinlich der „tödlichste" Risikofaktor: 68 % aller Suizid verübt habenden Häftlinge war zum Zeitpunkt der Tat in einer Einzelzelle untergebracht, während lediglich 19 % der einen Suizidversuch verübt habenden Häftlinge einzeln untergebracht war. Dieser Unterschiedsbefund ist augenfällig nicht nur statistisch hochsignifikant (d. h., zufallskritisch abgesichert), sondern, präventiv gesehen, von hoher Relevanz.
2. Die Unterbringungsart Untersuchungshaft führt überproportional zu Suizidhandlungen: U-Häftlinge sind, besonders in der Anfangsphase – womit schon die ersten Stunden, nicht erst Tage gemeint sind – eine besonders gefährdete Gruppe.

3. Auch in Justizanstalten (vgl. die zeitlich unzufällige Verteilung von Patientensuiziden in psychiatrischen Krankenhäusern; Finzen, 1988) gibt es Indizien für in den Suizidhandlungen auftretende „Serienphänomene" (Coleman, 1987): Des öfteren treten Suizidhandlungen pro Justizanstalt zeitlich „zusammengeballt" auf. Diese Serien sind zum einen überwiegend nicht durch Häftlinge verursacht, die in kurzer zeitlicher Folge zwei oder mehr Suizidhandlungen setzen, zum anderen auch nur schwer mit etwaigen anstaltsbezogenen Unterschieden in der Praxis der Dokumentation dieser Suizidhandlungen erklärlich, sodass eine gewisse empirische Evidenz dafür besteht, dass einzelne Suizidhandlungen „suizidale Atmosphären" innerhalb von Anstalten bahnen können und sich in einem „ansteckenden" Sinn (suicide contagion) auswirken. Dem muss möglichst frühzeitig – kupierend – entgegengesteuert werden.

6.4.9 Seelsorgeerfahrung in der Krisenintervention

Schon immer haben sich die Priester der Religionsgemeinschaften auch mit Menschen befasst, die in Krisen geraten sind. Lange Zeit hindurch war es einfach nur der Priester, den man in solchen Krisensituationen aufsuchte, dessen Rat man erbat.

Auch heute noch ist der Priester nach der Untersuchung von Gurin (zit. nach Pörksen, 1970, S. 92) mit Lehrern, Sozialarbeitern und Hausärzten einer der am meisten Aufgesuchten in Krisensituationen. Freilich gestattet ihm die Vielschichtigkeit der Probleme nicht, sie alleine suffizient zu lösen.

Die Menschen, die er zu betreuen hat, kommen entweder spontan zu ihm oder werden an ihn überwiesen. Diejenigen, die spontan zum Priester kommen, wollen ihre Schwierigkeiten und Sorgen eher einem Seelsorger anvertrauen als einem Arzt in der Meinung, es seien eben rein „seelische Angelegenheiten", die keineswegs etwas mit der Medizin, insbesondere der Psychiatrie, zu tun hätten. Gerade deshalb ist hervorzuheben, wie wichtig profunde psychiatrisch-psychotherapeutische Kenntnisse des Seelsorgers sind. Wenn diese Schwierigkeiten in Zusammenhang mit einer psychiatrischen Erkrankung stehen, kann es bei solchen Personen meist nur dem Seelsorger gelingen, die Brücke zum Psychiater zu schlagen und die Wege dahin zu ebnen.

Dies ist oft für den Seelsorger insofern leichter, als ihm als Priester eher weniger Ängste entgegengebracht werden, ja, er häufig von vornherein als Vertrauensperson empfunden wird. Dieses Vorschussvertrauen muss er freilich noch rechtfertigen und festigen. Das gelingt vor allem durch das Gespräch, das besonders von geduldigem Zuhören und Verständnis geprägt sein muss. Das zeigt sich z. B. auch an den Fragen, die zum Teil explorativ, aber nicht im Rahmen einer Exploration gestellt werden müssen. Auch sollen sie so gehalten sein, dass der Betroffene erleben kann, dass er mit einem Priester spricht, der sich für ihn engagiert und der zugleich von Psychologie und Krisenintervention etwas versteht.

Da es sich durchaus nicht immer um religiöse Probleme handelt – auch wenn sie als religiöse Fragen geäußert werden (z. B. „Ist es eine Sünde, Suizid zu begehen?") – ist es keineswegs angezeigt, mit frommen Antworten oder Bibelsprüchen den Betroffenen abzuspeisen oder gar einzuschüchtern und ihm damit endgültige Antworten aufzuzwingen. Vielmehr wird man sich bemühen müssen, das aktuelle persönliche Anliegen dieses Menschen zu erfahren und mit ihm ein Stück des Weges zu gehen, um ihm dabei zu helfen, einen Ausweg zu finden. Dieser kann auch in einer psychiatrischen Behandlung bestehen.

Wesentlich hierfür ist die gute Zusammenarbeit mit einer Klinik oder Kriseninterventionsstelle, in die der Seelsorger integriert ist. Wo es diese nicht gibt, wird man die Kooperation mit einem niedergelassenen Psychiater/Psychotherapeuten anstreben. So nur kann eine wechselseitige Inanspruchnahme psychiatrischer oder seelsorgerischer und anderer Hilfen für den Patienten fruchtbringend sein.

Die andere Gruppe von Menschen, die vom Priester betreut wird, nimmt die Dienste des Seelsorgers erst an, nachdem vom Psychiater ein religiöses Problem als krisenauslösend oder lebensbeeinträchtigend erkannt worden ist. So kommt es zu einer Art Überweisung vom Psychiater zum Seelsorger. Auch für diese Menschen gilt das über das Gespräch früher Gesagte.

In seinem Interventionsgespräch kann der Priester als Träger eines kirchlichen Amtes noch eine zusätzliche Hilfe anbieten – sie ergibt sich häufig von selbst: das Sakrament der Buße, die Beichte. Freilich nicht in der alten Form des Sündenaufzählens im Beichtstuhl, sondern im Rahmen eines Gesprächs, in dem die Negativa, vor allem aber auch die Positiva dargelegt werden, um den ganzen Menschen zu sehen, in dem Motivationen beachtet und Umstände einbezogen sind, in dem angstabbauend und befreiend gewirkt wird. Durch die kirchliche Absolution erfährt der bedrückte oder geängstigte Mensch die entlastende Wirkung dieses Beichtgesprächs – ein psychologischer Faktor von eminenter Bedeutung, der neben dem sakramentalen Vollzug nicht übersehen werden darf.

Auch wenn Psychiater und Seelsorger bemüht sind, eine klare Trennung zu ziehen, wird es doch immer wieder zu einem psychiatrischen Arbeiten des Seelsorgers und einer seelsorgerischen Tätigkeit des Psychiaters kommen. Wesentlich scheint das Erkennen der abgesteckten und eigenen Grenzen in einem echten Teamwork zwischen Psychiater und Priester.

Vorbedingung ist für den Seelsorger eine fundierte Kenntnis nicht nur der Psychiatrie, sondern besonders der Prinzipien der Krisenintervention. Hier ist sicherlich noch viel im Rahmen der Priesterausbildung und -weiterbildung zu tun. Auch wäre es wünschenswert, dass die in der Psychiatrie Tätigen einen tieferen Einblick und ein emotionsfreies Wissen über theologische Fragen und Themen besitzen.

Dann ist es auch dem Seelsorger möglich, gesunden und kranken Menschen dienstbar zu sein im Versuch und Bemühen, anlehnend an das Pauluswort: „Allen alles zu werden, um auf jeden Fall einigen zu helfen" (cf. 1 Kor. 9, 22).

6.4.10 Ethische Fragen im Umgang mit Suizidgefährdeten

Wenn SCOBEL (1981) postuliert, Suizidgefährdeten dürfe nur geholfen werden, wenn sie dies wünschen oder zumindest dulden, weist er zurecht darauf hin, dass dies zwar prinzipiell richtig, in der Praxis jedoch nicht einfach ist.

Kaum jemand, der mit suizidgefährdeten Menschen zu tun hat, wird besondere Schwierigkeiten dabei haben, die Gründe und Motive, die zu Suizidgedanken und auch zu suizidalen Handlungen führen, zu verstehen, nachvollziehen zu können, gelegentlich auch zu billigen. Je mehr man sich in das Bedingungsgefüge vertieft, je besser man sich einfühlen kann, ja, je mehr dieses Gefüge auch der eigenen Persönlichkeit, Situation und Problemlage – auch der unbewussten Suizidalität – nahekommt, um so mehr werden wir geneigt sein, diese Gründe für „gute Gründe" zu halten und somit als freie Willensentscheidung – wenigstens im Rahmen jener Freiheitsgrade, die uns Menschen möglich sind. Wer würde nicht verstehen, dass Häftlingen in einem KZ der Suizid näherstelt als das Überleben, dass eine als Mutter der Nation gepriesene, plötzlich des Missbrauchs der ihr anvertrauten behinderten Kinder Angeklagte und Inhaftierte ihrem Leben ein Ende setzt. Manche mögen dabei empfunden haben, dass diese nur konsequent den *sozialen Tod* durch den *körperlichen* nachvollzieht, manche, dass diese Frau, obwohl es in Österreich keine *Todesstrafe* gibt, diese als für sich einzig richtige Strafe erkannte, manche, dass sie sich dadurch der *„irdischen Gerechtigkeit"* entzogen hat und manche hoffentlich, dass sie ihre *Krise bedauerlicherweise nicht anders bewältigen konnte*. Was ist mit Jan Palach, der sich aus Protest gegen den Einmarsch der Warschauer Pakt-Truppen öffentlich verbrannte, was mit einem Menschen, der sich opfert, damit andere überleben können? Woher nehmen wir das Recht, jemanden, der durch seine Handlung (Suizidversuch) deutlich machte, nicht mehr leben zu wollen, wieder ins Leben zurückzuholen und nicht einfach den Dingen ihren Lauf zu lassen?

Das Problem, mit dem wir bei suizidalen Handlungen immer wieder konfrontiert sind, ist das des freien Willens. Wie frei ist dieser Wille, wenn wir uns in einer sehr misslichen Situation nach langem Abwägen entschließen, unserem Leben ein Ende zu setzen? Oder ist vielleicht gerade die missliche Situation dazu angetan, auch unseren Willen in eine ganz bestimmte Richtung zu lenken? Ist es überhaupt möglich, nur aus freiem Willen sich umzubringen, oder bedarf es darüber hinaus noch einer dynamischen Kraft, die letztlich die Willensentscheidung nicht mehr so wesentlich macht?

Viele empirische Befunde sprechen dafür, dass die freie Willensbildung bei suizidalen Handlungen eine Fiktion ist, dass die wenigsten Menschen sterben wollen, dass nur wenige nicht mehr leben wollen, viele jedoch, die meinen, sich umbringen zu müssen oder es tatsächlich tun, einfach nicht mehr leben können, letztlich also gezwungen sind, diese Tat zu setzen, nicht so selten auch gegen ihren Willen. Wenn jedoch Lebensversicherungen die Versicherungssumme nach einem Suizid nur dann an die Hinterbliebenen auszahlen, wenn eine bestimmte Versicherungszeit abgelaufen ist oder „eine die freie Willensbildung ausschließende krankhafte Störung der Geistestätigkeit" nachgewiesen werden kann, wenn diese Versicherungen immer wieder geltend machen, dass die Versicherungssummen in Suizidfällen ein Mehrfaches jener Summen ausmachen, die sonst bei den Versicherungsnehmern zu finden sind, wenn die Krankenversicherungen die Kosten für die Behandlung nach Suizidversuchen nur dann übernehmen, wenn auch eine psychische Störung vorlag, sind das dann nicht alles Hinweise darauf, dass suizidales Verhalten auch unabhängig von psychischen Störungen existiert? Oder sind es Hinweise dafür, dass Personen, die später durch Suizid enden, durch hohe Versicherungen zu einer Sicherheit in diesem Leben kommen wollen oder aus dem Erleben der eigenen existentiellen Unsicherheit wenigstens noch ihre Angehörigen abgesichert haben wollen?

Im Allgemeinen ist Suizidalität von einer Reihe auch psychopathologisch fassbarer Phänomene begleitet, wie sie recht charakteristisch 1953 im präsuizidalen Syndrom von Ringel (1981) beschrieben sind. Und häufig ist suizidales Verhalten auch in den Rahmen einer Krise eingebettet, die, wenn sie bewältigt werden kann, auch die Suizidalität beendet. Sind aber alle Krisensituationen und alle Lebenssituationen von einer solchen Art, dass sie tatsächlich zu bewältigen sind? Und wenn wir einmal akzeptieren, dass tatsächlich nicht alle bewältigbar sind, nicht alle Situationen veränderbar, und auch nicht der persönliche Zustand in einem Maße zu verändern ist, dass eine schwierige Situation besser ertragen werden könnte, besteht dann nicht die Gefahr, dass wir allzu sorglos mit Suizidgefährdung und mangelnden Veränderungsmöglichkeiten umgehen und, so wie wir früher viele Suizidgefährdete pathologisiert haben, nunmehr pathologische Phänomene zu rasch normalisieren? Und wenn wir diesen Schritt getan haben, ist nicht auch der nächste Schritt sehr nahe, nämlich, dass wir uns nur mehr damit beschäftigen, *dass* ein Mensch sich umbringen will und nicht mehr damit, *warum*? Versagen wir nicht dadurch allzu leicht Menschen in Not und Bedrängnis die ihnen zustehende Hilfe, auch wenn sie diese vordergründig oder zumindest gerade jetzt ablehnen? Ist es jedoch auf der anderen Seite ethisch zu rechtfertigen, dass wir einen Menschen, der sich umbringen will, das in einer Art und Weise machen lassen, die oft grausam, entwürdigend, entstellend und für alle Beteiligten schrecklich ist? Sollten wir nicht auch, wie etwa in den Niederlanden, in jenen Fällen, in denen keine Hoffnung auf Besserung des Zustands mehr besteht und der Selbsttötungswunsch explizit und mehrfach geäußert wurde, dem Betroffenen helfen, in Würde sein Leben beenden zu können, unabhängig davon, dass die in Österreich bestehende Rechtslage dies unter Sanktionen stellt (s. Kap. 12)? Könnte nicht in entsprechend begründeten Fällen eine solche Beihilfe zum Suizid die ethisch wertvollere Handlung sein? Worin besteht denn ethisch der Unterschied, ob ich einen Menschen, der im Sterben begriffen ist, auf seinen Wunsch hin nicht mehr mit allen zu Gebote stehenden Mitteln weiter am Leben erhalte, sondern dem Sterben seinen Lauf lasse (passive Sterbebegleitung) und lediglich diese Zeitspanne erleichtere, was z. B. durch hohe Dosen medikamentöser Schmerztherapie durchaus auch zu einer Lebensverkürzung führen kann (indirekte aktive Sterbehilfe) – abgesehen davon, dass die Belastungen bei starken Schmerzen ohne Schmerztherapie auch das Leben verkürzen können – oder ob ich aktiv mithelfe, dass dieses Leben früher beendet werden kann (aktive Sterbehilfe)? Der Unterschied liegt offenbar nur in der Absicht dessen, was ich tue, und weniger im Mittel. So wie in den Niederlanden „psychische Übermacht" aus einem subjektiv rechtfertigenden Gewissensnotstand oder in der Schweiz achtenswerte Beweggründe offenbar hinreichend für solches Vorgehen sind, wird dieser Gewissensnotstand auch in unseren Breiten zum Tragen kommen und offenbar als persönliche Rechtfertigung in vereinzelten Fällen von Beihilfe zum Suizid oder Tötung auf Verlangen herangezogen, auch wenn das (in Österreich beides, in Deutschland und in der Schweiz letzteres) aufgrund der rechtlichen Situation nur einsame Entscheidungen sein können und ein hilfreicher Diskurs am konkreten Patienten selbst in beschränkter Öffentlichkeit (Ethikkommission) nicht möglich ist.

Letztlich befindet sich so mancher Suizidgefährdete, wenn man die suizidale Entwicklung betrachtet, in einer Art von Sterben. Der Zwang, der gelegentlich durch die Behandlung ausgeübt wird, ist aber jedenfalls dann rechtfertigbar, wenn nach menschlichem Ermessen die Situation und/oder der Zustand in einer Art und Weise geändert werden kann, dass der Betroffene anders damit umgeht, als sich das Leben zu nehmen. Dies muss wohl auch das Ziel der Suizidverhütung sein, die, außer in sehr akuten Fällen, nicht zur Suizidverhinderung werden darf, denn letztlich kann, bei aller Verpflichtung der Gesellschaft gegenüber, das Recht des Menschen, sein Leben auch selbst zu beenden, nicht genommen werden. Es kann also auch hier nicht um Lebenerhalten um jeden Preis und gegen den Betroffenen gehen, sondern um ein Abwägen in der jeweiligen spezifischen Situation und auf den jeweiligen Menschen bezogen. KUITERT (1986) schreibt, nachdem er zuerst ausführlich den Suizid als Katastrophe argumentiert:

> „Man kann sich jedoch für diese Katastrophe entscheiden, das bedeutet, sich selbst antun, was man doch selbst als Katastrophe erlebt, um eine noch größere Katastrophe damit zu vermeiden oder um damit ein großes Gut zu bekommen, das sich auf andere Art nicht erwerben lässt, oder auch um einem Ziel zu dienen, das man für viel größer als das eigene Leben hält. Dürfen wir in solch einem Fall aufgrund unseres Urteils, dass Suizid eine Katastrophe ist, seine Abwägung kritisieren? Das darf, ja das muss geschehen, wenn wir uns durch das wichtigste moralische Grundprinzip unserer Gesellschaft leiten lassen, das Prinzip der gegenseitigen Fürsorge. Auf der Gültigkeit dieses Prinzips beruht alle Hilfeleistung. Dabei werden wir auf einige Dinge achten müssen. Zunächst: Wir bewegen uns nicht auf einer moralischen Ebene, sondern auf einer Ebene von nichtmoralischen Wertbestimmungen. Das Gespräch geht nicht darüber, was sein darf und was nicht, sondern darüber, was gut für jemanden ist und was nicht. Zum zweiten, es ist der Betreffende selbst, der dafür seine oder ihre Abwägung gemacht hat aufgrund *ihrer* oder *seiner* Erfahrung. Auf seine oder ihre Abwägung müssen wir eingehen und nicht auf unsere eigenen vorfabrizierten Urteile. Ein dritter Punkt: Auf die Abwägungen eingehen bedeutet, dass wir gemeinsam mit dem Betreffenden seine Werturteile durchsprechen. Warum ist Weiterleben eine größere Katastrophe oder ein kleineres Gut als das Leben beenden? Und viertens: So eine Hilfe beim Abwägen ist keine Hilfe, wenn die Entscheidung gegen das Leben schon von vornherein – im moralischen Sinn – eine falsche Entscheidung ist. Es kann dann kein

offenes Gespräch über Werte und Wertungen mehr stattfinden. Fünftens: Was gut für jemanden ist, muss vom Betroffenen selbst auch als gut erlebt werden. Das ist eine Mindestbedingung für den sinnvollen Gebrauch eines qualifizierten „Gutes".

Eine Abwägung kritisieren – das wird aus dem Vorangegangenen deutlich – ist also sowohl eine prekäre als auch eine notwendige Angelegenheit. Weiter als bis zu dem Versuch herauszufinden, was für diesen konkreten Menschen gut ist, können wir nicht gehen. Das ist allerdings nicht wenig. Menschen können das, was in Beziehung auf kurze und was auf lange Zeit für sie gut ist, verwechseln oder, bestimmt durch die Abwesenheit von etwas, was in kurzer Zeit gut für sie ist, ein Übel für gut ansehen. Der Blick kann durch Kummer beengt sein, durch Mangel, Krankheit oder Einsamkeit, so dass jemand schwerer an einem Übel leidet als nötig. Es gibt viele Arten, wie ein Mensch seine Einsicht darüber, was gut für ihn ist und was nicht, verlieren kann. Aber er muss sie nicht verloren haben! Auch das Gegenteil ist möglich: Der Helfer begleitet die Abwägung des Betroffenen und stimmt mit seiner Entscheidung zur Selbsttötung überein." (KUITERT, H. N.: Das falsche Urteil über den Suizid. Gibt es eine Pflicht zu leben? Kreuz 1986, S. 138 f.) KUITERT fasst zusammen: „Wenn es keine unbedingte Pflicht zum Leben gibt" (da sie nicht begründbar ist, ohne von vornherein davon auszugehen [S. 102]), „was spricht dann gegen Suizid?

a) Suizid selbst ist für den Betroffenen eine Katastrophe, ein Übel im nicht-moralischen Sinn des Wortes, bestehend aus einer Agonie, die er durchmachen muss, und dem Verlust von tausenden noch offenstehenden Möglichkeiten zu leben, zu handeln, glücklich zu sein usw. Auch wenn jemand gute Gründe hat, um sich selbst das Leben zu nehmen, bleibt sein Tod doch eine Katastrophe, allerdings eine, die er annimmt als Weg oder Mittel zu einem anderen Ziel. Hilfe besteht darum zunächst im Abwägenhelfen.

b) Leben bedeutet auch ein Versprechen, für andere dazusein, und Versprechen geben anderen Rechte und mir selbst Verpflichtungen. Eine unbedingte Pflicht zum Leben gibt es nicht, aber moralische Verpflichtungen gegenüber anderen, die mich von Selbsttötung zurückhalten können. Diese Verpflichtungen mit einem Suizidanten durchzusprechen gehört zur Hilfeleistung. Moral kann eine Katastrophe verhindern helfen.

c) Religiöser Glaube ist ein Quell von Freude, Sicherheit, Selbstbewusstsein und darum ein Damm gegen die Katastrophe des Suizids. Das macht Suizid aber nicht unmöglich, weder religiös noch moralisch; im Gegenteil, es relativiert das harte Nein gegen Suizid eher, als dass es dieses bestätigt." (a. a. O., S. 149 f.)

Sehen wir uns diese Zitate an, so werden wir darin zweifellos sehr viele Elemente vertreten finden, die im unmittelbaren Umgang mit Suizidgefährdeten in der psychotherapeutischen Behandlung von großer Bedeutung sind. KUITERT weist mit Recht darauf hin, dass eine Hilfe beim Abwägen dann keine Hilfe ist, wenn die Entscheidung gegen das Leben im moralischen Sinn in der Meinung des Helfers schon von vornherein eine falsche Entscheidung ist. Gerade das offene und vorurteilslose Gespräch über den Suizid als eine Möglichkeit, das Leben zu beenden, ist eine Grundvoraussetzung für eine Beziehung, auf der erst alles Weitere in der Bewältigung der Krise wachsen kann.

Sprechen wir von Helfen, so wird das von KUITERT oben zitierte Prinzip der *Fürsorglichkeit* besondere Bedeutung erlangen, allerdings auch das der *Gerechtigkeit* sowie das des Respekts vor der *Autonomie* des Anderen. Und es besteht wenig Zweifel, dass gerade im Umgang mit Suizidgefährdeten daraus zwei widersprüchliche Tendenzen werden: Wenn wir auf der einen Seite für mehr Fürsorglichkeit, Sorgfalt und Wärme plädieren, so wollen wir andererseits auch, dass Menschen weniger bevormundet werden und mehr ihre eigenen Rechte sehen und gebrauchen sollen. Vielleicht ist der Inhalt aller Fürsorge, jemandem zu seiner Autonomie zu verhelfen, die einzig moralisch vertretbare Fürsorge. In Krisensituationen zu helfen, jemandem zu helfen, der von Suizid bedroht ist, verlangt jedoch manchmal auch eine Missachtung der Autonomie und einen Paternalismus, die nur dadurch gerechtfertigt sind, dass wir damit behilflich sind, zumindest *vorläufig* das Leben zu erhalten und, um diesen Menschen dann zu seinem Recht kommen zu lassen, auch in Ausübung seiner Autonomie unser bevormundendes Handeln so gut wie möglich zu überprüfen. Dieser Paternalismus ist jedoch nur dadurch zu rechtfertigen, dass er vorübergehend ist, also nur provisorischen Charakter hat, weil wir dann, würden wir nicht eingreifen, nur um jemandes Autonomie zu retten, aus der Autonomie ein sinnloses Lebensideal machten. Denn Autonomie fördern bedeutet nicht, einen Menschen einfach machen zu lassen, sondern dafür zu sorgen, dass er handeln kann, wie es für ihn gut ist. Und um uns von dem Vorhandensein dieser Wertungen zu vergewissern, greifen wir auch bei Bewusstlosen ein, in akuten und schweren suizidalen Krisen und bei unmittelbarer Suizidgefahr.

Ein weiteres ethisches Problem ist der Umgang mit suizidalen Phänomenen in der medialen Öffentlichkeit: Nicht nur zunehmendes Live-TV und Suizide mit hoher Publizität, die bekanntlich auch Imitationseffekte haben können (Sonneck et al., 1991), bringen Experten in die Öffentlichkeit (s. a. Kap. 9). Man wird wohl erwarten können, dass Helfer es unterlassen werden, durch Schilderungen von besonderen Details der Suizidmethoden, romantisierenden Motiven, Simplifizierungen, durch Darstellung der Haltung des Suizidanten als bewundernswert, heroisch oder folgerichtig diesen Imitationseffekt noch zu erhöhen, sondern durch deutliches Aufzeigen von Alternativen, Bewältigungsmöglichkeiten, Informationen über Hilfsmöglichkeiten und Hintergrundinformation diesen Effekt möglichst minimieren werden. Denn es besteht wohl kein Zweifel, dass auch bei Präsentationen in der Öffentlichkeit die bekannten Berufspflichten ihre Gültigkeit behalten, insbesondere auch, was Verschwiegenheitspflicht und Würde des Menschen anbelangt; das Recht auf Verschwiegenheit und Würde gilt auch über den Tod hinaus.

6.4.11 Auseinandersetzung des Beraters mit sich selbst

Die Betreuung von suizidgefährdeten Personen ist mit großen Belastungen verbunden. So können Gefühle und Fantasien ausgelöst werden, die den Helfer selbst zu Suizidalität führen. Es zeigt sich immer wieder, dass manche Helfer bezüglich Depressivität, Sucht und Suizidverhalten Gemeinsamkeiten mit den Suizidpatienten aufweisen. Auch ist es naheliegend, dass Personen, die sich für das Thema der Krisenintervention und Suizidverhütung interessieren, einen speziellen Bezug dazu haben. So fanden sich bei 90 % der Studierenden, die ein Seminar für Krisenintervention und Suizidverhütung besuchten, Vorerfahrungen bezüglich der Suizidproblematik, bei der Hälfte bei sich selbst oder in der unmittelbaren Umgebung. Weiters spielt zweifellos auch die Sozialisation des Studiums eine Rolle: So bestätigen auch eigene Untersuchungen an 205 Medizinern, Psychologen und Sozialarbeitern sowie Studenten dieser Richtungen, dass Mediziner von sich erwarten, jeden Suizidgefährdeten verstehen zu können, jedoch meinen, mit der eigenen Suizidalität auf nur wenig Verständnis zu stoßen. Als Motiv lassen sie für sich im Allgemeinen nur Sinnlosigkeit des Lebens und schwere unheilbare Krankheit gelten. Das erste Motiv bedroht den Lebenssinn des Helfers, das zweite seinen Auftrag, helfen oder heilen zu müssen. Daraus ergibt sich, dass der Suizid eines Patienten häufig als persönliches Versagen, persönliche Kränkung und Bedrohung erlebt wird und den Helfer an die Begrenztheit seiner Hilfe führt.

Viele Helfer sind nur allzusehr bereit, unreflektiert dem Klienten Verantwortung abzunehmen, die von vielen selbstunsicheren oder sich hoffnungslos fühlenden Suizidgefährdeten auch gerne abgegeben wird. Dadurch werden allerdings dem Klienten auch Selbstwertgefühl und Selbstbestimmung genommen, die Abhängigkeitsgefühle gesteigert und die Erwartungen an den Helfer, seine Hilfsbereitschaft und Konstanz enorm erhöht. Solche Kollusionen sind nur schwer auflösbar, weil vom Suizidgefährdeten jede Lockerung der Beziehung als Bedrohung erlebt wird.

Tab. 9 *Auseinandersetzung des Helfers*

- mit Gefühlen und Fantasien, die Suizidalität in ihm auslösen
- mit eigenen Suizidtendenzen
- mit eigener Einstellung zum Suizid
- mit seiner Macht bzw. Ohnmacht
- mit seiner Handlungskompetenz bzw. -inkompetenz
- mit seiner Verantwortung bzw. der Eigenverantwortung des Klienten

Berufsmäßig häufiger Umgang mit suizidgefährdeten Personen ist als „Einzelkampf" im Allgemeinen über längere Zeit kaum durchführbar. Gerade in diesem Bereich haben sich Behandlungsteams sehr bewährt, wobei gegenseitige Unterstützung und Supervision gewährleistet sein muss. Dadurch kann auch der professionelle Helfer lernen, seine eigene Bedürftigkeit wahrzunehmen und sich Hilfe zu suchen. Auch dies dient nicht selten als Modell für den Patienten, mit schwierigen Situationen umzugehen.

Falldarstellung

Eine 24-jährige Frau versuchte mithilfe ihrer Umgebung monatelang ihre Reaktionsphase zu bearbeiten (s. Kap. 2.1.1), kam jedoch in immer stärkere Unruhe, Depressivität, Angst und Schlaflosigkeit. Sie wurde in völlig erschöpftem Zustand in das Kriseninterventionszentrum gebracht, weigerte sich jedoch, Hilfe anzunehmen, da sie meinte, sie müsse entweder selbst mit ihrem Problem fertig werden oder sich ohnedies das Leben nehmen. Als sie durch Zufall beobachtete, dass der Helfer in dieser schwierigen Situation sich selbst und für sich selbst Hilfe organisierte, indem er sich mit einer Kollegin beriet, und sie auf ihre Frage hin erfuhr, dass dies für einen Helfer ein ganz selbstverständliches Vorgehen sei, konnte sie sich plötzlich zur Annahme der Hilfe entschließen.

Eine weitere wichtige Quelle, die eigene Arbeitsfähigkeit als Helfer zu erhalten, besteht darin, nicht völlig in seinem Beruf aufzugehen, sondern auch noch andere Seiten des Lebens auszuwerten. Dies bezieht sich insbesondere auf das Privatleben und die Freizeit (s. a. Burnout, Kap. 2.1.4).

Letztlich sollte nicht unerwähnt bleiben, dass auch Schulungen, Vorträge und Seminare eine gute Möglichkeit sind, die eigene Arbeit zu reflektieren und dadurch den Stellenwert wieder neu zu definieren.

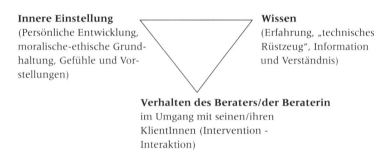

Abb. 9 *Komponenten des Umgangs des Beraters mit seinen Klienten*

> **Zusammenfassung** Suizidgefährdung steht häufig in engem Zusammenhang mit psychosozialen Krisen. Das Wissen um Risikogruppen, suizidale Entwicklung und Einengungsphänomene, wie sie im Präsuizidalen Syndrom beschrieben sind, erleichtert die *Einschätzung der Suizidalität*. Der richtige Umgang mit akut Suizidgefährdeten ist eine wesentliche Erweiterung des Interventionskonzepts, wie es bei Krisen durchgeführt wird. Auch hier wiederum gibt es spezifische Modifikationen, die je nach Situation zur Anwendung kommen. Ein kurzer Abriss über therapeutisches Arbeiten mit chronisch Suizidalen leitet zum nächsten Kapitel über.

7. Chronische Suizidalität

7.1 Definition

Die Tendenz zum Suizid – vom Gedanken bis zum Versuch – tritt nicht nur als einmaliges, zeitlich begrenztes Phänomen auf, sondern kann auch chronifizieren, quasi zum „Lebensstil" werden. Die Statistiken zeigen, dass eine nicht unbeträchtliche Anzahl suizidgefährdeter Menschen wiederholt Suizidversuche durchführt bzw. nach einem oder mehreren vorangegangenen Suizidversuchen das Leben durch einen Suizid beendet (s. Kap. 6.1). Auch in der klinischen Praxis ist man oft mit Patienten konfrontiert, die immer wieder in Zustände geraten, in denen Suizid ein zentrales Thema wird und in denen unter Umständen auch Suizidversuche begangen werden. Manchmal nimmt der Grad der Suizidalität bzw. das Ausmaß der Selbstzerstörung kontinuierlich zu. Dies ist dann der Fall, wenn von suizidaler Phase zu suizidaler Phase die Suizidgedanken konkreter und die Suizidversuche gefährlicher (näher am tatsächlichen Suizid) werden.

Bei derartigen Prozessen ist es also wichtig, nicht nur die momentane suizidale Krise zu sehen, sondern es geht darum, die Suizidalität im Kontext
- der gesamten **Biografie,**
- der **Persönlichkeit** und
- allfälliger **psychischer Krankheiten**

wahrzunehmen.

Letztere sind bei einem großen Teil chronisch suizidaler Menschen in Form einer frühen Störung vorhanden und können bei diesen „gewissermaßen als eine strukturelle Bedingung für die wiederkehrende Suizidalität angesehen werden" (GIERNALCZYK, KIND, 2002a, S. 31).

Falls sich ein Suizidgefährdeter in psychotherapeutischer Behandlung befindet, ist auch zu beachten, **welcher Stellenwert** den Suizidgedanken oder dem Suizidversuch im **Prozess der Therapie** zukommt (Was will der Patient dem Therapeuten damit mitteilen? Was will er von ihm erreichen? Warum tritt die Suizidtendenz an diesem Punkt der Therapie erneut bzw. verstärkt auf?). Bezüglich der psychischen Störungen, die mit chronischer Suizidalität in Verbindung stehen können, sind insbesondere drei Gruppen zu erwähnen: **Depressionen, Süchte, Borderline-Störungen.** Patienten der beiden erstgenannten Kategorien gehören zu den Hauptrisikogruppen; auf das erhöhte Suizidrisiko von Depressiven (Sinnlosigkeit, Sinnentleerung) und von Süchtigen (systematische Selbstzerstörung; „Suizid auf Raten") wurde in diesem Buch bereits eingegangen (s. Kap. 6.1 und 6.4.7). Bezüglich des häufigen Auftretens von chronischen Suizidtendenzen bei Patienten mit Borderline-Persönlichkeitsstörung sei auf die umfangreichen Arbeiten von KERNBERG (u.a. 1992, 1993) verwiesen.

Was bedeuten die eben angeführten Überlegungen für die Praxis? Welche Konsequenzen ergeben sich aus ihnen für therapeutisches Arbeiten mit chronisch Suizidalen? Vor der Beantwortung dieser Fragen ist aber zunächst prinzipiell festzuhalten, dass für Krisenintervention mit Suizidgefährdeten vielfach – und so auch in diesem Buch – anschauliche und gut praktikable Konzepte entwickelt wurden und vorliegen; im Vergleich dazu gibt es für Psychotherapie mit chronisch Suizidgefährdeten generell weniger und vor allem weniger allgemeingültige und anschauliche Konzepte; dazu ist die Situation bei chronischer Suizidalität meist viel zu komplex. Psychotherapie mit chronisch Suizidgefährdeten ist in jedem Fall etwas anderes als eine Aneinanderreihung von Kriseninterventionen. Es sollen vielmehr die „strukturellen Bedingungen" der immer wiederkehrenden Suizidalität verstanden und bearbeitet werden. Für das Verstehen von Suizidalität in einem weiteren Kontext – und insbesondere für das Verstehen von chronischer Suizidalität – sind vor allem psychoanalytische bzw. psychodynamische Theorien hilfreich, von denen die wichtigsten in der Folge vorgestellt werden.

7.2 Motive; psychoanalytische bzw. psychodynamische Erklärungsmodelle

Motive für Suizidalität können in folgenden Bereichen liegen: Ein Mensch kann Suizidfantasien und -absichten entwickeln, wenn er sich in einer außerordentlichen Lebenssituation, einer **psychosozialen Krise** befindet; dann ist zumeist Krisenintervention indiziert. Suizidabsicht und Suizid können aber auch letzter und schmerzlicher Ausdruck persönlicher Freiheit sein, wenn die Lebensbedingungen unwürdig und aussichtslos geworden sind. Man spricht dann von **Bilanzsuizid**. Die Suizidalität kann aber auch in Verbindung mit schweren **frühkindlichen Fehlentwicklungen** und daraus resultierenden **psychischen Störungen** stehen. Dies ist – wie bereits erwähnt – vor allem bei chronischer Suizidalität oft der Fall. Bevor darauf näher eingegangen wird, ist aber an dieser Stelle nochmals (s. auch 6.4.10 Ethische Fragen im Umgang mit Suizidgefährdeten) darauf hinzuweisen, dass eine ausschließlich psychologische oder medizinische Sicht von Suizidalität – und das gilt auch für chronische Suizidalität – zu kurz greift. Bei der Diskussion darüber, ob ein Suizid den Endpunkt einer krankhaften Entwicklung darstellt oder ob es vielmehr um das Ergebnis einer Lebensbilanz geht und der Suizid somit ein Ausdruck von „Humanität, Dignität und Libertät" ist (AMERY, 1976), ist darauf hinzuweisen, dass es im Sinne einer ganzheitlichen Betrachtung des Menschen wichtig ist, bei jeder suizidalen Entwicklung aufs Neue abzuklären, wie groß der Krankheitsanteil ist und inwieweit Bilanzierungsmomente eine Rolle spielen.

Um die mit Suizidalität verknüpften psychischen Dynamiken und die diesen zugrundeliegenden Fehlentwicklungen verstehen zu können, gibt es theoretische Überlegungen verschiedener Ausrichtungen – soziologische, lerntheoretische und psychoanalytische bzw. psychodynamische. Bezüglich lerntheoretischer Erklärungsmodelle sei u. a. auf SCHMIDTKE und SCHALLER (2002 a, b) verwiesen. Hier wird nur auf drei psychoanalytische Theorien näher eingegangen, die für ein psychodynamisches Verstehen von Suizidalität – und insbesondere für ein Verstehen, das über eine krisenbezogene „Momentaufnahme" hinausgeht -, essenziell sind und von vielen – auch nichtpsychoanalytischen – Autoren der Suizidologie aufgegriffen wurden und werden.

7.2.1 Freuds zentrale These zu Suizidalität

TILL hat diese 1998 folgendermaßen dargestellt: „FREUD (1916) hat seine zentrale These zur Suizidalität im Rahmen seiner Beschäftigung mit Melancholie (Depression) entwickelt. Demnach ist diese eine Reaktion auf einen Objektverlust. Dabei fasst FREUD diesen Begriff weit und meint damit nicht nur den physischen Verlust einer geliebten Person, sondern auch den psychischen Verlust durch Kränkung und Enttäuschung. Die Beziehung zu dem Objekt ist nach Freud eine ambivalente (das Objekt wird geliebt und gehasst) und entspricht dem Typus der narzisstischen Objektwahl. Beim Objektverlust kommt nun folgende Dynamik in Gang: Zunächst treten intensive Hassgefühle auf. ‚Der Hass muss aber sofort unterdrückt werden, da der Betroffene unter dem Eindruck steht, der Hass könne das Objekt zerstören. Das darf er aber nicht, da das Objekt ihm trotz seines Hasses unverzichtbar erscheint. Die Rettung des Objekts geschieht durch Regression auf frühkindliche Erlebnisweisen mit der Fantasie, sich das verlorene Objekt einzuverleiben. So ist das Objekt zwar gerettet, aber ins Subjekt hineingenommen und mit ihm identifiziert. Der Hass kann sich jetzt gefahrlos gegen das Objekt richten, wendet sich aber zugleich gegen die eigene Person. Der Suizid ist die intensivste Form dieser für die Depression typischen Dynamik' (HENSELER, 1980, S. 141). Daraus zieht FREUD den Schluss, dass ‚kein Neurotiker Selbstmordabsichten verspürt, der solche nicht von einem Mordimpuls gegen andere auf sich zurückwendet' (FREUD, 1916, S. 439). Das Objekt wird also im Selbst getötet. Mit dieser Theorie der **Aggressionsumkehr**, auf die oft Bezug genommen wird" und die eine wesentliche Basis für weitere theoretische Überlegungen zu Suizidalität bildet, „zeigt FREUD die Bedeutung auf, die **Objektverlust, mörderische Aggression** und **narzisstische Beziehungsgestaltung** für Suizidalität haben" (TILL, 1998a, S. 435).

7.2.2 Henselers narzissmustheoretische Überlegungen

In der folgenden Darstellung von Henselers Überlegungen werden wiederum Ausführungen von Till (1998b) aufgegriffen.

Henselers Theorie der Suizidalität basiert auf Narzissmuskonzepten, mit denen er sich an Kohuts Selbstpsychologie orientiert. Am bekanntesten ist sein Buch „Narzisstische Krisen" (1974) in dem er sich sowohl mit der **suizidalen Persönlichkeit** als auch mit der **suizidalen Situation** beschäftigt. Hinsichtlich des zum Suizid neigenden Menschen meint er, dass dieser in seinem Selbstgefühl stark verunsichert sei und in seinem Selbsterleben zwischen einzigartiger Größe und völliger Nichtigkeit schwanke. Seinen geheimen Größenfantasien entspricht auch ein realitätsfernes Ich-Ideal, dessen Befolgung vom Über-Ich rigide eingefordert werde. Mit der idealisierenden Selbsteinschätzung stehe auch die Aggressionsproblematik Suizidaler in Verbindung; denn das Ich-Ideal/Über-Ich-System unterbindet die Äußerungen aggressiver Regungen. Und die Objektbeziehungen seien vorwiegend nach dem narzisstischen Typus gestaltet.

„Selbstunsichere Persönlichkeiten umgeben sich gerne mit Personen, die sie weniger wegen ihrer selbst, als um deren Funktion für die Stabilisierung des eigenen Selbstgefühls schätzen. Damit werden diese Personen aber Funktionsträger im narzisstischen Regulationssystem des Betreffenden, sie werden 'narzisstische Objekte'" (Henseler, 1980, S. 144). An dieser Stelle seiner Ausführungen beginnt Henseler sich mit der Dynamik der suizidalen Situation zu beschäftigen. Diese wird oft durch Enttäuschungen in den „narzisstischen Objektbeziehungen" ausgelöst. Derartige Beziehungen sind sehr störanfällig, da die Realitätsverkennung und Überforderung dieser Objekte geradezu zu Enttäuschungen führen muss. Die narzisstische Objektwahl wird insbesondere dann problematisch und kann als dermaßen kränkend erlebt werden, dass sie Suizidimpulse auslöst, wenn sie eine starre Bedingung für die Objektbeziehung bedeutet. Findet nun eine Kränkung, zum Beispiel durch Versagen des Objekts in seiner Funktion für das narzisstische Regulationssystem statt, versucht der zur Suizidhandlung neigende Mensch diese Kränkungen oft durch den Einsatz der unreifen Kompensationsmechanismen „Realitätsverleugnung" und „Idealisierung" zu bewältigen. Reichen diese „zum Schutz des Selbstgefühls nicht mehr aus, muss der Suizidant zu noch primitiveren Mitteln (also zu einem pathologischen Kompensationsmechanismus) greifen, nämlich zu **Fantasien vom Rückzug in einen harmonischen Primärzustand**. Tatsächlich beinhalten die Phantasien der Suizidanten vom Tod genau die Zustände, die dem harmonischen Primärzustand entsprechen, nämlich Ruhe, Erlösung, Wärme, Geborgenheit, Triumph...u.ä." (Henseler, 1975, S. 203). Dabei wird eine Verschmelzung mit einem diffus erlebten früheren Objekt fantasiert. „Das Agieren dieses Kompensationsmechanismus enthält die Psychodynamik der Suizidhandlung: Mit der aktiven Regression und der Phantasie, statt in Hilflosigkeit und Verlassenheit sich in einen Zustand von Sicherheit und Geborgenheit sinken zu lassen, behält der Suizidant für seine Phantasie die Kontrolle über die Situation und rettet so sein Selbstgefühl" (Hense-

LER, 1981, S. 122). Die zentrale Funktion von Suizidalität sieht Henseler damit in dem **Versuch der Rettung des Selbstwertgefühls**, gleichsam in einer „Ehrenrettung" des Selbst.

Bei HENSELER ist nicht so sehr eine Analyse der suizidalen Persönlichkeit, sondern ein Verstehen der suizidalen Situation als narzisstische Krise von großer Gültigkeit. Das kann für das Verstehen einer einzelnen suizidalen Krise ebenso wie für das Verstehen immer wiederkehrender suizidaler Krisen, also von chronischer Suizidalität, hilfreich sein.

7.2.3 KINDs objektbeziehungstheoretische Überlegungen

KINDs theoretischer Zugang zum Suizidphänomen basiert auf objektbeziehungstheoretischen Konzepten. In seinem Hauptwerk, dem Buch „Suizidal. Die Psychoökonomie einer Suche" (1992), stellt er ein differenziertes Modell über **verschiedene Formen** von Suizidalität und deren **unterschiedliche psychische Funktionen** vor. Dabei geht er von der Überlegung aus, dass frühkindliche Entwicklungsstörungen und Störungen in den Objektbeziehungen beim Auftreten suizidaler Tendenzen in gegenwärtigen Beziehungswünschen und -konstellationen wiederum aktualisiert werden. Diese sind dadurch charakterisiert, dass sie den Wunsch beinhalten, eine bestimmte Form von Objektbeziehung herzustellen bzw. wichtige Bezugspersonen in einer bestimmten Art und Weise zu verändern. KIND meint, dass dies nicht nur für Suizidfantasien und -versuche gilt, sondern, dass manchmal auch der Suizid als letztes Mittel zur Objektänderung in Kauf genommen wird. Die verschiedenen Formen von Suizidalität, die verschiedene psychische Funktionen beinhalten, ordnet KIND unterschiedlichen Entwicklungsniveaus zu, in denen er die genetischen Wurzeln für die aktuelle Suizidalität vermutet.

1. Im Übergangsbereich vom präpsychotischen zum Borderline-Funktionsniveau, in dem es um die Unterscheidung von „Selbst" und „Nichtselbst" geht, finden sich zwei einander entgegengesetzte Formen der Suizidalität. **Die fusionäre Form der Suizidalität** steht im Dienste des **Verschmelzungswunsches**. Auf Trennungen und Belastungen reagiert der suizidale Mensch mit dem Wunsch, in einen fantasierten harmonischen Urzustand zurückzukehren – so wie dies auch von HENSELER beschrieben wurde. Bei der **antifusionären Form der Suizidalität** fühlt sich der suizidale Mensch vom Verlust seiner Selbstgrenzen bedroht. Die Angst vor zu großer Nähe, vor der Verschmelzung, führt dazu, dass der Suizidant nach Wegen sucht, seine Ich-Autonomie zu stärken und die Selbstgrenzen zu stabilisieren. Paradoxerweise kann für den so bedrohten Menschen „Verstandenwerden" auch bedeuten, dass es keinen Unterschied mehr zwischen Subjekt und Objekt gibt, was dem Verlust der eigenen Person gleichkommt. Der Suizid ist dann eine Handlung, die nur von dem Suizidanten bestimmt wird, die kein anderer beeinflussen kann und die ihm damit die Vorstellung von **vollständiger Autonomie** wiedergibt.

2. Suizidalität im Übergangsbereich vom Borderline-Funktionsniveau zum Niveau des Integrationsprozesses: Nach der relativ sicheren Trennung von „Selbst" und „Nichtselbst" gibt es jetzt Objekte, denen man sich gegenüberstellen kann. Diese sind aber unsicher, und der suizidale Mensch spürt eine ständige Bedrohung, verlassen zu werden; daher muss er versuchen, den ihm nahe stehenden Menschen zu halten. Dazu benützt der Suizidant die **manipulative Form der Suizidalität**. Die Suiziddrohung dient dann dazu, die Angst, im Stich gelassen zu werden, zu bekämpfen. So wie sich dieser Mensch der Willkür seiner früheren Objekte ausgeliefert fühlte, so macht er jetzt sein Gegenüber durch die Suiziddrohung ohnmächtig und hilflos. Da der Suizidant das Gefühl hat, durch „Gutsein" oder „Interessantsein" das Objekt nicht halten zu können, so wie es seinen früheren Erfahrungen entspricht, muss er es durch Kontrolle versuchen. Die Suiziddrohung soll so der **Objektsicherung dienen**.

Mit der manipulativen Form der Suizidalität kann aber auch eine **Objektänderung** verfolgt werden. Die Suizidalität ist dann primär Ausdruck des Wunsches, eine Objektbeziehung zu ändern, und zwar dadurch, dass der andere zu einem bestimmten Verhalten gezwungen werden soll. Das Objekt soll das Gefühl der Existenzberechtigung verleihen. Da diesen Menschen die **„Selbstrepräsentanz der Existenzberechtigung"**, d. h. eine selbstliebende intrapsychische Struktur fehlt, sind sie auf ein äußeres Objekt angewiesen, das ihnen positive Wertschätzung entgegenbringt. Die Suche vieler suizidaler Menschen ist die Suche nach solch einem Existenzberechtigung verleihenden Objekt.

Sind die Versuche, das Objekt an sich zu binden oder es zu verändern, immer wieder vergeblich, kann ein Zustand von Resignation eintreten. Es ist eigentlich gleichgültig, ob man lebt oder nicht. KIND spricht dann von einer **resignativen Form der Suizidalität**.

3. Bei einem Fortschreiten der Integrationsprozesse kann Suizidalität eine neue Qualität und psychische Funktion erhalten, die KIND als **Integrationssuizidalität der depressiven Position** bezeichnet. In einer fortgeschrittenen Phase einer psychotherapeutischen Behandlung kann eine außerordentlich schwierige emotionale Situation entstehen. Mit der Entwicklung der Fähigkeit, sich in andere einzufühlen, sie als getrennt wahrzunehmen, und somit der Entwicklung von Objektkonstanz entstehen Schuldgefühle wegen der früheren Aggressionen und Rücksichtslosigkeit jenen Mitmenschen gegenüber, die wichtig waren. Es kann sogar das Gefühl entstehen, alle diejenigen, die man hätte lieben können, wirklich zerstört zu haben. Mit derartigen Schuldgefühlen können starke Suizidgedanken auftreten.

Zur Veranschaulichung der Zusammenhänge der Objektbeziehungen zwischen früheren und gegenwärtigen Beziehungserfahrungen soll hier nochmals KIND selbst und GIERNALCZYK zu Wort kommen. „Waren die frühkindlichen Beziehungserfahrungen geprägt von einem Klima der Ohnmacht, Auslieferung, Entwertung usw. ist damit die Basis für spätere suizidale Reaktionsbereitschaften gelegt. Die Auslösung erfolgt durch eine gegenwärtige Situation …, die Ähnlichkeiten mit einer belastenden frühkindlichen Erfahrung hat und daher als Trigger wirkt. Es kommt nun zu einem Erleben, das nur noch partiell der Gegenwartssituation entspricht und qualitativ und quantitativ von den Ohnmachts-, Beschämungs- oder Entwertungserfahrungen aus der Vergangenheit gleichsam überformt wird. (KIND, GIERNALCZYK, 2002b, S. 144)". Dieses Zitat zeigt die Bedeutung von KINDS Überlegungen für das Verstehen immer wiederkehrender und in vergangenen Erfahrungen verwurzelter Suizidalität.

7.3 Überlegungen zur psychotherapeutischen Behandlung

Bereits an anderer Stelle wurde in diesem Buch darauf hingewiesen (s. Kap. 6.4.3), dass bei Krisenintervention mit Suizidgefährdeten trotz einer Orientierung an allgemeinen Richtlinien und Regeln ein differenziertes Vorgehen notwendig ist, um den individuellen Bedürfnissen der Betroffenen gerecht zu werden. Für Psychotherapie mit chronisch Suizidalen lassen sich – wie bereits in den bisherigen Ausführungen dieses Kapitels deutlich geworden ist – noch weit weniger allgemeine Regeln aufstellen. Dies gilt nicht nur deswegen, weil chronische Suizidalität ein sehr komplexes Phänomen ist, sondern auch, weil diese oft mit unterschiedlichen psychischen Störungen in Zusammenhang steht; diese sind zu diagnostizieren und in adäquater Weise (psychotherapeutisch und/oder psychiatrisch; ambulant oder stationär) zu behandeln. Von einer speziellen Psychotherapie bei chronischer Suizidalität kann man auch deswegen nicht sprechen, da es sicherlich möglich ist, Patienten mit chronischem Suizidpotenzial mit unterschiedlichen psychotherapeutischen Methoden zu behandeln.

Im Folgenden werden einige Themenbereiche, Problemkonstellationen und Fragestellungen skizziert, die bei Psychotherapie mit chronisch Suizidalen öfter auftreten, aber auch dann immer individuell verstanden werden müssen.

7.3.1 Häufig vorkommende Themen

Wie bereits ausgeführt, sind für suizidale Patienten oft zwei Tendenzen zentral, nämlich **mörderische Aggressionen** und **regressive Verschmelzungswünsche und Fluchttendenzen**. Diese können bei längerfristiger Psychotherapie in ihrer Konflikthaftigkeit besonders deutlich werden. Der Therapeut sollte daher diese Bereiche verstehen und mit ihnen arbeiten können. KERNBERG formuliert das folgendermaßen: „Der Therapeut muss sich in die Selbstmordversuchungen einfühlen können, in die Sehnsucht nach Frieden, in das Aufrufen von Autoaggression, in die Lust daran, sich an bedeutsamen Anderen zu rächen, in den Wunsch, Schuldgefühlen zu entfliehen und in das beglückende Gefühl von Macht, das zu Suizidzwängen gehört. Nur solche Art der Empathie kann es dem Patienten ermöglichen, diese Probleme in der Behandlung offen zu ergründen" (KERNBERG, 1992, S. 379).

Bei einer Psychotherapie mit einem chronisch suizidalen Menschen ist auch darauf zu achten, ob der Patient aus der Suizidneigung einen **primären** und/ oder **sekundären Gewinn** zieht und so darin bestärkt wird, die Suizidalität als „Konfliktlösungsstrategie" beizubehalten. Z. B. ist es möglich, dass der Suizidgefährdete durch Suizidäußerungen und durch parasuizidale Handlungen ein Ventil für ansonsten gehemmte und/oder verbotene aggressive Impulse findet. Ebenso ist es möglich, dass es dem Suizidgefährdeten dadurch gelingt, seine Umwelt zu kontrollieren und von dieser ein bestimmtes Verhalten zu „erzwingen", oder dass er wegen seiner Suizidalität von nahe stehenden Menschen vermehrt Zuwendung erhält. All dies kann einen Gewinn bedeuten und zur Aufrechterhaltung und Chronifizierung der Suizidalität beitragen. In jedem Fall sind die Funktionen, die die Beziehungen zu wichtigen Bezugspersonen haben, zu beachten und zu bearbeiten. Das kann die Ebene des Gewinns, der aus der Suizidtendenz gezogen wird, ebenso erhellen wie (versteckte oder offene) heftige Aggressionen bzw. **Todeswünsche anderer**, die bei einem Suizidgefährdeten dessen Absichten bestärken und verfestigen können.

Die Tatsache, dass das Hauptwesensmerkmal von chronischer Suizidalität darin liegt, dass immer wieder suizidale Phasen durchlebt werden, bietet für die therapeutische Arbeit eine Chance, die bei Krisenintervention nicht oder nur in viel geringerem Ausmaß vorhanden ist. Während bei dieser meist nur die unmittelbaren Auslöser der suizidalen Krise bearbeitet werden können, soll bei Therapie mit chronisch Suizidalen **das Gemeinsame**, das den Auslösern für die immer wiederkehrenden suizidalen Phasen innewohnt (z. B. die zentrale Kränkung), herausgefunden werden. Dies kann ein wichtiger Schritt zur Bearbeitung tiefer liegender innerpsychischer Konflikte sein und schließlich die chronische Suizidalität abmildern bzw. überflüssig machen.

7.3.2 Einweisung, Antisuizidpakte, Setting

Bei der Behandlung suizidaler Patienten treten oft bestimmte Fragen auf, die den **organisatorischen Rahmen** bzw. das **Arbeitsbündnis** betreffen. Zur Frage von **stationärer Aufnahme ohne** bzw. **gegen den Willen des Betroffenen** bezieht Scobel in exemplarischer Weise Stellung: „Jede Einweisung, jede Entmündigung und jeder Freiheitsentzug eines suizidgefährdeten Individuums auf Zeit müssen [...] eine Ausnahme bleiben, [...] die die Regel prüft und nicht bestätigt" (Scobel, 1981, S. 108). Für Psychotherapie mit suizidalen Patienten ist diese Frage aber noch strikter zu beurteilen als für psychiatrische Behandlung und für Krisenintervention. Durch eine zwangsweise Einweisung würde das für eine Psychotherapie erforderliche Vertrauensverhältnis stark beeinträchtigt werden; eine Fortsetzung der Therapie nach dem stationären Aufenthalt ist in so einem Fall wahrscheinlich problematisch oder unmöglich.

Die Frage von sogenannten **Antisuizidpakten** (s. auch Kap. 6.4) wird in Hinblick auf die Behandlung suizidaler Patienten oft und kontroversiell diskutiert. Unter Antisuizidpakten versteht man spezielle Absprachen mit dem Patienten bezüglich seiner Suizidneigung, die zumeist darin bestehen, dass er verspricht, für einen bestimmten Zeitraum suizidale Handlungen zu unterlassen. Für die psychotherapeutische Behandlung von Patienten mit chronischem Suizidpotenzial ist aber nicht so sehr die Frage von Bedeutung, ob man solche Vereinbarungen treffen soll oder ob man sie nicht treffen soll, sondern vielmehr die Frage, welcher Stellenwert ihnen im Rahmen der Therapie zukommt. Wenn daher ein Patient im Lauf der Therapie diese Vereinbarung bricht, so kann daran die Funktion, die die Suizidalität für ihn hat, deutlicher werden und verstärkt in der Therapie Raum bekommen. Im Zentrum des Antisuizidpaktes wird daher in der Regel „nicht so sehr seine Einhaltung, sondern der Kampf darum" stehen" (KIND, 1992, S. 188). Ferner ist zu bedenken, dass ein Antisuizidpakt sowohl eine **Schutzfunktion für den Patienten** als auch eine **Entlastungsfunktion für den Therapeuten** haben kann. Oft wird die Letztere eher vom Patienten und die Erstere eher vom Therapeuten wahrgenommen. Wenn ein Suizidpakt vereinbart wird, ist es daher zu empfehlen, dass beide Funktionen transparent gemacht werden sollten; das heißt, dass mit dem Patienten darüber gesprochen werden sollte, dass diese Vereinbarung auch zur Entlastung des Therapeuten abgeschlossen wird (KIND, 1992).

Für das Gelingen einer Psychotherapie mit einem chronisch suizidalen Patienten sind nicht so sehr Antisuizidpakte, sondern ein **eindeutig definiertes Behandlungssetting** von Bedeutung. Es sollte geklärt sein, wann, wie oft und unter welchen Bedingungen die therapeutischen Sitzungen stattfinden und wer für eine medikamentöse Behandlung (Psychiater) und wer für Hilfe in akuten Situationen zwischen den Therapiestunden (Psychiatrisches Krankenhaus, Notdienste etc.) zuständig und erreichbar ist. Eine Zuständigkeit des Therapeuten für all diese Bereiche ist in der Regel nicht sinnvoll. Ferner sollte es aber dem Patienten klar sein, dass er innerhalb der Therapie über **alle** Aspekte seiner Suizidneigung reden kann und soll.

7.3.3 Übertragung, Gegenübertragung

Bei suizidalen Patienten geht es oft um heftige Affekte (mörderische Aggression, massive Kränkung, Erschütterung des Selbstwertgefühls) und um Störungen in gegenwärtigen und/oder vergangenen Beziehungen. Es ist also nicht verwunderlich, dass all diese Affekte als Übertragungen direkt an Therapeuten gerichtet werden und diese darauf mit heftigen Gegenübertragungsgefühlen reagieren. Für die Therapie mit Suizidalen sind bestimmte Übertragungs-/Gegenübertragungskonstellationen von Interesse, von denen einige typische im Folgenden vorgestellt werden.

Gegenübertragungsreaktionen können zwei unterschiedliche Wurzeln haben; entweder sind sie der Ausdruck von Schwierigkeiten, die beim Therapeuten liegen, oder sie stellen eine „angemessene" emotionale Reaktion des Therapeuten auf den Patienten und dessen Übertragung dar. Die erste Gruppe kann auf Ähnlichkeiten in Persönlichkeitsstruktur und Problematik zwischen Therapeut und

Patient, auf der Einstellung des Therapeuten zum Suizid, auf etwaigen eigenen Suizidtendenzen und anderem mehr beruhen (REIMER, 1981); sie müssen beachtet werden, damit durch sie die therapeutische Arbeit nicht behindert wird. Hingegen gibt die zweite Gruppe an **Gegenübertragungsreaktionen** Auskunft über den Patienten und ist somit ein wichtiges **diagnostisches** und **therapeutisches Instrument**. Auch hier gibt es einen Unterschied zwischen Krisenintervention und Langzeittherapie. Während bei Krisenintervention der Therapeut in der Regel nur versuchen kann, die Übertragungs-/Gegenübertragungskonstellation zu verstehen und so zu handhaben, dass durch sie keine zusätzlich schädigende Auswirkung entsteht (z. B. Abbruch des Kontakts zum Therapeuten), sollen derartige (pathologische und für den Patienten typische) Beziehungsmuster in einer Psychotherapie bearbeitet werden. Dies kann einen wichtigen Beitrag zur Thematisierung der Suizidproblematik, die ja oft mit Schwierigkeiten in den Objektbeziehungen in Zusammenhang steht, darstellen.

HENSELER (1981a, 1981b) unterscheidet die Übertragungs-/Gegenübertragungskonstellation des **enttäuschenden** und des **narzisstischen Objekts.** Der erste Fall liegt dann vor, wenn der suizidale Patient – und das geschieht oft am Anfang einer Therapie – den Therapeuten „testet", ob dieser ein verlässliches Objekt sei. Der Patient versucht dann den Therapeuten zu provozieren, damit dieser die Therapie von sich aus abbricht. Das kann für den Patienten die Funktion haben, dass er einerseits eine Bestätigung für seine früheren Erfahrungen der Unverlässlichkeit wichtiger Bezugspersonen findet, andererseits, dass er damit einem befürchteten Abgewiesen-Werden durch den Therapeuten selbst aktiv zuvorkommt. Fasst der Patient Vertrauen, wird der Therapeut in der Folge häufig idealisiert. Die **Idealisierung** kann zweierlei Gefahren in sich bergen: 1) der Therapeut fühlt sich geschmeichelt und nimmt die Idealisierung als solche nicht wahr; 2) der Patient erlebt die Bearbeitung dieses Beziehungsmusters als Kränkung und reagiert mit Beziehungs- bzw. Therapieabbruch.

KIND (1992) unterscheidet bezugnehmend auf die verschiedenen Formen und psychischen Funktionen von Suizidalität ebenfalls zwei Grundkonstellationen der Übertragung und Gegenübertragung im Umgang mit suizidalen Patienten, nämlich die des **manipulierten** und die des **aufgegebenen Objekts**. Im ersten Fall, der vonseiten des Patienten her der Objektsicherung oder der Objektänderung dient, fühlt sich der Therapeut vom Patienten durch die Suizidankündigungen manipuliert, in die Enge getrieben und somit in seinem therapeutischen Handlungsspielraum massiv **eingeschränkt. Die Folgen können für den Therapeuten Gegenübertragungshass** (auf den Patienten) und **Gegenübertragungsangst** (vor oder um den Patienten) sein. Im zweiten Fall wird dem Therapeuten vom Patienten vermittelt, dass er von ihm eigentlich nichts mehr will. Der Patient aktiviert im Therapeuten Gefühle von Hoffnungslosigkeit, Verlassensein und Objektverlust, die der Patient oft seit langem selbst gut kennt. Wenn der Therapeut aber diese Gefühle nicht wahrnimmt, besteht die Gefahr, dass er auf diese Situation mit Erleichterung reagiert, weil die Phase einer allfällig vorangegangenen und schwer zu ertragenden **manipulativen** Suizidalität endlich vorbei ist; damit würde er die Bedeutung der **resignativen** Form der Suizidalität verkennen.

7.4 Schlussbemerkung

Als Fazit der Ausführungen dieses Kapitels werden drei Aspekte hervorgehoben, die zum Teil allgemein für den Umgang mit Suizidalen gelten, aber bei Psychotherapie mit Menschen, deren Suizidneigung chronifiziert ist, eine besondere Bedeutung haben:

- **Überforderung des Therapeuten**
Über Psychotherapie mit Borderline-Patienten mit chronischem Suizidpotenzial sagt Kernberg – was man auch allgemein auf Therapie mit chronisch Suizidalen beziehen kann: Der Therapeut soll „keine unmöglichen Behandlungsabsprachen" akzeptieren, „die ungewöhnliche Anstrengungen oder heroische Maßnahmen seinerseits erfordern. Auf lange Sicht gesehen ist, wenn vom Therapeuten mehr verlangt wird, als in der durchschnittlichen psychotherapeutischen Behandlung vernünftig ist, das Endergebnis immer eine Zunahme des selbstdestruktiven Potenzials des Patienten. Manchmal kann selbst beim Psychotherapeuten [...] der Wunsch aufkommen, dass ein unmöglicher Patient ‚verschwinden' möge; damit inszenieren sie in der Gegenübertragung aufs Neue die Todeswünsche des Patienten" (Kernberg, 1992, S. 378) und die Todeswünsche, die unter Umständen seine nahen Bezugspersonen ihm gegenüber hatten oder haben und die also das zentrale Problem des suizidalen Patienten sind. Dieses Zitat zeigt deutlich, wie sehr eine Überforderung des Therapeuten nicht nur diesem schaden, sondern auch negative Auswirkungen auf den Patienten und eine Zunahme des Grads der Suizidalität zur Folge haben kann.

- **Grenzen der Einflussmöglichkeiten**
Die Therapie mit Menschen, für die Suizidalität quasi zum Lebensstil geworden ist, ist ein sehr schwieriges und risikoreiches Unterfangen. Oft wird der Therapeut dabei an die Grenzen seiner Möglichkeiten gelangen. Er wird unter Umständen akzeptieren müssen, dass er einen Suizid nicht verhindern kann. Dies kann bei einem Bilanzsuizid ebenso der Fall sein wie bei einem Patienten, bei dem die Verquickung von Autoaggression und verstecktem Rachebedürfnis an der Umwelt (eventuell auch am Therapeuten) mit psychotherapeutischen Mitteln nicht auflösbar ist.

- **Realistische Einschätzung des Therapieziels**
Zum Schluss wird hier noch eine optimistische Einschätzung dessen vorgenommen, was im Laufe einer Psychotherapie mit einem chronisch suizidalen Patienten mit narzisstischer Problematik unter Umständen erreicht werden kann. „Der Patient kann seine unerfüllbaren narzisstischen Träume gegen reale Beziehungen eintauschen. Dieser Austausch entsteht, indem er den Therapeuten als gutes Objekt internalisiert. [...] Zunehmend kann der Patient das

Arbeitsbündnis benützen, um psychisch zu wachsen und das Leben in der realen Welt als das zu akzeptieren, was es ist: nicht ein narzisstisches Paradies, aber doch bewohnt mit Menschen, die zuverlässige Liebe bieten können, wenn auch nicht totale Befriedigung" (MALTSBERGER & BUIE, 1974; zit. nach HENSELER, 1981b, S. 169).

Zusammenfassung Bei chronisch Suizidalen ist es wichtig, nicht nur die aktuelle Suizidalität, sondern die Suizidabsicht im Kontext von Lebensbiografie, Persönlichkeitsstruktur und allfälligen psychischen Störungen und Fehlentwicklungen zu sehen und zu verstehen. Für das Verstehen der individuellen Bedeutung von chronisch wiederkehrender Suizidalität können psychoanalytische bzw. psychodynamische Theorien hilfreich sein. Bei chronisch Suizidalen ist in der Regel nicht Krisenintervention, sondern neben ambulanter oder stationärer psychiatrischer Behandlung vor allem eine kontinuierliche psychotherapeutische Behandlung indiziert. Über eine solche können weniger allgemeine Aussagen getroffen werden als über Krisenintervention bei Suizidgefährdeten. Trotzdem gibt es einige spezielle Überlegungen (Fragen des Settings, Auftauchen spezieller Themen und spezieller Übertragungs- und Gegenübertragungskonstellationen), die für therapeutisches Arbeiten mit chronisch Suizidalen gemacht werden können.

8. Suizidalität und Arbeitslosigkeit

Durch wirtschaftliche Krisen, Sparpakete und das daraus resultierende Ansteigen der Arbeitslosigkeit ist es heute leider sehr aktuell, sich nicht nur mit den wirtschaftlichen, sondern auch mit den psychischen Folgen von Arbeitslosigkeit zu beschäftigen. Wir greifen in dem folgenden Beitrag einen speziellen Aspekt dieses Themenbereichs heraus, nämlich die Zusammenhänge zwischen Arbeitslosigkeit und Suizidhandlungen.

8.1 Psychische Folgen von Arbeitslosigkeit

Durch Arbeitslosenversicherung und Sozialhilfe kann zwar für viele Personen die unmittelbare Bedrohung der physischen Existenz abgewendet werden, jedoch hat die Tatsache der Arbeitslosigkeit für viele Menschen auch psychische Folgen. So gefährdet Arbeitslosigkeit oft die lokale Verankerung (Abwanderung aus einem wirtschaftlichen Krisengebiet wird notwendig), das gesamte Konsumniveau, den Lebensstil (WACKER, 1976) und die Identität der Betroffenen. Schließlich stellt der Arbeitsplatz für viele Lohnabhängige nicht nur die ökonomische Basis dar, sondern sie beziehen daraus ihr Selbstwertgefühl und finden so ihre Identität und ihren Platz in der Gesellschaft. Dies alles gerät durch den Verlust des Arbeitsplatzes ins Wanken.

In den großen Arbeitslosigkeitsstudien aus den 1930er-Jahren wird unter anderem aufgezeigt, wie der Verlust des Arbeitsplatzes erlebt und bewältigt bzw. nicht bewältigt werden kann. So fanden zum Beispiel die Autoren der Warschauer Studie (ZADAWSKI & LAZARSFELD, 1935) folgende Reaktionsweisen, die veranschaulichen, wie sich Arbeitslose in ihrer Lage „typischerweise" verhalten: Es wird auf „den Verlust des Arbeitsplatzes zunächst mit heftigen affektiven Erregungszuständen und Gemütsschwankungen – von Angst über Trauerreaktionen bis hin zu Rachegefühlen und Hass – reagiert". Dann folgt eine Phase relativer Beruhigung mit einer vorläufigen Anpassung an die veränderten Lebensbedingungen. In dieser Phase besteht in der Regel noch Hoffnung auf Verbesserung. Dauert die Phase der Arbeitslosigkeit weiter an, trotz aller Bemühungen, eine neue Arbeitsstelle und damit finanzielle Mittel zu erlangen, dann greift Hoffnungslosigkeit um sich. Wird die Erfahrung der Ausweglosigkeit weiterhin gemacht, „führt dies erneut zu affektiver Erregung und Verzweiflung, die angesichts der objektiven Schranken individuellen Bemühens sich vornehmlich gegen die eigene Person richtet: Angst und depressive Verstimmungszustände wechseln mit Suizidplanungen und gegebenenfalls -versuchen. Abgelöst wird dieser Zustand durch ein Versinken in tiefe Apathie, in der der Arbeitslose an sich und seiner Situation kaum mehr Anteil nimmt" (ZADAWSKI & LAZARSFELD, 1935).

Aus diesen Reaktionsweisen lässt sich kein eigenes Arbeitslosensyndrom konstruieren, aber sie sind eine deutliche Veranschaulichung der psychischen Folgen von Arbeitslosigkeit. Diese können auch zur Ausbildung verschiedener psychischer Störungen führen, die unter anderem von Depressionen, Suizidgedanken und -versuchen bis zu Schlafstörungen und Magenerkrankungen (PFLANZ, 1962) reichen.

Arbeitsplatzverlust kann aber auch zu einer generellen psychischen Beeinträchtigung der Betroffenen führen, ohne dass diese in einem Symptom oder Krankheitszustand manifest wird. Diese Beeinträchtigung kann dann für die Betroffenen spürbar werden als Störung der Berufsrolle, damit einhergehend als Belastung sämtlicher sozialer Beziehungen, die schließlich zu sozialer Isolation führen kann, als Beeinträchtigung des Selbstwertgefühls und unter Umständen als Vertrauenskrise, die das gesamte politische und soziale System betrifft (BRINKMANN, 1978).

Interessant ist es auch, sich zu überlegen, ob es Personengruppen gibt, die durch Arbeitslosigkeit psychisch stärker beeinträchtigt werden als andere. BRINKMANN (1978) konnte bei einer Repräsentativbefragung von Arbeitslosen folgende Gruppen herauskristallisieren, die sich durch Arbeitslosigkeit sowohl in finanziellen als auch in nichtfinanziellen, psychosozialen Dimensionen besonders belastet fühlen: Männliche Arbeitslose, alleinstehende Arbeitslose, Arbeitslose, die nach zwischenzeitlicher Arbeitsaufnahme erneut arbeitslos geworden sind, langfristig Arbeitslose und Arbeitslose ohne Berufsausbildung sowie ohne Hauptschulabschluss.

Abschließend ist zu diesem Punkt zu bemerken, dass nicht nur der Arbeitsplatzverlust selbst, sondern auch der **drohende** Arbeitsplatzverlust – auf den hier nicht näher eingegangen wird – eine zusätzliche Belastung für den einzelnen darstellen kann. In beiden Fällen sind jene Arbeitnehmer, die psychisch labiler und daher oft auch weniger leistungsfähig sind, stärker betroffen, d. h. sie können mit dem zusätzlichen Druck und Stress in der Regel schlechter umgehen, laufen Gefahr, ihren Arbeitsplatz eher als andere zu verlieren, sind durch den Verlust in ihrer psychischen Befindlichkeit und Gesundheit bedrohter als andere und haben schließlich bei unverändert schlechter Arbeitsmarktlage geringere Chancen, einen neuen Arbeitsplatz zu finden.

8.2 Depressivität, Suizidalität, Suizid als Folgen von Arbeitslosigkeit

Verschiedenen Untersuchungen (JAHODA, LAZARSFELD & ZEISEL, 1933; ZADAWSKI & LAZARSFELD, 1935) ist zu entnehmen, dass Ähnlichkeiten zwischen Arbeitsplatzverlust und Partnerverlust bestehen. Der Arbeitslose reagiert häufig mit Trauer, Ohnmacht, Hilflosigkeit und Auflehnung (WACKER, 1976), ähnlich einem Menschen, der von jemandem ihm sehr Nahestehenden verlassen wurde. Die Reaktion auf Arbeitslosigkeit ist also einer **Trauerreaktion** vergleichbar. Der große Unterschied besteht aber meist darin, dass ein Hinterbliebener für seinen Verlust von der Umwelt soziale Zuwendung bekommt, was ihm helfen kann, diesen Schicksalsschlag eher zu verkraften, während ein Arbeitsloser oft noch mit Diskriminierung durch seine Umwelt rechnen muss.

Den oben zitierten Untersuchungen ist auch zu entnehmen, dass viele Arbeitslose gegen sich selbst gerichtete destruktive Tendenzen entwickeln. So berichten die Autoren der Warschauer Studie bei etwa der Hälfte der Befragten von Äußerungen über autoaggressive Tendenzen (geplante Suizide, in sieben Fällen unter Einschluss der Familie). Beides – **Trauerreaktion** und **selbstdestruktive Impulse** – sind als Reaktionen auf Arbeitsplatzverlust oft zu finden und können gleichzeitig zu Depressivität, Depression, suizidaler Einengung und Suizid führen. RINGEL (1981) beschreibt dies in anschaulicher Weise: „Es kann keinen Zweifel darüber geben, dass soziale Not in all ihren Formen und auf allen Sektoren des Lebens ein schweres seelisches Trauma darstellt. Der Betroffene kann verschieden reagieren, immer aber wird man das Gefühl des ungerechtfertigt Zurückgesetztseins, der Demütigung, der Verbitterung und des Misstrauens vorfinden. Aus Armut resultieren vor allem drei Dinge: Abhängigkeit, Ohnmacht, Verbitterung. Diese stehen oft in direktem Zusammenhang mit dem Suizid."

Falldarstellung

Folgendes Fallbeispiel soll die Zusammenhänge zwischen den finanziellen, sozialen und psychischen Auswirkungen von Arbeitslosigkeit näher veranschaulichen:

Herr Franz P. ist ein 35-jähriger Mann, der erstmals nach einem Suizidversuch von seinem praktischen Arzt nach der Krankenhausentlassung in das Kriseninterventionszentrum überwiesen wurde.

Zur Vorgeschichte: Herr P. maturierte, studierte anschließend acht Semester und brach das Studium aufgrund der Gravidität seiner Freundin ab. Es kam zur Eheschließung, und ohne Mühe fand Herr P. (vor 13 Jahren) eine Tätigkeit als leitender Angestellter. Seine Frau, eine Lehrerin, war bis zur Geburt des ersten Kindes berufstätig. Die Mutter blieb bei den beiden mittlerweile neun und 11 Jahre alten Töchtern zu Hause und entschloss sich erst wieder vor fünf Jahren, berufstätig zu werden, was ihr auch mit einiger Anstrengung gelang.

In der Zeit der gemeinsamen Berufstätigkeit erfolgte auch die Anschaffung einer etwa 100 Quadratmeter großen Genossenschaftswohnung.

Im Jahr 1982 wurde in dem Unternehmen, in dem Herr P. beschäftigt war, unvermutet der bevorstehende Konkurs bekanntgegeben. Eine Firmenzusammenlegung wurde geplant und letztlich auch durchgeführt, aber Herr P. war einer der gekündigten Mitarbeiter. Die Hoffnung, unmittelbar wieder einen entsprechenden Arbeitsplatz zu finden, scheiterte, und so wurde Herr P. Arbeitslosengeldbezieher. Nach Beendigung des Bezugsanspruchs wurde von Herrn P. der Antrag auf Notstandshilfe beim zuständigen Arbeitsamt eingebracht, wobei er darüber informiert wurde, dass nur eine geringe Chance bestehe, diese Leistung zu erhalten.

Mit Zustellung des Bescheids, dass er keinen Anspruch auf Notstandshilfe hätte, kam Herr P. zur Überzeugung, dass er „nun endgültig unter diesen Umständen nicht mehr leben will und kann". Im Abschiedsbrief an die Frau schrieb er weiters, dass er letztlich „nur ein Schmarotzer auf der Welt wäre".

Formal war die Familie P. finanziell knapp gesichert. Die Frau hatte ein Einkommen und die Familienbeihilfe für die zwei minderjährigen Kinder. Real erlebte die Familie, dass sie nur noch weniger als die Hälfte hatte. Der Mietzins blieb unverändert hoch und eine Information darüber, dass Anspruch auf Mietzinsbeihilfe auch für Genossenschaftswohnungen bestehe, war dem Ehepaar nicht zugekommen. Die Heizkosten stiegen in der Arbeitslosigkeit des Mannes spürbar an, da erstmals auch tagsüber geheizt werden musste. Die Stromrechnung bliebt unverändert hoch, und die Telefonrechnungen stiegen ebenfalls, da Herr P. noch immer versuchte, mit Firmen, die Angestellte suchten, Verbindung aufzunehmen, er aber auch in seiner Isolation tagsüber Bekannte kontaktierte. Die Tagesheimkosten für die Kinder konnten nur etwas reduziert, nicht aber eingespart werden, da keine Möglichkeit bestand, den Platz gesichert zu bekommen, wenn die Kinder ihn wieder benötigten, falls der Vater Arbeit fände. Die Kosten für die Haltung des Kraftfahrzeugs waren ebenfalls unverändert geblieben, da sich Herr P. nicht entschließen konnte, das Kraftfahrzeug abzumelden und zu verkaufen; damit hätte er die letzte Aussicht auf einen Arbeitsplatz begraben. Die Kreditbelastung der Familie verschärfte die finanzielle Lage.

Konfliktbereiche: Verlust des Sozialprestiges durch den Status Arbeitsloser. Verlust der Bekannten durch die Isolation von Herrn P. „Was soll ich denn mit ihnen reden?" „Wer bin ich denn für sie?" Permanente Misserfolge bei neuen Stellen, wobei Herr P. sehr hohe Erwartungen an sich und die anderen hatte. Er erlebte sich durch die Situation am Arbeitsamt diskriminiert. Schwierigkeiten bei der Neuorientierung im Tagesablauf: „… aufstehen und warten bis …", „nie hatte ich das Gefühl, noch gebraucht zu sein…".

Konflikte in der Ehe: Seine Frau hatte an Herrn P. neue, „diskriminierende" Erwartungen: „Warum hast du die Schuhe der Kinder nicht geputzt?", „… die Wäsche ist noch immer nicht von der Wäscherei abgeholt!".

Probleme mit den Kindern: Bis zur Kündigung von Herrn P. gab es eine stundenweise Haushaltshilfe. Als diese gekündigt wurde, hatten die Kinder die Vorstellung, dass deren Arbeit vom Vater übernommen wird.

Probleme mit der Herkunftsfamilie: Die Eltern machten ihn für seine Situation weitgehend alleine verantwortlich: „Hättest du das Studium abgeschlossen, wäre alles anders geworden", „komm nicht tagsüber, sonst wissen alle bei uns im Haus, dass du arbeitslos bist".

Immer stärker werdende Unzufriedenheit mit sich selbst: Herr P. wurde immer gereizter, ärgerlicher, „angerührter", wie es seine Frau nachträglich beschreibt. Das Selbstvertrauen war empfindlich gestört, Ängste vor einer neuerlichen Anstellung wurden täglich größer.

Dieses Beispiel zeigt sehr gut, dass Arbeitslose nicht allein auf ihre finanziellen Probleme zu reduzieren sind, sondern dass auch deren soziale und psychische – nicht so selten auch körperliche – Schwierigkeiten, die sich aus der Arbeitslosigkeit ergeben, verstanden und berücksichtigt werden müssen.

Zusammenfassung Die ökonomische Situation ist für die Entwicklung der Suizidrate von großer Bedeutung, wobei besonders rasche Veränderungen zu suizidalen Entwicklungen führen können. Der Verlust der Arbeit wird häufig ähnliche (Trauer-)Reaktionen hervorrufen wie der Verlust eines Partners. Besonders gefährdet sind dabei Langzeitarbeitslose und solche, die in Zusammenhang mit erhöhter Krisenanfälligkeit an sich schon schlechtere Chancen haben, sich wieder in den Arbeitsprozess zu integrieren.

9. Suizid und Kultur

Einleitung

Suizid ist ein in allen menschlichen Gesellschaften auftretendes Phänomen und zählt weltweit zu den häufigsten Todesursachen. Da dieses Verhalten der Darwinistischen Evolutionstheorie zuwiderläuft, wurden zahlreiche biologische, psychologische, psychiatrische und soziologische Theorien zur Erklärung dieses Paradoxons aufgestellt. Gegen Ende des 19. Jahrhunderts begannen sich die Sozialwissenschaften verstärkt mit den gesellschaftlichen Ursachen des Suizids auseinanderzusetzen. Einer der Vorreiter war der bedeutende Soziologe, Ethnologe und Religionswissenschaftler Emil DURKHEIM. Basierend auf seiner bekannten Suizidtypologie (egoistischer, altruistischer, anomischer und fatalistischer Suizid) entstanden in den darauffolgenden Jahrzehnten weitere bedeutsame soziologische Erklärungsmodelle. GIBBS und MARTIN (1964) sahen einen Zusammenhang zwischen niedriger Statusintegration und erhöhter Suizidneigung. Maurice HALBWACHS (1930) interpretierte die ansteigenden Suizidraten als Folgeerscheinung der Veränderung der traditionellen Lebensweisen in einer zunehmend komplexeren, urbanen Industriegesellschaft. 2001 stellte der Soziologe FELDMANN eine weitere Typologie des Suizids auf (normativer, instrumenteller, rationaler und expressiver Suizid), die sich auf DURKHEIM stützt.

Suizidraten in Nationalstaaten und in indigenen Gesellschaften

Die Daten der WHO (World Health Organization) weisen seit langem darauf hin, dass die nationalen Suizidraten weltweit stark voneinander abweichen (Abb. 1).
So zeigt sich beispielsweise im Jahr 2000 eine Suizidrate von 80.4 pro 100.000 Einwohner bei Männern in Litauen im Vergleich zu 0.1 bei Männern in Ägypten bzw. für Frauen in Litauen 16.9 pro 100.000 Einwohner im Vergleich zu 0.0 für Frauen in Ägypten. Einschränkend muss allerdings festgestellt werden, dass die WHO aufgrund der fehlenden Suizidstatistiken einiger Länder Afrikas, Asiens und Lateinamerikas nur begrenzt über weltweite Tendenzen von Suizidalität Aussagen treffen kann. Mit Ausnahme von China haben Männer eine höhere Suizidrate als Frauen (JI et al., 2001; YIP et al., 2005; CANETTO, 2008).

Suizid und Kultur 249

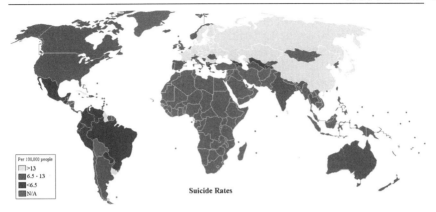

Abb. 1   *Nationale Suizidraten*

Obgleich sich die Höhe der Suizidraten von Männern und Frauen innerhalb der einzelnen Länder zumeist erheblich unterscheiden, zeigt sich doch ein deutlicher statistisch signifikanter Zusammenhang zwischen den Selbsttötungsraten der Geschlechter im transnationalen Vergleich (Spearman-Rho = .867**) (Abb. 2).

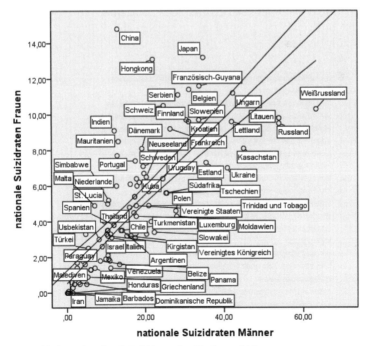

Abb. 2   *Geschlecht und nationale Suizidraten im Ländervergleich*

Es scheinen daher geschlechtsübergreifende Faktoren für die Höhe der nationalen Suizidraten zu existieren. Auffällig ist, dass diese bei Frauen in absoluten Zahlen die höchsten Werte in den buddhistisch dominierten Staaten China und Japan erreichen. Wenn man allerdings das Geschlechterverhältnis (Suizidrate-Frauen/Suizidrate-Männer) der Suizidraten heranzieht, ändert sich dieses Bild ein wenig. Auch hier liegt China (1,14) voran, gefolgt allerdings von Tadschikistan (0,79) und Indien (0,75). Im Vergleich dazu beträgt in Österreich der Index 0,27, d.h. es suizidieren sich bei uns etwa viermal soviel Männer wie Frauen.

Obwohl die nationalen Suizidraten teilweise erheblich voneinander abweichen, erweisen sich die Selbsttötungsraten innerhalb der einzelnen Länder oft als relativ stabil. LESTER (2008a) fand allerdings alle Varianten: während die Suizidraten in Australien, England, Deutschland, Italien, Portugal, der Schweiz und den USA zwischen 1901 und 1990 relativ stabil waren, stiegen sie im selben Zeitraum in Belgien, Finnland, Neuseeland, den Niederlanden, Norwegen und Schweden deutlich an. Die nationalen Unterschiede waren jedoch deutlich größer als die Schwankungen über die Zeit.

Nur in einigen wenigen Gesellschaften, meist in eher isoliert lebenden Gruppen, war Suizid unbekannt. So etwa bei den Zunis im Süden der USA, bei der indigenen Bevölkerung der Andamanen und bei einigen australischen Stämmen (PFEIFFER, 1994). Neuere Studien weisen allerdings darauf hin, dass sich auch in verschiedensten Stammesgesellschaften eine Suizidrate von zwischen 2 bis 8/100.000 Einwohner nachweisen lässt (OGDEN et al., 1970; CONRAD et al, 1974; LESTER, 2007; MULLANY et al., 2009) (Abb. 3).

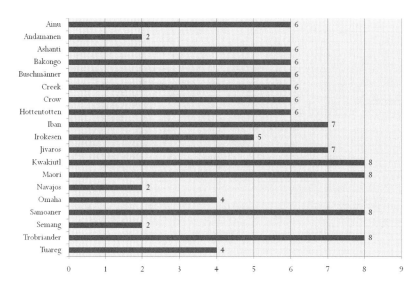

Abb. 3 *Suizidraten in Stammesgesellschaften (n/100.000)*

Diese Raten finden sich bei durchaus kulturell unterschiedlichen Ethnien aller Kontinente, sowohl bei Jägern und Sammlern, als auch in Ackerbaugesellschaften. Der Median der Suizidraten von 99 Staaten, von denen diese Daten vorliegen, beträgt dazu im Vergleich 9,7/100.000 Einwohner und liegt damit nur unwesentlich höher als die Suizidrate der indigenen Populationen.

Erklärungsmodelle der nationalen Suizidraten
Nach LESTER (2004) existiert ein negativer Zusammenhang zwischen Blutgruppe 0 und den nationalen Suizidraten. Andere Hinweise auf eine populationsgenetische Grundlage sind Untersuchungen an Migrantenpopulationen: Finnisch-ugrische Populationen wie Finnen, Litauer oder Ungarn weisen hohe Suizidraten auf. Migranten aus diesen Ländern zeigten noch nach zwei Generationen ähnlich hohe Suizidraten wie die Bevölkerung in der Heimat (VORACEK et al., 2007).

Um die unterschiedlichen nationalen Suizidraten zu erklären, haben CONKLIN und SIMPSON (1987) eine viele soziodemografische und wirtschaftliche Variablen einschließende Faktorenanalyse durchgeführt. Dabei wurden zwei Cluster mit niedrigen Suizidraten gefunden. Cluster 1 enthielt Länder, in denen die islamische Religion dominant war, Cluster 2 wirtschaftlich unterentwickelte Staaten. Wir konnten diese Resultate durch eigene Berechnungen bestätigen. Die Analyse aggregierter Daten der WHO und der nationalen Bevölkerungsregister zeigten niedrige Suizidraten in islamisch dominierten Ländern bzw. in Staaten mit einer nach Selbstdefinition religiösen Bevölkerung, in Ländern mit einem eher geringen Modernisierungsgrad, einer niedrigen Lebenserwartung und einer hohen Rate an Analphabeten. Demgegenüber waren die Suizidraten in modernen Ländern mit einem höheren Durchschnittsalter, einem hohen Anteil an bekennenden Buddhisten oder der Religion fernstehenden Menschen deutlich erhöht (RITTER und STOMPE, 2011, RITTER in Druck).

Religion und Suizid

Auch wenn die individuelle Religiosität in vielen Ländern nicht mehr sehr bestimmend ist, üben religiös-fundierte Wertehaltungen häufig noch immer einen großen gesellschaftlichen Einfluss aus. Bereits DURKHEIM (1997) wies auf den präventiven Einfluss von Religionen auf die Suizidalität hin. In den großen monotheistischen Religionen wird Suizid abgelehnt, wobei das **Christentum** eine gewisse Sonderstellung einnimmt, da es kein explizites Suizidverbot in der Bibel gibt (RETTERSTØL & EKEBERG, 2009). Das Alte Testament schildert fünf Fälle von Suizid, ohne dabei eine wertende Stellungnahme zur Selbsttötung vorzunehmen. Erst Augustinus hat durch die Interpretation des fünften Gebotes „Du sollst nicht töten" auch einen Bezug zur Selbsttötung hergestellt und Suizid somit als Handlung wider Gottes Willen definiert. Im **Judentum** ist das Tötungsverbot explizit in der Thora festgehalten (ORBACH & RABINOWITZ, 2009). Das Leben wird als Leihgabe von Gott gesehen, der Mensch besitzt kein absolutes Anrecht auf seinen Körper. Der Suizid wurde lange Zeit sogar dem Mord gleichgesetzt. Im

Islam findet man im Koran selbst keine explizite Aussage zum Suizid, allerdings wird ein Verbot, Menschen zu töten, in verschiedenen Suren zum Ausdruck gebracht, die auch auf den Suizid bezogen werden können (SCHULTZ, 2009). In den Hadithen hingegen findet sich eine ganze Reihe von Traditionen, die sich dieses Themas annehmen: *Ein Mann war verletzt und tötete sich selbst. Und Gott sagte: mein Knecht ist mir zuvor gekommen, ich verbot ihm das Paradies"* (al-Buhari: Kitāb al-anā'iz, Kapitel 84), *„Wer sich selbst mit einem Stück Eisen tötet wird von ihm im Feuer der Hölle gepeinigt".* (Ibn Hanbal), oder *„Wer sich von einem Berg stürzt und sich selber tötete, wird im Feuer der Hölle sein und in ihm auf alle Ewigkeit stürzen und ewig in ihm bleiben. Und wer Gift trinkt und sich selbst tötete, wird sein Gift in seiner Hand im Feuer der Hölle auf alle Ewigkeiten trinken und in ihm ewig bleiben. Und wer sich mit dem Eisen selbst tötet, wird im Höllenfeuer auf alle Ewigkeiten sein Eisen durch seine Hand in dem Bauch geführt bekommen und in ihm ewig bleiben"* (al-Buhari: Kitāb al-tibb, Kapitel 59). Übereinstimmend zeigen diese Passagen eine ablehnende Haltung gegenüber dem Suizid, und es kristallisiert sich deutlich die Aussage heraus, dass es verboten ist, sich selbst das Leben zu nehmen (OKASHA & OKASHA, 2009). Während der **Hinduismus** in den vedischen SCHRIFTEN (um 1.200 v. Chr.) noch keine eindeutige Position zum Suizid einnimmt (VIJAYAKUMAR, 2009), wird er bereits in den Upanischaden (700–500 v. Chr.) kategorisch abgelehnt: *„Er, der sich sein Selbst nimmt, kommt nach dem Tod in eine sonnenlose Gegend, die in undurchdringliche Finsternis gehüllt ist"* (Isavasya Upanishad). Auch im Dharmashastra (das Hindu-Buch der Regeln und der Ethik, 900–700 v.Chr.) wird der Suizid verdammt. Allerdings gibt es besondere Formen des erlaubten ritualisierten Suizids, wie Sati (*Suttee*), die indische Witwenverbrennung, die im modernen Indien nicht mehr praktiziert wird, sowie Mahaparasthana, eine religiöse Suizidform, bei der vor allem alte Menschen, die sich dem Tod nahe wissen, eine Wanderung nach der heiligen Stadt Kailash unternehmen, weitgehend ohne Nahrung zu sich zu nehmen. Wenn der Reisende durch Entkräftung stirbt, ist dies der Ausstieg aus dem Kreislauf der Wiedergeburten. Im **Buddhismus** wird Suizid zwar nicht direkt verboten, aber als unsinnige Handlung angesehen, da sie das Karma verschlechtert und man somit im nächsten Leben nochmals den unveränderten Problemen ausgesetzt sein wird (PROMPTA & THOMYANGKOON, 2009). Suizid stellt auf jeden Fall, egal aus welchen Beweggründen, immer eine unheilvolle Tat für das Karma dar. Zhuangzi (Tschung Tse, etwa 369–285 v. Chr.), neben Laotse zentraler Autor des **Daoismus**, nimmt in seinem Werk *„Das wahre Buch vom südlichen Blütenland"* eine indifferente Haltung ein. Obwohl er davon ausgeht, dass das Leben nicht immer besser ist als der Tod, befürwortet er den Suizid nicht, da er ein Zeichen für eine Überbewertung einer einzelnen Idee sei.

Kulturspezifische suizidale Verhaltensweisen

Um die Hintergründe von suizidalen Verhaltensweisen in traditionellen Gesellschaften zu erforschen, analysierten SMITH und HACKATHORN (1982) Datensätze aus dem Human Relations Area File, einer umfassenden kulturanthropologischen Datenbank (siehe auch LESTER, 2008 a, b). Die Autoren fanden drei Faktoren, die 70% der Varianz der Unterschiede von Suizidraten in verschiedenen ethischen Gruppen erklären konnten: (1) Suizidraten sind in bäuerlichen Gesellschaften höher als bei Jägern und Sammlern, (2) Suizidraten sind erhöht in Gesellschaften mit expressivem oder zurückgenommenem Gefühlsausdruck, (3) traditionelle Gesellschaften, in denen Scham und Ehre ein hoher Stellenwert eingeräumt wird, haben höhere Suizidraten als Gemeinschaften, in denen dies keine so bedeutende Rolle spielt (siehe auch LESTER, 1997, 1998; KALAFAT & LESTER, 2000). Wie HOLLAN (1990) für die indonesischen Torajas beschreibt, sind auch soziale Kränkungen und Gesichtsverlust häufig auslösende Ursache für suizidale Verhaltensweisen. Ähnliches fand LEENHARDT (1984) in Neukaledonien, einer melanesischen Inselgruppe. Vor allem Frauen, aber auch Männer brachten sich um, nachdem sie vom Partner oder von anderen Mitgliedern der Dorfgemeinschaft schlecht behandelt worden waren. Sie erwarteten, durch ihren Tod in Ahnengeister verwandelt zu werden, um sich so leichter rächen zu können. Auch in entwickelten Nationalökonomien kann suizidales Verhalten unterschiedliche Bedeutungen haben. Die auslösenden gesellschaftlichen und innerpsychischen Motive variieren stark. In Japan etwa, einem Land mit einer traditionell hohen Suizidrate, wird Selbsttötung unter gewissen Umständen als moralische Pflicht angesehen. *Seppuku* oder *Harakiri* wurde vor allem in der Kriegerklasse, aber auch in der Beamtenschaft als ehrbare Form, aus dem Leben zu scheiden, betrachtet. Historisch kann diese Praxis bis in das 12. Jahrhundert zurückverfolgt werden (KAWADA, 2005). Man kann vier Motive für Seppuku unterscheiden: (a) Rettung der eigenen Ehre, (b) um Vergebung bitten, (c) dem Herren in den Tod folgen und (d) als Bestrafung auferlegt. *Shingu* wurde vorwiegend von jungen Liebenden praktiziert, deren Beziehung gesellschaftlich nicht erlaubt war. Diese Art, sich gemeinsam zu töten, wurde als Treuebeweis erachtet (KANNEDO et al., 2005). Eine andere kulturelle Form der Selbsttötung, die im Westen zeitweise große Beachtung fand, ist Sati (*Suttee*), die bereits erwähnte indische Witwenverbrennung. Dieser Brauch war eigentlich eine Totenfolge, eine Sitte, die in alten Hochkulturen weit verbreitet war (FISCH, 2005). Sie fand sich vorwiegend im Alten Ägypten oder bei den Assyrern, also in Gesellschaften, in denen davon ausgegangen wird, dass das Jenseits ein Spiegelbild des Diesseits ist. Die Toten würden dieselbe Stellung einnehmen (können) wie im Leben. Die geschlechtsspezifischen Machtverhältnisse äußerten sich darin, dass die Frau ihrem Mann in den Tod nachfolgen soll, nicht allerdings umgekehrt. Dieser Brauch war allerdings nie besonders häufig und wurde von den englischen Kolonialherren schließlich verboten. In manchen Ethnien wie etwa den Mayas war die Selbsttötung Teil der Kosmogonie und damit ursprünglich durchaus positiv besetzt. Ixtab, die Göttin des Suizids, wurde auf Stelen und Kodices mit einem Seil um den Hals abgebildet. Die Mayas glaubten, dass Suizidenten, im Kampf getötete Krieger und Frauen, die im Kindbett versterben, in das Paradies aufgenommen werden. Mit der Christianisierung nahm die ursprünglich wohlmeinende Gottheit dämonische Züge an. Trotzdem ist Yukatan noch immer die mexikanische Provinz mit der höchsten Suizidrate (BAQUEDANO, 2009).

Soziokultureller Umgang mit Suizid

Die von der WHO veröffentlichten Zahlen sind mit einer gewissen Skepsis zu betrachten. In einigen Ländern ist das Thema Suizid noch immer ein so großes Tabu, dass keine offiziellen Zahlen existieren. Das ist vor allem in vielen afrikanischen Ländern, aber auch in Indonesien, in einigen asiatischen Staaten und in Teilen Lateinamerikas der Fall. Einer der Hauptgründe dafür ist die starke soziale Stigmatisierung der Familien von Suizidanten. In einigen afrikanischen Ländern, so zum Beispiel in Nigeria, verschlechtern sich die Heiratschancen der weiblichen Familienangehörigen von Suizidanten drastisch. In anderen Ländern wie etwa Pakistan ist ein Suizidversuch eine mit Gefängnisstrafe bedrohte Handlung. Suizid wird als eine gegen Gott gerichtete Handlung gesehen, da nur Gott alleine über Leben und Tod seiner Schöpfungen zu entscheiden hat. Manchmal wird eine Selbsttötung mit Geisteskrankheit gleichgesetzt, was ebenfalls zu einer sozialen Stigmatisierung der Hinterbliebenen führt. Oft wird daher versucht, einen Suizid als Unfall oder als überraschenden Todesfall nach akuter Krankheit darzustellen.

Aus schriftlosen Gesellschaften, aber auch aus schriftlichen Überlieferungen von der Antike bis in die frühe Neuzeit sind Ängste vor den Seelen der Menschen, die durch die eigene Hand verstorben sind, bekannt. So verbrennen die Baganda aus Zentralafrika den Körper eines Erhängten mit dem Holz des Baums, den er dafür benützt hat, an einer Wegkreuzung. Es ist die Aufgabe der Frauen des Stammes, die Asche des Toten mit Erde zu bedecken, da Erzählungen besagen, dass dieser sonst in die Körper der Frauen eindringen und wieder aufleben kann.

Von den Ewe aus Togo wird berichtet, dass sie den Erhängten samt dem Ast, an dem er aufgehängt war, solange über Dornen schleifen, bis der Körper zerfetzt ist. Erst dann begraben sie den Leichnam an einer besonders abgelegenen Stelle. Eine andere Beschreibung schildert, wie die Ewe dem Leichnam einen Pfahl durch die Brust stoßen und ihn anschließend verscharren. Durch diese Bräuche soll die Rückkehr des rachsüchtigen Toten zu den Lebenden verhindert werden (MINOIS, 1996). Auch in anderen afrikanischen Gesellschaften wird die Leiche oftmals rituell verstümmelt, letztlich aber immer mit dem Ziel, eine Wiederauferstehung und Verfolgung der Lebenden zu verhindern. Vom Brechen der Schenkelknochen, Abreißen der Ohren bis zum Abschlagen der Hände, jeder dieser Verstümmelungen liegt die Vorstellung zugrunde, dass der so geschändete Leichnam keinen Schaden mehr anrichten kann. Dies ist nur ein kleiner Ausschnitt aus dem breiten Spektrum ethnografischer Schilderungen. Weltweit sind aus nahezu allen Ethnien spezielle Bestattungsrituale für die Leichname von Suizidanten bekannt, da diese Todesart als besonders unheilvoll angesehen wird (PRINZ, 1998).

Zusammenfassung Dem Leben durch eigene Hand ein Ende zu setzen ist eine der Handlungsfreiheiten, durch die sich der Mensch vom Tier unterscheidet. Voraussetzung dafür ist das Wissen über die eigene Endlichkeit und die Unvorhersehbarkeit des Todeszeitpunkts. Suizidale Handlungen finden sich dementsprechend in allen uns bekannten Gesellschaften. Obwohl Selbsttötung somit als anthropologische Konstante zu betrachten ist, unterscheiden sich die weltweit vorgefundenen Suizidraten regional erheblich. Der vollendete Suizid ist letztlich das Endresultat von komplex interagierenden biologischen, psychologischen, psychopathologischen und sozialen Faktoren.

10. Suizid – Klischee und Wirklichkeit

Es verwundert nicht, dass sich um ein so heikles Thema wie Suizid Geschichten und Fantasien entwickelt haben, die sich als hartnäckige Vorurteile kaum ausrotten lassen. Es scheint, als wäre dieses Vorgehen, wie wir auch aus der großen Anzahl von Suizidwitzen schließen, eine wichtige Form, mit der eigenen Betroffenheit umzugehen. Nun könnte man, so wie in vielen anderen Bereichen, falsche Meinungen durchaus bestehen lassen, hätten sie nicht für den Betroffenen fatale Auswirkungen. Es soll also im Folgenden nur der Teil jener Klischees erwähnt und zurechtgerückt werden, welche die Sicht auf die Hilfe für den Suizidgefährdeten versperren.

Klischee	Wirklichkeit
Wer vom Suizid spricht, tut es nicht. (Nach dem Motto „Bellende Hunde beißen nicht.")	80 % der Menschen, die einen Suizid unternehmen, kündigen diesen vorher an und geben damit ihrer Umwelt eine Chance, ihnen zu helfen.
Wer sich wirklich umbringen will, ist nicht aufzuhalten.	Die meisten Suizide werden im Rahmen von Krisen durchgeführt; eine entsprechende Krisenbewältigung kann den Suizid verhindern.
Wer es einmal versucht hat, versucht es immer wieder.	Rund 80 % aller Suizidversuche sind einmalige Ereignisse im Leben der jeweils Betroffenen.
Ein Suizidversuch ist nur Erpressung.	Zweifellos setzt ein Suizidversuch die Umgebung bisweilen unter starken Druck. Dies kann jedoch nur ein Hinweis dafür sein, wie groß das Anliegen des Betroffenen ist, seine Not der Umwelt mitzuteilen.
Nur wer es „ernsthaft" versucht hat, ist weiterhin suizidgefährdet.	Die individuelle Suizidgefährdung hängt nicht mit dem Ausmaß der Lebensbedrohung durch den Suizidversuch zusammen, sondern muss jedes Mal neu eingeschätzt und beachtet werden.

Wenn man jemanden auf Suizidgedanken und -pläne hin anspricht, bringt man ihn erst auf die Idee, sich umzubringen.	Die Möglichkeit, Suizidgedanken mit jemandem besprechen zu können, bringt für den Betroffenen meist eine erhebliche Entlastung und lockert die suizidale Einengung.
„Suizid ist vererbbar". Gehäuftes Vorkommen von Suizidhandlungen in einer Familie erklärt nicht nur weitere, sondern lässt sie sogar erwarten – jede Hilfe ist also sinnlos.	Es gibt zwar eine genetische Komponente beim Suizid, jedoch wird niemand durch Erbmaterial auf Suizid festgelegt. So wie es in einer Familie mehrere Mitglieder geben kann, die besonders suizidgefährdeten Gruppen zuzurechnen sind (Alkohol-, Medikamenten- und Drogenabhängige, Depressive), so kann es auch in einer Familie mehr als einen Suizidfall geben. Wenn es auch Lern- und Imitationseffekte sowie eine genetische Vulnerabilität gibt, besteht doch in jedem Fall eine ganz persönliche suizidale Entwicklung, die somit angemessene Hilfe zulässt.
In besonders „schlechten (bzw. besonders guten) Zeiten" ist die Suizidrate besonders hoch.	Nicht die objektiv schlechte oder gute Situation ist ausschlaggebend, sondern die Veränderung, sowohl vom „Guten" zum „Schlechten" als auch umgekehrt.
Zu Weihnachten und zu Neujahr sowie an grauen Novembertagen sind die meisten Suizide zu verzeichnen.	In der Suizidhäufigkeit ist ein signifikanter Gipfel im Frühjahr und ein kleinerer Gipfel im Spätherbst nachgewiesen. Nach Feiertagen besteht eine gewisse Häufung von Krisen.
Auf dem Land ist die Suizidrate wesentlich geringer als in der Stadt.	Bezüglich der Suizidrate gibt es innerhalb eines Landes sehr starke regionale Unterschiede, diese sind jedoch zumeist zu Ungunsten ländlicher Regionen.

Anspruch auf Vollständigkeit erhebt diese Aufzählung der gängigsten Vorurteile keineswegs. Sie soll vielmehr Betroffenen und Helfern ein Anstoß sein, ihre Einstellung zum Suizid neuerlich zu überdenken.

10.1 Ein Beispiel gutgemeinter praktischer Krisenintervention (Ein Reisebericht)

Nicht selten hört man, dass es ganz bestimmte Orte geben soll, an denen mit besonderer Häufigkeit Suizide verübt werden. So erfahren wir seit Jahren, dass in der unmittelbaren Umgebung von Wien ein Suizidentenwäldchen liegen soll; dieses jedoch zu orten, war uns bisher nicht möglich. Dabei handelt es sich um ein kleines Wäldchen bei Pecs in Ungarn, über das der ungarische Suizidforscher S. FEKETE 1991 beim 16. Internationalen Suizidologenkongress berichtete, und in dem besonders häufig Suizide vorkommen. Offenbar kam es zu einer Namensverwechslung von Becs (was auf ungarisch Wien bedeutet) mit Pecs. Auch gelten die Niagarafälle und die Klippen von Monte Carlo in gleicher Weise wie die Beachy Head Felsen oder die Seven Sisters in England als suizidanregend.

Besteigt man im Semmeringgebiet die Weinzettelwand von ihrer bewaldeten Seite (es ist dies nur ein kleiner Aufstieg von etwa 150 Schritten), so erblickt man plötzlich ein Kreuz mit der Aufschrift: „Gott ist Dir näher als Du denkst", und gleich darunter eine Tafel: „Sie gingen diesen Weg und kamen nicht zurück. Gott sei ihrer Seele gnädig" und wenige Schritte weiter: „Kehr um, es gibt immer wieder einen Anfang". Direkt am Gipfel der Wand erblickt man ein in eine Fichte eingeschnittenes Kreuz. Hier wird offensichtlich versucht, Menschen vom Suizid abzuhalten. Man erfährt, dass dort vor rund 40 Jahren relativ kurz hintereinander zwei Menschen durch Sprung in die Adlitzgräben ihrem Leben ein Ende gesetzt hätten. Anschließend wären diese Tafeln angebracht worden. Davor, aber auch danach seien dort keine Suizide vorgekommen. Es wären zwar etliche Bergsteiger beim Klettern tödlich verunglückt, aber für diese müssten die Tafeln am Fuße der Wand angebracht sein …

Abb. 1
„Kehr um, es gibt immer wieder einen Anfang"

Abb. 2
Weinzettelwand (Repro eines alten Stiches)

Wir blicken von dem mit Drahtseilen gesicherten Aussichtsplateau in die Tiefe und denken an tödliche Abstürze, deren es in dieser Gegend natürlich einige gibt; wir denken aber auch an die alte Sehnsucht des Menschen zu fliegen. Wir kehren um und gehen gerührt an den Tafeln vorbei, an den Bemühungen, allfällige Suizidpläne nicht Wirklichkeit werden zu lassen.

Ob so etwas wirksam ist, weiß ich nicht; ich weiß aber von einem Mann, der sich im Wald erhängen wollte und dem während der Suche nach einem geeigneten Baum einfiel, dass ein Verwandter des Waldbesitzers sich mit Menschen in Krisen beschäftigt. Damit war der entscheidende erste Schritt in Richtung Krisenbewältigung getan.

10.2 Suizid und Presse

Die Presse stellt in unserer Gesellschaft eine der wichtigsten Quellen für Informationen jeder Art dar. Durch die Möglichkeit, Schwerpunkte zu setzen, Sachverhalte zu bewerten, gesellschaftliche Tabus zu brechen oder zu verstärken, wird die Presse zum Ideologieträger. Die Art, wie ein bestimmtes Thema in der Presse behandelt wird, lässt Rückschlüsse auf die Einstellung der Bevölkerung zu diesem Thema zu.

Im Folgenden soll näher betrachtet werden, wie sich die Presse mit der Tatsache befasst, dass sich in Österreich jährlich fast 1.500 Menschen das Leben nehmen.

Die seit langem hohen Suizidraten stellen ein Problem unserer Gesellschaft dar, das dank der Massenmedien nicht tabuisiert wird, sondern immer wieder zur Sprache kommt. Wir lesen zumindest jeden zweiten Tag in der Zeitung, dass sich jemand umgebracht hat oder versucht hat, sich das Leben zu nehmen. Meist handelt es sich um Kurzberichte, deren Form im Großen und Ganzen einheitlich ist: „Herr oder Frau … (es folgen Name, Alter, Wohnort, Wohnbezirk) hat am … Selbstmord verübt." Es folgt die genaue Schilderung, wo und auf welche Weise der Suizid erfolgte. Bei einem Teil der Fälle endet der Bericht hier, bei dem Rest wird der Suizid jeweils in einem Satz auf ein einziges Motiv zurückgeführt. Nun gibt es Suizidfälle, die bei der Presse besondere Beachtung finden: Suizide, die im Anschluss an ein Verbrechen verübt wurden, und Suizide prominenter Personen, Suizide Jugendlicher oder Suizide und Suizidversuche unter ungewöhnlichen Umständen werden in langen Artikeln ausführlich geschildert und scheinen oft schon in den Schlagzeilen der Titelseite auf.

Bei einer Untersuchung, die es sich zur Aufgabe gemacht hat, die Einstellung der Presse zum Thema Suizid zu analysieren, stellte sich heraus, dass die Berichterstattung über Suizid unter bestimmten Umständen durchaus nicht wertfrei ist (Kuess & Hatzinger, 1986). So geht z. B. aus der Art der Formulierung hervor, dass ein Suizid, der wegen „Depression" oder wegen einer körperlichen Krankheit erfolgte, dadurch befriedigend erklärt wird und somit verstanden und akzeptiert werden kann. Führen jedoch z. B. ein Streit mit dem Partner, Führerscheinentzug, Schulden oder Versagen im Beruf zum Suizid oder konnte kein Motiv gefunden werden, wird dem Betroffenen kein Verständnis entgegengebracht. Ein Suizid, der im Anschluss an ein schweres Verbrechen verübt wird, wird unter Umständen nicht nur akzeptiert, sondern sogar als adäquate und notwendige Konsequenz erachtet; oder aber er führt zu einer zusätzlichen Verurteilung und Belastung des Betroffenen, als hätte er sich durch eine Flucht in den Tod jener gerechten Strafe entzogen, die die Gesellschaft für ihn vorsieht (Gappmair, 1980).

Bei der Berichterstattung über Suizidfälle Jugendlicher fällt besonders auf, wie sensationell und dramatisch der Hergang in allen Einzelheiten geschildert wird. Aus der Betroffenheit, Ohnmacht und Hilflosigkeit heraus, wie etwas geschehen kann, das eigentlich nicht geschehen darf, resultiert die sofortige Frage nach dem Schuldigen. Die Schuld wird meist ausschließlich den Eltern, der Schule oder der Gesellschaft zugesprochen, womit der Fall für die Öffentlichkeit erledigt ist (s. a. Kap. 5.3 und 6.4.5).

Gerade die Art, wie über die Suizide Jugendlicher berichtet wird, scheint problematisch. Durch die genaue Schilderung wird der Suizid nicht nur technisch, sondern auch emotionell nachvollziehbar. Der Effekt der Nachahmung oder die Möglichkeit, Suizid als Problemlösungsstrategie zu „erlernen", soll nicht außer Acht gelassen werden. Der Einfluss von Fernsehsendungen mit dem Thema Suizid wurde schon mehrmals untersucht mit dem Ergebnis, dass ein Anstieg der Suizidrate nach Ausstrahlung bestimmter Sendungen festgestellt wurde (Gould & Shaffer, 1986; Phillips & Carstensen, 1986; Schmidtke & Häfner, 1986; s. a. das folgende Kapitel). Diese Nachahmungen medial vermittelter Suizide wird heute in der Wissenschaft u.a. als *Werther-Effekt* bezeichnet (Phillips, 1974), da es 1774 nach Erscheinen von J. W. Goethes Roman *Die Leiden des jungen Werther*, welcher mit dem Suizid des Protagonisten endet, angeblich zu Epidemien gleichartig motivierter und durchgeführter Suizide gekommen sein soll, wobei diese Behauptung nie glaubhaft belegt werden konnte (Niederkrotenthaler, Herberth & Sonneck, 2007). Der Werther-Effekt nach sensationsträchtigen Medienberichten wurde jedoch seither in zahlreichen Studien belegt (Etzersdorfer, Voracek & Sonneck. 2001; Niederkrotenthaler et al., 2009; Pirkis & Blood, 2010).

Die Leistung der Presse, gesellschaftliche Umstände, die einer Veränderung bedürfen, aufzuzeigen, ist sehr wichtig – allerdings wird durch eine persönliche Schuldzuschreibung die Möglichkeit zur Veränderung verhindert. Wenn die Akzeptanz oder die Ablehnung bestimmter Suizide durch die Presse einen Hinweis darauf gibt, dass in unserer Gesellschaft bestimmte Suizide akzeptiert und andere nicht akzeptiert werden, so kann vermutet werden, dass die Presse auf diese Weise die Suizidrate beeinflusst.

Welche Auswirkung hat diese Art der Suizidberichterstattung in der Praxis auf den Umgang mit Menschen in Krisen? Dass das Thema Suizid bei uns kein Tabu darstellt, erleichtert es sicher einigen suizidgefährdeten Menschen und auch den Therapeuten, die Suizidgedanken des Klienten zu verbalisieren. In vielen Pressemeldungen wird der Suizid jedoch als einzig möglich gewesener Ausweg aus einer schwierigen Lebenssituation dargestellt (Kuess & Hatzinger, 1986). Wenn wir uns die einzelnen Stadien der suizidalen Entwicklung (Kap. 6.3) vor Augen halten, so bedeuten diese Suizidberichte sowohl im Stadium der Erwägung als auch im Stadium der Abwägung für den Betroffenen eine Bestärkung darin, sich das Leben zu nehmen. Das stellt sich im Gespräch mit suizidgefährdeten Klienten immer wieder heraus und erschwert die Intervention und die Auflockerung der Einengung (s. präsuizidales Syndrom) erheblich. Inwieweit Pressemeldungen schließlich ausschlaggebend für den endgültigen Entschluss zum Suizid sind, lässt sich nicht nachweisen; ein Einfluss kann jedoch kaum angezweifelt werden. Dies legt auch eine kürzlich erschienene Studie nahe, die zeigt, dass gerade jene Zuschauer, deren suizidale Tendenzen stärker ausgeprägt waren, dazu neigten, sich in Filmen, die einen Suizid zeigten, Anregungen für das eigene Leben zu suchen (TILL, VITOUCH, HERBERTH, SONNECK, NIEDERKROTENTHALER, in Druck). Für Menschen, die sich in keiner Krise befinden, bergen hingegen Filme mit suizidalem Inhalt keine unmittelbare Gefahr (TILL, NIEDERKROTENTHALER, HERBERTH, VITOUCH & SONNECK, 2010).

Ein Beitrag der Presse zur Suizidverhütung könnte so aussehen, dass neben dem Suizid auch andere Konfliktlösungsstrategien erwähnt und dadurch erlernbar werden. Eine kürzlich erschienene Studie zeigte entsprechend, dass das Erscheinen von Berichten über Personen, die sich in psychosozialen Krisen befanden und diese bewältigen konnten, mit nachfolgend niedrigeren Suizidraten assoziiert waren (sogenannter *Papageno-Effekt*) (NIEDERKROTENTHALER et al., 2010a, 2010b).

Eine sensationelle und bewertende Suizidberichterstattung, in der die Wahrung der Anonymität in keiner Weise berücksichtigt wird, verschärft jedoch wesentlich die Krisensituation Hinterbliebener nach dem Suizid eines Angehörigen. Es verwundert nicht, dass diese Verschärfung in noch viel höherem Maße bei jenen Personen zum Tragen kommt, die bei einem sogenannten **erweiterten Suizid** überlebten. Noch tragischer ist es in jenen Fällen, bei denen z. B. das Kind zu Tode kam, der ausführende Elternteil jedoch überlebte. Diese Menschen sind zumeist chronisch suizidgefährdet und bedürfen jahrelanger Hilfe und Betreuung; ungeachtet dessen, werden sie ihres Lebens kaum noch froh, selbst wenn es ihnen gelingen sollte, in völlig neuer Umgebung, wo sie und ihr Schicksal unbekannt sind, Fuß zu fassen. Eine soziale Reintegration kostet die Klienten und die Therapeuten viel Zeit, Kraft und Energie. Die Presse kann hier durch eine möglichst wertfreie, nicht auf spannende Unterhaltung ausgerichtete, möglichst anonyme Suizidberichterstattung Hilfe bei der Arbeit der Krisenintervention leisten.

10.2.1 Der Einfluss der Presse auf den U-Bahnsuizid in Wien

Bald nach Inbetriebnahme der ersten Teilstrecke der Wiener U-Bahn wurden damit die ersten Suizide verübt. Diese waren vergleichsweise selten: maximal 13 Suizide von rund 400 jährlich in Wien, was allerdings noch unter dem Durchschnitt anderer Großstädte [rund 4–6 %] liegt. Da diese Suizide auch in den Massenmedien eine hohe Publizität hatten, sollte die Hypothese, dass Suizidberichte in den Massenmedien zu Imitationsverhalten führen können, überprüft werden.

Es wurden zuerst, retrospektiv beginnend mit 1983, alle Suizidberichte in den beiden größten Tageszeitungen gesammelt, nach bestimmten Kriterien (Titelblatt bzw. Blattinneres, Größe der Überschrift, Anzahl der Spalten und Zeilen) untersucht sowie inhaltlich analysiert. Diese Ergebnisse wurden dann mit dem unmittelbaren U-Bahn-Suizidgeschehen in Beziehung gebracht. Da diese Ergebnisse und die anderer Untersuchungen die Annahme von Imitationseffekten erhärteten, wurde ein Merkblatt für die Medien (s. Kap. 9.2.2) mit Hinweisen erarbeitet, welche Art der Suiziddarstellung in den Medien den Imitationseffekt vergrößern und welche Art ihn verkleinern könnte. Anschließend wurden prospektiv die Berichterstattung und das Suizidgeschehen nach den oben angeführten Kriterien weiter untersucht.

Ergebnisse der Studie
1. Der Einfluss der Medienberichterstattung auf die U-Bahn-Suizide lässt sich signifikant dadurch nachweisen, dass ab dem Zeitpunkt der veränderten Suizidberichterstattung Mitte 1987 praktisch „schlagartig" die U-Bahn-Suizide um über 60 % abnahmen (s. Abb. 3) (ETZERSDORFER & SONNECK, 1998; ETZERSDORFER, SONNECK & NAGEL-KUESS, 1992; SONNECK, ETZERSDORFER & NAGEL-KUESS, 1994).
2. Durch ständige Beobachtung der Medienberichte und entsprechende Reaktionen auf vereinzelt im alten Stil gebrachte Berichte konnte sowohl die neue Form der Berichterstattung als auch das reduzierte Suizidaufkommen in der U-Bahn gehalten werden (NIEDERKROTENTHALER & SONNECK, 2007).
3. Seit dieser Zeit ist auch ein Rückgang der Suizide insgesamt in Wien und in Österreich beobachtbar (s. Abb. 4a und 4b) (NIEDERKROTENTHALER & SONNECK, 2007).

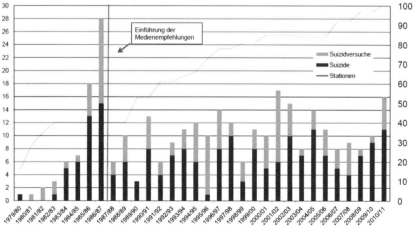

Abb. 3   *U-Bahnsuizide und Versuche 1980–1998 in Wien (nach Halbjahren)*

Suizid und Presse 263

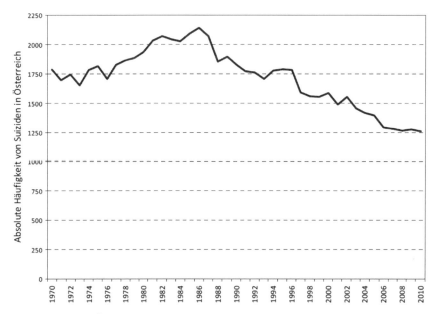

Abb. 4a Suizide in Österreich von 1970–2010 (aus KAPUSTA, 2011, S. 4)

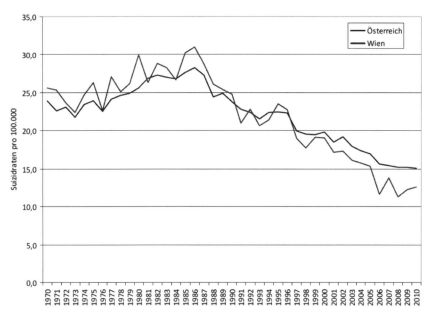

Abb. 4b Suizide in Wien und Österreich von 1970–2010 (aus KAPUSTA, 2011, S. 9)

10.2.2 Protektiver Einfluss der Medien auf suizidales Verhalten

In einer kürzlich durchgeführten Studie konnte erstmals ein empirischer Hinweis gefunden werden, der die schon lange diskutierte Annahme, wonach Medienberichte neben schädlichen Wirkungen auch eine schützende Wirkung haben könnten, bestätigt (Niederkrotenthaler et al., 2010a, 2010b). Presseberichte über Personen, die mithilfe von konstruktiven Bewältigungsstrategien schwierige Lebensumstände bewältigt hatten, führten zu einem Rückgang der Suizide in der Bevölkerung unmittelbar nach der Veröffentlichung des jeweiligen Artikels. Diese Wirkung wird *Papageno-Effekt* genannt, in Anlehnung an die Hauptfigur in Mozarts Oper *Die Zauberflöte*, der mithilfe der Drei Knaben, die ihm Alternativen zum Suizid vor Augen führen, über seine suizidale Krise erfolgreich hinwegkommt (Ringel, 1985; Schikaneder, 1990).

Diese Studie zeigte auch, dass Expertenmeinungen oder epidemiologische Fakten über Suizid häufig eng mit potenziell suizidfördernden Merkmalen (zum Beispiel einer sensationsträchtigen Sprache wie Suizidepidemie etc.) verbunden waren, von denen in den Empfehlungen für die Medien (s. Kapitel 9.2.4) dezidiert abgeraten wird. Berichte über Krisenbewältigung zeigten im Vergleich weniger Sensationsträchtigkeit und scheinen sich auch aus diesem Grund besonders für weniger wertende Aufklärung zu eignen (Niederkrotenthaler et al., 2010a, 2010b).

10.2.3 Suizid und Internet

Studien über Internetrecherchen auf englischsprachigen und auch chinesischen Internetseiten zum Thema Suizid zeigen, dass es online sehr unterschiedliche Arten von Informationsquellen zum Suizid gibt. Diese reichen von Informationen über Selbsthilfegruppen und Krisenintervention, die suizidalen Menschen Hilfe anbieten, bis hin zu Internetseiten mit detaillierten Instruktionen zum Suizid (Recupero, Harms & Noble, 2008). Das Verhältnis an gefundenen Websites, die Suizid befürworten oder ablehnen, scheint dabei je nach Sprache bzw. Kultur zu variieren (Cheng, Fu & Yip, 2011). Online-Diskussionsforen über Suizid sind eine spezielle Form der suizidbezogenen Webseiten im Internet, die in den letzten Jahren sowohl die Aufmerksamkeit der Öffentlichkeit als auch jene von praktizierenden Psychologen, Psychiatern und Psychotherapeuten zunehmend auf sich zog (vgl. Eichenberg, 2010; Collings & Niederkrotenthaler, 2012). „Suizidforen" stellen eine heterogene Gruppe von Online-Angeboten da, die gemeinsam haben, dass anonyme Personen mit Ihresgleichen über Suizidalität diskutieren können und dass andere Internetnutzer, die sich ebenfalls in diesem Forum aufhalten, ohne Schwierigkeiten auf diese Diskussionen zugreifen und mitlesen können. Die Heterogenität der „Suizidforen" ist u.a. auf die spezifischen Forumsregeln (zum Beispiel unterstützen manche Foren Diskussionen über Suizidmethoden, andere verbieten Suizidankündigungen), auf die Einstellung zum Suizid (und somit die Zielgruppe), die sich unter anderem auch aus dem Design des jeweiligen Forums ablesen lässt (zum Beispiel bilden manche Foren Suizidmethoden ab, manche geben Kontaktinformationen zu Hilfsinstitutionen auf der Startseite) sowie auf die Involviertheit von professionellen Helfern zurückzuführen (zum Beispiel werden manche Foren von Psychologen oder Ärzten moderiert, andere schließen diese explizit aus der Diskussion aus). Eine systematische Klassifikation von „Suizidforen" nach Inhalt und Struktur gibt es bis jetzt aber nicht.

Der Einfluss solcher Online-Foren auf die psychische Verfassung der Teilnehmer wird derzeit in der Wissenschaft (Becker, El-Faddagh & Schmidt, 2004; Eichenberg, 2010; Etzersdorfer, Fiedler, Witte, 2003) als auch in der Öffentlichkeit (Eichenberg, 2010) kontrovers diskutiert. Zahlreiche Fallstudien zeigen, dass Web-Foren dazu benutzt werden können, um Suizidmethoden zu lernen und den Suizid vorzubereiten (Alao, Soderberg, Pohl & Alao, 2006; Baume, Cantor & Rolfe, 1997; Becker, Mayer, Nagenborg, El-Faddagh & Schmidt, 2004; Naito, 2007). Solche Foren können von gefährdeten Jugendlichen als Inspiration für Suizidhandlungen wahrgenommen werden (Becker & Schmidt, 2004). Aufrufe zu Suizid-Partnern sind zudem in Foren nicht nach dem Zufall verteilt, sondern erfolgen zeitlich gehäuft, was darauf hindeutet, dass bei der Suche nach Suizid-Partnern Imitationsverhalten eine Rolle spielt (Schmidtke, Schaller, Takahashi & Gajewska, 2008).

Der Einfluss von „Suizid-Foren" im Internet dürfte aber nicht nur auf schädliche Effekte beschränkt sein: Eine Online-Umfrage, die in „Suizid-Foren" durchgeführt wurde, zeigte, dass aktive jugendliche Foren-User die soziale Unterstützung, die sie in den Foren erfahren, als genauso gut und wichtig empfinden wie jene von „realen" Freunden und dass die Mehrheit während ihrer Teilnahme an den Diskussionen im Forum einen Rückgang ihrer eigener Suizidalität wahrnehmen (Winkel, Groen & Petermann, 2005). Diese positiven Erfahrungen waren in jenen „Suizid-Foren", in denen nicht über Suizidmethoden diskutiert wurde, stärker als in jenen, in denen über Suizidmethoden berichtet wurde. Darüber hinaus zeigte eine weitere Studie, dass suizidale Personen, die im Internet Hilfe suchen, eine höhere Ausprägung an Suizidalität und ein geringeres Ausmaß an sozialer Unterstützung angeben als Personen, die sich nicht online um Hilfe bemühen. Dennoch wurde die Online-Suche nach Hilfe durchaus als hilfreich und unterstützend erlebt und war mit einem Rückgang der wahrgenommenen Entfremdung von der Welt verbunden (Harris, McLean & Sheffield, 2009). Die Aufklärung der Öffentlichkeit darüber, wie man Suizidalität erkennt und wie man damit umgeht, ist oft Teil von Suizidpräventionsprogrammen und gehört zu den Empfehlungen des aktuellen österreichischen Suizidpräventionsplans (Sonneck & Niederkrotenthaler, 2008). Der Einsatz des Internets ist dabei gewiss ein unverzichtbarer Teil eines solchen Unterfangens. Studien zum Erfolg von Aufklärungskampagnen – mit oder ohne Einsatz des Internets – zum Thema Suizid gibt es bisher allerdings kaum (Mann et al., 2005). Dies unterstreicht die Notwendigkeit entsprechende Präventionsangebote auch zu evaluieren (Collings & Niederkrotenthaler, 2012).

Zusammenfassend lässt sich sagen, dass die Diskussion um die Bedeutung des Internets in vieler Hinsicht offen ist und dass hier sicher besondere methodische Schwierigkeiten für das Untersuchen der Effekte bestehen, da das Internet ja in vieler Hinsicht grenzenlos ist. Vor allem die traditionellen Medien reagierten auf Einzelfälle immer wieder in sehr dramatischer und vereinfachender Weise, die manchmal an die überlieferten Reaktionen auf den klassischen „Werther" von Goethe erinnern, die bis zu Verboten und dem Einstampfen von Auflagen reichten (Niederkrotenthaler et al., 2007). Schon das Ausbleiben von Massenphänomenen oder gravierenden Zunahmen der Suizidzahlen legen jedoch nahe, die Diskussion weiter zu versachlichen und differenziert zu führen. Gegenwärtig spricht viel dafür, dass das Internet sowohl ungünstig, auch im Sinne eines Imitationseffektes, wirken kann, als auch zunehmend an Bedeutung für präventive Bemühungen gewinnen wird.

10.2.4 Empfehlungen für die Medien

Die Situation von Journalisten in Bezug auf die Berichterstattung über Suizid ist durch ein besonderes Spannungsfeld gekennzeichnet. Denn Empfehlungen zur Zurückhaltung bestimmter Informationen stehen im Widerspruch zu einer üblicherweise detailreichen und umfassenden Darstellung eines bedeutenden Ereignisses. Die journalistische Arbeit sollte jedoch zum Thema Suizidalität hinsichtlich der Möglichkeit von Nachahmungseffekten eingehend reflektiert werden.

Vor allem sei erwähnt, dass es durch eine spezifische Berichterstattung nicht nur um Vermeidung von Nachahmungssuiziden geht, sondern auch um die Möglichkeit an einer gesellschaftlichen Suizidprävention mitzuwirken.

Medienexperten können dann einen wichtigen Beitrag zur gesellschaftlichen Einstellung zu Suizidalität leisten, wenn in Reportagen die psychosoziale Krise nicht als Krankheit mit einem schicksalhaften psychischen Zusammenbruch ohne Veränderungsmöglichkeiten dargestellt wird, sondern als zeitlich begrenzte Phase tiefer Verzweiflung, die auch durch konkrete Hilfsangebote der Umwelt gelindert werden kann und Chancen der Neuorientierung beinhaltet.

Ein restriktives „Berichtverbot" über Suizide zu empfehlen stellt keine wünschenswerte Lösung dar, da dies eine Tabuisierung dieses Themas im öffentlichen Bewusstsein verstärken könnte. Genauso wenig wird eine vereinfachte Darstellung von Suizidalität durch sensationserregende Berichte der komplexen Realität von suizidgefährdeten Menschen gerecht. Hingegen sind für betroffene Menschen medial vermittelte Wege aus der Krise von hoher Relevanz, indem z. B. Interviews von Menschen veröffentlicht werden, die ihre Krise konstruktiv bewältigen konnten. Ähnlich wie bei einer Reportage über körperliche Erkrankungen ist in Berichten über Krisen und Suizidalität eine einseitige Fokussierung auf maligne Verläufe zugunsten einer beispielhaften Darstellung heilsamer Behandlungsverläufe zu vermeiden.

Journalisten haben daher die Chance, durch ihren Bericht Menschen in einer ausweglos erscheinenden Lebenssituation zu ermutigen, sich an Freunde, Angehörige oder Helfer in psychosozialen Einrichtungen zu wenden.

Die zentrale Botschaft eines Berichtes über Suizid kann folgendermaßen zusammengefasst werden: Suizidgedanken und Suizidpläne führen nicht zwingend zum Suizid, sondern es ist für betroffene Menschen in höchstem Maße entscheidend, ob Hilfe in Anspruch genommen werden kann.

Der Imitationseffekt
Aus der psychosozialen Betreuung von Menschen in Krisen ist bekannt, dass einem Suizid meist eine längere Phase der suizidalen Entwicklung vorausgeht (siehe „Präsuizidales Syndrom"). Dabei führen die zunehmende Einengung der Wahrnehmung, der Werte und Gefühle eines Menschen zu einer extremen Belastung und einer subjektiv erlebten Ausweglosigkeit, wodurch Botschaften der Umwelt eine einseitige Bedeutung bekommen. Das Phänomen der Suizidgefährdung ist immer ein vielschichtiges und multifaktorielles Geschehen. Es ist sicher nicht möglich, es auf einen einzigen Ursprung, Auslöser oder ein Motiv einzugrenzen. In einer Phase der Hoffnungslosigkeit kann allerdings ein Bericht über einen Suizid bei Rezipienten den Entschluss zum Suizid verstärken oder sogar den Suizid provozieren.

Die Medienwelt bietet Menschen durch die Darstellung von Lebensgeschichten auch Modelle der Identitätsentwicklung mit konkreten Denk- und Verhaltensmustern, die eine Nachahmung von Konfliktlösungen ermöglicht. Menschen in Krisen versuchen oft sich durch Rückzug in eine Fantasiewelt vor weiteren Belastungen zu schützen und zeigen in dieser Phase der sozialen Isolation auch eine erhöhte Empfänglichkeit für medial vermittelte Problemlösungen, die allerdings sehr einseitig wahrgenommen werden können. Suizidnachahmungseffekte sind dann besonders ausgeprägt, wenn zwischen der in einem Bericht beschriebenen Person und den Rezipienten dieses Berichtes spezifische soziale und biografische Ähnlichkeiten bestehen. Menschen, die sich in einer suizidalen Krise befinden, weisen aufgrund ihrer eingeengten Sichtweise auch eine besondere Sensibilität gegenüber Medienberichten zum Thema Suizidalität auf. Das erklärt, dass die Suizidberichterstattung auf bestimmte latent gefährdete Personen einen deutlich erhöhten, auf andere Personengruppen einen geringeren oder keinen nennenswerten Einfluss haben kann. Zu den Risikogruppen zählen Menschen in psychosozialen Krisen, Menschen mit psychiatrischen Erkrankungen, alte und vereinsamte Menschen sowie Angehörige von Minderheiten und gesellschaftlichen Randgruppen. Es soll aber auch darauf hingewiesen werden, dass Kinder und Jugendliche schon aufgrund ihrer entwicklungsbedingten Identitätssuche eine allgemein erhöhte Imitationsbereitschaft aufweisen können.

Empfehlungen für die Berichterstattung über Suizid
Journalisten leisten einen wesentlichen Beitrag zur Suizidprävention, wenn in der Gestaltung einer Reportage folgende Aspekte berücksichtigt werden:

Wie sollte berichtet werden:
- **Sprachliche Formulierungen beachten**

Einen Bericht über Suizid zu verfassen, kann bei Journalisten selbst beispielsweise durch die Konfrontation mit dieser Thematik oder die Recherche vor Ort eine starke eigene Betroffenheit auslösen, die unreflektiert in einer Abwehr, Entwertung oder als Billigung der Suizidhandlung zum Ausdruck kommen kann. Daher möge darauf geachtet werden, welche Atmosphäre und Einstellung bezüglich Suizidalität durch die verwendeten sprachlichen Formulierungen im Bericht entsteht.

Sowohl pathologisierende, kriminalisierende Begriffe wie „Selbstmord" oder „Selbstmörder", als auch eine befürwortende Billigung wie „Freitod" erweisen sich hinsichtlich der dahinterliegenden individuellen Tragödie als unpassende Bezeichnungen.

Hingegen sind Ausdrucksformen wie „starb unter tragischen Umständen" und „nahm sich das Leben" oder „starb durch Suizid" wertfreier und Bezeichnungen wie „Suizid verübt" vorzuziehen. Denn letztere reduzieren den Menschen ausschließlich auf die Todesart und verschleiern den Prozess des Sterbens an sich.

- **Individuelle Problematik hervorheben**

In der Gestaltung eines Berichtes über Suizid haben Journalisten die Möglichkeit, dann suizidpräventiv zu wirken, wenn sich durch eine wertneutrale und einfühlsame Berichterstattung potenziell betroffene Menschen oder deren Angehörige auch angesprochen fühlen. Besonders ein Ausdruck von Verständnis für Lebenskrisen sowie ein Verzicht auf Verurteilung und vereinfachenden Erklärungen (Krise = Krankheit = Ausweglosigkeit) ist geeigneter, der Komplexität von Lebenskrisen gerecht zu werden. Psychosoziale Krisen beinhalten nicht nur Gefahren, sondern auch Chancen auf Veränderung, die in einer Reportage auch exemplarisch aufgezeigt werden können.

- **Konkrete Alternativen aufzeigen**

Eine modellhafte Darstellung von Wegen aus einer Krise z.B. durch Interviews mit Menschen, die durch verschiedenste Hilfsmaßnahmen wieder zu einer Neuorientierung und Stabilität fanden, ist von herausragender Bedeutung für andere. So kann durch einen Medienbericht den Rezipienten auch das Gefühl vermittelt werden, in dieser Lebenssituation nicht alleine oder gar verlassen zu sein. Es könnte also auch im Bericht selbst ganz konkret dazu ermutigt werden: „Wenn auch Sie oder Angehörige sich in einer ähnlichen, scheinbar ausweglosen Situation befinden, zögern Sie nicht, professionelle Hilfe anzunehmen."

- **Professionelle Hilfsangebote nennen**

Veröffentlichung von aktuellen Telefonnummern spezifischer Hilfsdienste und Erörterung von deren Arbeitsweise. Für Menschen in suizidalen Krisen sind dabei jene psychosozialen Einrichtungen relevant, die konkret zuständig und auch leicht erreichbar sind. Im Anhang des Buches sind jene Institutionen

genannt, die Krisenintervention, psychosoziale Notdienste und eine akutpsychiatrische Versorgung anbieten (s. Kap. 14).
- **Öffentliches Bewusstsein schaffen**
Vorbereitete Medienkampagnen in Kooperation mit den spezifischen Institutionen. Dabei sollte auch die zentrale Botschaft vermittelt werden, dass eine Suizidgefährdung oft mit seelischen Krankheiten, vor allem Depressionen, einhergehen und diese gut behandelbar sind. Die Veröffentlichung von Warnsignalen von Suizidgefährdung bietet der Gesellschaft die Möglichkeit, diese bei Betroffenen auch wahrzunehmen.

Was sollte im Bericht vermieden werden
Die Information über einen Suizid kann für einen eingeengten Menschen einen Ausweg durch Suizid so anbieten, dass dieser mit „Erleichterung" auch beschritten wird. Dieser Effekt wird umso höher sein, je mehr die Aufmerksamkeit erhöht, Details zur Person und ihrer Suizidhandlung veröffentlicht sowie vereinfachende und romantisierende Motive zu Grunde gelegt werden.
Daher sind folgende Aspekte zu VERMEIDEN:
- **Aufmerksamkeit erhöhen:** durch Bericht auf Titelseite oder Verwendung des Ausdrucks „Selbstmord" in der Schlagzeile.
- **Vereinfachende und romantisierende Erklärungen:** „Selbstmord wegen Nicht Genügend", „Selbstmord wegen Blechschaden", „Wegen Scheidung Selbstmord begangen", „Selbstmord aus Liebe", „ewig vereint sein".
Diese Formulierungen sind Versuche, die Suizidhandlung auf einen einzigen Faktor zu reduzieren. Aus der klinischen Erfahrung mit Menschen in suizidalen Krisen geht eindeutig hervor, wie sehr ein Suizid durch ein Zusammentreffen mehrerer Faktoren gleichzeitig beeinflusst ist. Eine vereinfachende Erklärung allein könnte für Menschen in einer ähnlichen Lebenslage eine zwingende Kausalität suggerieren, die scheinbar keinen anderen Weg als den Suizid zulässt. Besonders wirksam sind derartige Simplifizierungen, wenn sie bereits in der Schlagzeile zum Ausdruck kommen. Aus ähnlichen Gründen sind auch Begriffe wie „Selbstmordwelle", „Selbstmordserie" oder „Selbstmordepidemie" zu vermeiden, da sie die Vorstellung eigenständiger unaufhaltbarer Kräfte („Sog" oder „Ansteckung") fördern können.
- **Details zur Person**
Biografische Daten wie vollständiger Name, Foto, Lebensumstände sowie die Beschreibung des persönlichen Charakters sollten ausgespart werden. Andernfalls bietet der Bericht potenziell suizidgefährdeten Personen die Möglichkeit, scheinbare Ähnlichkeiten und Berührungspunkte zu finden, um sich mit dieser Person zu identifizieren. Ebenfalls mögen Abschiedsbriefe weder abgebildet noch zitiert werden, da dies einen Eingriff in die Privatsphäre darstellt und die Trauerarbeit von Angehörigen erheblich erschweren kann.
- **Details zur Suizidhandlung**
Verzicht auf Nennung der konkreten Suizidmethode und Verzicht auf Aufzählung von Hilfsmitteln zur Durchführung des Suizids.

Eine genaue Beschreibung und Abbildung des Suizidortes sollte unterlassen werden. Orte mit erhöhter Suizidhäufung (wie z. B. manche Klippen und Brücken) werden vielen Menschen erst durch die Berichterstattung als besonders „magische" Orte vermittelt. Dies könnte bei manchen Menschen die Fantasie anregen, im Suizid nicht alleine zu sein und anderen „dort" nachzufolgen.

Die filmische oder die szenische Rekonstruktion des Suizides bietet durch eine Präsentation von konkreten Handlungsschritten eine weitere Möglichkeit diesen Suizid zu imitieren.

Zum Suizid prominenter Personen
Suizide bekannter Persönlichkeiten weisen dann einen erhöhten Imitationseffekt auf, wenn der verstorbene Mensch in der Öffentlichkeit besonders beliebt war. Bei der Gestaltung eines Berichtes ist neben den bereits erwähnten Aspekten auch darauf zu achten, dass der Glanz der Berühmtheit das dahinterstehende Leid nicht überschattet, welches wesentlich zur suizidalen Entwicklung führte. Besonders bei Künstlern, die den Suizid als einen finalen Höhepunkt des Lebens in ihrer künstlerischen Arbeit zum Ausdruck brachten, ist eine Idealisierung dieses künstlerischen Schaffens ohne eine Diskussion der individuellen Schwierigkeiten zu vermeiden. Denn dies könnte eine irreversible und logische Entwicklung hin zum Suizid ohne alternative Lösungsmöglichkeiten suggerieren. Zu empfehlen ist hingegen eine Darstellung, welche einerseits die prominente Person mit ihrem Bezug zur Öffentlichkeit und andererseits den dahinterstehenden Menschen mit der individuellen Problematik und dem persönlichen Leid abseits des öffentlichen Raumes betrachtet.

Die IASP (International Association for Suicide Prevention) stellt weitere internationale media-guidelines zur Verfügung: http://www.iasp.info/media_guidelines.php

10.2.5 Der Einfluss der Medien auf das Inanspruchnahmeverhalten

Jeder Medienbericht über eine Hilfsstelle wird eine Steigerung der Inanspruchnahme nach sich ziehen. Je klarer die Darstellung ist, desto größer wird unter den durch den Bericht Motivierten der Prozentsatz der Zielpopulation sein, da sich die Betroffenen erstaunlich gut selbst zuordnen können. Ist die Darstellung sehr allgemein, werden sich natürlich sehr viele angesprochen fühlen und mit der Stelle in Kontakt treten. All dies sollte beachtet werden, ehe eine Medienaktion gestartet wird, will man nicht nur Bedürfnisse wecken, ohne ihnen dann auch gerecht werden zu können. Auch stellt die oft enorme Frequenzsteigerung hohe Anforderungen an die Mitarbeiter. Üblicherweise sind die Steigerungen nach etwa drei Wochen wieder zum Durchschnittswert zurückgekehrt, zwischenzeitliche Wiederholungen können den Effekt jedoch auch über längere Zeit auf höherem Niveau halten.

Effekte gezielter und ungezielter Medienaktionen auf die Inanspruchnahme des Krisenimterventionszentrums

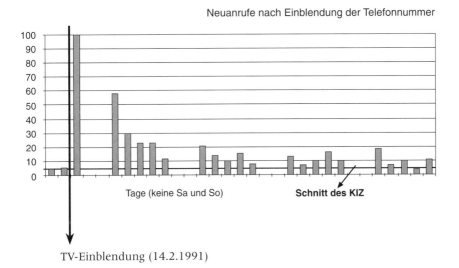

Abb. 5 *Neuanrufe nach Einblendung der Telefonnummer des Wiener KIZ im Fernsehen*

Die österreichweite Fernseheinblendung der Telefonnummer des Wiener Kriseninterventionszentrums im Jahr 1991 hatte eine sofortige 20-fache Steigerung der telefonischen Erstkontakte von durchschnittlich fünf Erstanrufern pro Tag auf 107 Anrufe zur Folge. Da die Einblendung ohne vorherige Absprache mit dem Zentrum und im Anschluss an eine sehr allgemeine Sendung über Angst erfolgt war, lag die Anzahl der Krisen bei den Anrufern jedoch kaum höher als während des normalen Betriebs. Die Anzahl der Anrufe erreichte nach etwa drei Wochen wieder den normalen Durchschnittswert (Abb. 5).

Im Vergleich dazu steht eine Medienaktion im Jahr 1993, bei der in einer Sonntagsausgabe einer Wiener Tageszeitung ein halbseitiger Artikel über Krisenintervention und das Angebot des Wiener KIZ erschienen war. Diese Publikation war inhaltlich im Rahmen eines Interviews der Institution vorbereitet worden und hatte als Zielpopulation Personen in akuten psychosozialen Krisen klar dargestellt. Die Auswirkungen des Artikels wurden in einer Analyse der Personen, die in den darauf folgenden vier Wochen das KIZ persönlich zum ersten Mal aufsuchten, untersucht. Wie zu erwarten, kam es zu einer drastischen Zunahme an Klienten mit einer Verdreifachung der Klientenzahl am ersten Tag bzw. einer Verdoppelung in der ersten Woche (s. Abb. 6). Nach vier Wochen lag die Zahl der Erstkonsultationen wieder im Jahresdurchschnitt (jedoch kamen noch bis neun Wochen nach dem Erscheinen des Artikels zwei bis drei Klienten pro Woche, die durch den Artikel vom KIZ erfahren hatten). Insgesamt wurden 50 Klienten registriert, die aufgrund der Medienaktion das KIZ persönlich aufsuchten. Die quantitativ noch drastischere Zunahme der telefonischen Erstkontakte ist in dieser Darstellung nicht berücksichtigt.

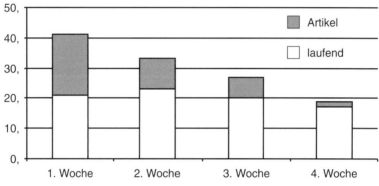

Abb. 6   *Klienten während 4 Wochen nach Artikel*

Von jenen Personen, die im langjährigen Durchschnitt das KIZ in Anspruch nehmen, befinden sich etwa 60 % zum Zeitpunkt des Erstkontakts in einer akuten Krise. Betrachtet man die Personen, die durch den Artikel an das KIZ kamen (Gruppe „durch Artikel"), lag dieser Anteil bei 40 %. In gleichem Ausmaß war auch die Rate der akut suizidal gefährdeten Personen niedriger und dementsprechend der Anteil der medizinischen Betreuung. Erhöht war bei der Gruppe „durch Artikel" der Anteil, bei dem das Problem eine deutliche sozial-materielle Komponente hatte (40 % gegenüber 18 % bei Erstkontakten im Vergleichszeitraum des Vorjahrs). Jene Klienten, die im untersuchten Zeitraum 1993 nicht durch den Artikel gekommen waren, hatten mit einer Häufigkeit von 28 % ein sozial-materielles Problem. Das bedeutet, dass für diesen Bereich auch in den Kontrollgruppen im zeitlichen Verlauf (1992–1993) eine Zunahme zu beobachten ist. Möglicherweise ist das als Ergebnis der gesamtgesellschaftlichen Entwicklung zu interpretieren.

Auch demografisch unterschied sich die Gruppe „durch Artikel" vom Durchschnitt, indem sie mit 43 Jahren im Median um neun Jahre deutlich älter war und mit 1:1 eine ausgeglichene Geschlechtsverteilung zeigte gegenüber einem sonst ungleichen Verhältnis von 3:2 Frauen zu Männern. Wie die Analyse weiter zeigt, können diese Verteilungsunterschiede nicht für den veränderten Anteil an Klienten in akuten Krisen verantwortlich gemacht werden, weil in allen Gruppen bezüglich des Anteils an Krisen kein Geschlechtsunterschied besteht. Nur Klienten, die schon im Ruhestand sind, weisen einen deutlich geringeren Anteil an akuten Krisen auf. Möglicherweise ist das ein Beispiel für eine Gruppe, bei der Bedürfnisse angesprochen wurden, für die an anderer Stelle nur sehr schwer ein Angebot gefunden wird.

Zusammenfassend kam man sagen, dass sich durch den Zeitungsartikel die Anzahl der Personen, die in einer akuten psychosozialen Krise das KIZ in den darauffolgenden Wochen aufgesucht haben, etwa um die Hälfte erhöht hat (Abb. 6). Dies zeigt deutlich, dass hier ein noch vorhandener Bedarf angesprochen wurde. Anteilsmäßig lag diese akute Gruppe bei den Klienten, die durch den Artikel angesprochen wurden, jedoch niedriger als beim normalen Durchschnitt des KIZ und nahm mit zunehmendem Abstand zum Artikel weiter ab (Abb. 7).

% (100% = Klienten durch Artikel)

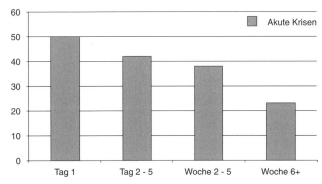

Abb. 7 *Anteil der akuten Krisen nach Artikel*

Natürlich gilt, dass sich im Idealfall durch eine solche mediale Aktion die Spezifität der Klientel in Richtung Zielpopulation erhöhen sollte. Dass dies in der Realität nur bedingt geschieht, lässt sich leicht verstehen. Denn auch, wenn der Text noch so passend formuliert ist, wird das angesprochene Hilfsangebot auch Personen mobilisieren, die mit einem spezifischen (oft chronischen) Problem kein passendes Angebot finden oder denen es schwer fällt, von sich aus Hilfe zu suchen und zu dem passenden Angebot zu kommen.

Zeitliche Verteilungsphänomene der Inanspruchnahme eines telefonischen Krisenintervtionsdienstes

Eine Vielzahl an Studien hat zeitliche Verteilungsphänomene für Suizide und Suizidversuche zum Gegenstand gehabt und in der Mehrzahl der Fälle auch empirische Evidenz dafür finden können (KEVAN, 1980; CHEW & MCCLEARY, 1995; VYSSOKI et al., in Druck). Insbesondere in den Statistiken der Suizide (als den gegenüber Suizidversuchen epidemiologisch „härteren" Daten) sind oft – in ausgeprägter Weise und über Studien hinweg übereinstimmend – Jahresgang, Monatsgang, Wochengang und Tagesgang feststellbar. Erhöhtes Suizidaufkommen ist insbesondere in den Frühjahrsmonaten (in der nördlichen Hemisphäre vor allem im Mai), im ersten Monatsdrittel, an Montagen und in den Morgen- und Vormittagsstunden festzustellen – dies im Kontrast zur gängigen Alltagsmeinung, dass die meisten Suizide in den Wintermonaten (v. a. um die Weihnachtszeit und um den Jahreswechsel herum) und an Wochenenden stattfinden würden. Suizidalität und Suizidhandlungen sind – seit alters her – auch mit bestimmten Wettersituationen und mit den Mondphasen in Zusammenhang gebracht worden. Eine abschließende Beurteilung des Einflusses von Wetter auf unser psychisches und physisches Befinden kann noch nicht gegeben werden, doch weisen die zahlreichen zu diesem Themenkomplex unternommenen Studien (FAUST, 1978) darauf hin, dass es sich allgemein (und für die meisten Menschen) um eher geringgradige Effekte handelt (im Sinne von gegebenenfalls verstärkenden Bedingungen, nicht aber auslösenden Faktoren), was auch für den wettermäßigen Impact auf Suizidalität und Suizidhandlungen gilt. Die wissenschaftlichen Untersuchungen zur sogenannten Lunar-Lunacy-These, die einen verbreiteten Alltagsglauben darstellt – die Auftretenshäufigkeit von Suiziden, Unfällen, psychischen und somatischen Erkrankungen, kriminellen Delikten etc. soll entsprechend den Mondphasen variieren, mit einer Kulmination zu Vollmond –, haben hingegen keinerlei Evidenz für einen solchen Zusammenhang erbracht. Beispielsweise kam eine Meta-Analyse von über drei Dutzend publizierten Studien, welche Zusammenhängen zwischen Mondphasen und Suiziden, stationär-psychiatrischen Aufnahmen, Manifestation von psychischen Störungen, Telefonanrufen bei Kriseninterventionszentren, Morden und anderen Delikten nachgingen, zu dem bescheidenen Befund, dass nicht mehr als etwa 1 % der in den Daten zeitbezogen auftretenden Schwankungen (Varianz) durch den Mondgang statistisch modelliert – sprich: „erklärt" – werden könne (ROTTON & KELLY, 1985). Auch in einer späteren Studie konnte keine Evidenz für Zusammenhänge zwischen Suizidaufkommen und Mondphase bei mehr als 65.000 Suizidfällen in Österreich festgestellt werden (VORACEK et al., 2008).

Da eine zeitbezogen unterschiedliche Auslastung einer Krisenintervention betreibenden psychosozialen Einrichtung von Bedeutung für die Organisation der Versorgung ist (Dienstplanerstellung und optimale Allokation personeller Ressourcen), wurde in einer Pilotstudie die Auslastung des Telefondienstes des Wiener Kriseninterventionszentrum für einen Zeitraum von ca. 11/2 Jahren (1994/95) bezüglich der Frequenz der Anrufe untersucht und diese mit den am jeweiligen Tag im Wiener Raum herrschenden Biowetter-Konstellationen (MACHALEK, 1986), einzelnen Wetterparametern sowie mit dem Mondphasengang in Verbindung gebracht und ausgewertet (VORACEK & SONNECK, 1999).

In den Erhebungszeitraum fielen – abzüglich 16 öffentlicher Feiertage – 354 Werktage (Mo–Fr), an denen das Kriseninterventionszentrum geöffnet war und in denen insgesamt 2849 Anrufe (über zwei Drittel von Frauen) durch den Telefondienst entgegengenommen wurden.

Die Ergebnisse dieser Pilotstudie belegen verschiedene zeitbezogene Schwankungen in der Anzahl der Telefonkontakte, die in vielen Einzelheiten den aus der Fachliteratur bekannten zeitbezogenen Schwankungen in den Suizidzahlen gleichkommen (was für den untersuchten Bereich – telefonische Krisenintervention – neues Wissen darstellt).

1. Bezüglich der Zahl der Anrufe war ein den Suizid-Gipfeln ähnlicher Jahresgang feststellbar, mit erkennbaren Anrufs-Gipfeln in den Frühjahrsmonaten April und Mai sowie (schwächer) in den Herbstmonaten September und Oktober. Die Gestalt des Jahresgangs-Musters scheint aber gegenüber dem der Suizide etwas verschoben – um ein bis zwei Monate vorverlagert – zu sein, was insofern plausibel ist, als psychosoziale Krisen im Verlauf nicht selten zu Suizidalität führen können und diese in weiterer Folge zu Suiziden.
2. Die Anzahl der täglichen Telefonkontaktnahmen mit dem Kriseninterventionszentrum nahm vor der klassischen Sommerurlaubszeit (Juli/August) und am Ende derselben ab.
3. Nach den Weihnachtsfeiertagen war ein Anstieg der Anrufe zu verzeichnen – auch dies stellt eine Parallele zum Suizidgeschehen in der Allgemeinbevölkerung dar, da Feiertage, insbesondere die Weihnachtsfeiertage, suizidprotektiv wirken und es nach Weihnachten zu einem Anstieg der Suizidzahlen kommt.
4. Vor der Adventzeit (November) sowie vor Energieferienbeginn (in Ostösterreich: Anfang Februar) nahm die Inanspruchnahme zu.
5. Nach der – angekündigten – Änderung der Telefonnummer des Kriseninterventionszentrum (mit 2. 3. 1995) stieg die Zahl der Anrufe deutlich an, was auf die Effekte von Öffentlichkeitsarbeit auf die Inanspruchnahme solcher Dienste verweist.
6. Ein Monatsgang wie bei den Suizidzahlen war ersichtlich: In der ersten Monatshälfte kam es generell zu mehr Anrufen; das tagweise Spitzenaufkommen war am bzw. um den 9. und 20. Monatstag. Der letztere (auffällige) Detailbefund ist möglicherweise in Zusammenhang mit individuellen negativen Ereignissen (fällige Zahlungen, Kündigungen, Delogierungs-, Gerichts-, Pfändungstermine etc.) zu sehen, die aber weithin (kollektiv) zu einem fixierten Datum erfolgen – nämlich am Monatsersten, am Monatsletzten bzw. zur Monatsmitte (die 15.).
7. Auch der Wochengang entsprach dem der Suizide: Das meiste Aufkommen an Anrufen ergab sich für die Montage, mit einem linearen Abwärtstrend durch die Werkwoche bis zum Freitag hin, für den die wenigsten Anrufe registriert wurden. Wichtig in diesem Zusammenhang ist, dass jedoch generell keine „Anhäufungseffekte" (gesteigerte Inanspruchnahme) durch eine Reihe von Schließtagen des Kriseninterventionszentrum (vor und nach durch Feiertage verlängerten Wochenenden bzw. vor und nach Feiertagen, die in die Werkwoche fielen) nachweisbar waren.
8. Schließlich entsprach auch der Tagesgang der krisenbezogenen Anrufe dem der Suizide: In den Vormittagsstunden, vor allem in den ersten beiden nach Beginn des Dienstes (mit 9 Uhr), wurden die meisten Anrufe entgegengenommen.

Entgegen landläufiger Annahmen ergaben sich keinerlei Zusammenhänge zwischen der Anzahl der Anrufe und dem Mondzyklus. Auch zwischen meteorologischen Einzelparametern (z. B. Luftdruck, Ausmaß des Temperaturanstiegs am selben Tag) und der Anrufhäufigkeit konnten keine Zusammenhänge festgestellt werden. Bezüglich der in Wien herrschenden Biowetter-Lage konnten schwache Zusammenhänge zwischen Schönwet-terlagen, Schönwetter-Randlagen, kälter werdenden Wetterentwicklungen sowie Wetterfronten und geringerer Inanspruchnahme festgestellt werden, daneben auch Zusammenhänge zwischen Nord- bzw. Nord-Ost-Wetterlagen sowie Durchgangsströmungen aus nördlicher Richtung (die im Untersuchungszeitraum allerdings selten waren) und einer gesteigerten Inanspruchnahme. Diese Zusammenhänge waren jedoch, wie erwartet, nicht zufallskritisch absicherbar (also nicht signifikant), sodass sich daraus vorläufig keine wesentlichen Konsequenzen ergaben.

Die auffallendsten Ergebnisse waren die Spitzen in der Inanspruchnahme des telefonischen Kriseninterventionsdienstes, die schon von der Beobachtung des Suizidgeschehens her bekannt sind. Da psychosoziale Krisen gewichtige potenzielle Vorläufer suizidalen Verhaltens sind, ist diese Übereinstimmung eine plausible; zugleich kann daraus geschlussfolgert werden, dass die Wiener Krisentelefonnummer vom „richtigen Adressatenkreis" in Anspruch genommen wird.

Die Anrufgipfel in den Vormittagsstunden, am Wochenbeginn, in der ersten Monatshälfte, in den Frühlingsmonaten sowie zu Jahresbeginn passen außerdem zu dem von GABENNESCH (1988) beschriebenen „Broken Promise"-Effekt. Dieses sozialpsychologisch-soziologische Modell erklärt das allgemein beobachtbare gesteigerte Aufkommen an Suizidhandlungen jeweils zu Beginn neuer Zeitperioden (auf allen Ebenen: kalendarisches bzw. biologisch-jahreszeitliches Jahr, Monatsbeginn, Wochenbeginn, Tagesbeginn) und das verringerte Suizidaufkommen jeweils gegen Ende dieser Zeitperioden damit, dass hoffnungsvoll antizipierend (vorausschauend/vorausfühlend) zeitlichen Zäsuren (dem Beginn eines jeweils neuen zeitlichen „Taktes") affektiv ein möglicher positiver Effekt zugeschrieben wird, gleichsam ein Versprechen kommender „besserer Zeiten". Werden solche positiven Erwartungen nach Beginn der neuen Zeitperiode individuell enttäuscht („broken promise"), sei es plausibel, dass Personen in schwierigen Situationen, in schlechten Befindlichkeiten, Krisen, Depressionen oder psychosozialen Belastungssituationen gerade dann mit höherer Wahrscheinlichkeit mit suizidalem Verhalten reagieren (nach dem Motto: „nichts hat sich geändert"; bzw. auch: „alles ist noch schlimmer geworden"). Der Frühjahrsgipfel der Suizide lässt sich damit insofern erklären, als biologisch bzw. in jahreszeitlicher Rhythmik das „neue Jahr" nicht mit Januar (so nur dem Kalender nach) beginnt, sondern die als entscheidend wahrgenommene Zäsur eben der Frühlingsbeginn ist. Nebenbei sind die aus Psychiatrie und tiefenpsychologisch orientierter Psychotherapie geläufigen „Jahrestags-Reaktionen" (anniversary reactions; HÄSLER, 1985), mit dem Spezialfall des sogenannten „Birthday Blues" (LESTER, 1986), worauf GABENNESCH übrigens nicht eingeht, durch sein „Broken Promise"-Modell besser verstehbar, da Jahrestags-Reaktionen per definitionem jeweils am Beginn einer neuen Zeitperiode innerhalb der Biografie eines Menschen – an und um Jahrestage (speziell: Geburtstage) herum – angesiedelt sind.

Der Erkenntnishorizont der Ergebnisse dieser Pilotstudie zu zeitlichen Variationsphänomenen in der Inanspruchnahme telefonischer Krisenintervention ist vorläufig ein be-grenzter, da diese noch (a) in derselben Einrichtung für nachfolgende Untersuchungsperioden, (b) auch für die persönliche Inanspruchnahme von Krisenintervention (Erstgespräche), (c) in anderen gleichartigen Institutionen, (d) in ähnlichen psychosozialen Versorgungseinrichtungen und (e) in anderen geografischen Regionen repliziert werden müssten (Frage der Generalisierbarkeit von Befunden einer Versorgungseinrichtung) und auch noch keine weitergehenden Analysen (z. B. für verschiedene Altersgruppen, Problembereiche und Problemgrade) für die Krisen-Anrufe vorliegen. Hingegen scheinen die gefundenen Trends für beide Geschlechter zutreffend zu sein. Vor den noch zu erbringenden differenzierteren Analysen lässt sich aber bereits sagen, dass dem „Broken Promise"-Effekt auch in der Inanspruchnahme von Krisenintervention und in der Ausübung von Suizidprävention eine gewisse Bedeutung zukommt und möglicherweise auch biometeorologische Konstellationen bei der Inanspruchnahme zu einem kleinen Teil eine Rolle spielen können. Insbesondere sollten aber in der Krisenintervention Tätige mitbedenken, dass auch sie selbst – nicht nur die von ihnen betreuten Menschen in Krisen – „Broken Promise"-Effekten unterliegen können.

10.2.6 Statistisches zur Suizidproblematik
(am Beispiel der Suizide in Wien von 1853–1998, in Österreich von 1819–1998 und in Deutschland)

(Das statistische bzw. suizidepidemiologische Zahlenmaterial dieses Abschnitts verdankt sich großteils der vorzüglichen – leider an entlegener Stelle publizierten – Arbeit von ORTMAYR, 1990.)

Die Suizidstatistik der **österreichischen** Monarchie zählte im 19. Jahrhundert zu den ausgebautesten ihrer Zeit; sie reicht für Wien bis 1829 zurück, für das Gebiet des heutigen Österreich bis 1819 (ÖSTAT, 1961). Bis 1803 waren Suizidversuch und auch Suizid (!) in Österreich strafbar und beschäftigten die Gerichte, wobei ein Suizidversuch in den meisten Fällen die Einweisung in ein Irrenhaus nach sich zog und die „Strafe" für einen Suizid in einem mehr oder minder entehrenden Begräbnis bestand. Nach 1803 schwächte sich diese Praxis ab: Suizidversuch und Suizid galten als „Übertretung". Erst 1850 wurde das alte (mariatheresianische) Gesetz über die Strafbarkeit von Suizidversuch und Suizid aufgehoben, seit 1859 herrschte gänzliche Straflosigkeit in diesem Bereich, und ab 1873 (nach dem Konkordat) hätte die Kirche die Bestattung von Suizidenten innerhalb von Friedhofsmauern nicht mehr untersagen können.

278 Suizid – Klischee und Wirklichkeit

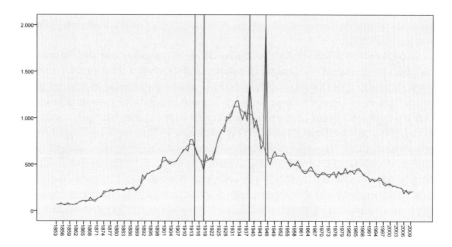

Abb. 8   *Jährliche Anzahl der Suizide in Wien (1853–2010) – tatsächliche Zeitreihe (schwarze Linie) und geglättete Zeitreihe (graue Linie); vertikale Referenzlinien für die Jahre 1914, 1918, 1938 und 1945*

Abb. 8 enthält die jährliche Anzahl der Suizide in Wien seit 1853, Abb. 9 das Geschlechtsverhältnis (Männer/Frauen) der Wiener Suizide, Abb. 10 die jährliche Anzahl der Suizide in **Österreich** seit 1819 (für die Zeit vor dem 1. Weltkrieg beziehen sich die Zahlen in Abb. 10 auf die Gesamtheit jener Länder der Monarchie, aus denen das spätere Österreich hervorgegangen ist, d. h., die Gebietseinheit für die Angaben aus dem 19. Jahrhundert ist dem heutigen Österreich vergleichbar). In Abb. 9 ist das Egalitätsniveau für die Geschlechterproportion (ist gleich 1) durch eine horizontale durchgezogene Linie gekennzeichnet.

Bis etwa 1870 erfolgen nur unwesentliche Anstiege in den Suizidzahlen, die weitgehend das niedrige Niveau der vorindustriellen Zeit, mit jährlichen Suizidraten zwischen vier und neun pro 100.000 Einwohner, aufweisen. Danach steigen die absoluten Suizidzahlen und mit ihnen die Suizidrate in relativ kurzer Zeit, binnen zweier Jahrzehnte, spürbar auf das Niveau der modernen Industriegesellschaften an. Dieser Anstieg ist mit der 1871 erfolgten Reorganisation der Todesursachenstatistik in Österreich sicher nicht ausreichend erklärt, da der Anstieg auch in den Folgejahren ein kontinuierlicher bleibt. Im späten 19. Jahrhundert wurde der Suizid in allen entwickelten europäischen Staaten zum sozialen Massenphänomen. In dieser Zeit wurden auch die klassischen suizidologischen Monografien veröffentlicht, allen voran „Über den Suizid" von Émile Durkheim (1897).

Der Vorkriegshöhepunkt in der Suizidentwicklung war 1913 erreicht (767 Suizide in Wien, 1898 in Österreich). In beiden Weltkriegen, deutlicher aber 1939–45 als 1914–18, kam es zu einem deutlichen Absinken der Suizidzahlen (s. Abb. 8

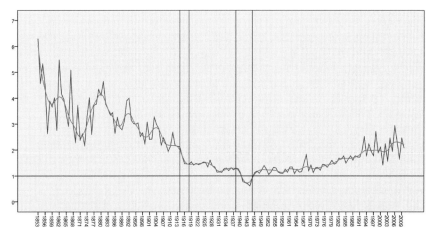

Abb. 9 Geschlechtsverhältnis (Männer/Frauen) der jährlichen Anzahl der Suizide in Wien (1853–2010) – tatsächliche Zeitreihe (schwarze Linie) und geglättete Zeitreihe (graue Linie); vertikale Referenzlinien für die Jahre 1914, 1918, 1938 und 1945

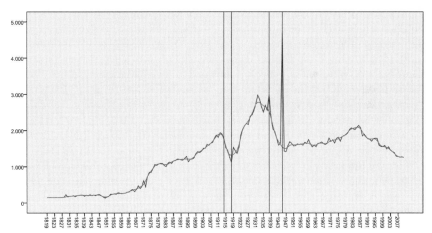

Abb. 10 Jährliche Anzahl der Suizide in Österreich (1819–2010) – tatsächliche Zeitreihe (schwarze Linie) und geglättete Zeitreihe (graue Linie); vertikale Referenzlinien für die Jahre 1914, 1918, 1938 und 1945

und 10) sowie zu einer Veränderung des Geschlechtsverhältnisses in den Suizidzahlen zuungunsten der Frauen (anteilsmäßig höherer Frauenanteil an der Gesamtzahl der Suizide). In der Zwischenkriegszeit, beginnend mit der Inflationsphase in der ersten Hälfte der 1920er-Jahre, kam es zu einem steilen, historisch einmaligen Anstieg in den Suizidzahlen, mit negativen Höhepunkten 1932

(Wirtschaftskrise) und 1938 (Anschlussjahr). Die österreichische Suizidrate betrug in diesen beiden Jahren jeweils 44/100.000, und allein in Wien wurden in den Frühlingsmonaten 1938 213 (März), 138 (April) bzw. 143 (Mai) Suizide verübt. Schon in den Jahren vor 1938 waren vor allem die Wiener Suizidraten massiv gestiegen – sie betrugen 1926–45 nie unter 50/100.000, und da überproportional viele (40 %) Suizide in Wien begangen wurden, wurde die hohe Suizidrate Österreichs in der Zwischenkriegszeit nachhaltig durch die sehr hohe Wiener Suizidrate bestimmt. In den Kriegsjahren 1941–45 sank – auch dies historisch einmalig – das Geschlechterverhältnis der Suizidzahlen unter den Wert von 1, d. h., es wurden mehr Suizide von Frauen als von Männern begangen. Für 1945 ist der Allzeithöchstwert an Suiziden zu verbuchen: 4678 Suizide in Österreich, davon allein 1979 in Wien, mit einer gesamtösterreichischen Suizidrate von 66/100.000 (in den Abb. 8 und 10 ist dieses Jahr als „Nadelspitze" in den absoluten jährlichen Suizidzahlen schon optisch auffällig). Auffällig ist daran, dass dieses letzte Kriegsjahr des 2. Weltkriegs (1945), gegensätzlich zum letzten Kriegsjahr des 1. Weltkriegs (1918) – Letzteres zugleich auch der Zusammenbruch der Monarchie – durch einen weiteren Anstieg der Suizidrate gekennzeichnet war. Doch schon im ersten Friedensjahr (1946) kam es zu einem schlagartigen Rückgang des Suizidgeschehens (österreichische Suizidrate 1946: 20/100.000). Im Unterschied zur Entwicklung nach dem 1. Weltkrieg (1919 und Folgejahre) blieb dabei die Suizidrate nicht nur unter dem Vorkriegsniveau, sondern auch unter dem Niveau der Kriegsjahre. Der weitere Verlauf in Österreich nach 1945 ist durch ein Halten dieses Niveaus bis Mitte der 1970er-Jahre gekennzeichnet, während sich in Wien die Suizidzahlen in diesen drei Jahrzehnten langsam verringern. Von da an steigen im nächsten Jahrzehnt (1975–85) die Suizidzahlen, stärker ausgeprägt auf gesamtösterreichischer Ebene, schwächer in Wien, bis österreichweit der Nachkriegshöchstwert von 2186 Suiziden und einer Suizidrate von 28/100.000 1986 erreicht ist. Seither ist das Suizidgeschehen sowohl in Wien als auch österreichweit rückläufig.

Im strukturellen Vergleich des österreichischen Suizidgeschehens im 19. und 20. Jahrhundert ortet ORTMAYR (1990) einen dreifachen einschneidenden Strukturwandel: War Suizid im 19. Jahrhundert vor allem ein städtisches, die Männer sowie die jungen und die älteren Altersgruppen betreffendes Phänomen, so verschob es sich im 20. Jahrhundert zunehmend zu einem die ländlichen Regionen, verstärkt die Frauen und vor allem die Alten (über 60-Jährigen) betreffenden Phänomen. Lag die Suizidrate von Wien und der nächstgrößeren österreichischen Städte im 19. Jahrhundert und vor allem in der Zwischenkriegszeit weit über der der ländlichen Regionen, ist sie in der 2. Republik unter das ländliche Niveau gesunken. Die Veränderung des Geschlechteranteils an den Suiziden zuungunsten der Frauen seit Beginn des 20. Jahrhunderts ist am Verlauf der Zeitreihe in Abb. 9 ablesbar. Während in den letzten Jahrzehnten das Suizidgeschehen in den jüngeren und jüngsten Altersgruppen stark rückläufig war (vor allem die – auch literarisch vielfach beschriebenen – Studenten- und Schülersuizide), verlagerte es sich zunehmend in die höheren und höchsten Altersgruppen hinein, mit denen heute ein stark erhöhtes Suizidrisiko verknüpft ist.

Trotz dieser strukturellen Veränderungen ist die Wahl der vorrangigen Suizidmittel in den letzten 150 Jahren in Österreich relativ vergleichbar geblieben (sieht man vom sehr deutlichen Rückgang der Vergiftungen mit gasförmigen Stoffen ab): Erhängen ist heute (vgl. STATISTIK AUSTRIA, 2011) sowohl bei Männern (Österreich 2010: 50,7 %) als auch bei Frauen (34,4 %) die häufigst gewählte Suizidmethode (Österreich 1873–94: Männer 29,4 %, Frauen 29,4 %). Die zweithäufigst angewendete Methode bei Männern ist Erschießen (22,3 %), bei Frauen Vergiften (21,5 %). Die Methode Ertrinken – bei Männern im 19. Jahrhundert die zweithäufigste (22,8 % im Zeitraum 1873–94), bei Frauen damals die häufigste Methode (42,2 %) – ist anteilsmäßig deutlich zurückgegangen (2010: Männer 2,4 %, Frauen 7,8 %).

Die Suizidraten waren und sind regional sehr unterschiedlich: Im Bundesländervergleich weist heute (Durchschnitt 2008–2010) Wien, gefolgt von Tirol und Vorarlberg, die niedrigste Suizidrate auf, Steiermark, gefolgt von Kärnten, die höchste. Auf Bezirksebene finden sich die höchsten Suizidraten in den steirischen, insbesondere in den obersteirischen Bezirken (oberes Murtal bis Aichfeld-Murboden und Spittal an der Drau), und im Lungau (Salzburg) (KAPUSTA, 2011).

Das berufsgruppenspezifische Suizidrisiko ist ein weiteres interessantes und Einblicke bietendes Thema innerhalb der Suizidepidemiologie, worüber jedoch für die österreichische Gegenwart leider keine Aussagen mehr getroffen werden können, da seit den 1950er-Jahren der Beruf im Zusammenhang mit Suizidstatistiken von der amtlichen Statistik nicht mehr erfasst und tabelliert wird (es liegen lediglich Einzelstudien, vornehmlich zur Ärzteschaft, vor). Im 19. Jahrhundert hatten in Österreich vor allem die folgenden Berufsgruppen hohe Suizidraten: Militär, Beamte (Hof- und Staatsdienst), freie Berufe (z. B. Rechtsanwälte), Anstaltsinsassen, Tagelöhner sowie Dienstmädchen im (groß-)städtischen Bereich (ORTMAYR, 1990).

Über langfristige Trends bezüglich der Entwicklung der Suizidzahlen in Deutschland gibt z. B. die Übersichtsarbeit von FELBER & WINIECKI (2010) Auskunft. Demnach sind sowohl für das Gebiet der alten Bundesländer als auch für das der neuen Bundesländer seit den späten 1970er- bzw. frühen 1980er-Jahren die Suizidraten rückläufig. Immer noch ist aber auch in Deutschland die jährliche Zahl der Suizidopfer deutlich größer als die Zahl der Verkehrstoten (FIEDLER, 2007). Die Suizidraten (vgl. FELBER & WINIECKI, 2010) für die alten Bundesländer (2008: 16,9/100.000 Einwohner für Männer, 5,7/100.000 Einwohner für Frauen) entsprechen jenen für die neuen Bundesländer (2008: 19,4/100.000 für Männer, 5,8/100.000 für Frauen). Im europaweiten Vergleich liegen die Suizidraten sowohl für die alten als auch für die neuen Bundesländer damit etwas unter dem Mittelwert (FELBER & WINIECKI, 2010; KAPUSTA, 2011).

Bezüglich der Suizidraten sind allerdings in Deutschland – wie auch in Österreich – starke regionale Unterschiede bemerkbar (FELBER & WINIECKI, 2010; FIEDLER, 2007). Das historische Nord-Süd-Gefälle in Deutschland (im 19. Jahrhundert und in der ersten Hälfte des 20. Jahrhunderts: höhere Suizidraten im evangelischen Norden, niedrigere im katholischen Süden) erscheint heute jedoch deutlich abgeschwächt. (FELBER & WINIECKI, 2010; SCHMIDTKE, WEINACKER & FRICKE, 1998)

Zeitgleich zum Sinken der Suizidraten in Deutschland in den letzten 20 Jahren haben allerdings die „weichen" Suizidmethoden anteilsmäßig tendenziell abgenommen, ohne dass dies anteilsmäßig durch ein Anwachsen „harter" Suizidmethoden ausgeglichen worden wäre – hingegen erfuhr die Kategorie der sogenannten „unklaren Todesursachen", v. a. in den höheren Altersgruppen, ein Anwachsen (SCHMIDTKE, WEINACKER & FRICKE, 1998). Generell haben auch in Deutschland die Alterssuizide in den letzten Jahren zugenommen (THOMSEN, 2006), insbesondere bei Frauen (SCHMIDTKE, WEINACKER & FRICKE, 1998); ein früher (in den 1970er- und 1980er-Jahren) beobachtbarer „Kohorten-Effekt", nämlich ein erhöhtes Suizidrisiko für die Dekade an Geburtsjahrgängen ab ca. 1932, ist hingegen wiederum abgeflacht (SCHMIDTKE & WEINACKER, 1994).

Ein auf Altersgruppen und Geschlechter bezogener Vergleich mittlerer Suizidraten gibt eine gute Orientierung, an welcher Stelle sich die jeweiligen Länder für die einzelnen Altersgruppen befinden (s. Tab. 1 und 2). Auffallend ist immerhin, dass die deutschsprachigen Länder Österreich und Deutschland in diesem Vergleich europäischer Länder und Australien, Kanada und den USA mit zunehmenden Altersgruppen nach oben rücken, während die Schweiz, die auch einen großen Anteil Italienisch und Französisch sprechender Einwohner hat, relativ hohe Raten bei den Jungen und Alten, etwas niedrigere bei den mittleren Altersgruppen aufweist. Der Trend der deutschsprachigen Länder wird auch von den meisten romanischen Ländern mitgetragen, während die angloamerikanischen einen entgegengesetzten Effekt aufweisen. DE LEO (1999) bringt diese Zuordnung zu den romanischen und angloamerikanischen Ländern in Zusammenhang mit kulturellen Unterschieden, die die divergierenden Suizidraten erklären könnten.

10.2.7 Chronobiologie und Saisonalität

Ein weithin und bereits lange Zeit bekanntes Phänomen in Zusammenhang mit Suiziden stellt deren Saisonalität dar. Mit Saisonalität ist dabei die bereits weiter oben angesprochene relative Auftretenshäufigkeit von Suiziden abhängig von der Jahreszeit gemeint. Interessanterweise entspricht die Einschätzung dieser relativen Auftretenshäufigkeit in der Allgemeinbevölkerung üblicherweise nicht dem beobachtbaren Auftreten, sondern ist beinahe diametral entgegengesetzt. Befragungen zu solchen Einschätzungen von österreichischen Medizin- und Psychologiestudierenden ergaben beispielsweise, dass die höchste Auftretenshäufigkeit von Suizid in Herbst und Winter vermutet wird. Die saisonalen Spitzen der

Suizidhäufigkeit in der nördlichen Hemisphäre sind allerdings im Frühsommer beobachtbar. Offenbar erscheint das beobachtbare Muster an Suiziden kontraintuitiv, ein Umstand der auch dadurch unterstrichen wird, dass die Ungleichverteilung der Auftretenshäufigkeit von Suiziden über verschiedene Saisonen von befragten Personen erheblich überschätzt wird (VORACEK, TRAN, & SONNECK, 2007).

Vielen erscheint es auch überraschend, dass die höchsten Auftretenshäufigkeiten von vollendetem Suizid nicht am Wochenende, sondern am Montag (z.B.: JOHNSON, BROCK, GRIFFITHS, & ROONEY, 2005) und nicht an Feiertagen selbst, sondern unmittelbar nach den Feiertagen beobachtbar sind (z.B.: JESSEN & JENSEN, 1999). Andere zeitliche Rhythmen, die mit dem Auftreten von Suiziden in Zusammenhang gebracht wurden, sind die Mondphasen. In einer Untersuchung jüngeren Datums konnte allerdings gezeigt werden, dass Hinweise auf solche Zusammenhänge in vorhergehenden Studien auf statistische Artefakte zurückzuführen sind und sich keine systematischen Einflüsse der Mondphasen auf die Auftretenshäufigkeit von Suiziden beobachten lassen (VORACEK et al., 2008).

Zumindest die jahreszeitliche Auftretenshäufigkeit ist in Europa bereits seit dem frühen 19. Jahrhundert wohldokumentiert (CASPER, 1825) und gehört mittlerweile zu einem international gut untersuchten Sachverhalt (z.B.: AJDACIC-GROSS, BOPP, RING, GUTZWILLER, & ROSSLER, 2010). Im Allgemeinen lassen sich auf beiden Erdhalbkugeln die höchsten Suizidraten jährlich im Frühsommer beobachten. In der nördlichen Hemisphäre beobachtet man die höchste Zahl der Suizide also um Mai, während sie sich in der südlichen Hemisphäre um November herum zeigt (PRETI, 2002). Die Ursachen dieser Saisonalität wurden mit saisonalen Rhythmen des serotonergen Systems in Verbindung gebracht (MAES et al., 1995), aber auch mit wechselnden sozialen Interaktionen über das Jahr hin-

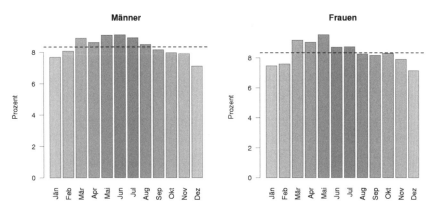

Abb. 11 *Verteilung der Suizide gemittelt über die Jahre 1970-2008 (Monate korrigiert für unterschiedliche Länge)*

weg (DURKHEIM, 1897) oder mit dem bereits oben diskutierten „Broken Promise"-Effekt (GABENNESCH, 1988). Für Österreich ist die Verteilung der jährlichen Suizide für den Zeitraum von 1970 bis 2008 in Abb. 11 dargestellt. Hier lassen sich bereits mit freiem Auge Unterschiede der relativen Häufigkeiten hinsichtlich der einzelnen Monate erkennen, wobei sich der Verlauf innerhalb der beiden Geschlechter ähnlich verhält.

Jüngere Befunde über die Variabilität der Saisonalität von Suiziden weltweit zeigen ein interessantes Muster: Die Saisonalität scheint in einigen Ländern abzunehmen, während sich in anderen Ländern eine Zunahme zeigt. Bildlich gesprochen scheint sich also die Höhe des Gipfels der Verteilung der monatlichen Suizidhäufigkeiten relativ zu den restlichen Monaten zu verändern. Eine Abnahme wurde in jüngerer Zeit für Dänemark, England und Wales, Finnland, die schwedische Insel Gotland und die Schweiz berichtet. In Italien scheint sich die Saisonalität nicht zu verändern, während sich in Australien und den USA sogar eine Zunahme beobachten lässt (für eine kurze Zusammenfassung dieser Ergebnisse siehe NADER et al., 2011).

Diese erratischen Muster gaben einigen Forschern Anlass zu hypothetisieren, dass sich diese Beobachtungen nicht auf eine tatsächliche Veränderung der Saisonalität zurückführen lassen, sondern einen Ausdruck sich verändernder Suizidraten darstellen (VORACEK, FISHER, YIP, & ZONDA, 2004). Diesem Gedanken liegt folgende Überlegung zugrunde: wenn Ereignisse (in dem vorliegenden Fall also Suizide) eine gewisse Variabilität aufweisen, sich diese Variabilität umso offensichtlicher ausdrückt, je mehr dieser Ereignisse beobachtbar sind und umgekehrt der Ausdruck der Variabilität umso geringer wird, je weniger dieser Ereignisse zu beobachten sind. Insbesondere zwei Untersuchungen aus den frühen 2000ern gaben Anlass zu solchen Überlegungen: Daten über vollendete Suizide über etwa den gleichen Zeitraum lagen sowohl für Rumänien (VORACEK, VINTILA, FISHER, & YIP, 2002) als auch für Ungarn vor (VORACEK, FISHER, YIP, & ZONDA, 2004). Während sich in Rumänien bei gleichbleibender Suizidrate keine Änderung der Stärke der Saisonalität zeigte, ging in Ungarn mit einem merklichen Absinken der Suizidrate ein Absinken der Saisonalität einher. In diesem Sinne würde man also erwarten, dass bei steigenden Suizidzahlen eine höher, bei gleichbleibenden Suizidzahlen eine gleichbleibend und bei sinkenden Suizidzahlen eine geringer ausgeprägte Saisonalität zu beobachten wäre. Folgt man dieser Überlegung, würde sich die Saisonalität also nicht ändern, sondern einen mathematischen Ausdruck sich ändernder Suizidhäufigkeiten darstellen.

Die formale Überprüfung dieser Überlegungen steht für die Änderungen der Saisonalität der obig genannten Länder noch aus, da die in den diesen Ergebnissen zugrunde liegenden Untersuchungen aufgrund der verwendeten statistischen Methoden Veränderungen der Saisonalität von Suizidhäufigkeiten in dem jeweilig relevanten Gebiet nicht betrachtet werden konnten. Unterstützt wird diese Hypothese aber dadurch, dass in jenen Ländern, in denen die Saisonalität abnimmt, auch die tatsächliche Suizidhäufigkeit abnimmt. Im Rahmen einer Untersuchung der Saisonalität von Suiziden in Österreich von 1970 bis 2008 ermög-

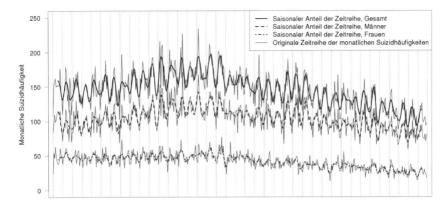

Abb. 12 *Originale Zeitreihe und saisonale Komponenten über monatliche Suizidhäufigkeiten für das Gesamtsample und beide Geschlechter (adaptiert von Nader et al., 2011; unter der creative commons license: http://creativecommons.org/licenses/by/3.0)*

lichte die Anwendung von in diesem Feld neuartigen statistischen Methoden (komplexe Demodulation) die Berücksichtigung von Veränderungen in der Saisonalität von monatlichen Suizidhäufigkeiten. Bereits die visuelle Inspektion der Zeitreihen lässt eine Abnahme der Suizidhäufigkeit über die Jahre und die deutlich höhere Anzahl vollendeter Suizide bei Männern als bei Frauen erkennen (Abb. 12). Außerdem lässt sich beobachten, dass die saisonale Komponente der Zeitreihe annähernd gleich bleibt, die Saisonalität der Suizide also kaum systematische Veränderung zeigt. Detailliertere Analysen der saisonalen Rhythmen ergaben, dass die Saisonalität zum größten Teil durch Erhängen, die häufigste Suizidmethode in Österreich über diesen Zeitraum, zustande kommt. Schließlich zeigte sich, dass der Zeitpunkt der höchsten Suizidhäufigkeiten innerhalb der einzelnen Jahre über den untersuchten Zeitraum in Österreich keiner systematischen Änderung unterworfen war (NADER et al., 2011).

Zusammenfassend lässt sich feststellen, dass die Saisonalität von Suiziden in Österreich von 1970 bis 2008 weder zu- noch abgenommen hat und der Mai konsistent die meisten Ereignisse aufweist, sofern man die monatlichen Suizidhäufigkeiten in Betracht zieht. Saisonalität zeigt sich am stärksten bei der Suizidmethode Erhängen. Diese Befunde weisen weiters darauf hin, dass in anderen Ländern festgestellte Abnahmen oder Zunahmen möglicherweise durch die Veränderung von den beobachtbaren Suizidhäufigkeiten bedingt sind.

> **Zusammenfassung** Die generelle Einstellung einer Bevölkerung zum Suizid wird Auswirkungen auf die Suizidrate dieser Gesellschaft haben. Diese Einstellung spiegelt sich in den Medien wider und wird von diesen verstärkt. So kann sensationelle Berichterstattung zu Imitationseffekten,

seriöse Berichterstattung, die sich am tatsächlichen Suizidgeschehen und nicht nur an „spektakulären" Suiziden orientiert, zu erhöhter Inanspruchnahme von Hilfe und Unterstützung führen. Berichte über die Bewältigung suizidaler Krisen können eventuell sogar einen suizidpräventiven Effekt haben.

Suizid und Presse 287

Alter Stelle	Altersgruppen						
	15-24 Jahre	25-34 Jahre	35-44 Jahre	45-54 Jahre	55-64 Jahre	65-74 Jahre	75 Jahre +
1.	Finnland 41,4	Finnland 60,7	Ungarn 82,0	Ungarn 95,1	Ungarn 84,6	Ungarn 92,5	Ungarn 183,0
2.	Neuseeland 39,0	Ungarn 54,4	Finnland 67,8	Finnland 64,1	Finnland 57,3	Österreich 61,1	Österreich 118,0
3.	Schweiz 25,8	Schweiz 32,7	Frankreich 40,1	Dänemark 47,5	Österreich 46,7	Belgien 50,4	Frankreich 103,0
4.	Australien 25,7	Neuseeland 32,0	Dänemark 38,1	Österreich 41,5	Dänemark 42,6	Schweiz 47,4	Belgien 98,6
5.	Kanada 25,2	Frankreich 32,0	Österreich 37,2	Frankreich 40,1	Schweiz 41,9	Frankreich 47,1	Schweiz 89,8
6.	Norwegen 24,9	Belgien 30,5	Belgien 35,6	Schweiz 39,8	Belgien 38,9	Dänemark 46,4	Deutschland 86,1
7.	Österreich 24,3	Österreich 30,3	Schweiz 33,0	Belgien 36,2	Frankreich 38,1	Finnland 45,9	Dänemark 74,9
8.	USA 21,9	Australien 29,0	Schweden 29,3	Schweden 31,9	Deutschland 32,2	Deutschland 35,9	Finnland 71,9
9.	Ungarn 20,1	Kanada 29,0	Kanada 27,3	Deutschland 31,1	Schweden 30,7	Schweden 33,7	Portugal 59,1
10.	Schottland 19,0	Irland 27,1	Norwegen 26,9	Norwegen 28,8	Norwegen 28,8	USA 30,9	USA 55,4
11.	Irland 18,3	Dänemark 26,4	Schottland 26,2	Kanada 25,6	Irland 25,9	Norwegen 30,7	Schweden 51,9
12.	Nordirland 17,6	Norwegen 26,1	Deutschland 26,0	Schottland 24,2	USA 25,0	Portugal 30,1	Spanien 47,8
13.	Belgien 15,7	Schottland 26,1	Australien 25,2	Australien 24,2	Kanada 24,2	Australien 24,4	Italien 44,3
14.	Frankreich 15,3	USA 24,6	Neuseeland 23,9	Neuseeland 24,2	Neuseeland 23,2	Spanien 23,2	Niederlande 35,4
15.	Deutschland 14,0	Schweden 23,9	USA 23,5	USA 23,1	Australien 22,9	Italien 22,9	Australien 32,8
16.	Schweden 13,4	Nordirland 22,4	Irland 22,9	Irland 19,6	Portugal 21,5	Kanada 22,1	Norwegen 31,8
17.	Dänemark 13,0	Deutschland 21,3	Niederlande 17,7	Niederlande 16,7	Niederlande 18,6	Neuseeland 21,2	Neuseeland 29,8
18.	England* 11,1	England* 16,3	England* 17,4	England* 16,2	Schottland 18,1	Niederlande 19,7	Kanada 28,9
19.	Niederlande 9,3	Niederlande 15,9	Nordirland 15,5	Nordirland 15,1	Nordirland 17,4	Irland 18,3	England* 17,1
20.	Spanien 7,0	Portugal 13,2	Portugal 11,8	Portugal 14,6	Spanien 17,4	Schottland 14,3	Schottland 16,0
21.	Italien 6,1	Spanien 10,6	Italien 10,6	Italien 12,6	Italien 17,1	Nordirland 12,8	Griechenland 15,8
22.	Portugal 5,8	Italien 10,3	Spanien 9,4	Spanien 11,9	England* 12,8	England* 11,9	Irland 13,8
23.	Griechenland 4,0	Griechenland 5,6	Griechenland 5,9	Griechenland 6,7	Griechenland 7,8	Griechenland 10,1	Nordirland 13,3

Tab. 1 *Mittlere Suizidrate von 23 Ländern nach Altersgruppen von 1990–1994 (Männer)* Quelle: Crisis 1999, Vol. 20/2, p. 54 *England inkl. Wales

288 Suizid – Klischee und Wirklichkeit

Alter Stelle	15-24 Jahre	25-34 Jahre	35-44 Jahre	Altersgruppen 45-54 Jahre	55-64 Jahre	65-74 Jahre	75 Jahre +
1.	Finnland 7,5	Finnland 12,0	Ungarn 20,3	Ungarn 26,5	Dänemark 28,5	Ungarn 37,6	Ungarn 67,3
2.	Österreich 6,2	Belgien 11,8	Finnland 17,4	Dänemark 25,5	Ungarn 28,0	Dänemark 31,5	Dänemark 30,2
3.	Ungarn 6,2	Ungarn 11,6	Dänemark 15,7	Finnland 20,4	Belgien 17,9	Belgien 23,5	Österreich 28,5
4.	Neuseeland 6,2	Schweden 10,1	Belgien 14,5	Belgien 18,2	Frankreich 17,6	Schweiz 19,8	Deutschland 26,4
5.	Schweden 5,9	Schweiz 9,0	Schweiz 13,5	Österreich 17,1	Finnland 17,5	Österreich 18,5	Frankreich 25,3
6.	Schweiz 5,8	Frankreich 9,0	Frankreich 13,0	Schweiz 16,7	Österreich 17,4	Frankreich 17,9	Belgien 24,2
7.	Norwegen 5,5	Schottland 8,3	Österreich 12,1	Frankreich 16,5	Schweiz 17,0	Deutschland 16,7	Schweiz 23,0
8.	Australien 5,1	Österreich 8,0	Schweden 11,8	Schweden 15,0	Schweden 15,4	Schweden 13,5	Schweden 14,2
9.	Belgien 5,1	Dänemark 7,7	Norwegen 9,8	Deutschland 12,1	Deutschland 12,9	Finnland 13,3	Portugal 12,2
10.	Kanada 4,9	Neuseeland 7,3	Niederlande 9,6	Norwegen 11,5	Norwegen 12,0	Norwegen 12,4	Niederlande 12,1
11.	Frankreich 4,5	Niederlande 7,2	Kanada 8,1	Niederlande 9,5	Niederlande 10,9	Niederlande 10,4	Spanien 11,9
12.	USA 3,8	Norwegen 7,1	Deutschland 7,7	Nordirland 9,4	Neuseeland 7,7	Spanien 8,8	Finnland 9,6
13.	Niederlande 3,7	Irland 6,7	Neuseeland 6,9	Neuseeland 8,9	Irland 7,7	Portugal 8,1	Italien 9,3
14.	Schottland 3,7	Australien 6,6	Schottland 6,8	Kanada 8,1	Australien 6,9	Italien 8,0	Norwegen 9,2
15.	Deutschland 3,5	Kanada 6,4	Nordirland 6,8	USA 7,3	USA 6,8	Neuseeland 6,6	Australien 8,0
16.	Dänemark 3,3	Deutschland 5,7	Australien 6,6	Schottland 7,2	Italien 6,8	Australien 6,6	Schottland 6,0
17.	Irland 2,5	USA 5,3	USA 4,6	Australien 7,0	Schottland 6,7	Irland 6,4	USA 6,0
18.	Nordirland 2,4	Nordirland 3,9	Irland 4,8	Irland 6,8	Kanada 6,4	Schottland 6,4	England* 5,9
19.	Portugal 2,2	Portugal 3,5	England* 3,9	Portugal 5,0	Portugal 6,2	USA 6,2	Kanada 4,7
20.	England* 2,1	England* 3,5	Italien 3,9	Italien 4,9	Spanien 6,0	Kanada 6,1	Neuseeland 4,3
21.	Italien 1,8	Italien 2,9	Portugal 3,8	England* 4,7	Nordirland 4,8	England* 5,2	Griechenland 3,4
22.	Spanien 1,7	Spanien 2,6	Spanien 3,0	Spanien 3,9	England* 4,7	Nordirland 3,9	Irland 3,0
23.	Griechenland 0,7	Griechenland 1,4	Griechenland 1,3	Griechenland 2,3	Griechenland 2,4	Griechenland 2,8	Nordirland 2,5

Tab. 2 Mittlere Suizidrate von 23 Ländern nach Altersgruppen von 1990–1994 (Frauen) Quelle: Crisis 1999, Vol. 20/2, p. 54 *England inkl. Wales

11. Wie lerne ich Krisenintervention?
Anmerkungen und Erfahrungen eines Lernenden

11.1 Die Ausbildungsschritte

Erster Schritt – Bewusstseinsbildung
Meine Ausbildung in Krisenintervention begann an dem Tag, als mir bewusst wurde, dass es den Ausdruck „Krisenintervention" gibt. Ich bemerkte, dass ich im engen Umgang mit Freunden und Verwandten schon oft mit Krisensituationen konfrontiert war und ich daher schon – wie jeder von uns – mit einer gewissen Vorbildung einstieg. Diese Krisen hatten oft einschneidende Auswirkungen auf das Leben der Betroffenen. Oft waren sie nicht nur mit äußeren, sondern auch mit inneren Änderungen verbunden. In diesem Sinne fand ich neues Verständnis für die wiederholten Erzählungen meines Vaters von Kriegserlebnissen, die ihn erschüttert und verändert hatten.

Zweiter Schritt – bewusster Umgang mit Krisen
Als ich im Laufe der letzten Jahre selbst mit Krisen konfrontiert war (während des Studiums, in Beziehungen, durch den Tod von Angehörigen), fühlte ich, wie ich immer fähiger wurde, diese Zeiten besonders bewusst zu erleben und auch zu erleiden. Ich konnte nach und nach diese Situationen akzeptieren und den Schmerz, der damit verbunden war, als etwas Begrenztes annehmen, auch wenn das Ende nicht absehbar schien.

Dritter Schritt – theoretisches Wissen
Schließlich besuchte ich – noch als Student – eine Vorlesung zu diesem Thema. Ich bemerkte, dass Krisenforscher all den Vorgängen bei Krisen auch Namen gegeben und sie genau beschrieben hatten. Wiederum konnte ich erleben, dass ich bereits mehr wusste, als mir bewusst war. Die rein theoretische Weiterbildung wird durch Bücher – wie dem vorliegenden – ergänzt.

Integration der ersten drei Schritte
Die bis zu diesem Zeitpunkt erfolgten Anstöße machten mich für Krisensituationen immer aufmerksamer. Abgesehen von der Beachtung, die ich den Problemen anderer immer geschenkt hatte, begann ich, solche Situationen für mich zu

überdenken und mit Freunden, oder, wenn möglich, auch mit „Fachleuten" zu besprechen, um dabei mein Verhalten in solchen Situationen und meine Ansichten zu reflektieren. Meine Erfahrung, wie andere und ich selbst damit umgehen, vergrößerte sich.

Krisenintervention muss ich für mich selbst lernen. Ich kann mir nur Anregungen holen, aber die Einstellung und das hilfreiche Verhalten lerne ich in der Situation selbst (also in den eigenen Krisen und denen meiner Mitmenschen).

Vierter Schritt – Aus- und Weiterbildung in einschlägigen Institutionen
Als letzte Stufe und intensivste Möglichkeit der Ausbildung ist die Mitarbeit bei einer Organisation zu nennen, die sich dem Umgang mit Menschen in Krisen widmet. Der wesentliche Unterschied zu den Erfahrungen im persönlichen Alltag besteht darin, dass im Krisenzinterventionszentrum – wo ich diese Erfahrung machte – Krisen den Alltag darstellen, während sie für mich als „Privatperson" die Ausnahme sind.

Das Krisenzinterventionszentrum als Ausbildungsmöglichkeit
Am Wiener Krisenzinterventionszentrum besteht die Möglichkeit, sich als Praktikant, im Rahmen des „Akademikertrainings", der Psychotherapieausbildung oder als Zivildiener um vorübergehende Mitarbeit zu bewerben. Das Team der meist langjährigen Mitarbeiter betreut bis zu drei solcher „Neulinge", die aber ihrerseits die ständig Beschäftigten wirkungsvoll entlasten können. So gesehen ist das Krisenzinterventionszentrum auch ein Ausbildungszentrum. Es besteht die Möglichkeit, so lange bei telefonischen Beratungen zuzuhören und unmittelbar darüber zu sprechen, bis vom Lernenden selbst der Vorschlag kommt, es alleine zu versuchen. Ebenso ist es möglich, mit Einverständnis der Klienten, bei Erstgesprächen dabeizusein, bis man selbst den Wunsch äußert, solche zu führen. Die Arbeit im Team erlaubt es, auch diesen Wunsch, der oft mit einer gewissen Scheu verbunden ist, vor seiner Verwirklichung mit einem erfahrenen Mitarbeiter zu besprechen. Ebenso ergibt sich dank des kooperativen Arbeitsstils des Teams die Möglichkeit, bei den ersten eigenen Aktivitäten, sofort anschließend an ein Gespräch oder in einer Gesprächspause, Unterstützung von den erfahrenen Kolleginnen und Kollegen zu bekommen. Auch die Möglichkeit der Live-Supervision ist gegeben. Ich kann jede Woche mehrere Therapeuten direkt bei der Arbeit beobachten, mit ihnen darüber sprechen und ihre Meinung über meine Arbeit einholen, um dadurch verschiedene Standpunkte kennenzulernen.

11.2 Die praktische Arbeit – erste Erfahrungen

Die psychotherapeutische Technik und die sogenannte psychotherapeutische Grundhaltung; die praktische Hilfe des Sozialarbeiters mit vielfältigen Kenntnissen aus dem sozialen und juridischen Bereich; die Anwendung medizinisch-psychiatrischer Konzepte; die entlastende und tröstende Rolle des Seelsorgers – welcher dieser Aspekte ist der wesentliche? Muss ich zuerst alle diese Berufe erlernen, um als professioneller Helfer im Bereich Krisenintervention kompetent zu sein? Oder ist jeder für Krisenintervention geeignet?

Am Anfang stand eine Fülle von Fragen und Zweifeln. Dann die große Unsicherheit: Was, wenn gerade jetzt, während meines ersten selbstständigen Telefondienstes, dieser auch hier seltene Fall eintritt, dass jemand anruft, der im Begriffe ist, sich das Leben zu nehmen? Was, wenn gerade dieses erste eigene Erstgespräch mit jemandem erfolgt, dessen Probleme mich restlos überfordern? Woran soll ich mich dann noch halten?

Fast erschreckend ist die Sicherheit und Selbstverständlichkeit, mit der „alte Hasen" diesen **täglichen Alltagstragödien** begegnen. Immer wieder Angst, Einsamkeit, Depression, Suizidgedanken, Streit und Terror in der Familie, Versagen und schlicht und einfach Unglück. Ich staune über die Klarheit, mit der erfahrene Helfer dem Unheil gegenübertreten. Wie sie sich immer abgrenzen können. Welchen Blick fürs Wesentliche sie haben. Nach der ersten grenzenlosen Bewunderung beginne ich, auch ihre Schwierigkeiten zu ahnen und beobachte, wie sie damit umgehen. So holen auch die erfahrensten Mitarbeiter immer wieder die Meinung von Kollegen ein und sprechen über ihre Schwierigkeiten mit Klienten. Nach einiger Zeit taucht auch bei mir das erste Gefühl von Sicherheit und ein wenig Routine auf. Die ersten selbstständigen „Gehversuche" liegen hinter mir.

Es ist mir gelungen, tatsächlich zuzuhören; den Betroffenen behilflich zu sein, die eigene Situation selbst zu durchleuchten, die oft so fremde Welt des anderen zu akzeptieren. Langsam lerne ich, jene Informationen zu bekommen, die für mich als Helfer wichtig sind, und von jenen Fragen Abstand zu nehmen, die mehr meiner persönlichen Neugier dienen. Es erstaunt, wie viele Möglichkeiten der Hilfesuchende selbst erkennt, um sich zu helfen. Die Wünsche und Bedürfnisse der anderen kann ich oft mit ihnen gemeinsam klären, sodass beide Seiten besser verstehen, was zu tun ist.

11.3 Die praktische Arbeit – Schwierigkeiten

Als ein Beispiel sei das Thema Verantwortung und Macht genannt. Die oft vehemente Forderung Hilfesuchender, ihnen etwas abzunehmen, bedeutet für mich eine ständige Versuchung. Spätestens bei dem Satz: „… und jetzt sagen Sie mir doch, was ich tun soll!" glaube ich oft, es wirklich wissen zu müssen. Häufig fällt mir dann folgender Satz aus der Vorlesung über Krisenintervention ein: „Alles für, aber nichts anstatt des Klienten!" Tatsächlich will mir der Belastete auf diese Weise einen Teil seiner Eigenverantwortung übergeben, vielleicht einfach, um sich zu entlasten. Diesen Wunsch kann ich aufgreifen und versuchen herauszufinden: Was kann entlasten?

Wie kann ich vermeiden zu verletzen oder zu kränken? Einen Hilfesuchenden zu enttäuschen, kann von diesem als völlige Aussichtslosigkeit der Lage interpretiert werden und sein Gefühl der Hoffnungslosigkeit verstärken. Ein anderes Mal kann es aber auch im Sinne einer Verbesserung des Kontakts zur Realität des Alltags hilfreich sein, ihn zu „frustrieren".

Es fällt mir oft besonders schwer, die „einfache Methode" zu verwenden, meinem Gegenüber immer und immer wieder zu versichern, wie ernst ich ihn (sie) mit allen Schwierigkeiten nehme. Eine Klientin, die schon mehrmals gekommen war, sprach eines Tages immer undeutlicher und leiser, sodass ich sie darauf ansprach. Es stellte sich heraus, dass sie sich einfach schämte, Hilfe in Anspruch zu nehmen, weil sie sich zwar sehr schlecht fühlte, aber sich nicht vorstellen konnte, dass ihre Probleme wirklich ernst waren. Tatsächlich hatte diese Frau Probleme mit ihrem Mann, der trank, und mit den Kindern, die ständiger ärztlicher Behandlung bedurften. Außerdem bestand die Gefahr, dass die Klientin ihren Arbeitsplatz (aus Rationalisierungsgründen) verlieren würde; zudem war sie selbst chronisch krank. Trotzdem war es äußerst schwierig ihr zu vermitteln, wie sehr ich ihre massiven Probleme ernst nahm. Erst dann konnte sie selbst ihre Probleme als wirklich schwerwiegend annehmen, über deren Bewältigung sprechen und Veränderungen versuchen.

In den Richtlinien, die den Umgang mit Krisen beschreiben, wird immer wieder die Entlastung des Hilfesuchenden erwähnt. Oft ist dies durch direktes, fast banal anmutendes Ansprechen von Gefühlen möglich. Der Satz: „Ich habe den Eindruck, Sie stehen unter massivem Druck" hat schon oft lange zurückgehaltene Tränen gelöst. Anfangs scheute ich mich davor, so direkt auf die Gefühle loszusteuern, wurde aber durch die Beobachtung der erfahrenen Helfer dazu ermutigt. Es bedeutet nichts anderes, als meinem Mitgefühl direkt Ausdruck zu verleihen.

Mir fällt dazu die Situation mit einer Klientin ein, die den Eindruck machte, immer die Zähne zusammenzubeißen, wenn sie von ihrem Mann sprach. „Ich habe den Eindruck, Sie haben eine ziemliche Wut, wenn Sie davon sprechen, so sehr beißen Sie die Zähne zusammen." – „Ja, was soll ich denn tun?" antwortete sie mit Verzweiflung und schlug zornig die geballten Fäuste auf die Armlehnen des Sessels. Als ich sie darauf aufmerksam machte, tat sie es noch mehrmals, um dann in Tränen auszubrechen und etwas zu erzählen, das sie schon jahrelang belastete, worüber sie aber nie sprechen konnte.

Manchmal führt das Ansprechen der Gefühle auch nicht zum Ziel: Ein Mann schilderte mir seinen deprimierten Zustand und die dazugehörigen äußeren Umstände, konnte mir aber gefühlsmäßig nichts vermitteln. Ich meinte: „Ich kann mir vorstellen, dass das schrecklich für Sie sein muss." Ich stieß auf Ablehnung; er ging gar nicht auf meine Äußerung ein, sondern erzählte sofort die nächste Geschichte aus seinem Leben. Es stellte sich heraus, dass er über all die Rückschläge in seinem Leben und die Verluste von Angehörigen niemals wirklich trauern oder gar eine Träne hatte vergießen können. Er erzählte aber dann, dass er Gefühle äußern könne, wenn er schreibe, wozu ich ihn zu ermuntern versuchte. Ein Beharren, seine Gefühle direkt anzusprechen, hätte seine Abwehr nur noch verstärkt und meine Vertrauensposition geschwächt.

Diese wenigen Einzelheiten mögen ein Hinweis sein, wie ich aus der täglichen Begegnung mit Menschen in Krisensituationen lerne.

Schlussfolgerungen

Vorkenntnisse, die mir genützt haben
Die zuerst angedeuteten Ausbildungsschritte gaben mir die Grundlage, die ich für meine Arbeit als „professioneller" Helfer in Krisensituationen vom ersten Tag an brauchte. Den allergrößten Gewinn zog ich sicherlich aus meiner intensiven Selbsterfahrung aus Gruppen- und analytischer Einzeltherapie. Die psychoanalytische Technik selbst hilft bei der Krisenintervention wenig. Die tiefenpsychologischen Kenntnisse aus der eigenen Therapie ziehen jedoch eine Sichtweise nach sich, die mir entscheidend hilft, andere zu verstehen („psychoanalytische Einstellung"). Die Beobachtung der Therapeuten anderer Richtungen ließ mich von ihnen lernen, und ich konnte auch Aspekte anderer Theorien in meine Sichtweise integrieren. Daneben spielen Fachkenntnisse aus dem Medizinstudium noch eine gewisse Rolle, um auch im einen oder anderen Fall vorübergehend ein Medikament empfehlen zu können oder auffallende Symptome psychiatrischer Erkrankungen zu erkennen und die Betroffenen dann mit einem erfahreneren Fachmann in Kontakt zu bringen.

Bedeutung dieser Arbeit für mich persönlich
Der tägliche Umgang mit Menschen in Krisensituationen bedeutet für mich auch eine Vertiefung der Selbsterfahrung: Ich bin ständig herausgefordert, meine Rolle zu erkennen und mich klar abzugrenzen, um nicht meine persönlichen Probleme ins Spiel zu bringen. Die eigene Kompetenz und Inkompetenz, meine Fähigkeit und Unfähigkeit zwingen zu ständiger Reflexion. Ich lerne, mit meinen Allmachts- und Ohnmachtsgefühlen besser umzugehen.

Nach den ersten Erfahrungen und der ersten Routine, die ich erworben habe, ahne ich aber auch schon die nächste Gefahr: mich in dieser ersten Sicherheit zu wiegen. Ich sinniere, was dann die nächste Stufe der Entwicklung sein mag. Wie viele Entwicklungsstufen gibt es bei dieser Tätigkeit?

Zu Beginn meiner mit ca. acht Monaten befristeten Tätigkeit schien mir das eine lange Zeit, um die Arbeit des Kriseninterventionszentrums kennenzulernen. Nach einigen Monaten wusste ich, dass ich in diese Materie nur hineinschnuppern konnte. Was ich trotzdem dabei gewinne, ist eine immer größer werdende Sicherheit im Umgang mit Menschen in seelischen und sozialen Extremsituationen. Jeder der genannten Ausbildungsabschnitte und jedes Element der Vorkenntnisse haben dazu beigetragen. Die Bedeutung dieser Tätigkeit für mich selbst wird mir behilflich sein, meine Kompetenz auch in Zukunft zu erweitern.

Zusammenfassung Wenn auch viele Menschen durchaus dazu fähig sind mit den gelegentlichen eigenen Krisen und den Krisen in ihrem Bekanntenkreis angemessen umzugehen, bedarf der professionelle Helfer – nicht zuletzt im Interesse der eigenen Psychohygiene – eigener Ausbildung in Krisenintervention. Diese kann nicht nur theoretisch erlernt werden, sondern es muss in der praktischen supervidierten Arbeit neben dem Wissen auch die eigene Einstellung und das entsprechende Können entwickelt werden.

12. Erhöhung der Suizidpräventions-/Kriseninterventionskompetenz in einer bestimmen Region

Immer wieder wenden sich Leute an uns, denen auffällt, dass sich in ihrer Gegend besonders viele Menschen das Leben nehmen und fragen uns, was da zu tun wäre. Zur Beantwortung dieser Frage muss zuerst das Problem und müssen dann die Ressourcen identifiziert werden. Daraus ergeben sich folgende Fragen:
1. Liegt die Anzahl der Suizide tatsächlich über dem langjährigen Durchschnitt, oder hat diese Zahl durch besonders spektakuläre Suizide plötzlich Bedeutung und Publizität erlangt, oder gibt es ganz andere Interessen, die durch die Suizidstatistik gerechtfertigt werden sollen?
2. Gibt es deutliche Veränderungen in dieser Region wie z. B. Arbeitslosigkeit, Überhandnehmen des Fremdenverkehrs mit Zerstörung der örtlichen Struktur und dgl.?
3. Gibt es Imitationseffekte, z. B. in den typischen Schulstädten?
4. Gibt es bevorzugte Suizidorte oder -methoden?
5. Was sind die Charakteristika der durch Suizid Verstorbenen?
6. Welche Hilfsmöglichkeiten gibt es für Risikogruppen?
7. Ist den Hilfsstellen das Suizidproblem auch bewusst?
8. Können diese damit umgehen?

ad 1) Gar nicht so selten wie man annehmen würde, stehen solche Anfragen in engerem Zusammenhang mit Kommunal-, Betriebsrats- oder Gewerkschaftswahlen und sollen zumeist als Argument dafür dienen, dass die bisherigen Zustände äußerst schlecht sind und dringender Veränderung bedürfen. Hier ist es wichtig, von allem Anfang an eine allparteiliche Position einzunehmen, da sonst die Gefahr besteht, dass das eben erst erwachte Problembewusstsein in Interessenskonflikten zerrieben wird. So hatte einmal eine wahlwerbende Gruppe mit dem Argument, dass es in einem bestimmten Betrieb sehr hohe Suizidraten gäbe, versucht, Wählerstimmen zu bekommen. Es ließ sich unschwer nachweisen, dass die Suizidrate durchaus im Durchschnitt der Gesamtpopulation lag, dass es aber dennoch dem Betrieb möglich sein musste, durch spezielle Programme ihre Arbeiter und Angestellten besser zu betreuen, wobei als erster Schritt der Umgang mit dem Alkohol zu gelten hatte.

ad 2) Veränderungen, und nicht nur solche zum Schlechteren, werden von manchen Menschen nur krisenhaft mitvollzogen. So ist bekannt, dass in Regionen, in denen relativ rasch wirtschaftliche Schwierigkeiten und damit verbundene Arbeitslosigkeit auftrat (s. Kap. 8), die Suizidraten stiegen, während in Regionen, in denen sich ein solcher Wandel sehr langsam vollzog, keine Steigerung feststellbar war. Auch haben Orte, die ihre dörfliche Infrastruktur einem zunehmenden Fremdenverkehr opferten, zwar einen wirtschaftlichen Aufschwung genommen, durch die Zerschlagung der Infrastruktur jedoch wichtige Kommunikationsmöglichkeiten verloren, wodurch es auch zu einer Häufung von Suiziden kam. In dem unter Punkt 1 angeführten Beispiel des Betriebs kam es auch relativ bald zu wirtschaftlichen Schwierigkeiten, die zu Einsparungen und auch Kündigungen führten. Da dort aber bereits eine gewisse Sensibilisierung für psychosoziale Probleme bestand, konnte diese Veränderung doch in einer Art und Weise durchgeführt werden, dass keine zusätzlichen Suizide zu beklagen waren. Dazu wurden einige Schulungen und Seminare mit dem mittleren Management und insbesondere den Personalchefs durchgeführt.

ad 3) Wie wir an den Suiziden der Wiener U-Bahn zeigen konnten (s. Kap. 9.2.1), gibt es auch vermeidbare Imitationseffekte. Die Berichterstattung in den Medien ist dabei meist ein überregionales Problem, wesentlicher im regionalen Bereich ist der Umgang mit Suiziden z. B. in den Schulen, Betrieben und Vereinen. Sehr häufig werden solche tragischen Ereignisse totgeschwiegen, wodurch man natürlich den Betroffenen die Möglichkeit, sich mit dem Suizid auseinanderzusetzen, nimmt. Im Zuge solcher Gespräche ist es auch möglich, allfällige Personen mit Suizidgefährdung ausfindig zu machen und ihnen über die Krise zu helfen (s. a. Umgang mit Hinterbliebenen, Kap. 6.4.5).

ad 4) Erreichbarkeit und Verfügbarkeit von Suizidmitteln haben bekanntlich einen gewissen Einfluss auf die Suizidart insofern, als die Suizidmethoden nicht zur Gänze beliebig ersetzt werden. So können z. B. Zäune an hohen Türmen oder Brücken tatsächlich Suizide verhindern, die Entgiftung des Stadtgases wurde auch nur teilweise durch Medikamentenvergiftungen kompensiert etc.

ad 5) Bezüglich der Charakteristika der durch Suizid Verstorbenen geht es tatsächlich darum, die Risikopopulation dieser Region zu bestimmen (s. Risikogruppen Kap. 6.3), die durchaus regionale Besonderheiten aufweisen kann: So ist z. B. verständlich, dass in einer besonders überalterten Region höhere Suizidraten zu finden sein werden (s. Kap. 5.7).

ad 6) Psychosoziale Infrastruktur: Welche Hilfsmöglichkeiten gibt es in der Region, und wer ist dafür sensibilisiert? Die Erweiterung dieser Frage ist insofern nötig, als es immer wieder an sich gut arbeitende Hilfsstellen gibt, die jedoch Suizidalität als Thema überhaupt nicht kennen. So stellte sich bei einem sehr großen internationalen Psychotherapiekongress heraus, dass generell das Wissen über Krisenintervention und Umgang mit Suizidgefährdeten äußerst dürftig war, obwohl hier aus der ganzen Welt die Spitzen der Psychotherapie vertreten waren. Dies führt zu dem nächsten Punkt:

ad 7) Inwieweit ist den Hilfsstellen die Suizidproblematik überhaupt geläufig? Es war für uns ein erschütterndes Bild zu sehen, dass ein selbst sehr depressiver Hausarzt offenbar aufgrund seiner eigenen Depressivität nicht in der Lage war,

Depressionen unter seinen Patienten wahrzunehmen, zu diagnostizieren und zu behandeln. Ebenso wurden wir vor einiger Zeit gebeten, mit einem Telefondienst eine Schulung darüber zu organisieren, ob man am Telefon Suizidalität beim Anrufer ansprechen solle oder nicht (!). Dies zeigt aber bereits ein sehr wichtiges Vorgehen, nämlich sich bei Problemen zu überlegen, wer allenfalls an Experten die nötige Information geben könnte.

ad 8) Verfügen die Mitarbeiter über ausreichend Wissen und Können, um mit Suizidalität angemessen umgehen zu können? Dieser Punkt deckt sich teilweise mit den beiden vorhergehenden Punkten, ist aber auf die individuelle Kompetenz der Mitarbeiter bezogen.

Generell wird man also ressourcenorientiert vorgehen, d. h., man stellt sich die Fragen: Wer hat an diesem Thema Interesse, wer ist dafür sensibilisiert, und in welchem Rahmen lässt sich Suizidprävention verbessern, verändern, allenfalls überhaupt erst implementieren.

Leitlinien zur Organisation von Krisenintervention

Die Deutsche Gesellschaft für Suizidprophylaxe hat 1993 Leitlinien zur Organisation von Krisenintervention erarbeitet, die sehr umfassend die sieben wichtigsten Bereiche der
1. theoretischen Basis,
2. der Organisationsstruktur,
3. der Qualifikation der Mitarbeiter,
4. der Hilfsangebote,
5. der Kooperation,
6. der Ethik,
7. der Evaluation
abhandelt.

Diese einzelnen Bereiche sind in den Leitlinien hauptsächlich in Fragen formuliert, die zu eigenen Überlegungen anregen, nach Art einer Checkliste unnötige Fehler vermeiden helfen sollen und jene Organisationsstruktur von Krisenintervention und Suizidprävention herausarbeiten, die den „Kern jeder Intervention: Den Kontakt zu dem Betroffenen nicht fahrlässig behindert sondern bestmöglich unterstützt".
ad 1) Selbstverständnis/theoretische Basis
Hier ist insbesondere zu beachten, ob es in der täglichen Praxis ein gemeinsames Konzept gibt, Möglichkeiten der Veränderbarkeit dieses Konzepts und der Vertretung nach außen.
ad 2) Verwaltungs- und Organisationsstruktur
Rechtsform, Träger, Finanzierung, Leitung, Personalplanung, räumliche Ausstattung werden hier behandelt.

ad 3) Qualifikation der Mitarbeiter im Sinne von Auswahl, Ausbildung, Supervision und Fortbildung.
ad 4) Hilfsangebote
Arten der Hilfe und Interventionsmethoden, Setting in den Kontakten, Zielgruppen und dgl.
ad 5) Kooperation und Vernetzung
Dies bezieht sich sowohl auf die psychosoziale Infrastruktur als auch auf die Überweisungspraxis.
ad 6) Ethik
Allgemeine Grundsätze im Umgang mit Klienten und Angehörigen, Datenschutz, Verschwiegenheit, Schutz der Mitarbeiter, ethische Aspekte der Öffentlichkeitsarbeit und Umgang mit ethisch-rechtlichen Grenzsituationen (s. Kap. 5.5 und 6.4.10f.).
ad 7) Evaluation und Weiterentwicklung
Qualitätssicherung, Forschung und Möglichkeiten der Weiterentwicklung der Institution.

Für alle Bereiche werden Minimalstandards angegeben, deren Unterschreitung zu Qualitätsverlust führen muss. Als Beispiel führen die Autoren an: Auch wenn Mitarbeitende gelernt haben, Suizidsignale zu erkennen (Bereiche 3 und 4), bleibt ihre Hilfe unzureichend, wenn sie die Schweigepflicht nicht ernst nehmen (Bereich 6) oder sie ihre Arbeit nicht supervidieren lassen (Bereich 3) oder sich unklar sind über das Selbstverständnis ihrer Arbeit (Bereich 1) oder sie diese niemals evaluieren (Bereich 7) etc.

Aus: Leitlinien der Deutschen Gesellschaft für Suizidprävention zur Organisation von Krisenintervention, 1. Auflage, Hildesheim, 1993

Dieses Heft ist all jenen ans Herz zu legen, die ernsthaft erwägen, Krisenintervention zu etablieren, und die vorhaben, von jahrzehntelanger Erfahrung zu profitieren.

12.1 Aktionsplan zur umfassenden Suizidprävention

So wie vieles zu suizidaler Einengung führen kann, gibt es auch viele Maßnahmen, die suizidpräventiv wirken können. Man unterscheidet deshalb (s. Abb. 1) eine *generelle* Prävention, bei der unterstützende psychologische, pädagogische, medizinische und soziale Maßnahmen gesetzt werden, um die Fähigkeit einer Bevölkerung zu stärken, mit den Schwierigkeiten des Lebens besser fertig zu werden, von einer *speziellen* Prävention mit Maßnahmen, die entweder *direkt* für den Suizidgefährdeten zur Verfügung stehen oder die *indirekt* durch entsprechende Identifizierung, Behandlung und Betreuung von Risikogruppen (Substanzmissbrauchern, psychisch Kranken, Menschen in Lebenskrisen, Alten und Vereinsamten) diesen helfen, mit ihren Problemen oder Störungen besser zurecht zu

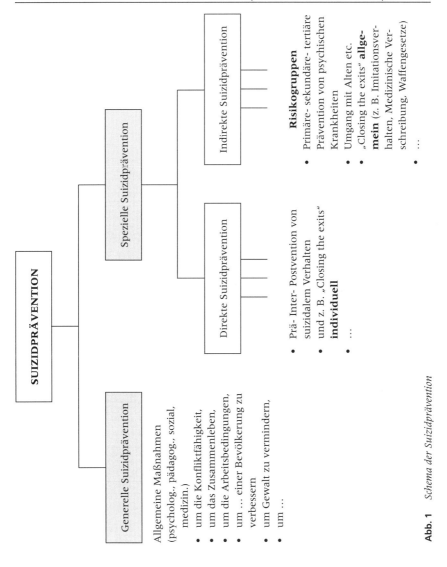

Abb. 1 Schema der Suizidprävention

kommen. Eine spezielle indirekte suizidprophylaktische Maßnahmen ist es aber z. B. auch, wenn durch entsprechende Medienberichterstattung suizidal Eingeengte nicht zur Imitation suizidalen Verhaltens motiviert werden.

Es lassen sich **10 Arbeitsgebiete** identifizieren, deren spezifische Aufgaben jeweils von den unterschiedlichen Personen, Personengruppen, Interessensgemeinschaften und Institutionen übernommen werden können:
1. Erhöhtes Bewusstsein
2. Unterstützung und Behandlung
3. Kinder und Jugendliche
4. Erwachsene
5. Ältere Menschen
6. Risikogruppen
7. Schulung und Entwicklung
8. Einschränkung der Erreichbarkeit von Suizidmitteln
9. Zusammenführung regionalen Wissens
10. Gesetzliche Voraussetzungen

ad 1) Schaffung von erhöhtem Bewusstsein und Wissen über Suizidprobleme

Dies kann am besten dadurch geschehen, dass laufend Wissen über Suizidverhalten verbreitet und zur Diskussion wesentlicher Gesichtspunkte angeregt wird. Das Wissen um Suizidphänomene, die diskursive Auseinandersetzung mit Sterben, Tod und Suizid in seinen unterschiedlichen individuellen Bedeutungen (von Feigheit bis zu Heldentum, von Erlösung bis zu ewiger Verdammnis, von höchstem Maß der Entscheidungsfreiheit und Freiwilligkeit zur entmündigendsten Einengung, von klarster menschlicher Bewusstheit bis hin zum Suizid in geistiger Verwirrtheit und Umnachtung etc.) unter Bedachtnahme auf suizidale Entwicklung (vom erwägenden Suizidgedanken über die Abwägung bis zum Entschluss) würde die Einstellung fördern, dass Suizidgefährdung kein unwiderrufliches Schicksal ist, sondern dass es Hilfe gibt und diese auch nötig ist: dass also Suizidprävention möglich ist und daher gefördert werden muss.

1.1 Informationsaufbereitung:
Regelmäßige zusammenfassende Darstellung der Situation und des gegenwärtigen Stands der Suizidprävention, Spezifizierung von neuen Wissenserfordernissen und Erstellung von Richtlinien für zukünftige Entwicklungen.

1.2 Sammlung von Informationsmaterial:
a) Professionelle Erstellung und Verbreitung der Information über Suizidprobleme und Suizidprävention,
b) Analyse der Effekte von Informationskampagnen insbesondere was die Rolle der Medien in der Suizidprävention betrifft,
c) Dokumentation basaler Kenntnisse, wie diese Information so präsentiert werden kann, dass gesundheitsfördernde Effekte erzielt und unerwünschte Effekte (Imitationseffekte) minimiert werden,

d) Ermutigung zu kommunikativer Auseinandersetzung über existenzielle Probleme, insbesondere hinsichtlich der Einstellung zum Tod, zum Suizid und zur Suizidprävention,
e) Anregung zu offener Information und Diskussion in der Literatur und in den Medien sowie bei verschiedensten Anlässen.

ad 2) Unterstützung und Behandlung

Die Verfügbarkeit von psychologischer, sozialer und medizinischer Unterstützung und Behandlung ist zu gewährleisten. Das bedeutet die Entwicklung und die Bereitstellung angemessener Behandlung für suizidgefährdete Personen in Krisenzentren, Notruftelefonen, Gesundheits- und medizinischen Diensten. Weiters muss auch Wert darauf gelegt werden, dass in diesen Einrichtungen das nötige Wissen hinsichtlich des Erkennens von psychischen Erkrankungen und deren spezieller Behandlung verfügbar ist. Dies beinhaltet z. B. weitere Schulung von Personen in der Primärversorgung bezüglich Früherkennung und Behandlung von suizidalen Krisen, psychischen Erkrankungen, insbesondere Depressionen.

2.1 Krisenmanagement
Ausbildung und Training in Krisen- und Konfliktmanagementstrategien, für individuelle und institutionelle Betreuung von Personen nach Verlusten, Katastrophen, Früherkennung und Unterstützung von suizidalen Personen, Erkennung von psychischen Störungen und Kenntnis entsprechender Hilfsmöglichkeiten; Suizidprävention als Teil des normalen Umgangs am Arbeitsplatz. Entwicklung von Hilfsangeboten und -strategien für helfende Berufe, Gruppen und Angehörige, die sich im Umgang mit Suizidgefährdeten engagieren. Ebenso für hinterbliebene Angehörige und Bekannte nach Suizid.

2.2 Gesundheits- und medizinische Betreuungseinrichtungen:
Es muss gewährleistet sein, dass jeder, der solche Einrichtungen aufsucht, im Falle der Suizidgefährdung lege artis untersucht werden kann (Risikogruppe, Krise, suizidale Entwicklung, Präsuizidales Syndrom) und angemessene Unterstützung und Behandlung erfährt. Das beinhaltet:
a) Die Entwicklung von Qualitätskriterien für gute gesundheitliche und medizinische Betreuung von Patienten, die dem Suizid nahe sind.
b) Die Entwicklung von Betreuungsprogrammen im ambulanten und stationären Bereich.
c) Krankenhaus/Gesundheitssprengelbereich: Ein Zugang dazu mag die Schaffung von Suicide-Prevention-Teams sein, die Expertenwissen ebenso zur Verfügung stellen wie Beratung und Supervision sowie nach und nach den Aufbau wirksamer Routine vorantreiben. (Psychologische und psychotherapeutische Betreuung im Krankenhaus!)
d) Spezielle Aufmerksamkeit ist den Bedürfnissen und der effizienten Behandlung und Suizidprävention von jenen psychisch Kranken zu widmen, bei de-

nen Suizid häufig vorkommt: Patienten mit depressiven Psychosen, speziell Schizophrenien, mit Substanzmissbrauch und Persönlichkeitsstörungen.
e) Kontinuierliche Fortbildung von Personen in der Grundversorgung zur Früherkennung und Behandlung von suizidalen Krisen und psychischen Störungen, speziell von Depressionen.
f) Entwicklung von nach außen reichenden Aktivitäten, um Suizidgefährdete zu kontaktieren und zu unterstützen. Kontinuität der Betreuung (s. Nahtstellen der Betreuung, Veränderungskrisen bei neuem therapeutischem Setting).
g) Unterstützung für Kinder aus Familien mit Suizidproblemen.
h) Beratung von Verwandten und Hinterbliebenen nach Suizid.

ad 3) Zielgruppe: Kinder und Jugendliche

3.1 Erziehung und Unterricht:
a) Kinder und Jugendliche sollten rechtzeitig auch im Unterricht und in ihrer Ausbildung lernen, **wie** Konflikte zu erkennen und zu klären sind, und **wie** mit Krisen, Depressionen und Suizidproblemen adäquat umzugehen ist: Es gilt, Ankündigungen und Risikosignale wie Suizidmitteilungen und Suizidversuche, Schulschwänzen oder andere häufige Absenzen, auffallende Müdigkeit, Aggression, Isolation, Substanzmissbrauch, Wutanfälle und asoziales Verhalten wahrzunehmen und in ihrer Bedeutung zu verstehen. Dafür bieten sich nicht nur die verschiedenen Erziehungs- und Bildungssysteme an, sondern auch die zahlreichen (Klein-)Kindergruppen und Jugendlichenclubs, Vereine, Interessensgemeinschaften etc.
b) Das Risiko zu suizidalem Verhalten nach einem Suizid oder Suizidversuch im Umfeld ist zu beachten; ebenso gilt es, diversen
c) Veränderungen, wie z. B. bei Schulwechsel (s. Veränderungskrisen), Aufmerksamkeit zu schenken.
d) Der Ausbau von Wohlfahrts-, Beratungs- und Gesundheitsdiensten für Schulkinder und Studierende ist wünschenswert.

3.2 Gesundheits- und medizinische Betreuungseinrichtungen, Sozialarbeit:
a) niederschwellig, anonym und sofort erreichbar
b) besondere Beachtung verdienen Risikofaktoren in der Umgebung, in der Kinder aufwachsen (broken-home, Gewalt, Missbrauch, Arbeitslosigkeit, Armut)
c) Beachtung von Signalen, die auf schwierige Familienumstände hinweisen (Verhaltensänderungen, -auffälligkeiten)
d) im Gespräch und in Gruppen Diskussion über existentielle Fragen, Krisen- und Konfliktmanagement und Auseinandersetzung mit der Suizidproblematik, um dadurch Fertigkeiten zu erarbeiten, die den Umgang mit schwierigen Lebenssituationen erleichtern
e) erhöhte Aufmerksamkeit und Unterstützung für Risikofamilien, solche mit Suiziden in der Vorgeschichte oder Suizidversuchen oder mit anderen selbstdestruktiven Tendenzen, mit Alkohol- oder Drogenmissbrauch, psychischer

Erkrankung, Gewalt und inadäquaten emotionalen Reaktionen mit besonderer Beachtung der Probleme von AlleinerzieherInnen und ImmigrantInnen
f) Maßnahmen, um die Arbeitszufriedenheit und das subjektive Wohlbefinden von Mitarbeitern zu steigern, aber auch, um Expertenwissen über den Umgang mit Krisen und Konflikten zu festigen.
g) Entwicklung von Kooperationen zwischen verschiedensten Organisationen (Netzwerkarbeit)

ad 4) Zielgruppe: Erwachsene

Hilfe für Erwachsene liegt besonders in der Beachtung und besonderen Unterstützung, wenn sie Beziehungskrisen oder psychosozialen Stress am Arbeitsplatz und Arbeitslosigkeit erfahren.

4.1 Beziehungs- und Eheprobleme:
a) Vermittlung von Kenntnissen, wie Beziehungen gestaltet werden können
b) Wissen und Kenntnis, wie mit Ehe- und Beziehungsproblemen umzugehen ist (Mediation!)
c) Förderung von Entwicklung und Reifung der Menschen durch Auseinandersetzungen mit existentiellen Problemen in Familie und Gesellschaft
d) Verstärktes Verständnis und Unterstützung für Personen, die von Beziehungskrisen oder zunehmender Vereinsamung bedroht sind
e) Größeres Wissen über Krisenreaktionen und Umgang mit Krisen, Depressionen und suizidalem Verhalten bei Erwachsenen

4.2 Betriebe und Arbeitsplätze:
Zu beachten ist hier einerseits die wirtschaftliche und gesellschaftliche Entwicklung, andererseits die Entwicklung am Arbeitsmarkt und individuell am Arbeitsplatz sowie die Wichtigkeit und Bedeutung, die solche Entwicklungen für den Einzelnen haben, um Selbstvertrauen, Lebenssinn und Zusammenhalt zu finden.
a) Strukturelle Probleme am Arbeitsplatz können Angst verursachen und bei empfindlichen Personen auch seelische Schwierigkeiten bis zu suizidalen Krisen hervorrufen.
b) Die Einrichtung von individuellen und Gruppendiskussionen, die sich auf akute Probleme am Arbeitsplatz, z. B. durch Reorganisationen, Rationalisierungen, Einsparungen oder Schließungen beziehen.
c) Beachtung von psychischem Druck in der Arbeitsumgebung wie Einsamkeit, Substanzmissbrauch, psychische Störungen, Mobbing und Bullying, sexuelle Belästigung, Burnout etc.
d) Erarbeiten und Üben von Krisen- und Konfliktmanagementstrategien, beachten von Personen, die Verluste oder Katastrophen erlitten haben, Früherkennung und Unterstützung von suizidalen Personen.
e) Erkennen von psychischen Problemen und Wissen um Hilfsmöglichkeiten.
f) Besondere Bedachtnahme ist auf die Probleme von Immigranten zu legen.

ad 5) Zielgruppe: Ältere Menschen

Hier geht es um Krisenreaktionen im Zusammenhang mit Pensionierung und Beschäftigung, Krankheit, Altern und Verwitwung, (Spät- und Alters-)Depressionen und suizidalem Verhalten im höheren Alter mit besonderer Berücksichtigung der Situation älterer Immigranten.

5.1 Soziale- und Ehe/Beziehungsprobleme:
Verständnis und Hilfe im Umgang mit der sozialen Situation und den Ehe/Beziehungsproblemen von älteren Menschen:
a) Erleichterungen für ältere Leute schaffen, damit diese ihre intellektuellen, emotionalen und sozialen Ressourcen weiterhin einsetzen können (s. z. B. Gleitpension); Aktivitäten älterer Personen unterstützen
b) Gelegenheit für Gruppendiskussionen bezüglich sozialer und persönlicher Entwicklung im Alter
c) Altersehe und -partnerschaft (Sexualität im Alter) enttabuisieren
d) Wissen um Krisenreaktionen und Umgang mit diesen sowie Umgang mit depressivem und suizidalem Verhalten in höherem Alter
e) Isolation und Einsamkeit durch Partnerverlust, Verlust von Freunden und Bekannten, Immobilität und dgl. stellen insbesondere für alte Männer schwerwiegende Risikofaktoren dar.
f) Besondere Berücksichtigung der Situation älterer Immigranten
g) Verstärkte Kooperation zwischen verschiedenen Organisationen, um sanfte Übergänge zu den verschiedensten Betreuungsformen sicherzustellen. (Nahtstellen der Betreuung sind immer besonders krisenträchtig und daher auch mit hoher Suizidalität behaftet.)
h) Entwicklung und Einrichtung von sozialen und medizinischen Diensten für Behandlung, Betreuung, Pflege und Beistand von Menschen in der chronischen Lebens-Sterbens-Phase einschließlich angemessener palliativer Maßnahmen, um die Beschwerden, Schmerzen, Ängste, Sorgen und Nöte dieser Menschen zu lindern

ad 6) Zielgruppe: Risikogruppen

Schulung in sozialen Fertigkeiten im Umgang mit Alkohol-, Drogen- und Medikamentenmissbrauchern, HIV-Positiven oder AIDS-Erkrankten (bzw. Hepatitis-Erkrankten), Opfern von Gewalt oder Selbstverletzung, Immigranten, Strafgefangenen etc., um ein Verständnis dafür zu entwickeln, wie Konflikte, Krisen, Depressionen und Suizidprobleme entstehen, wie sie wahrgenommen werden und wie man mit ihnen umgehen kann.

6.1 Gesundheits- und medizinische Betreuung, Sozialarbeit:
a) Durch aktives Kontaktieren dieser Personen aus diesen Risikogruppen soll deren Situation besser verstanden und deren spezifische Problemlage erkannt

werden. Insbesondere Verständnis dafür, wie Konflikte, Krisen und Suizidprobleme entstehen und erfahren werden, wie die Betroffenen selbst damit umgehen können und wie die Zugehörigkeit zu einer Risikogruppe die eigenen Fähigkeit reduziert, mit solchen Problemen umzugehen.
b) weiterer Ausbau und Verbesserung von Organisationen, die sich speziell mit diesen Risikogruppen beschäftigen

ad 7) Schulung und Entwicklung

Schulung und Übung des Umgangs mit Risikogruppen muss speziell gewährleistet sein, z. B. in Trainingsprogrammen allgemeiner Natur für jedermann, der mit suizidgefährdeten Personen in Kontakt kommt oder kommen könnte, darüber hinaus ergänzende Schulung in speziellen Kursen für Beratungs- und Behandlungsfunktionen.

7.1 Forschung und Entwicklung
a) Hier müssen Methoden des Unterrichts in Suizidprävention entwickelt werden, insbesondere Training für Lehrer, die in den verschiedensten Unterrichtsbereichen arbeiten, vom Kindergarten bis zur Universität, von den Pflichtschulen bis zur Volkshochschule.
b) Ausbildung bezüglich krisenhafter Entwicklungen, psychischer Schwierigkeiten und Suizidprävention von unterschiedlichen Zielgruppen (Lehrer, Sozialarbeiter, Krankenschwestern, Psychologen, Psychotherapeuten, Ärzte, Geistliche etc.), aber auch von bestimmten anderen „wachenden" Berufen wie z. B. Polizei, Rettung, Bundesheer, Sicherheitswachebeamte.

7.2 Schulerziehung:
a) Suizidprobleme sollten in den Grundschulen ein Teil eines größeren Unterrichtsfaches sein, das auch Krisen- und Konfliktmanagement und Unterstützung durch Gleichaltrige (peer-support) sowie Umgang mit psychisch Kranken beinhaltet. Diesbezüglich könnten z. B. auch die Kirchen, etwa in ihrer Konfirmationsausbildung, aktiv werden.
b) Studienmaterial sollte gesammelt werden, Schulungsprogramme sollten auf entsprechende Organisationen abgestimmt sein.

ad 8) Reduzierte Erreichbarkeit und Verfügbarkeit von Suizidmitteln

Dies bezieht sich insbesondere auf das Transportsystem, auf Waffen und auf Medikamentenverschreibungen.

8.1 Verkehr:
a) Forderung nach Alkoblocks (ein Auto kann nur in Betrieb genommen werden, wenn der Fahrer nicht alkoholisiert ist)

b) Reduktion von Kohlenmonoxid in den Aufpuffgasen bzw. Installierung von Geräten, die ab einer gewissen Kohlenmonoxidkonzentration den Leerlauf stoppen
c) Veränderung der Auspuffrohre, damit die Verbindung mit einem Schlauch in das Wageninnere nicht so leicht möglich ist (flache Schlitze)
d) Airbags als Standard für alle Autos
e) Schutz und Telefonmöglichkeiten an Orten mit besonders hoher Suizidfrequenz (hohe Gebäude, Brücken etc.)
f) Maßnahmen für U-Bahn-Stationen mit hoher Frequenz von Unfällen und Suiziden
g) Maßnahmen bezüglich der Frontseite von Lokomotiven, um tödliche Überführungen eher vermeidbar zu machen

8.2 Waffen:
restriktive Politik bezüglich Waffenbesitz

8.3 Medikamentenverordnungen:
a) weniger toxische Medikamente
b) passende Formen und Packungsgrößen
c) vorsichtige Verschreibgewohnheiten und sorgfältige Nachkontrolle
d) ambulant kein Medikament ohne Arzt-Patient Beziehung!

ad 9)   Nationale Expertise

Errichtung und Weiterentwicklung von Zentren für Suizidforschung und -verhütung sowie effektives epidemiologisches Monitoring

9.1 Datenbasen:
a) anonymisierte personenbezogene Daten von Suiziden und Suizidversuchen nach Alter, Geschlecht, Familienstand, Beruf, Nationalität, Methode, Tatort, Wohnort
b) Information über die medizinischen, sozialen und psychologischen Bedingungen
c) anonymisierte Daten von angrenzenden Ländern
d) Datenbasen der laufenden Suizidforschung bezogen auf Untersuchungsprojekte und Untersuchungsgruppen
e) Literaturdatenbank sowohl für die Wissenschaft als auch für die o. a. Schulungen, insbesondere die deutschsprachige Literatur berücksichtigend

9.2 Qualitätssicherung:
a) höhere Priorität der Suizidforschung
b) Erarbeitung der o. a. Basen
c) Bestimmung von dringlichen Gebieten der Forschung

d) Ein eigenes Zentrum für Suizidforschung und -prävention könnte verstärkt folgende Aufgaben haben:
- Initiierung und Durchführung von Untersuchungen, speziell von Risikofaktoren in Bezug auf Suizid,
- Entwicklung verschiedener Konzepte und Klassifikationssysteme in der Suizidologie, welche verbindlich in der Forschung und klinischen Arbeit verwendet werden,
- Entwicklung von Methoden, um suizidologische Gesundheitskonsequenzen von verschiedenen sozialen Veränderungen zu untersuchen und
- Entwicklung von Methoden, um generelle, indirekte und direkte Suizidprävention zu implementieren.
- Entwicklung von Evaluations-Instrumenten, um die Effekte von entsprechender Schulung, Fortbildung und Information zu überprüfen;
- Planung und Initiierung und Evaluierung von Suizidpräventionsmaßnahmen,
- Entwicklung von Netzwerken von Personen, die wissenschaftlich, aber auch praktisch in der Suizidprävention arbeiten,
- Informationstätigkeit in Bezug auf Diagnostik, Behandlung und Prävention zu den entsprechenden politischen Entscheidungsträgern, aber auch zu Betreuungspersonal und zur Öffentlichkeit.

ad 10) Gesetzliche Voraussetzung

Insbesondere der Punkt, der sich auf die Erreichbarkeit von Suizidmitteln bezieht, bedarf auch einiger gesetzlicher Voraussetzungen, die ins Auge zu fassen sind.

Entsprechende legistische Vorschläge werden jedoch auch in vielen anderen Bereichen der neun angeführten Arbeitsgebiete nötig sein (z. B. bei schulischen Aktivitäten, Lohngerechtigkeit, Chancengleichheit, Personalentwicklung am Arbeitsplatz und Ruhensbestimmungen).

Schlussfolgerung

Die Aufzählung dieser 10 Arbeitsgebiete macht deutlich, dass es nicht mehr angeht, Suizidprävention nur Einzelinitiativen zu überlassen, sondern dass, so wie in vielen anderen Ländern (z. B. in den Vereinigten Staaten, Kanada, Schweden, Dänemark, Finnland) ein **nationales Suizidpräventionsprogramm** umgesetzt werden müsste, in dem die hier gemachten Vorschläge und Anregungen enthalten sind. Diesbezüglich wurde im Jahr 2011 im österreichischen Parlament ein Entschließungsantrag einstimmig von allen Parteien angenommen und das Bundesministerministerium für Gesundheit mit einer Umsetzung des SUPRA Programms "Suizidprävention Austria - Die Umsetzung" beauftragt. Es bleibt abzuwarten, welche Mittel zur Verfügung gestellt werden und welche nachhaltigen Projekte etabliert werden können.

13. Mitwirkung am Suizid aus strafrechtlicher Sicht in Österreich, der Schweiz und Deutschland

Österreich

Das Leben des Menschen ist als grundlegender Wert der Gemeinschaft primäres Schutzobjekt des liberalen Rechtsstaates; dennoch steht es nach österreichischem Verständnis dem Gesetzgeber nicht zu, den Suizidwilligen selbst für den Versuch der eigenen Selbsttötung zu bestrafen.

Aus den Bestimmungen des österreichischen Strafgesetzbuches (öStGB) ergibt sich einerseits die Straflosigkeit des (wenn auch nach überwiegender Auffassung rechtswidrig handelnden) Suizidenten, andererseits die lückenlose Strafbarkeit jeder externen Mitwirkung an der Lebensbeendigung. Nicht nur wer einen anderen tötet, sondern auch derjenige, der an einer vom Suizidenten an sich selbst vorgenommenen Tötungshandlung mitwirkt, soll bestraft werden.

Mitwirkung am Suizid durch Verleiten und Hilfeleistung

Für Mitwirkung am Suizid hat sich nach § 78 öStGB zu verantworten, „wer einen anderen dazu verleitet, sich selbst zu töten, oder ihm dazu Hilfe leistet". Das Gesetz sieht dafür eine Freiheitsstrafe von sechs Monaten bis zu fünf Jahren vor.

Strafbar macht sich also derjenige, der einen anderen zur Selbsttötung verleitet, indem er den Tatentschluss des anderen weckt, einen anderen dazu überredet, auffordert oder bestehende Zweifel beseitigt. Das Tatbild verwirklicht auch derjenige, der das Vorhaben eines anderen, sich selbst zu töten, in irgendeiner Weise unterstützt – mithin Hilfe leistet. Dies kann durch Rat (psychische Hilfe) und Tat (z. B. Überlassung von Strick, Waffe, Gift, Schlaf- oder Beruhigungstabletten) erfolgen. Strafbar ist also derjenige, dessen vorsätzliche Verleitung oder Hilfeleistung für den Tod des anderen ursächlich wird.

Versuchte Mitwirkung

Für den Fall der *Verleitung* zum Suizid ist es ohne Bedeutung, ob sich der Suizidwillige tatsächlich zu töten versucht oder sich getötet hat; auch wenn die Verleitung misslungen ist, weil sie im anderen nicht den Entschluss zur Selbsttötung erwecken konnte oder der andere zwar diesen Entschluss fasste, aber nicht einmal einen Suizidversuch unternommen hat, muss sich der Verleitende wegen *versuchter Mitwirkung* am Suizid verantworten. Hingegen bleibt die *versuchte* („misslungene") *Hilfeleistung* – dem zum Suizid Entschlossenen wurde Gift besorgt, das dieser aber nicht einnimmt – straffrei.

Mitwirkung am Suizid durch Unterlassung seiner Verhinderung

Während Verleitung jedenfalls Aktivität erfordert, kann Hilfeleistung auch in einem Unterlassen bestehen – es genügt ein Gewährenlassen! Die vorsätzliche Unterlassung der Verhinderung eines Suizids bzw. das Gewährenlassen ist jedoch nur für jemanden strafbar, den eine besondere Rechtspflicht zum Eingreifen im Sinne einer Garantenstellung (§ 2 öStGB) trifft. Die Garantenstellung wird im Allgemeinen auf Gesetz, Vertrag und vorausgegangenes Tun („gefahr-begründendes Vorverhalten") beschränkt. Zu denken ist dabei insbesondere an eine familienrechtliche (z. B. beim Vater gegenüber dem zum Suizid entschlossenen Sohn), aber auch an eine aus einem Behandlungsvertrag (ÄrztIn, PsychotherapeutIn – PatientInnen) oder auch an eine aus einem anderen professionellen Kontext (LehrerIn, SozialarbeiterIn – SchülerInnen, KlientInnen) abzuleitende Garantenstellung. Wer als Garant einem zur Selbsttötung Entschlossenen sagt, „mach was Du willst", erleichtert – so die Rechtssprechung – den Entschluss und gewährt daher moralische Beihilfe. Auch derjenige, welcher es unterlässt, seinen Ehegatten, der eine Überdosis Schlaftabletten genommen hat, zu retten, hat sich als Garant für Mitwirkung am Suizid zu verantworten.

Unterlassung der Hilfeleistung beim Unglücksfall Suizidversuch

Neben der aus einer besonderen Rechtspflicht resultierenden Handlungspflicht für Garanten (Strafbarkeit bei Unterlassen der Verhinderung eines Suizides bzw. Gewährenlassen des Suizidenten, s. o.) statuiert das österreichische Strafgesetz eine jeden Menschen treffende Handlungspflicht bei einem Unglücksfall bzw. einer Gemeingefahr. Eine Unterlassung der Hilfeleistung ist nach § 95 öStGB, wenn diese Unterlassung den Tod eines Menschen zur Folge hat, mit Freiheitsstrafe bis zu einem Jahr oder mit Geldstrafe zu bestrafen.

Die genannte Bestimmung verpflichtet jeden, der zum Verunglückten in einer räumlich-zeitlichen Nahebeziehung steht und zu zweckdienlicher Hilfeleistung in der Lage ist. Unglücksfälle sind plötzlich eintretende Ereignisse, die erhebliche Gefahren für Leib oder Leben eines anderen befürchten lassen. Ob die für den anderen bedrohliche Situation selbstverschuldet herbeigeführt wurde, spielt dabei keine Rolle. Ein Suizidversuch gilt als Unglücksfall im Sinne der Ausführung.

In der Regel ist nur hilfeleistungspflichtig, wer sich am Ort des Unglücksfalls befindet. Es können aber auch andere Personen, wie z. B. herbeigerufene Ärztinnen und Ärzte, zur Hilfeleistung verpflichtet sein. Der nach § 95 Verpflichtete hat nach Maßgabe seiner Kräfte und Fähigkeiten rasche und zweckdienliche Hilfe zu leisten. Hilfeleistungspflicht besteht nur, wenn sie nach Situation und Möglichkeiten zumutbar ist. Unzumutbar ist die Hilfeleistung, wenn sie nur unter Gefahr für Leib oder Leben oder unter Verletzung anderer ins Gewicht fallender Interessen möglich wäre. Die anderen ins Gewicht fallenden Interessen des Hilfeleistungspflichtigen müssen zumindest das gleiche Gewicht haben wie die dem Verunglückten drohenden Schäden. So kann die Wahrnehmung eines dringenden Arzttermins, einer gerichtlichen Ladung, wichtiger wirtschaftlicher Interessen oder die Furcht vor eigener Strafverfolgung, wenn dem Verunglückten Lebensgefahr droht, nicht exkulpieren.

Wann liegt Suizid vor? – Abgrenzung zu Fremdtötungshandlungen
Voraussetzung für die Einschätzung eines Verhaltens als Mitwirken am Suizid eines anderen ist freilich das Vorliegen einer rechtlich als Suizid(-versuch) zu qualifizierenden Vorgangsweise eines Suizidenten. Für diese Einschätzung genügt nicht das äußere Erscheinungsbild der Tat (jemand hat sich erschossen), sondern es muss auch die innere Tatseite, wie z. B. der Wille, sich das Leben zu nehmen, geprüft werden. Zu denken ist z. B. daran, dass jemand einen anderen nötigen kann, sich zu erschießen – hier ist wohl nicht von Suizid und eventueller Mitwirkung daran zu sprechen, sondern von Mord.

Um von Suizid sprechen zu können, muss der Suizident sich die Todesursache selbst (z. B. Suizid durch Erhängen) mit dem Willen zufügen, zu sterben, oder es mit diesem Willen unterlassen, sich der Zufügung einer Todesursache durch Dritte (z. B. Suizid durch Überrollenlassen durch einen Zug, Ausharren bei einer Zeitzünderbombe) zu entziehen.

Der Sterbewille des Suizidenten muss überdies frei, wohlerwogen, ohne Irrtum über die für die Entschlussfassung wesentlichen Tatsachen und psychologisch verstehbar sein. Die in Suizidsituationen mit wenigen Ausnahmen immer anzunehmende psychische Einengung tut der für die Tat geforderten Freiwilligkeit bzw. Selbstverantwortung keinen Abbruch: verlangt wird, dass der Willensentschluss freiwillig gefasst wird und die Bedeutung der Preisgabe des eigenen Lebens in seiner ganzen Tragweite erfasst wird und die persönliche Fähigkeit besteht, danach zu handeln.

An einem diesen Anforderungen entsprechenden Sterbewillen fehlt es wohl bei Unmündigen, aber auch bei Berauschten, Geisteskranken, Schwachsinnigen und wohl auch bei Jugendlichen, ebenso bei Vorliegen eines Irrtums (z. B. über den eigenen Krankheitszustand). Fehlt dem Sterbewillen des Suizidenten nun die oben ausgeführte Qualität, weil der Betreffende z. B. zurechnungsunfähig ist oder die tödliche Wirkung seiner Handlung (oder des verwendeten Mittels) irrig verkennt, so hat sich derjenige, der in Kenntnis dieses Mangels den anderen zum Suizid verleitet oder ihm dabei hilft, wegen Mordes zu verantworten. § 75 öStGB lautet: „Wer einen anderen tötet, ist mir Freiheitsstrafe von zehn bis zwanzig Jahren oder mit lebenslanger Freiheitsstrafe zu bestrafen." Die Tötung eines anderen kann sowohl durch aktives Tun als auch durch Unterlassen bewirkt werden, wobei das Unterlassen nur unter den Voraussetzungen des § 2 öStGB – wenn also eine Rechtspflicht zu erfolgsabwendendem Handeln (Garantenstellung) besteht – strafbar ist (s. o.).

Auch wer einen anderen gleichsam in den Tod treibt, indem er ihn z. B. mit einer Zermürbungstaktik ständig quält u. ä., hat sich nach § 75 öStGB für Mord zu verantworten. Natürlich ist auch wegen Mordes zu bestrafen, wer den Sterbewillen durch Täuschung, Drohung oder Gewalt hervorruft.

Vom eingangs besprochenen Delikt Mitwirkung am Suizid unterscheidet sich ganz wesentlich das Delikt Tötung auf Verlangen: Während die Tötungshandlung bei ersterem vom Suizidenten selbst vorgenommen wird, setzt bei Tötung auf Verlangen ein anderer die Tötungshandlung. § 77 öStGB beschreibt den Fall der vorsätzlichen Tötung im Einverständnis mit dem Opfer und lautet: „Wer einen anderen auf dessen ernstliches und eindringliches Verlangen tötet, ist mit Freiheitsstrafe von sechs Monaten bis zu fünf Jahren zu bestrafen." Danach muss der Sterbewillige unter anderem seine Tötung ernstlich und eindringlich verlangen. Er muss dazu auffordern, ihn zu töten. Seine bloße Einwilligung genügt nicht. Ernstlich ist sein Verlangen nur, wenn es seinem wahren und unbeeinflussten Willen entspricht. Die Ernstlichkeit des Begehrens fehlt, wenn das Tötungsverlangen erkennbar nur einer Augenblicksstimmung entsprungen war oder die Einsichtsfähigkeit aus sonstigen Gründen fehlt, wie in der Regel bei vorübergehender depressiver Verstimmung, Alkohol- oder Drogeneinfluss, Geisteskrankheit, bei einem Jugendlichen, oder wenn der Tötende weiß, dass der Sterbewillige irrtümlich annimmt, unheilbar krank zu sein. Weiters muss das Verlangen eindringlich sein. Es muss also eine Intensität erreichen, die geeignet ist, die natürliche Hemmschwelle zu überwinden und zur Tötung des Auffordernden zu motivieren. Im Übrigen ist das Motiv der Tötungshandlung, etwa Mitleid, unerheblich. Eine Tötung aus bloßem Mitleid wäre demnach als Mord strafbar. Die Tat muss vorsätzlich begangen werden, eine Begehung durch Unterlassung ist nicht möglich.

Große Schwierigkeiten für die rechtliche Einschätzung ergeben sich auch bei der Rekonstruktion im Falle eines sogenannten Doppelsuizides, wenn einer überlebt. Hier ist zu prüfen, ob der Überlebende den Tod des anderen auf dessen Verlangen hin herbeigeführt oder an der Selbsttötung des anderen mitgewirkt hat.

Vom Doppelsuizid zu unterscheiden ist der sogenannte erweiterte Suizid (-versuch). Die Bezeichnung ist irreführend, da hier keine gemeinsame Entscheidung aus dem Leben scheiden zu wollen getroffen wurde, der Suizident „nimmt" vielmehr andere, z. B. seine Familie, mit in den Tod. Für dieses Mitnehmen in den Tod, hat sich der überlebende (schuldfähige) Suizident für Mord (bzw. Mordversuch) oder auch für Totschlag (bzw. Versuch) nach § 76 öStGB zu verantworten. § 76 lautet: „Wer sich in einer allgemein begreiflichen heftigen Gemütsbewegung dazu hinreißen lässt, einen anderen zu töten, ist mit Freiheitsstrafe von fünf bis zu zehn Jahren zu bestrafen".

Behandlungsrecht – Behandlungspflicht bei Suizidversuch

Da die Suizidhandlung nach österreichischem Recht als straffrei aber rechtswidrig gesehen wird, ist in Umkehrung die Verhinderung eines Suizidversuches stets rechtmäßig. In der Strafrechtslehre wird außerdem überwiegend die Auffassung vertreten, dass der Suizidversuch per se nicht als ausdrückliche Behandlungsverweigerung angesehen werden kann.

Werden im Rahmen der Krisenintervention bei Suizidgefahr, beispielsweise auf Veranlassung der Angehörigen eines suizidgefährdeten Menschen, Maßnahmen gesetzt, die dem Begriff „Behandlung" zuordenbar sind, und geschieht dies ohne rechtswirksame Einwilligung des Behandelten, macht sich der Behandler damit nicht der eigenmächtigen Heilbehandlung schuldig. Eigenmächtige Heilbehandlung nach § 110 öStGB begeht, wer einen anderen ohne dessen Einwilligung behandelt. Das durch diese Sonderbestimmung geschützte Rechtsgut ist die *freie Entscheidungsmöglichkeit* des Patienten hinsichtlich einer Behandlung, die aber weder bei akuter Suizidgefahr noch unmittelbar nach einem Suizidversuch als gegeben angenommen wird: Erscheint die Rettung eines bewusstlosen Suizidenten noch möglich, so kann der Arzt von einer mutmaßlichen Einwilligung zur lebensrettenden Behandlung ausgehen. Ist der Patient bei Bewusstsein, wird in aller Regel angenommen werden können, dass er sich in einer akuten psychischen Ausnahmesituation befindet, sodass es einer rechtlich relevanten Weiterbehandlungsverweigerung an hinreichender Einsichtsfähigkeit fehlt. Bis zum Abklingen dieses Zustandes ist der behandelnde Arzt grundsätzlich zur Weiterbehandlung berechtigt und verpflichtet. Er würde sich sonst allenfalls des Vergehens der Unterlassung der Hilfeleistung schuldig machen.

Anders als in Deutschland und in der Schweiz ist in Österreich auch das Problem der Zwangsernährung von zum Suizid durch Verhungern entschlossenen Strafgefangenen (siehe § 69 Abs 2 Strafvollzugsgesetz – öStVG) ausdrücklich geregelt. Durch Unterlassung einer notwendigen Zwangsernährung würden sich also der Anstaltsleiter und der Anstaltsarzt aufgrund ihrer Garantenstellung der Mitwirkung am Suizid schuldig machen.

Schweiz

Das Strafgesetzbuch der Schweiz (schwStGB) stellt das menschliche Leben an die erste Stelle der geschützten Rechtsgüter. Diese Grundhaltung findet u. a. ihren Ausdruck in den Bestimmungen des schwStGB, das neben den Tötungshandlungen, die die Tötung eines anderen erfassen, auch die Verleitung und Beihilfe zum Suizid unter Strafe stellt. Suizid oder Suizidversuch selbst sind, wie in Österreich, nicht strafbar. Wichtigste Voraussetzung, um von Suizid sprechen zu können, besteht in der Tatherrschaft des sich selbst Tötenden. Der Suizident muss also das zu seinem Tode führende Geschehen aufgrund eigener Entscheidung auslösen und beherrschen.

Verleitung und Beihilfe zum Suizid

Art. 115 schwStGB „Verleitung und Beihilfe zum Suizid" lautet: „Wer aus selbstsüchtigen Beweggründen jemanden zum Suizid verleitet oder ihm dazu Hilfe leistet, wird, wenn der Suizid ausgeführt oder versucht wurde, mit Zuchthaus bis zu fünf Jahren oder mit Gefängnis bestraft."

Die Tathandlung selbst besteht im Verleiten und Hilfeleisten. Die Tat setzt Vorsatz voraus, wobei bedingter Vorsatz genügt. Der Mitwirkende – und das ist ein wesentlicher Unterschied zu Österreich – muss überdies aus selbstsüchtigen Beweggründen gehandelt haben. Der Täter muss also überwiegend die Befriedigung eigener materieller oder affektiver Bedürfnisse anstreben, z. B. Antritt des Erbes, Entlastung von der Unterhaltspflicht, Befreiung von einer verhassten Person. Straflos bleibt demnach, wer aus „reiner Gesinnung, aus achtungswerten Beweggründen" bzw. aus Gleichgültigkeit handelt.

Versuchte Mitwirkung

Ist der Suizid nicht einmal versucht worden oder sind die Verleitung bzw. ist die Beihilfe ihrerseits im Versuchsstadium geblieben, so ist das Verhalten straflos. Anders als in Österreich bleibt nach schweizerischem Recht nicht nur die *versuchte Beihilfe*, sondern auch die *versuchte Verleitung* straffrei.

Mitwirkung am Suizid durch Unterlassung seiner Verhinderung

Durch Unterlassen kann, wie in Österreich, lediglich Beihilfe geleistet, jedoch nicht „verleitet" werden – die Begehungsmöglichkeit wird von manchen sogar ganz ausgeschlossen. Aber: Bei Nichthinderung des Suizids des Ehegatten kommt Art. 115 schwStGB zur Anwendung, und es ist Beihilfe durch Unterlassen bei gegebener Garantenstellung aus ehelicher Lebensgemeinschaft zu verantworten. Diese Haftung kann aber nur bei zusätzlichem Vorliegen selbstsüchtiger Motive gelten. Außerdem darf das Unterlassen zu keiner schärferen Haftung führen als das aktive Handeln.

Unterlassung der Nothilfe

Art. 128 schwStGB lautet: „Wer einem Menschen, den er verletzt hat, oder einem Menschen, der in unmittelbarer Lebensgefahr schwebt, nicht hilft, obwohl es ihm den Umständen nach zugemutet werden könnte, wer andere davon abhält, Nothilfe zu leisten, oder sie dabei behindert, wird mit Gefängnis oder mit Buße bestraft". Die Ankündigung eines Suizidversuchs wird in der Literatur nicht als unmittelbare Lebensgefahr gewertet. Nach herrschender Lehre löst sogar der Lebensmüde, der bei Zurechnungsfähigkeit Hand an sich legt, keine Hilfspflicht aus (anders in Österreich, s. o.).

Wann liegt Suizid vor? – Abgrenzung zu Fremdtötungshandlungen

Neben der Tatherrschaft – der Suizident löst das zum Tode führende Geschehen aufgrund eigener Entscheidung aus und beherrscht die Handlung – wird, wie in Österreich, volle Kenntnis der Tragweite der Handlung verlangt. Der Suizident muss zurechnungsfähig, frei von Irrtum, Gewalt, Drohung etc. sein. Liegt die Tatherrschaft nicht beim Suizidenten kommt Mitwirkung am Suizid natürlich nicht in Frage – es muss geprüft werden welches andere Tötungsdelikt tatbildlich ist.

Zum ganz oder einseitig fehlgeschlagenen Doppelsuizid wird in der Literatur ausgeführt, dass die Beteiligten gleichsam „mittäterschaftlich" zusammenwirken würden, sodass jeder von ihnen als Herr auch des zum Tode des anderen führenden Geschehensablaufes erscheint. Tatsächlich lässt ein Doppelsuizid immer ein breites Spektrum von Motivstrukturen und Handlungsabläufen vermuten, und in der Rekonstruktion der komplexen Vorgänge ist man auf die Auskünfte des oder der Überlebenden verwiesen. Dennoch wird je nach ursächlicher Tatausführung entweder Mitwirkung, die straflos bleibt, wenn für sie nicht auch „selbstsüchtige" Motive ausschlaggebend sind, oder Tötung auf Verlangen vorliegen. Sollte jedoch der herbeigeführte Tod nur als das Werk des (verstorbenen) Suizidenten erscheinen, so liegt Tötung auf Verlangen nicht mehr vor. Entscheidend ist hier wohl auch, ob der Sterbewillige die letzte Entscheidung über sein Sterben behalten hat.

Nach der Bestimmung Tötung auf Verlangen (Art. 114 schwStGB) wird mit Gefängnis bestraft, wer aus achtenswerten Beweggründen, namentlich aus Mitleid, einen Menschen auf dessen ernsthaftes und eindringliches Verlangen hin tötet. Anders als in der österreichischen Rechtsordnung wird hier neben dem ernsthaften und eindringlichen Verlangen auch ein Handeln aus achtenswerten Beweggründen, namentlich aus Mitleid, gefordert. Der Täter kann auch im Interesse eines Dritten, z. B. einer überforderten Pflegeperson handeln. Handeln heißt hier die Tötung eines anderen vornehmen, z. B. die Verabreichung einer Injektion. Legt der Täter jedoch dem Sterbewilligen eine tödliche Pille auf die Lippen, so liegt Beihilfe zum Suizid vor, weil der Suizident die letzte Entscheidung darüber behält, die Pille zu schlucken oder nicht.

Die für den erweiterten Suizid möglicherweise relevanten Delikte Mord und Totschlag werden durch ähnlich lautende Bestimmungen wie in Österreich geregelt.

Behandlungsrecht – Behandlungspflicht bei Suizidversuch
Einen speziellen Tatbestand der eigenmächtigen Heilbehandlung wie in Österreich – nach dem eine Behandlung ohne Einwilligung des Patienten strafbar ist – kennt die Schweiz nicht. Wird eine Behandlung ohne Einwilligung vorgenommen, so ist dies allenfalls ein Verstoß gegen die freie Willensbestimmung. Wie bereits bei den Ausführungen zum Thema Unterlassung der Nothilfe deutlich wird, wird dem Handeln des Suizidenten ein anderer Erklärungswert unterlegt bzw. das akute psychische Befinden des Suizidenten anders als in Österreich qualifiziert: Es wird in der Hauptsache eine freie Willensbildung zum Suizid angenommen und daraus eine Behandlungsverweigerung abgeleitet, außer der Sterbewille wird ausdrücklich widerrufen oder es liegen andere Gründe vor, die einen Willensmangel vermuten lassen. In Österreich geht hingegen der Lebens-

schutz wegen des überwiegend vorzufindenden psychischen Ausnahmezustandes eines Suizidenten seiner Selbstbestimmung vor.

In der Schweiz bestehen aufgrund der oben genannten Rechtsansicht daher bei zurechnungsfähigen Strafgefangenen, die Suizid durch Verhungern beabsichtigen, weder Pflicht noch Recht zur Zwangsernährung.

Deutschland

Deutschland gehört zu einer relativ kleinen Gruppe von Ländern, die die aktive Beteiligung am Suizid nicht regeln. In Europa sind dies nur noch Belgien, Finnland, Frankreich, Luxemburg und Schweden, in deren Rechtsordnungen das vorsätzliche Mitwirken am fremden Suizid nicht ausdrücklich unter Strafe gestellt wird.

Das deutsche Strafrecht kennt die Mitwirkung am Suizid als eigenes Tatbild nicht, und sie wird daher nicht bestraft. Argumentiert wird dies mit der Nichtpönalisierung der Selbsttötung bzw. des Selbsttötungsversuches (siehe §§ 211 dStGB ff): Gibt es keine strafbare Haupttat, muss demnach die Teilnahme daran ebenfalls straflos bleiben.

Anders als Österreich und die Schweiz leitet also die deutsche Rechtsordnung von der Nichtstrafbarkeit des Suizid(-versuchs) auch die Straflosigkeit der Mitwirkung ab. Sehr vereinfacht ausgedrückt, beruht die Argumentation auf der Eigenverantwortlichkeit des Suizidenten. Der Einzelne ist in erster Linie für sich und den Erhalt seiner Rechtsgüter selbst verantwortlich – die eigenverantwortliche Suizidentscheidung wird von der Rechtsordung respektiert, der Lebensschutz des Suizidenten soll dahinter zurücktreten. Verletzt der Suizident selbst sein höchstpersönliches Rechtsgut Leben und ist sein Entschluss dazu freiverantwortlich, dann besteht auch für einen Dritten kein Anlass dazu, dieses bereits aufgegebene Rechtsgut zu respektieren. Wer sich – sei es selbst als Garant – bestimmen lässt, eine frei verantwortliche Selbsttötung geschehen zu lassen, ist in der Regel straffrei (siehe Unterlassung der Suizidverhinderung).

Wann liegt Suizid vor? – Abgrenzung zu Fremdtötungshandlungen

Um die Selbsttötung von der Fremdtötung abzugrenzen, ist neben dem geforderten Kriterium der Freiverantwortlichkeit für den Suizid auch Tatherrschaft des Suizidenten über den unmittelbar lebensbeendenden Akt Voraussetzung (siehe auch Österreich und Schweiz). Sind diese Voraussetzungen nicht erfüllt, kommt vorsätzliche oder fahrlässige Fremdtötung in Betracht.

Besondere Schwierigkeiten beim Nachvollziehen von Suizidhandlungen bestehen in der Beurteilung, ob der Suizident aus freiem Willen oder unfrei gehandelt hat (Einwilligungsregeln). Freiverantwortlichkeit erfordert neben der Grenzziehung nach den Einwilligungsregeln nach herrschender Lehre auch eine Prüfung, ob die Selbsttötungsentscheidung – als Verlangen im Sinne von § 216 dStGB gedacht – eine ernstliche Entscheidung ist. Bei der Verfügung über höchstpersönliche Rechtsgüter kommt es somit auf die Wirksamkeit des einwilligenden Verlangens an.

Wie in Österreich und der Schweiz gibt es den Tatbestand der Tötung auf Verlangen, der durch § 216 dStGB geregelt wird und wie folgt lautet: „(1) Ist jemand durch das ausdrückliche und ernstliche Verlangen des Getöteten zur Tötung bestimmt worden, so ist auf Freiheitsstrafe von sechs Monaten bis zu fünf Jahren zu erkennen. (2) Der Versuch ist strafbar." Hier ist ähnlich wie in Österreich das Vorliegen des ernstlichen und ausdrücklichen Verlangens zu prüfen, etwas anders als in der Schweiz, wo zusätzlich ein achtenswertes Motiv gefordert ist.

Bei Doppelsuizid ist anhand der Kriterien der Freiverantwortlichkeit und der Tatherrschaft zu beurteilen, ob strafbare Tötung auf Verlangen vorliegt oder eine Form der straflosen Mitwirkung am Suizid des anderen. Beim erweiterten Suizid geht es hinsichtlich der in den beabsichtigten gemeinsamen Tod „mitgenommenen" Personen und der Strafbarkeit des allenfalls überlebenden Suizidenten um die Prüfung, welches der (versuchten) Fremdtötungsdelikte tatbildlich ist.

Unterlassung der Suizidverhinderung

Nach deutscher Rechtsprechung treffe Garanten, solange der Suizident noch Herr des Geschehens ist, keine Handlungspflicht. Verliere der Suizident aber seine Tatherrschaft (z. B. infolge Bewusstlosigkeit), gehe die Tatherrschaft auf den Garanten über, der nun nach allgemeinen Unterlassungsgrundsätzen aus den Tötungstatbeständen hafte.

Diese Meinung wird von der Rechtslehre abgelehnt, die zwar das Bestreben der Rechtsprechung anerkennt, das Leben möglichst umfassend zu schützen, jedoch darin eine Umgehung des Gesetzgeberwillens – nämlich die Teilnahme an der Selbsttötung straflos zu lassen – erkennt. Die Lehre leugnet jedoch nicht die großen Schwierigkeiten der Unterscheidung von freien und unfreien Suiziden.

Hilfeleistungspflicht

Gänzlich konträr zu Österreich, aber ähnlich wie die Schweiz, sieht ein Teil der Fachliteratur in einem frei verantworteten Suizidversuch keinen Unglücksfall. Allerdings – so die Gegenposition und nach ULSENHEIMER (1998) auch die ständige Rechtsprechung – ist der Suizid ein Unglücksfall im Sinne des § 323 c dStGB, so dass jeder (z. B. auch ÄrztInnen) zur erforderlichen und zumutbaren Hilfe verpflichtet ist.

Behandlungsrecht – Behandlungspflicht bei Suizidversuch

Nach ULSENHEIMER hat die Rechtsprechung die Frage ausdrücklich offengelassen, „ob das Verbot ärztlicher Eingriffe gegen den Willen des Patienten auch dann gilt, wenn es sich um einen zu rettenden Suizidenten handelt". Insoweit wird hinsichtlich der Rechte und Pflichten des Arztes zwischen dem bewusstseinsklaren, aber schwerverletzten Suizidpatienten und dem Lebensmüden, der das Bewusstsein verloren hat, differenziert. Im letzteren Fall wird argumentiert, dass Behandlungsrecht und -pflicht besteht. Bei bewusstseinsklaren Suizidenten hingegen ist das Selbstbestimmungsrecht des Patienten – d. h. eine mögliche Nichteinwilligung in eine Behandlung – zu respektieren.

Zusammenfassung   Die einschlägigen Rechtsnormen in diesen drei Ländern sind vor dem Hintergrund einer Positionierung innerhalb des Spannungsfeldes Selbstbestimmung des Einzelnen und Schutz des Lebens durch die Gesellschaft zu sehen: Welchem dieser Güter höherer Wert eingeräumt wird, bestimmen die jeweilign Gesetzgebungen unterschiedlich. Deutschland liegt am weitesten in Richtung Selbstbestimmung, Österreich in Richtung Schutz des Lebens durch die Gesellschaft, während die Schweiz eine interessante Zwischenstellung einnimmt.

14. Wer betreibt Krisenintervention?

Wir können annehmen, dass heute bereits viele Menschen über ein gewisses Können im Bereich der Krisenintervention verfügen. Viele helfende Berufe, aber auch viele „wachende" Berufe haben sich in den letzten Jahren einiges Wissen über den Umgang mit Krisen angeeignet. Dazu gehört aber auch zu wissen, wo man welche Hilfe bekommen kann. Sind Sie nun mit einer Krise überfordert (sei es durch eine eigene, sei es durch die eines Nächsten – und auch das ist dann eine eigene), so denken Sie bitte daran, dass Sie nicht allein sind, sondern dass es viele Menschen gibt, die Ihnen behilflich sein können.

Um einen greifbaren Überblick über andere hilfreiche Stellen zu haben, entwickelten wir ein Register, in das wir alle jene Adressen eintragen, die wir in unserer täglichen Arbeit am Kriseninterventionszentrum brauchen, die wir laufend ergänzen und korrigieren; Sie finden sie im Anschluss.

Wir möchten jeden dazu ermutigen, dieses Register für sich zu erweitern. Wir können aus unserer Erfahrung sagen, dass es zumeist nur nötig ist, an einem „Zipfel" der zahlreichen Hilfestellen anzufangen und sich dann so lange durchzubeißen, bis man die gewünschte Stelle gefunden hat. Gibt es Schwierigkeiten in der Kommunikation, ärgern Sie sich nicht allein, sondern versuchen Sie mit der endlich doch gefundenen Stelle gemeinsam den Ärger zu durchleuchten; die wollen auch von Ihnen lernen und brauchen Ihr Feedback dringend! Wenn Sie manchmal das Gefühl haben, dass Sie der Abfalleimer für fast alle anderen Helfer sind, vergessen Sie nicht, dass das die anderen auch gelegentlich glauben. Es hilft, darüber zu reden!

Im Folgenden werden einige „Zipfel" des sozialen Netzwerks aufgelistet, die als Anlaufstellen dienen können, oft aber wirklich nur als Anlaufstellen, denn auch diese sind nicht für alles zuständig. Eines aber können sie bestimmt: Ihnen sagen, an wen Sie sich mit mehr Erfolg wenden können. Schlimmstenfalls brauchen sie dazu etwas Bedenk- und Informationszeit. Nicht unerwähnt soll bleiben, dass auch das Telefonbuch ein unerschöpflicher Quell von Informationen ist, sofern man es unverdrossen genug verwendet: So ist z. B. mancher Notruf-Dienst tatsächlich unter N zu finden und so manche Krisenintervention unter K!

Entsprechend ihrem Selbstverständnis hat jede Einrichtung eigene Schwerpunkte und grenzt sich spezifisch von anderen ab. Insbesondere ist für den Außenstehenden oft unklar, ob eine Stelle auch präventiv tätig ist oder ob sie primär (ausschließlich?) Nachbetreuungsaufgaben wahrnimmt.

Weitaus einfacher gestaltet sich die Recherche über Hilfsangebote im Internet.

Da unser Buch erfreulicherweise auch in *Deutschland* und in der *Schweiz* seine Leserschaft gefunden hat, haben wir nach langem Überlegen doch nur jeweils eine Kontaktstelle der Kriseninterventionen und Telefonnotrufe jedes Landes angefügt, nicht zuletzt, weil es den Umfang dieses Buches weit gesprengt hätte, die etwa 190 Einrichtungen in *Deutschland* auch noch aufzunehmen. Für die Hilfseinrichtungen für Menschen in suizidalen Krisen in Deutschland sei auf das Buch: Wedler, H., Wolfsdorf, M., Welz, R. (1992): *Therapie bei Suizidgefährdung, Ein Handbuch,* S. Roderer, Regensburg, verwiesen, das im Anhang diese Einrichtungen anführt. Über diese Kontaktadresse kommt man auch zu den nötigen Adressen. Rasche Hilfe und Information über weitere regionale Hilfsangebote ist auch über die *Telefonseelsorge*, Tel.: 11 10 11 für ganz Deutschland, zu bekommen. Vom Ausland aus ist die Telefonseelsorge Berlin unter der Nummer 030/4485584 zu erreichen.

In der **Schweiz** empfiehlt sich die Kontaktaufnahme mit „Die dargebotene Hand", Tel.: 143 für die ganze Schweiz, für Kinder und Jugendliche Tel.: 147; unter der Genfer Nummer 022/328228 ist die Telefonseelsorge auch vom Ausland zu erreichen, die Zentrale der „Dargebotenen Hand" unter der Berner Nummer 031/301 91 91. Internet: www.143.ch

Über diese Kontaktadressen ist auch Information über Hilfe für Hinterbliebene nach Suizid zu bekommen.

> **Zusammenfassung** Während es in Österreich und noch zahlreicher in Deutschland eigene Kriseninterventionszentren gibt, wird in der Schweiz Krisenintervention im Rahmen regionaler allgemeiner Hilfsmöglichkeiten angeboten. Dementsprechend gibt es in Deutschland und in Österreich Kontaktadressen, über die weitere Kriseninterventionszentren in Erfahrung gebracht werden können. Allen drei Ländern gemeinsam ist die universelle Erreichbarkeit der jeweiligen Telefonseelsorge, die rund um die Uhr Information über einschlägige Hilfe erteilt.

Kontaktstellen in Österreich*

Wien

Kriseninterventionszentrum Wien
Lazarettgasse 14A, 1090 Wien
Die telefonische Kontaktaufnahme unter 01/406 95 95 ist von

---

* Unter www.kriseninterventionszentrum.at finden Sie die aktualisierte Liste über Kontaktstellen in Österreich

Montag bis Freitag 10 bis 17 Uhr möglich.
Persönliche Erstgespräche finden nach telefonischer Rücksprache von
Montag bis Freitag 10 bis 16 Uhr statt
Internet: http://www.kriseninterventionszentrum.at
Die Boje: Krisenintervention für Kinder und Jugendliche
Hernalser Hauptstraße 15, 1170 Wien
Tel: 01/406 66 02
Internet: www.die-boje.at
Sozialpsychiatrischer Notdienst
Fuchsthallergasse 18, 1090 Wien
Tel.: 01/313 30
täglich 0 bis 24 Uhr
Internet: www.psd-wien.at/psd
Sozialruf Wien
Tel.: 01/533 77 77
täglich 8 bis 20 Uhr
Internet: www.fsw.at
AKH - Psychiatrische Ambulanz
Währinger Gürtel 18–20, 1090 Wien
Tel.: 01/404 00-3547
Otto-Wagner-Spital
Baumgartner Höhe 1, 1140 Wien
Tel.: 01/910 60-0
Sozialmedizinisches Zentrum Ost
Langobardenstraße 122, 1220 Wien
Tel.: 01/28802-3050 (Psychiatrische Ambulanz)
Tel.: 01/28802-3056 (Akutpsychiatrische Station)
Sozialmedizinisches Zentrum Süd (KFJ)
Kundratstraße 3, 1100 Wien
Tel.: 01/601 91-2950 (Psychiatrische Ambulanz)
Tel.: 01/601 91-2930 (Akutstation)

Niederösterreich

Krisentelefon
Tel.: 0800/202 016
täglich 0 bis 24 Uhr
Landesklinikum Donauregion Tulln
Alter Ziegelweg 10, 3430 Tulln
Tel: 02272/601-0
Landesklinikum Mostviertel Mauer-Amstetten
3362 Mauer-Amstetten
Tel.: 07475/501-0
Landesklinikum Weinviertel Hollabrunn
Robert-Löfflerstraße 20, 2020 Hollabrunn
Tel.: 02952/22 75-0
Landesklinikum Thermenregion Baden
Wimmergasse 19, 2502 Baden
Tel.: 02252/205-0

Landesklinikum Thermenregion Neunkirchen
Peischingerstraße 19, 2620 Neunkirchen
Tel.: 02635/602-0
Landesklinikum Waldviertel
Moritz-Schadek-Gasse 31, 3830 Waidhofen/Thaya
Tel.: 02842/504-0
Psychosozialer Dienst NÖ
Psychosoziale Zentren GmbH
Internet: www.psz.co.at
Caritas der Diözese St. Pölten
Internet: www.stpoelten.caritas.at

Burgenland
Krankenhaus der Barmherzigen Brüder Eisenstadt
Esterhazystraße 26, 7000 Eisenstadt
Psychiatrische Abteilung
Tel.: 02682/601-83810
Krankenhaus Oberwart
Dornburggasse 80, 7400 Oberwart
Tel.: 057979/320 00
Psychiatrische Ambulanz
Tel.: 057979/331 19
Psychosozialer Dienst Burgenland - PSD
Internet: www.psd-bgld.at
Tel.: 057979/200 00
Sozialpsychiatrisches Ambulatorium Oberpullendorf
Zentren für seelische Gesundheit in Neusiedl, Eisenstadt, Mattersburg, Oberwart, Güssing, Jennersdorf

Steiermark
Beratungszentrum Graz West für psychische und soziale Fragen
Region Graz West, Granatengasse 4/1
Tel.: 0316/711 004
Montag: 8.30 bis 16.30 Uhr
Dienstag, Donnerstag, Freitag: 8.30 bis16.00 Uhr,
Mittwoch: 8.30 bis 18.00 Uhr
Internet: www.beratungszentrum-graz.at
Psychosoziales Zentrum Graz Ost Hasnerplatz
Hasnerplatz 4, 8010 Graz
Tel.: 0316/676 076
Montag bis Donnerstag 9 bis 15 Uhr, Freitag 9 bis 14 Uhr
E-Mail: psz.hasnerplatz@gfsg.at
Internet: www.gfsg.at
Psychosoziales Zentrum Graz Ost Plüddemanngasse
Plüddemanngasse 45, 8010 Graz
Tel.: 0316/22 84 45
Montag bis Donnerstag 9 bis 15 Uhr, Freitag 9 bis 14 Uhr
E-Mail: psz.plueddemanngasse@gfsg.at
Internet: www.gfsg.at

Psychosoziales Zentrum Hartberg
Rotkreuzplatz 21, 8230 Hartberg
Tel.: 03332/66 266
Montag bis Freitag 9 bis14 Uhr sowie nach telefonischer Terminvereinbarung
E-Mail: psz.hartberg@gfsg.at
Internet: www.gfsg.at
Psychosoziales Zentrum Leibnitz
Wagnastraße 1/1, 8430 Leibnitz
Tel.: 03452 / 72 6 47
Montag, Mittwoch, Donerstag 9 bis16 Uhr, Dienstag 12 bis19 Uhr, Freitag 9 bis13 Uhr
E-Mail: psz.leibnitz@gfsg.at
Internet: www.gfsg.at
LKH - Universitätsklinikum Graz Ambulanz Psychiatrie
Auenbruggerplatz 31
Tel.: 0316/385/36 16
WEIL Hilfe für suizidgefährdete junge Menschen
Sparbersbachgasse 41, 8010 Graz
Tel.: 0664/35 86 786 täglich 0 bis 24 Uhr
E-Mail: office@weil-graz.org
Internet: www.weil-graz.org
Landesnervenklinik Sigmund Freud Graz
Wagner Jaureggplatz 1, 8053 Graz
Tel: 0316/2191/25 34
Internet: www.lsf-graz.at
Allgemeine Informationen über psychosoziale Hilfe in der Steiermark
Internet: www.plattformpsyche.at

Kärnten
Psychiatrischer Not- und Krisendienst
Tel.: 0664/300 70 07
täglich 0 bis 24 Uhr
LKH Klagenfurt
Psychiatrischer Not- und Krisendienst
St. Veiter Straße 47, 9020 Klagenfurt
Tel.: 0463/538 230 00
täglich 0 bis 24 Uhr

Oberösterreich
Kriseninterventionszentrum Linz
Hessenplatz 9, 4020 Linz
Tel: 0732/21 77
Montag bis Donnerstag 8 bis17 Uhr, Freitag 8 bis 15 Uhr
Internet: www.pmooe.at
Psychosozialer Notdienst OÖ
Figulystraße 34, 4020 Linz
Tel.: 0732/651 015
Wagner-Jauregg-Nervenklinik Linz
Wagner-Jauregg-Weg 15, 4020 Linz
Tel.: 050554/62-0

Salzburg
Ambulante Krisenintervention Salzburg
Südtiroler Platz 11/1. Stock, 5020 Salzburg
Tel.: 0662/43 33 51
Montag bis Freitag 13:00 bis 21:30 Uhr
E-Mail: krise@promentesalzburg.at
Internet: www.promentesalzburg.at
Krisenhotline
Tel.: 0662/433 351
täglich 0 bis 24 Uhr
Ambulante Krisenintervention Pongau
Hauptstraße 68–70, 5600 St. Johann im Pongau
Tel.: 06412/200 33
Montag, Mittwoch, Freitag 13:00 bis 21:30 Uhr, Dienstag, Donnerstag 13 bis18 Uhr
E-Mail: krise.pg@promentesalzburg.at
Internet: www.promentesalzburg.at
Ambulante Krisenintervention Pinzgau
Schmittenstraße 13, 5700 Zell am See
Tel.: 06542/72 600
Montag bis Freitag 13.00 bis 21.30 Uhr
E-Mail: krise.pzg@promentesalzburg.at
Internet: www.promentesalzburg.at
Christian-Doppler-Klinik
Ignaz-Harrer-straße 79, 5020 Salzburg
Tel.: 0662/4483-4341 (Ambulanz f. Suizidprävention)
Tel.: 0662/4483-4900 (Allg. Ambulanz Psychiatrie und Psychotherapie I)

Tirol
Psychiatrische Ambulanz Univ. Klinik Innsbruck
  Anichstraße 35, 6020 Innsbruck
  Tel.: 0512/504/236 48
KIZ-Kriseninterventionszentrum für Kinder und Jugendliche in Tirol
  Beratung und Notschlafstelle für zwölf bis 18-Jährige in Akutsituationen rund um die Uhr erreichbar
  Tel.: 0512/580 059
  Pradlerstraße 75/Stöckelgebäude, 6020 Innsbruck
  E-Mail: office@kiz-tirol.at
  Internet: www.kiz-tirol.at
Psychiatrisches Krankenhaus des Landes Tirol
  Thurnfeldgasse 14, 6060 Hall in Tirol
  Tel.: 050504/30
Krankenhaus Kufstein – Abteilung für Psychiatrie
  Endach 27, 6330 Kufstein
  Tel.: 05372/6966-3805

Vorarlberg
LKH Rankweil – Abteilung für Psychiatrie
  Valdunastraße 16, 6830 Rankweil
  Tel.: 05522/403-0

Telefonnotrufe

Telefonseelsorge/bundesweit
    Tel.: 142 (täglich 0 bis 24 Uhr)
    Internet: www.telefonseelsorge.at
Vergiftungsinformationszentrale AKH Wien
    Notruf: 406 43 43
    täglich 0 bis 24 Uhr
24-Stunden Frauennotruf der Stadt Wien
    Tel.: 71 71 9
    täglich 0 bis 24Uhr
    Internet: www.frauennotruf.wien.at
Frauenhelpline gegen Männergewalt/bundesweit
    Tel.: 0800/222 555 gebührenfrei
    täglich 0 bis 24 Uhr
    Internet: www.frauenhelpline.at
Rat auf Draht/bundesweit
    Telefonhilfe für Kinder und Jugendliche
    Tel.: 147
    täglich 0 bis 24 Uhr
    Internet: rataufdraht.orf.at
Kummernummer/bundesweit
    Tel.: 0800/600 607 täglich 16 bis 24 Uhr
    E-Mail: Kummernummer@psychotherapie.at
Drogen-Hotline/bundesweit
    Tel.: 0810/20 88 77
    Montag, Freitag 9:30 bis12:00 Uhr,
    Dienstag, Donnerstag 9:30 bis13:00 Uhr und 14 bis16 Uhr
    Internet: www.api.or.at

Weiterbildung und Wissenschaft

Weiterbildungscurriculum Krisenintervention
    ÖAGG und ÖGATAP
    Internet: www.oeagg.at
Ludwig Bolzmanninstitut für Sozialpsychiatrie
    Internet: www.lbg.ac.at
Österreichisches Netzwerk für Traumatherapie
    Internet: www.oent.at
Österreichische Gesellschaft für Suizidprävention (ÖGS)
    Internet: www.suizidpraevention.at
Wiener Werkstätte für Suizidforschung
    Internet: www.suizidforschung.at

Ausland
   International Association for Suicide Prevention
   Internet: www.iasp.info

Berlin
   Berliner Krisendienst
   Internet: www.berliner-krisendienst.de
München
   Die Arche
   Suizidprävention und Hilfe in Lebenskrisen e.v.
   Saarstraße 5 - 80797 München
   Tel.: +49/ 89-33 40 41
   Montag bis Freitag 9 bis 17 Uhr (13:30 bis 14:30 Uhr Anrufbeantworter)
   Internet: www.die-arche.de
Zürich
   Kriseninterventionszentrum
   Militärstraße 8, 8004 Zürich
   Tel.: +41 (0) 44 296 73 10
   täglich 0 - 24 Uhr
   E-Mail: kiz@puk.zh.ch
   Internet: www.pukzh.ch

Kommentierte Auswahlbibliografie

Angesichts fast weltweit steigender Suizidraten ist es erfreulich, dass Suizidforschung in verstärktem Maße von vielen hochqualifizierten Wissenschaftlern betrieben wird. Die Zahl der Publikationen ist mittlerweile so hoch, dass es selbst für Suizidologen nicht mehr möglich ist, in allen Teilbereichen stets auf dem Laufenden zu sein. Da sich allerdings nur ein Teil der Forschung auf neuen Bahnen bewegt, ist es umso schwieriger, sich von den tatsächlich neuen Erkenntnissen ein Bild zu machen.

Im Folgenden werden nur solche Bücher angeführt, die entweder einen zeitgemäßen Überblick über das Problem geben oder spezifische Problemstellungen behandeln. Es wird dabei nicht übersehen, dass natürlich jedes Buch bereits beim Erscheinen durch neuere Forschungen teilweise überholt ist, die in den entsprechenden Journalen („Crisis", Hogrefe; „Suicide and Life Threatening Behaviour", Guilford Press; „Archives of Suicide Research", Kluwer, um nur die Wichtigsten zu nennen), bzw. bei den einschlägigen Kongressen präsentiert werden (z. B. Regionaltagungen der Deutschen, Österreichischen oder Schweizerischen Suizidpräventionsgesellschaften, Europäische Symposien für empirische Suizidforschung, Konferenzen der American Association of Suicidology sowie die Kongresse der International Association for Suicide Prevention and Crisis Intervention).

Im deutschsprachigen Raum gilt das Buch von Erwin RINGEL, **Selbstmordverhütung.** H. Huber, Bern, 1969, noch immer als Klassiker (Nachdruck 1984, Fachbuchhandlung für Psychologie, Eschborn). Vom selben Autor in leicht lesbarer Fassung ist **Selbstschädigung durch Neurose,** Fischer 1997 erschienen. Diese beiden Bücher eignen sich dank ihres verständlichen Stils auch für Laien, Betroffene und Angehörige, in letzterem Buch insbesondere das sechste Kapitel „Die Neurose der Selbstvernichtung und das Selbstmordproblem".

ANSCHÜTZ, F., WEDLER H.-L. (Hrsg.): **Suizidprävention und Sterbehilfe.** Ullstein Mosby, Berlin/Wiesbaden, 1996.
Dieses Buch, das sich primär an die Ärzteschaft wendet, beschäftigt sich mit dem schwierigen Thema der Sterbehilfe und der Beihilfe zum Suizid, wobei insbesondere auch die Situation in den Niederlanden von kompetenter Seite behandelt wird.

BRONISCH, TH.: **Der Suizid: Ursachen, Warnsignale, Prävention.** 5., überarb. Auflage. Beck, München, 2007.
In diesem gekonnt kurzgehaltenen Büchlein werden die wichtigsten Bereiche suizidalen Verhaltens in 10 Kapiteln zusammengestellt, die informativ, aktuell und in leicht verständlicher Sprache abgefasst sind. Suizidale Verhaltensweisen, Unterschiede und Gemeinsamkeiten von Suizid- und Suizidversuch, Epidemiologie suizidalen Verhaltens, Klinik der Suizidalität, Entstehungstheorien, der Suizid als existentielles Problem, Suizidprävention und Therapie werden unter Einbeziehung der wichtigsten Forschungsergebnisse dargestellt und im letzten Kapitel nochmals zusammengefasst.

CREPET, P.: **Das tödliche Gefühl der Leere. Suizid bei Jugendlichen.** Rowohlt, Reinbek bei Hamburg, 1996.
Dieses aus dem Italienischen übersetzte Taschenbuch beleuchtet eine Reihe wichtiger Faktoren der Suizidalität von Jugendlichen und beschäftigt sich auch ausführlich mit Möglichkeiten primärer, sekundärer und tertiärer Prävention.

DIEKSTRA, R. F. W., MARIS, R., PLATT, ST., SCHMIDTKE, A., SONNECK, G. (Hrsg.): **Suicide and its Prevention. The Role of Attitude and Imitation.** Brill, Leiden/New York/Kopenhagen/Köln, 1989.
Dies ist eine Sammlung von Beiträgen, die aus der Zusammenarbeit der WHO, der „Internationalen Gesellschaft für Suizidprävention und Krisenintervention" (IASP) und nationaler Suizidverhütungsgesellschaften entsprang. Es sind also auch Artikel aufgenommen, die bei den Internationalen Kongressen der IASP 1985 in Wien und 1987 in San Francisco erstmals vorgestellt und diskutiert wurden. In einem ersten Abschnitt wird versucht eine Definition des Suizids zu geben und Fortschritte und Probleme der Suizidforschung darzustellen. In einem zweiten Abschnitt wird die Einstellung zum Suizid beleuchtet und mit suizidalem Verhalten in Beziehung gebracht; in einem umfangreichen Kapitel wird das Verhalten von Hilfspersonen gegenüber Suizid und suizidgefährdeten Patienten erörtert. Das letzte Kapitel beinhaltet auch den Einfluss der Massenmedien auf suizidales Verhalten.

DORRMANN, W.: **Suizid. Therapeutische Interventionen bei Selbsttötungsabsichten.** Leben lernen 74. 5., erw. Auflage. J. Pfeiffer, München, 2009.
Die Beurteilung der Suizidgefährdung und entsprechende Interventionen werden sehr praxisnah und mit eindrucksvollen Beispielen erläutert. Hilfreich und anregend sind dabei auch jene Passagen, in denen Interventionen wörtlich zitiert sind; ebenso hilfreich ist ein längeres Kapitel über systemische Interventionen.

DROSS, M.: **Krisenintervention.** Hogrefe, Göttingen, 2001.
In kurzer, präziser Weise gibt Margret Dross einen umfassenden Überblick über den Bereich der psychotherapeutischen Krisenintervention. Neben einer Zusammenschau der wichtigsten Krisenkonzepte erhält der Leser Informationen zu Diagnostik und Indi-

kationsstellung im Zusammenhang mit Krisen. Im Abschnitt Krisentherapie werden eine Vielzahl allgemeiner und spezieller Kriseninterventionstechniken vorgestellt. Ein Kapitel über Suizidale Gefährdung sowie ausgewählte Beispiele verschiedenster krisenhafter Reaktionen runden das Werk ab.

Insgesamt ein gutes Überblickswerk zum Thema Krisenintervention, das sich in erster Linie an Therapeuten richtet, sicher aber auch von interessierten Laien gut gelesen werden kann.

FINZEN, A.: **Der Patientensuizid. Untersuchungen, Analysen, Berichte zur Selbsttötung psychisch Kranker während der Behandlung.** Psychiatrie Verlag, Bonn, 1998.

Wie im Untertitel deutlich wird, bezieht sich dieses Buch lediglich auf den Patientensuizid im psychiatrischen Krankenhaus, einem Ort mit einer besonderen Kumulation von suizidgefährdeten Personen. In mehreren erfreulich persönlich gehaltenen und auf die unmittelbaren eigenen Erfahrungen gestützten Berichten werden die Größe des Problems und mögliche Verhütungsstrategien behandelt. Dieses Buch ist auf jeden Fall dem Behandlungs- und Pflegepersonal stationärer psychiatrischer Einrichtungen ans Herz zu legen.

FINZEN, A.: **Suizidprophylaxe bei psychischen Störungen. Prävention Behandlung Bewältigung.** Psychiatrie-Verlag. Bonn, 1997.

FINZEN beschäftigt sich mit dem erschreckend hohen Suizidrisiko psychisch Kranker, und setzt sich dabei auch kritisch mit psychiatrischer und psychotherapeutischer Behandlung auseinander. Drei Kapitel beschäftigen sich auch mit dem wichtigen Thema der Hinterbliebenen nach Suizid; ein weiteres behandelt den begleiteten (assistierten) Suizid.

GIERNALCZYK, T., FRICK, E. (Hrsg.): **Suizidalität. Deutungsmuster und Praxisansätze.** Roderer-Verlag, München, 1993.

Wie andere Bücher zum Thema Suizid im selben Verlag ist auch dieses eine Zusammenschau der Ergebnisse einer Jahrestagung der „Deutschen Gesellschaft für Suizidprävention und Hilfe in Lebenskrisen". Es ist somit keine Einführung in das Thema, sondern durch die Problematisierung der Suizidprävention, der Krisenintervention und der Laien- und Professionellenhilfe mehr eine Anregung für den erfahrenen Helfer, über immer wiederkehrende Schwierigkeiten im Umgang mit Suizidgefährdeten nachzudenken. Dass dies eine sehr anstrengende Tätigkeit ist, wird in einem Exkurs zum Burnout in den helfenden Berufen recht überzeugend dargestellt.

GIERNALCZYK, T.: **Lebensmüde. Hilfe bei Suizidgefährdung.** 2. Auflage. dgvt-Verlag, München, 2003.

Ein sehr praxisnahes Buch, das, neben allgemeinen Kapiteln, sehr konkret und von großer Erfahrung getragen die verschiedensten Krisen und Suizidgefährdungen behandelt und dabei auch die Belastungen des Helfers nicht übersieht.

HAENEL, TH.: **Suizidhandlungen: Neue Aspekte der Suizidologie.** Springer, Berlin/Heidelberg/New York/London/Paris/Tokyo, 1989.

Es ist das große Verdienst dieses Autors, die Fülle des Materials zu sichten und sie in Verbindung mit dem traditionellen Wissen so aufzuarbeiten, dass tatsächlich ein umfassendes Bild des gegenwärtigen Wissensstandes entsteht. Ohne den Leser mit allzu vielen Details zu überlasten, werden die wichtigsten Ergebnisse neuerer Publikationen in leicht verständlicher Weise einbezogen. Damit werden auch die zahlreichen Widersprüche und Lücken unseres Wissens aufgezeigt, die somit auch Anregung für weitere Forschung sind. Nach einem historischen Rückblick, einigen Betrachtungen zur Suizidstatistik und einer kurzen Epidemiologie widmet der Autor der Erkennung und Einschätzung der Suizidalität breiten Raum. Interessant ist die Zuordnung der Magersucht zum chronischen Suizid, sehr verdienstvoll die Abhandlung der Drogenabhängigkeit, die üblicherweise ebenso wie die Alkoholproblematik in der Suizidliteratur nur am Rande vorkommt. Eigene Untersuchungen zum fokalen Suizid geben, versehen mit reichlichen Literaturzitaten, diesem in der Suizidologie lange vernachlässigten Gebiet ausreichenden Stellenwert. Eine gelungene Darstellung zur Frage der Autonomie bei Suizidhandlungen leitet über zum Problem des Bilanzsuizids und des politischen Suizids. Eine Darstellung möglicher Imitationseffekte, an die erst in den letzten Jahren auch empirisch herangegangen wird, führt gut in die Problematik ein, wie sorgsam das Suizidthema auch in der Öffentlichkeit behandelt werden muss und welcher Verantwortung sich auch Journalisten bewusst sein müssen. Ein allgemein verständlicher Exkurs über biochemische Befunde bei Suizidalität und die Darstellung genetischer Studien runden die Phänomenologie und Interpretation von Suizidhandlungen ab. Prophylaxe und Therapie sind auf nur wenige Seiten beschränkt, der größere Zusammenhang der Suizidalität mit menschlichen Krisen wird leider kaum berührt. Ein kurzer Exkurs über Suizid und Religion führt zur Problematik der Sterbehilfe. Besondere Erwähnung verdienen noch die fundierten historischen und literarischen Kenntnisse des Autors sowie das umfangreiche Literaturregister. Dieses Buch dient in seiner umfassenden, aber dennoch knappen Form in erster Linie all jenen, die sich rasch in dieses Gebiet einlesen wollen.

KAST, V.: **Trauern. Phasen und Chancen des psychischen Prozesses.** 23. Auflage. Kreuz, Stuttgart, 2005.
Dieses sehr persönlich und leicht verständlich gehaltene Buch beschreibt anschaulich und eindrucksvoll den psychotherapeutischen Umgang mit Menschen in Krisen, der über die „reine" Psychotherapie hinaus auch Interventionen im familiären, beruflichen und sozialen Bereich umfassen muss. Die exemplarische Abhandlung verschiedener Krisen (Reifungskrisen, Krisen bei Selbstmordgefährdung, aber auch Krisen im Verlauf der Psychotherapie) und der entsprechenden Interventionen erleichtert es dem Leser, den notwendigen Bezug zu seinen eigenen Krisenbewältigungsmöglichkeiten herzustellen. Dadurch wird ein gekonnter Einblick in diesen Teil der psychotherapeutischen Arbeitswelt gegeben.

KIND, J.: **Suizidal. Die Psychoökonomie einer Suche.** 4. Auflage. Vandenhoeck & Ruprecht, Göttingen, 2005.
Für den tiefenpsychologisch Interessierten ein faszinierendes Buch, um Suizidalität und den therapeutischen Umgang damit zu verstehen. Die unterschiedlichsten Formen der Suizidalität werden in ihrer Psychodynamik herausgearbeitet und in Beziehung zu verschiedenen Störungen gesetzt. Suizidalität wird dabei als Regulationsvorgang in einer Krisensituation verstanden, die prinzipiell der Erhaltung von Beziehungen (notfalls auch nur noch jenseits des tatsächlichen Lebens) dient. Ein umfangreicher Teil widmet sich der Therapie suizidalen Verhaltens, typischen Übertragungs- und Gegenübertragungskonstellationen und den charakteristischen Problemen in der Therapie.

LEENAARS, A., MALTSBERGER, J. T., NEIMEYER, R. A.: **Treatment of Suicidal People.** Taylor & Francis, Washington D. C., 1994.
Umgang, Hilfe und Behandlung suizidaler Menschen wird in drei Sektionen abgehandelt: der Prävention, der Intervention und der Postvention. Beurteilung und Einschätzung der Suizidgefahr bilden ebenso wichtige Abschnitte dieses Buches wie die Behandlung und die oft schwierige Gratwanderung zwischen Obsorgepflicht des Helfers und dem Bemühen um Autonomie für den Patienten. Dies wird unter anderem auch an einem genau dokumentierten Fallbeispiel erarbeitet, das sich sich durch das ganze Buch hindurchzieht.

LEENAARS, A., LESTER, D.: **Suicide and the Unconscious.** Jason Aronson, Northvale, New Jersey, London, 1996.
Tiefenpsychologen verschiedener Richtungen und aus verschiedenen Ländern untersuchen selbstdestruktives Verhalten in seiner unbewussten Dynamik aus unterschiedlichen Perspektiven. Die Beiträge helfen, Suizidgefährdung besser zu verstehen und Behandlungsmaßnahmen entsprechend zu entwickeln.

LENZEN, V.: **Selbsttötung. Ein philosophisch-theologischer Diskurs mit einer Fallstudie über Cesare Pavese.** Patmos, Düsseldorf, 1987 ist ebenso wie **Das falsche Urteil über den Suizid (gibt es eine Pflicht zu leben?)** von KUITERT, H. M.: Kreuz, Stuttgart, 1986, ein Buch, das anregt, die ethische Diskussion um den Suizid weiterzuführen.

LINDNER-BRAUN, CH.: **Soziologie des Selbstmordes.** Westdeutscher Verlag, Opladen, 1990.
Wie bereits der Titel verrät, wird dem soziologisch Interessierten hier eine Fülle interessanten Materials präsentiert, das die Grundthese abstützen soll, dass in unseren Breiten der notwendige Zwang zum Selbstzwang egozentrische Weltbilder schafft und dadurch die Entwicklung und Sozialisation fehlgeleiteter Selbstkontrollmechanismen ermöglicht, die für die hohe Suizidgefährdung verantwortlich ist. Allerdings muss man in der soziologischen Literatur schon etwas bewandter sein, wenn man den komplizierten Argumentationssträngen der Autorin, die schon in den 70er Jahren mit einem Überblick über die verschiedenen soziologischen Theorien zum Selbstmord hervortrat, folgen will.

MÜLLER, W., SCHEUERMANN, U. (Hrsg.): **Praxis Krisenintervention.** 2., überarb. Auflage. Kohlhammer, Stuttgart, 2010.
Das Buch gibt eine praxisnahe Einführung in die Thematik und in die Hintergründe der Arbeit. Ein wichtiges Referenzwerk für alle, die mit Menschen in Krisen zu tun haben und für jene, die dafür aus- und fortbilden. Es ist aktuell, anschaulich geschrieben und aufbereitet und integriert zahlreiche konkrete Interventionsfälle.

POHLMEIER H., SCHÖCH H., VENZLAFF U.: **Suizid zwischen Medizin und Recht.** Fischer, Stuttgart/New York, 1996.
Neben einer Reihe juristischer, psychiatrischer und psychologisch-medizinischer Betrachtungen, insbesondere zur Freiverantwortlichkeit des Suizids, aber auch zu Fragen der Haftung, der Begutachtung und der strafrechtlichen Verantwortlichkeit finden sich interessante Kurzkapitel zum erweiterten Suizid, zur Suizidalität bei Transsexualität, bei Borderline-Patienten und bei Patienten mit affektiven und schizophrenen Psychosen.

REIMER, C., ARENTEWICZ, G.: **Kurzpsychotherapie nach Suizidversuch. Ein Leitfaden für die Praxis.** Springer, Berlin/Heidelberg/New York, 1993.
Dieses Buch beschäftigt sich wie jenes von HENSELER, H. und REIMER, C. (Hrsg.): **Selbstmordgefährdung – zur Psychodynamik und Psychotherapie.** Frommann-Holzboog, Stuttgart/Bad Canstadt, 1981 mit über die unmittelbare Krisenintervention hinausgehender Psychotherapie im Umgang mit Suizidgefährdeten. Ersteres Buch zeichnet sich insofern aus, als ein ausführliches Therapie-Manual sowie die Darstellung einer kompletten Kurztherapie mit entsprechenden Kommentaren das praktische Vorgehen verdeutlicht.

RIECHER-RÖSSLER, A., BERGER, P., YILMAZ, A.T., STIEGLITZ R. (Hrsg.): **Psychiatrisch-psychotherapeutische Krisenintervention.** Hogrefe, Göttingen, 2004.
Das Buch vermittelt einen praxisorientierten Leitfaden für den Umgang mit Menschen in Krisen, für das Krisenassessment und die Krisenintervention und liefert einen umfassenden und praxisnahen Überblick zu den verschiedenen Aspekten der psychiatrisch-psychotherapeutischen Krisenintervention.

SACHSSE, U.: **Selbstverletzendes Verhalten. Psychodynamik – Psychotherapie.** 7. Auflage. Vandenhoeck & Ruprecht, Göttingen/Zürich, 2002.
Selbstverletzendes Verhalten, das sich häufig im Umfeld von parasuizidalen Handlungen findet, ist der Schwerpunkt dieses Buches, das anhand einer fiktiven Patientin die Psychotherapie solcher außerordentlich schwierigen persönlichkeitsgestörten PatientInnen darstellt. Da es sich bei diesen Personen häufig um Frühtraumatisierte handelt, widmet der Autor der traumazentrierten Psychotherapie ein Kapitel. Für Leser, die in der psychoanalytischen Objektbeziehungstheorie etwas bewandert sind eine äußerst faszinierende Darstellung, für Laien auf diesem Gebiet allerdings etwas schwierig zu lesen.

SCHNYDER, U., SAUVANT, J.-D.: **Krisenintervention in der Psychiatrie.** Hans Huber, Bern/Göttingen/Toronto/Seattle, 1996.
Die Autoren unternehmen die schwierige Aufgabe, psychosoziale Krisen von psychiatrischen Notfällen abzugrenzen, das weite Feld der Krisenintervention gerade bei psychisch Kranken darzustellen, dieses Konzept jedoch nicht in die psychiatrische Notfallsbehandlung unreflektiert hineinzutragen. Empfehlenswert für Helfer im psychiatrischen Arbeitsfeld, sowohl im stationären als auch im ambulanten Bereich.

SCHRÖER, S.: **Jugendliche Suizidalität als Entwicklungschance.** Quintessenz, München, 1999.
Eine empirische Studie zu suizidalem Verhalten Jugendlicher ist die Grundlage dieses Büchleins, das konsequent einen geschlechtsspezifisch differenzierten Forschungsansatz verfolgt. Es geht weg von konventionellen Pathogenesekonzepten hin zu salutogenetischen Paradigmen der Gesundheit und Gesundheitsforschung und zu einer konstruktivistischen Entwicklungspsychologie, also weg von der Defizitorientierung hin zur Ressourcenorientierung. Konsequenterweise wird damit auch jugendliche Suizidalität als Entwicklungschance gesehen und daraus abgeleitet nicht mehr Suizidprävention im klassischen Sinn, sondern generelle Lebens- und Konfliktbewältigung sowie lebenslange Entwicklung als Prozess propagiert, in dem die Grenze zwischen Selbst und Umwelt immer wieder neu gezogen wird.

STEIN, C.: **Spannungsfelder der Krisenintervention: Ein Handbuch für die psychosoziale Praxis.** Kohlhammer, Stuttgart, 2009.
Neben einem historischen Rückblick und dem Versuch, den Begriff „Krise" zu definieren bzw. einzugrenzen, wird ein Überblick über verschiedene Krisenmodelle gegeben. Anschließend wird auf Gefährdungsmomente im Rahmen von Krisen eingegangen. Im Zentrum des Buches stehen praktische Hinweise zum therapeutischen Umgang mit Krisensituationen. Hier werden nach einer Einführung in die Methoden der Krisenintervention wichtige Themenfelder wie beispielsweise Krisenintervention nach Trennungen und Scheidungen, Krisenintervention nach akuten Traumatisierungen, Krisenintervention bei schwerer körperlichen Krankheit oder Krisenintervention bei akuter Suizidalität behandelt.

TEISING, M.: **Alt und lebensmüde. Suizidneigung bei älteren Menschen.** E. Reinhardt, München, 1992.
Verdienstvollerweise hat sich hier ein Autor einer ganz besonderen Risikogruppe angenommen, nämlich der alten Menschen. Mit gediegener Sachkenntnis und persönlicher Erfahrung gibt dieses Buch in der ersten Hälfte einen Überblick über die wichtigsten Grundlagen zu diesem Problem; die gesamte zweite Hälfte ist dem direkten Umgang mit dem suizidgefährdeten alten Menschen gewidmet.

WEDLER, H., WOLFERSDORF, M., WELZ, R.: **Therapie bei Suizidgefährdung. Ein Handbuch.** S. Roderer, Regensburg, 1992.
Verschiedenste therapeutische Verfahren wie Krisenintervention, klientenzentrierte Gesprächstherapie, tiefenpsychologische Einzeltherapie, Verhaltenstherapie, Gruppenpsychotherapie, Paar- und Familientherapie, Psychopharmakotherapie stehen im Mittelpunkt dieses Sammelbands, der Therapieprobleme spezieller Patientengruppen (alte suizidale Menschen, Kinder und Jugendliche, psychisch Kranke, Suchtkranke, körperlich Kranke, Soldaten, Randgruppen und dergleichen) ebenso behandelt wie Suizidprävention in verschiedenen institutionalisierten Hilfseinrichtungen.

WENGLEIN E., HELLWIG, A., SCHOOF, M.: **Selbstvernichtung. Psychodynamik und Psychotherapie bei autodestruktivem Verhalten.** Vandenhoeck & Ruprecht, Göttingen/Zürich, 1996.
Selbstbeschädigung, auch Selbstverletzung und Suizidalität werden von bekannten, großteils der Psychoanalyse zugehörigen Suizidologen abgehandelt. Seltene suizidale Phänomene wie Amoklaufen, erweiterter Suizid, Kollektivsuizide und Doppelsuizide werden ebenso abgehandelt wie Diagnostik und Therapie von Suizidgefährdeten. Das wichtige Thema der Selbstbeschädigung und des suizidalen Verhaltens an psychosomatischen Kliniken, Probleme der Diagnostik und Therapie werden ausführlich behandelt.

Die folgenden Bücher können ebenso wie die von RINGEL auch von Betroffenen und ihren Angehörigen mit Gewinn gelesen werden.

HEILBORN-MAURER, U., MAURER, G.: **Nach einem Suizid. Gespräche mit Zurückbleibenden.** 2. Auflage. Fischer, Frankfurt/M., 1992.

IDE, H.: **Mein Kind ist tot. Trauerarbeit in einer Selbsthilfegruppe.** Rororo Sachbuch, Reinbek, 1988.

LOHNER, M.: **Plötzlich allein. Frauen nach dem Tod des Partners.** Fischer Taschenbuch, Frankfurt/M., 1997.

QUINNETT, P. G.: **Warum mit dem Leben Schluss machen? Rat und Hilfe für Gefährdete und für die, die sie verstehen und lieben.** Herder, Freiburg, 1990.

Literatur

AIGNER, G., EMBERGER, H., FÖSSL-EMBERGER, K. (1991): Die Haftung des Arztes. Justiz- und Verwaltungsstrafrecht. ÖAK Verlag, Wien

AJDACIC-GROSS, V., BOPP, M., RING, M., GUTZWILLER, F., & ROSSLER, W. (2010): Seasonality in suicide: A review and search of new concepts for explaining the heterogeneous phenomena. Social Science & Medicine, 71, 657–666

AMERY, J. (1976): Hand an sich legen. Diskus über den Freitod. Klett-Cotta, Stuttgart

ALAO, A. O., SODERBERG, M., POHL, E. L., ALAO, A. L. (2006) : Cybersuicide: review of the role of the internet on suicide. Cyberpsychology & Behavior, 9(4), 489–493

ANDERSON, C. M., GRIFFIN, S., ROSSI, A., PAGONIS, I., HOLDER, B. P., TREIBER R. (1986): A Comparative Study of the Impact of Education versus Process Groups for Families of Patients with Affective Disorders. Family Process 25, 185–205

ARONSON, E., PINES, A., KAFRY, D. (1983): Ausgebrannt. Klett-Cotta, Stuttgart

BAQUEDANO, G. (2009): Maya religion and traditions: influencing suicide prevention in contemporary Mexico. In: WASSERMAN D, WASSERMAN C (eds) Oxford textbook of suicidology and suicide prevention. Oxford University Press, New York, 77–84

BÄUERLE, D. (1969): Supervision in der Sozialpädagogik und Sozialarbeit. Neues Beginnen, 21 f.

BAUME, P., CANTOR, C. H., ROLFE, A. (1997): Cybersuicide: The role of interactive suicide notes on the internet. Crisis, 18, 73–79

BECKER, K., EL-FADDAGH, M., SCHMIDT, M. H. (2004): Cybersuizid oder Werther-Effekt online: Suizidchatrooms und -foren im Internet. Kindheit und Entwicklung, 13(1), 14–25

BECKER, K., MAYER, M., NAGENBORG, M., EL-FADDAGH, M., SCHMIDT, M. H. (2004): Parasuicide online: Can suicide websites trigger suicidal behaviour in predisposed adolescents? Nordic Journal of Psychiatry, 58(2), 111–114

BECKER, K., SCHMIDT, M. H. (2004): Internet chat rooms and suicide. Journal of the American Academy of Child and Adolescent Psychiatry, 43(3), 246–247

BELLAK, L., SMALL, L. (1975): Kurzpsychotherapie und Notfallpsychotherapie. Suhrkamp, Frankfurt/Main

BERGGREN, B., CULLBERG, G. J. (1978): Psychiatrie im Wandel (Psykiatri i omvandeling). NACKA-Projekt. SPRI-Rapport Nr. 7/78, Stockholm

BERNAT, E. (Hrsg.) (1993): Ethik und Recht an der Grenze zwischen Leben und Tod. Grazer Rechts- und Staatswissenschaftliche Studien, Band 50, Graz (insbesondere SCHICK, P.:

Todesbegriff, Sterbehilfe und aktive Euthanasie – Strafrechtsdogmatische und kriminalpolitische Erwägungen, 121 ff.)

Beskow, J. E. et al. (1991): HIV and AIDS-related suicidal behaviour. Monduzzi, Bologna

Bion, W. R. (1970): Erfahrungen in Gruppen. Klett, Stuttgart

Böker, W. (1978): Ursachen und Behandlung emotionaler Krisen bei körperlicher Erkrankung. Therapiewoche 28 (14), 2732–2742

Bräutigam, W. (1969): Reaktionen, Neurosen, Psychopathien. dtv, München, 38f.

Bridge, J.A., Iyengar, S., Salary, C.B. Et Al. (2007): Clinical response and risk for reported suicidal ideation and suicide attempts in pediatric antidepressant treatment: a meta-analysis of randomized controlled trials. Jama 297: 1683–1696

Brinkmann, Ch. (1978): Finanzielle und psychosoziale Belastungen während der Arbeitslosigkeit. In: Wacker, A. (Hrsg.): Vom Schock zum Fatalismus? Soziale und psychische Auswirkungen der Arbeitslosigkeit. Frankfurt/New York

Canetto, S. (2008): Women and suicidal behavior: a cultural analysis. Am J Orthopsychiatry 78, 259–266 Caplan, G. (1964): Principles of preventive psychiatry. Basic Books, New York/London

Casper, J.L. (1825). Über den Selbstmord und seine Zunahme in unserer Zeit. In J. L. Casper (Ed.), *Beiträge zur medizinischen Statistik und Staatsarzneikunde*. Berlin: Dümmler

Cheng, Q., Fu, K. W., Yip, P. S. F. (2011): A comparative study of online suicide-related information in Chinese and English. Journal of Clinical Psychiatry, 72(3), 313–319

Chew, K. S. Y., McCleary, R. (1995): The spring peak in suicides: a cross-national analysis. Social Science and Medicine 40, 223-230

Coleman, L. (1987): Suicide clusters. Boston, Faber & Faber

Collings, S., Niederkrotenthaler, T. (2012): Suicide prevention and emergent media: Surfing the opportunity. Crisis, 33, 1–4 (editorial)

Conklin, G.H., Simpson, M.E. (1987): The family, socioeconomic development and suicide. Journal of Comparative Family Studies 18, 99–111

Conrad, R.D, Kahn, M.W. (1974): An epidemiological study of suicide and attempted suicide among the Papago indians. Am J Psychiatry 131, 69–72

Cooper, J. E. (1997): Crisis admission units and emergency psychiatric services. Copenhagen: WHO

Coyne, J. C. (1984): Strategic Therapy with Depressed Married Persons: Initial Agenda, Themes and Interventions. Journal of Marital and Family Therapy 10, 53–62

Coyne, J. C. (1986): Strategic Marital Therapy for Depression. In: Jacobson, N. S. & A. S. Gurman (Eds.): Clinical Handbook of Marital Therapy. Guildford Press, New York, 495–511

Cullberg, J. (1978): Krisen und Krisentherapie. Psychiatrische Praxis 5, 25–34

De Leo, D. (1999): Cultural Issues in Suicide and Old Age. In: Crisis, Vol 20 (2), 54

Dohrenwend, B. S., Dohrenwend, B. P. (Hrsg.) (1974): Stressful Life Events: Their Nature and Effects. Wiley & Sons, New York

Dörner, D. (1984): Denken, Problemlösen und Intelligenz. Psychologische Rundschau 35, 10–20

DÖRNER, K., PLOG, U. (1984): Irren ist menschlich. Psychiatrie Verlag, Bonn

DRYDEN, W.(1981): The Relationships of Depressed Persons. In: DUCK, S. & R. GILMMOURE (Eds.): Personal Relationships 3: Personal Relationships in Disorder. Academic Press, London, 191–214

DURKHEIM, É. [1897] (1983): Der Selbstmord. [Le suicide.] Suhrkamp, Frankfurt a. M.

EICHENBERG, C. (2010). Empirische Befunde zu Suizidforen im Internet. Suizidprophylaxe, 37(2), 67–74

ETZERSDORFER, E., KAPUSTA, N.D., SONNECK, G.: Suicide by shooting is correlated to rate of gun licenses in Austrian counties. Wiener Klinische Wochenschrift 2006;118(15–16):464–8

ETZERSDORFER, E., VORACEK, M., KAPUSTA, N., SONNECK, G.: Epidemiology of Suicide in Austria 1990 – 2000: general decrease but increased suicide risk for old men. Wiener Klinische Wochenschrift 2005;117(1–2):31–35

ETZERSDORFER, E., FISCHER, P., SONNECK, G. (1994): Zur Epidemiologie der Suizide in Österreich, 1980–1990. Wiener Klinische Wochenschrift 104, 594–599

ETZERSDORFER, E., FIEDLER, G., WITTE, M. (Hrsg.) (2003): Neue Medien und Suizidalität. Gefahren und Interventionsmöglichkeiten. Göttingen: Vandenhoeck & Ruprecht

ETZERSDORFER, E., SONNECK, G. (1998): Preventing suicide by influencing mass-media reporting. The Viennese experience 1980–1996. Archives of Suicide Research, 4, 67–74

ETZERSDORFER, E., SONNECK, G., NAGEL-KUESS, S. (1992): Newspaper reports and suicide. New England Journal of Medicine, 327, 502–503

ETZERSDORFER, E., VORACEK, M., SONNECK, G. (2001): A dose-response relationship of imitational suicides with newspaper distribution. Australian and New Zealand Journal of Psychiatry, 35(2), 251

FARBEROW, N. L., SHNEIDMAN, E. S. (1961): The Cry for Help. McGraw Hill, New York

FAUST, V. (1978): Biometeorologie: der Einfluss von Wetter und Klima auf Gesunde und Kranke. 2. Aufl., Hippokrates, Stuttgart

FEUERLEIN, W. (1974): Tendenzen von Suizidhandlungen. Wege zum Menschen 5 (6), 188–195

FELBER, W., WINIECKI, P. (2010): Suizid-Statistik – aktuelle ausgewählte statistisch-epidemiologische Daten zu Deutschland und Osteuropa mit Kommentaren. (www.suizidprophylaxe.de/Suizidstatistik.pdf)

FELDMANN, K. (2001): Suizid: sozialwissenschaftliche Theorien, wissenssoziologische und ideologiekritische Überlegungen. Skript, Univ. Hannover

FIEDLER, G. (2007): Suizide, Suizidversuche und Suizidalität in Deutschland. Daten und Fakten 2005. (http://www.suicidology.de/online-text/daten.pdf)

FISCH, J. (2005): Die indische Witwenverbrennung: Tötung oder Selbsttötung? In: Bähr A, Medick H (Hrsg) Sterben von eigener Hand. Selbsttötung als kulturelle Praxis. Böhlau, Köln, Wiemar, Wien, 309–332

FINZEN, A. (1988): Der Patientensuizid. Psychiatrie-Verlag, Bonn

FOREGGER, E., NOWAKOWSKI, F. (Hrsg.): Wiener Kommentar zum StGB, 9. Lieferung, bearbeitet von M. BURGSTALLER (Wien 1981), und 22. Lieferung, bearbeitet von R. MOOS (Wien 1984)

FORREGGER, E., KODEK, G., SERINI, E. (1991): Strafgesetzbuch. Kurzkommentar. Manzsche Verlags- und Universitätsbuchhandlung, Wien

FREUD, S. (1952): Zur Ätiologie der Hysterie. GW1. Imago, London

FREUD, S. (1982): Jenseits des Lustprinzips (1920). FREUD-Studienausgabe, Bd. 3, Fischer, Frankfurt a. M.

FREUD, S. (1982): Trauer und Melancholie (1916). FREUD-Studienausgabe, Bd. 3, Fischer, Frankfurt a. M.

FREUDENBERGER, H. J. (1974): Staff burn-out. The Journal of Social Issues 30, 159–165

FREUDENBERGER, H. J., NORTH, G. (1992): Burnout bei Frauen. Krüger, Frankfurt

FRIEDRICH-SCHÖLER, E., FRIEDRICH, H. M. (1985): Kindliche und juvenile Suizidfälle. Beiträge zur gerichtlichen Medizin, 417

FRISCHENSCHLAGER, O. (1989): Psychosoziale Aspekte des Sterbens. In: RINGEL, E., KROPIUNIGG, U.: Medizinische Psychologie, Facultas, Wien, 185–194

FRÜHWALD, S. (1996): Kriminalität und Suizidalität. Selbstmorde in Österreichs Haftanstalten 1975-1994. Ursachen, Statistik, Schlussfolgerungen. Zeitschrift für Strafvollzug und Straffälligenhilfe 45, 218–224

GABENNESCH, H. (1988): When promises fail: a theory of temporal fluctuations in suicide. Social Forces 67, 129–145

GAPPMAIR, B. (1980): Suizidberichterstattung in der Presse. Dissertation an der Geisteswissenschaftlichen Fakultät Salzburg

GERBER, R. A. (1986): Chronisches Kranksein. In: HEIM, E., WILLI, J.: Psychosoziale Medizin, Springer, Berlin/Heidelberg, 529–538

GIBBS, J.P., MARTIN, W. (1964): Status integration and suicide. University of Oregon Press, Eugene

GIERNALCZYK, T.H., KIND, J. (2002a): Chronische Suizidalität: Übertragung und Gegenübertragung als Spiegel der psychischen Funktion. In: TH. BRONISCH (Hrsg.): Psychotherapie der Suizidalität. Thieme, Stuttgart

GOETHE, J. W. (1992): Gedichte in zeitlicher Folge. Insel, Frankfurt

GOLAN, N. (1983): Krisenintervention, Strategien psychosozialer Hilfen. Lambertus, Freiburg i. B.

GOLL, H., SONNECK, G. (1980): Umgang mit Suizidgefährdeten. Gemeindenahe Psychiatrie 5

GOOLISHIAN, H. A., ANDERSON, H. (1988): Menschliche Systeme. Vor welche Probleme sie uns stellen und wie wir mit ihnen arbeiten. In: REITER, L., BRUNNER, E. J., REITER-THEIL, S. (Hrsg.): Von der Familientherapie zur systemischen Perspektive. Springer, Berlin/Heidelberg/New York/Tokyo, 187–216

GOTTSTEIN-VETTER, A., STILLE, W. (1991): Aids-Erkrankung und Suizid. In: WEDLER, MÖLLER, H.-J.: Körperliche Krankheit und Suizid. S. Roderer, Regensburg

GOULD, M. S., SHAFFER, D. (1986): The Impact of Suicide in Television Movies. The New England Journal of Medicine, 690–694

GREENE, G. (1961): A burnt-out case. Viking, New York

GSCHWEND, G. (1999): Diagnostische Kriterien der Posttraumatischen Belastungsstörung und Konsequenzen für die therapeutische Praxis. in: *Psychotherapieforum 2/1999*. Wien, New York: Springerverlag

HÄFNER, H. (1978): Krisenintervention und Notfallversorgung in der Psychiatrie. Therapiewoche 28, 2716 f.

HÄFNER, H. (1974): Krisenintervention. Psychiatrische Praxis Vol. 1

HÄFNER, H., HELMCHEN, H. (1978): Psychiatrischer Notfall und psychiatrische Krise – Konzeptuelle Fragen. Nervenarzt 49, 82 f.

HALBWACHS, M. (1978/1930): The causes of suicide. Routledge and Kegan, London

HARRIS, K.M., MCLEAN, J.P., SHEFFIELD, J. (2009): Examining suicide-risk individuals who go online for suicide-related purposes. Archives of Suicide Research, 13(3), 264–276

HÄSLER, L. (1985): Zur Psychodynamik der Anniversary Reactions. Jahrbuch für Psychoanalyse 17, 211–266

HAUTZINGER, M., HOFMANN, H. (Hrsg.) (1979): Depression und Umwelt. Otto Müller, Salzburg

HELL, D. (1982): Ehen depressiver und schizophrener Menschen. Springer, Heidelberg

HELLMANN, J., HEUSER, I., KRONENBERG, G. (2011): Prophylaxe der posttraumatischen Belastungsstörung. Nervenarzt, 82:834–842

HENSELER, H. (1974): Narzisstische Krisen – Zur Psychodynamik des Selbstmords. Rowohlt, Reinbek

HENSELER, H. (1980): Die Psychodynamik des suizidalen Erlebens und Verhaltens. Nervenarzt 51, 139–146

HENSELER, H. (1981 a): Probleme bei der Behandlung chronisch-suizidaler Patienten. In: HENSELER, H., REIMER, CH. (Hrsg.): Selbstmordgefährdung – zur Psychodynamik und Psychotherapie. Frommann-Holzboog, Stuttgart

HENSELER, H. (1981 b): Psychoanalytische Theorien zur Suizidalität. Krisenintervention – Vom bewussten zum unbewussten Konflikt des Suizidanten. In: HENSELER, H. & CH. REIMER (Hrsg.): Selbstmordgefährdung. Frommann-Holzboog, Stuttgart

HERMAN, J. L.(1993): Die Narben der Gewalt. Kindler, München

HERZBERG, D. (1986): Der Fall Hackethal: Strafbare Tötung auf Verlangen? Neue Juristische Wochenschrift 1986, 1935 f.

HINSON, J. (1992): Strategies for Suicide Intervention by Telephone. Suicide and Life Threatening Behavior 12, 176–184

HOLLAN, D. (1990): Indignant suicide in the Pacific: an example from the Toraja Highlands of Indonesia. Cult Med Psychiatry14, 365–379

HOMM, M., KIEREIN, M., POPP, R., WIMMER, A. (1996): Rahmenbedingungen der Psychotherapie. Facultas Universitätsverlag, Wien

HÖNIGSPERGER, E., MELZER, W. (1982): Schulen für Eltern. Molden Verlag, Wien

IDE, H. (1988): Mein Kind ist tot. Rororo, Reinbeck bei Hamburg

IRNINGER, W. (1986): Akute Krisenintervention in der Allgemeinpraxis. Therapeutische Umschau/Revue thérapeutique 43 (1), 34–42

JACOBSON, G. F.(1974): Programs and Techniques of Crisis Intervention. In: American Handbook of Psychiatry, Volume II. Basic-Books, New York

JAHODA, M., LAZARSFELD, P. F., ZEISEL, H. (1993): Die Arbeitslosen von Marienthal. Bonn 1960

JANET, P. (1889): L'Automatisme psychologique. Paris, Alcan

JESSEN, G., & JENSEN, B. F. (1999). Postponed suicide death? Suicides around birthdays and major public holidays. *Suicide and Life Threatening Behavior, 29*, 272–283

JONES, J. W. (Ed.) (1982): The Burnout Syndrome. Park Ridge, London

JI. J., KLEINMAN, A., BECKER, A.E. (2001): Suicide in contemporary China: a review of China's distinctive suicide demographics in their sociocultural context. Harv Rev Psychiatry 9,1–12

JOHNSON, H., BROCK, A., GRIFFITHS, C., & ROONEY, C. (2005): Mortality from suicide and drug-related poisoning by day of the week in England and Wales, 1993–2002. *Health Statistics Quarterly, 27*, 13–16

KAHN, R. L. (1978): Job burnout. Prevention and Remedies. Public Welfare 36, 61–63

KALAFAT, J., LESTER, D. (2000): Shame and suicide: a case study. Death Stud 24,157–162

KANNEDO, Y., YAMASAKI, A., ARAI, K. (2009): THE SHINTO RELIGION AND SUICIDE IN JAPAN. IN: WASSERMAN D, WASSERMAN C (eds) Oxford textbook of suicidology and suicide prevention. Oxford University Press, New York, 37–41

KAPUSTA, N.D., ETZERSDORFER, E., KRALL, C., SONNECK, G.: Firearm Legislation Change in Europe: Impact on Firearm Availability, Firearm Suicide and Homicide Rates in Austria. British Journal of Psychiatry 2007;191:253–7

KAPUSTA, N.D., ETZERSDORFER, E., SONNECK, G.: Männersuizid in Österreich. Suizidprophylaxe 2008; 135(4):175–183

KAPUSTA, N.D., ETZERSDORFER, E., SONNECK, G.: Suizide alter Menschen in Österreich: Epidemiologische und prophylaktische Überlegungen. Suizidprophylaxe 2009;36(1):20–25

KAPUSTA, N.D., ETZERSDORFER, E., SONNECK, G.: Trends in suicide rates among the elderly in Austria 1970–2004: An analysis of changes by age group, suicide method and gender. International Journal of Geriatric Psychiatry 2007;22(5): 438–444

KAPUSTA, N.D., NIEDERKROTENTHALER, T., ETZERSDORFER, E., VORACEK, M,, DERVIC, K., JANDL-JAGER, E., SONNECK, G.: Influence of Psychotherapist Density and Antidepressant Sales on Suicide Rates. Acta Psychiatrica Scandinavica 2009;119(3):236–42

KAPUSTA, N.D., POSCH, M., NIEDERKROTENTHALER, T., FISCHER-KERN, M., ETZERSDORFER, E., SONNECK, G.: Availability of mental health service providers and suicide rates in Austria: a nationwide study. Psychiatric Services 2010;61(12):1198–1203

KAPUSTA, N.D., SONNECK, G.: Suicides of men in Austria: An epidemiological analysis over a 30-years period. Journal of Men's Health and Gender 2004;1(2–3):197–202

KAPUSTA, N.D., TRAN, U.S., ROCKETT, I.R.H., DE LEO, D,, NAYLOR, C.P.E., NIEDERKROTENTHALER, T., VORACEK, M., ETZERSDORFER, E., SONNECK, G.: Declining autopsy rates and suicide misclassification: A cross-national analysis of 35 countries. Archives of General Psychiatry 2011;68(10):1050–7

KAPUSTA, N.D., VORACEK, M., ETZERSDORFER, E., NIEDERKROTENTHALER, T., DERVIC, K., PLENER, P.L., SCHNEIDER, E., STEIN, C., SONNECK, G.: Characteristics of Police Officer Suicides in the Federal Austrian Police Corps. Crisis 2010; 31(5):265–71

KAPUSTA, N.D., ZORMAN, A., ETZERSDORFER, E., PONOCNY-SELIGER, E., JANDL-JAGER, E., SONNECK, G.: Rural-Urban Differences in Austrian Suicides. Social Psychiatry and Psychiatric Epidemiology 2008;43(4):311–8

KAPUSTA, N. (2011): Aktuelle Daten und Fakten zur Zahl der Suizide in Österreich 2010. Wien: Medizinische Universität, Universitätsklinik für Psychoanalyse und Psychotherapie. http://www.suizidforschung.at

KARDINER, A. (1941): The traumatic Neurosis of War. New York: Hoeber

KAST, V. (1989): Der schöpferische Sprung. dtv, München

KATSCHNIG, H., DAVID, H. (1990): Psychiatrie: Notfälle. In: PRITZ, A., SONNECK G. (Hrsg.) Medizin für Psychologen und nichtärztliche Psychotherapeuten. Springer, Berlin, Heidelberg, New York, London, Paris, Tokyo, Hongkong, Barcelona, 42–48

KAWADA, J. (2005): Moral and aesthetic aspects of suicide among the Japanese: Seppuku, self-immolation and Shinju, double suicide of lovers. In: Bähr A, Medick H (Hrsg) Sterben von eigener Hand. Selbsttötung als kulturelle Praxis. Böhlau, Köln, Weimar, Wien, 277–290

KERNBERG, O. F. (1988): Schwere Persönlichkeitsstörungen. Klett-Cotta, Stuttgart

KERNBERG, O. F. (1990): Wandlungen psychotherapeutischer Konzepte. (Vortrag im Rahmen der Lindauer Psychotherapiewochen)

KERNBERG, O. (1993): Psychodynamische Therapie bei Borderline-Patienten. Verlag Hans Huber, Bern

KEVAN, S. M. (1980): Perspectives on season of suicide: a review. Social Science and Medicine 14, 369-378

KIELHOLZ, P. (1974): Diagnose und Therapie der Depression für den Praktiker. J. F. Lehmanns, München

KIENAPFEL, D. (1990): Grundriss des österreichischen Strafrechts. Besonderer Teil I, Delikte gegen Personenwerte, 3. Auflage, Wien

KIND, J. (1992): Suizidal: Die Psychoökonomie einer Suche. Vandenhoeck & Ruprecht, Göttingen

KIND, J., GIERNALCZYK, TH, (2002a): Objektbeziehungstheorie. In: Th. BRONISCH ET AL: Suizidalität. Ursachen-Warnsignale-therapeutische Ansätze. Schattauer, Stuttgart

KISKER, K. P. (1991): Wie schaut die gegenwärtige Psychiatrie den Menschen an? In: CIOMPI, L., HEIMANN H. (Hrsg.): Psychiatrie am Scheideweg. Springer, Berlin, 69 ff.

KÖNIG, F., KÖNIG, E.,WOLFERSDORF, M. (1996): Zur Häufigkeit des psychiatrischen Notfalls im Notarztdienst. Notarzt 12: 12–17

KREITMAN, N. (1973): Prevention of suicidal behaviour. In: WING, J. K., HÄFNER, H.: Roots of evaluation. Oxford Univ. Press, London

KÜBLER-ROSS, E. (1971): Interviews mit Sterbenden. Kreuz, Stuttgart/Berlin

KUESS, S., HATZINGER, R. (1986): Attitudes Towards Suicide in the Print Media. Crisis 7 (2), 118–125

KULESSA, CH. (1982): Zur Theorie der Krise. In: H. GASTAGER (Hrsg.): Hilfe in Krisen. Herder, Vandenhoeck & Ruprecht, Wien, Göttingen

KULESSA, CH. (1985): Gesprächsführung mit Suizidpatienten im Rahmen der Krisenintervention. In: H. WEDLER (Hrsg.): Umgang mit Suizidpatienten im Allgemeinkrankenhaus. Roderer, Regensburg

KUTZER, K. (1994): Strafrechtliche Grenzen der Sterbehilfe. Neue Zeitschrift für Strafrecht, 110

LACKNER, K. (Hrsg.) (1997): Strafgesetzbuch mit Erläuterungen. Beck'sche Verlagsbuchhandlung, München

LAMPRECHT, F., LEMPA, W., SACK, M. (2000): Die Behandlung Posttraumatischer Belastungsstörungen mit EMDR. In *Psychotherapie im Dialog 1/2000.* Stuttgart, New York: Thieme

LANGE, E., PICKER, F. (1980): Psycho(patho)dynamik suizidalen Verhaltens in Kindheit und beginnender Pubertät, Psychiatria clinica 13, 69–107

LANGSLEY, D. G., KAPLAN, D. M. (1968): The Treatment of Families in Crisis. Grune & Stratton, New York

LEENHARDT, M. (1984): Do Kamo. Die Person und der Mythos in der melanesischen Welt. Ullstein, Frankfurt am Main

LESCH, O. M. (1985): Chronischer Alkoholismus. Georg Thieme, Stuttgart/New York

LESTER, D. (1986): The birthday blues revisited: the timing of suicidal, homicidal and natural deaths. Acta Psychiatrica Scandinavia 73, 322–323

LESTER, D., BROKOPP, G. W. (Eds.) (1973): Crisis Intervention and counseling by telephone. Charles C. Thomas, Springfield

LESTER, D., DANTO, B. L. (1993): Suicide behind bars: prediction and prevention. The Charles Press, Philadelphia

LESTER, D. (1997): The role of shame in suicide. Suicide Life Threat Behav 2, 352–361

LESTER, D. (2004): Blood types and national suicide rates. Crisis 25,140

LESTER, D. (2006): Suicide and islam. Arch Suicide Res 10, 77–97

LESTER, D. (2008a): Suicide and culture. WCPRR;3:51–68

LESTER, D. (2008b): Suicide among indigenous peoples: the usefulness of the Human Relations Area Files. Crisis 29, 49–51

LEUKAUF, O., STEININGER, H. (1979): Kommentar zum StGB. 2. Auflage, Prugg Verlag, Eisenstadt

LEUKAUF, O., STEININGER, H. (1992): Kommentar zum Strafgesetzbuch. Prugg Verlag, Eisenstadt

LEVIN, S. (1965): Some suggestions for treating the depressed Patient. Psychoanalytic Quarterly 34, 37–65

LEVOLD, T., WEDEKIND E., GEORGI, H. (1990): Familienorientierte Behandlungsstrategien bei Inzest. System Familie 3, 74–87

LIEBLING, A. (1992): Suicides in prison. Routledge, London-New York

LINDEN, K. J. (1969): Der Suizidversuch – Versuch einer Situationsanalyse. Ferdinand Enke, Stuttgart

LITMAN, N. (1970): Suicide prevention center patients. A follow up study. Bulletin of Suicidology 6, 12–17

LITMAN, R. E. (1966): Acutely Suicidal Patients – Management in General Medical Practice. California Medicine 104, 168–174

LUDEWIG, K. (1989): Grundarten des Helfens. Ein Schema zur Orientierung der Helfer und der Helfer der Helfer. In: H. BRANDAU (Hrsg.): Von der Supervision zur systemischen Super-VISION. Müller, Salzburg

MACHALEK, A. (1986): Wir und das Wetter. Orac, Wien

MAES, M., SCHARPÉ, S., VERKERK, R., D'HONDT, P., PEETERS, D., COSYNS, P., THOMPSON, P., DEMEYER, F., WAUTERS, A., & NEELS, H. (1995): Seasonal variation in plasma L-tryptophan availability in healthy volunteers: Relationship to violent suicide occurence. Archives of General Psychiatry, 52, 937–946

MALFENT, D., WONDRAK, T., KAPUSTA, N.D., SONNECK, G.: Suicidal ideation and its correlates among elderly in residential care homes. International Journal of Geriatric Psychiatry 2010; 25:843–849

MALTSBERGER, J. T., BUIE, D. H. (1974): Countertransference hate in the treatment of suicidal patients. Archives of General Psychiatry 30; 625–633

MANN, J.J., ALAN, A., BERTOLOTE, J., BEAUTRAIS, A., CURRIER, D., HASS, A., HEGERL, U. et al. (2005): Suicide prevention strategies – a systematic review. Journal of the American Medical Association, 294, 2064–2074

MASLACH, C., JACKSON, S. E. (1981): The measurement of experienced burnout. Journal of Occupational Behaviour 2, 99–113

MAYERHOFER, CH., RIEDER, S. (1989): Das österreichische Strafrecht. Erster Teil – StGB, 3. Auflage, Wien

MENNINGER, K. (1938): Man against himself. Harcourt, Brace & World, New York

MENNINGER, K. (1974): Selbstzerstörung – Psychoanalyse des Selbstmords. Suhrkamp, Frankfurt a. M.

MINOIS, G. (1996): Geschichte des Selbstmords. Artemis & Winkler Verlag, Düsseldorf u. Zürich

MODESTIN, J. (1989): Zur Psychotherapie der akuten Suizidalität. Psychotherapie – Psychosomatik – Medizinische Psychologie 39, 115–120

MULLANY, B., BARLOW, A., GOKLISH, N., LARZELERE-HINTON, F., CWIK, M., CRAIG, M., WALKUP, J.T. (2009): Toward understanding suicide among youths: results from the White Mountain Apache tribally mandated suicide surveillance system, 2001–2006. Am J Public Health 99, 1840–1848

NADER, I.W., PIETSCHNIG, J., NIEDERKROTENTHALER, T., KAPUSTA, N.D., SONNECK, G., & VORACEK, M. (2011): Suicide seasonality: Complex demodulation as a novel approach in epidemiologic analysis. PLoS ONE, 6, e17413

NAITO, A. (2007): Internet suicide in Japan: Implications for child and adolescent mental health. Clinical Child Psychology and Psychiatry, 12(4), 583–597

NIEDERKROTENTHALER, T., HERBERTH, A., SONNECK, G. (2007): Der „Werther-Effekt": Mythos oder Realität? Neuropsychiatrie, 21(4), 284–290

NIEDERKROTENTHALER, T., SONNECK, G. (2007): Assessing the impact of media guidelines for reporting on suicides in Austria: interrupted times series analysis. Australian and New Zealand Journal of Psychiatry, 41, 419–428

NIEDERKROTENTHALER, T., TILL, B., VORACEK, M., DERVIC, K., KAPUSTA, N. D., SONNECK, G. (2009): Copycat effects after media reports on suicide: A population-based ecologic study. Social Science & Medicine, 69, 1085–1090

NIEDERKROTENTHALER, T., VORACEK, M., HERBERTH, A., TILL, B., STRAUSS, M., ETZERSDORFER, E., EISENWORT, B., SONNECK, G. (2010a): Role of media reports in completed and prevented suicide: Werther v. Papageno effects. British Journal of Psychiatry, 197(3), 234–243

NIEDERKROTENTHALER, T., VORACEK, M., HERBERTH, A., TILL, B., STRAUSS, M., ETZERSDORFER, E., EISENWORT, B., SONNECK, G. (2010b): Papageno v Werther effect. British Medical Journal, 341, 5841

OGDEN, M., SPECTOR, M.I., HILL, C.A. (1970): Suicides and homicides among Indians. Public Health Rep 85, 75–80

OKASHA, A., OKASHA, T. (2009): Suicide and Islam. In: Wasserman D, Wasserman C (eds) Oxford textbook of suicidology and suicide prevention. Oxford University Press, New York, 49–55

ORBACH, I., RABINOWITZ, A. (2009): Suicide in Jewish scriptures. In: Wasserman D, Wasserman C (eds) Oxford textbook of suicidology and suicide prevention. Oxford University Press, New York, 43–47

ORTMAYR, N. (1990): Selbstmord in Österreich 1819-1988. Zeitgeschichte 17, 209–225

ÖSTAT (Hrsg.) (1961): Selbstmordhandlungen. (Beiträge zur österreichischen Statistik, 62. Heft) Wien

PFLANZ, M. (1962): Sozialer Wandel und Krankheit. Stuttgart

PFEIFFER, W. (1994): Transkulturelle Psychiatrie. Ergebnisse und Probleme. Thieme Stuttgart

PHILLIPS, D.P. (1974): The influence of suggestion on suicide: Substantive and theoretical implications of the Werther effect. American Sociological Review, 39, 340–354

PHILLIPS, D. P., CARSTENSEN, L. L. (1986): Clustering of Teenage Suicides After Television News Stories About Suicide. The New England Journal of Medicine, 685–689

PIRKIS, J., BLOOD, W. (2010): Suicide and the news and information media: a critical review. Mindframe (http://www.mindframe-media.info/client_images/900016.pdf)

PÖLDINGER, W. (1968): Die Abschätzung der Suizidalität. Huber, Bern

PÖRKSEN, N. (1970): Über Krisenintervention. Zeitschrift für Psychotherapie und medizinische Psychologie 20, 85–95

PRETI, A. (2002): Seasonal variation and meteotropism in suicide: Clinical relevance of findings and implications for research. *Acta Neuropsychiatrica, 14,* 17–28

PRINZ, A. (1998): Über den Umgang mit Leichen bei fremden Völkern. In Stefenelli

PROMPTA, S., THOMYANGKOON, P. (2009): A Buddhist perspective on suicide. In: Wasserman D, Wasserman C (eds) Oxford textbook of suicidology and suicide prevention. Oxford University Press, New York, 27–35

RAPOPORT, L. (1973): The State of Crisis: Some Theoretical Considerations. In: H. J. PARAD: Crisis Intervention – Family Service Association of America

RATNA, L. (1978): The practice of psychiatric crisis intervention. The League of Friends, Napsbury Hospital

RECUPERO, P.R., HARMS, S.E., NOBLE, J.M. (2008): Googling suicide: surfing for suicide information on the Internet. Journal of Clinical Psychiatry, 69(6), 878–888

REDDEMANN, L. (2001) : Imagination als heilsame Kraft. Stuttgart: Pfeiffer bei Klett-Cotta

REDDEMANN, L., SACHSSE, U. (1997): Traumazentrierte Psychotherapie, Teil 1, Stabilisierung. In *PTT Persönlichkeitsstörung 3/97*. Stuttgart: Schattauer

REDDEMANN, L., SACHSSE, U. (1998): Traumazentrierte Psychotherapie, Teil 2. In *PTT Persönlichkeitsstörung 2/98*. Stuttgart: Schattauer

REIMER, Ch. (1981): Zur Problematik der Helfer – Suizidant-Beziehung: Empirische Befunde und ihre Deutung unter Übertragungs- und Gegenübertragungsaspekten. In: HENSELER, H., REIMER, CH.: Selbstmordgefährdung – Zur Psychodynamik und Psychotherapie. Problemata-Holzboog, Stuttgart

REIMER, CH. (1982): Interaktionsprobleme mit Suizidpatienten. In: Ch. REIMER (Hrsg.): Suizid. Springer, Berlin

REIMER, CH. (1987): Prävention und Therapie der Suizidalität. In: K. P. KISKER et al. (Hrsg.): Psychiatrie der Gegenwart 2, Krisenintervention, Suizid, Konsiliarpsychiatrie. Springer, Berlin/Heidelberg/New York/Tokyo

REIMER, CH. (Hrsg.) (1982): Suizid, Ergebnisse und Therapie. Springer, Berlin/Heidelberg/New York

REITER, L. (1976): Zur Theorie und Technik der Krisenintervention. Österreichische Ärztezeitung 31, 120–124

REITER, L. (1978): Krisenintervention. In: H. STROTZKA (Hrsg.): Psychotherapie: Grundlagen, Verfahren, Indikationen. Urban & Schwarzenberg, München, 457–470

REITER, L. (1983): Gestörte Paarbeziehungen. Vandenhoeck & Ruprecht, Göttingen

REITER, L. (1984): Interaktionelle und familientherapeutische Aspekte der Depression. In: U. KROPIUNIGG (Hrsg.): Umfelder der Medizin: Familie. Facultas-Universitätsverlag, Wien, 101–133

REITER, L. (1988): Auf der Suche nach einer systemischen Sicht depressiver Störungen. In: L. REITER, E. J. BRUNNER, S. REITER-THEL (Hrsg.): Von der Familientherapie zur systemischen Perspektive. Springer, Berlin/Heidelberg, 77–96

REITER, L. (1990): Die depressive Konstellation. Eine integrative therapeutische Metapher. System Familie, 130–147

RETTERSTØL, N., EKEBERG, O. (2009): Christianity and suicide. In: Wasserman D, Wasserman C (eds) Oxford textbook of suicidology and suicide prevention. Oxford University Press, New York, 57–62

RIEMANN, D., HAJAK, G. (2009): Insomnien II. Pharmakologische und psychotherapeutische Behandlungsmöglichkeiten. Nervenarzt, 80:1327–1340

RIKLIN, F. (1997): Schweizerisches Strafrecht. Allgemeiner Teil I. Verbrechenslehre. Schulthess Polygraphischer Verlag, Zürich

RINGEL, E. (1953): Der Selbstmord. Maudrich, Wien

RINGEL, E. (1969): Selbstmordverhütung. Huber, Bern

RINGEL, E. (1980): Die Besonderheiten des präsuizidalen Syndroms bei Jugendlichen. Der Kinderarzt 11 (4), 541–546

RINGEL, E. (1981): Der Selbstmord. Abschluss einer krankhaften psychischen Entwicklung (1953), 2. Auflage, Frankfurt, Wien

RINGEL, E. (1985): Selbstmord in der Oper. Vortrag auf dem 13. Kongress der Internationalen Association for Suicide Prevention in Wien, 1985

RITTER, K. (2012): Kultur, Religion und Suizid. In: Stompe T, Ritter K (Hrsg). Krankheit und Kultur. Medizinisch-wissenschaftlicher Verlag, Berlin

RITTER, K., STOMPE, T. (2011): Religion und Selbsttötung Teil 2. Neuropsychiatrie 2011;25:127–134

ROSENMAN, R. H., FRIEDMAN, M. (1977): Modifying Type A behavior pattern. Journal of Psychosomatic Research 21, 323–337

ROTTON, J., KELLY, I. W. (1985): Much ado about the full moon: a meta-analysis of lunar-lunacy research. Psychological Bulletin 97, 286–306

RUPP, M. (2010): Notfall Seele. Ambulante Notfall- und Krisenintervention in der Psychiatrie und Psychotherapie. Thieme, Stuttgart – New York

SACHSSE, U. (2004): Traumazentrierte Psychotherapie. Stuttgart: Schattauer

SCHALLER, S., SCHMIDTKE, A., (2002b): Kognitive Bedingungsfaktoren suizidalen Verhaltens. In: Th. BRONISCH ET AL: Suizidalität. Ursachen-Warnsignale-therapeutische Ansätze. Schattauer, Stuttgart

SCHIKANEDER, E. (1990): The Magic Flute: Libretto. New York: Metropolitan Opera Guild

SCHJERVE, M. (1990): Psychopharmaka. In: PRITZ, A., SONNECK, G.: Medizin für Psychologen und nichtärztliche Psychotherapeuten. Springer, Berlin, 209–236

SCHMIDBAUER, W. (1977): Die hilflosen Helfer. Rowohlt, Reinbek

SCHMIDTKE, A., HÄFNER, H. (1986): Die Vermittlung von Selbstmordmotivation und Selbstmordhandlung durch fiktive Modelle (Die Folgen der Fernseh-Serie: „Tod eines Schülers"). Der Nervenarzt 57 (9), 502–510

SCHMIDTKE, A., WEINACKER, B. (1994): Suizidalität in der Bundesrepublik und den einzelnen Bundesländern: Situation und Trends. Suizidprophylaxe 16, 4–16

SCHMIDTKE, A., SCHALLER, S. (2002a): Verhaltenstheoretische Erklärungsmodelle. In: Th. BRONISCH ET AL: Suizidalität. Ursachen-Warnsignale-therapeutische Ansätze. Schattauer, Stuttgart

SCHMIDTKE, A., SCHALLER, S., TAKAHASHI, Y., GAJEWSKA, A. (2008): Modellverhalten im Internet: Fördert das Internet Doppelsuizide und Suizidcluster? In A. HERBERTH, T. NIEDERKROTENTHALER, B. TILL (Hrsg.), Suizidalität in den Medien/Suicidality in the media: Interdisziplinäre Betrachtungen/Interdisciplinary contributions (S. 275–285). Münster: LIT

SCHMIDTKE, A., WEINACKER, B., FRICKE, S. (1998): Epidemiologie von Suiziden und Suizidversuchen in Deutschland. Suizidprophylaxe, SH1, 37–49

SCHNIEDER-STEIN, C., RIEGLER, G. (1990): Geriatrie. In: PRITZ, A., SONNECK, G.: Medizin für Psychologen und nichtärztliche Psychotherapeuten. Springer, Berlin/Heidelberg, 201–208

SCHÖNKE, A., SCHRÖDER, H. (1988): Strafgesetzbuch – Kommentar. 23. Auflage, München

SCHREIBER, H. (1977): Die Krise in der Mitte des Lebens. München

SCHULTZ, D. (2009): Dürfen Muslime sich selbst töten? Das Suizid-Verbot in der islamischen Theologie und dem islamischen Recht. Tectum Verlag, Marburg

SCOBEL, W. A. (1981): Suizid – Freiheit oder Krankheit. In: HENSELER, H., REIMER, CH.: Selbstmordgefährdung – Zur Psychodynamik und Psychotherapie. Problemata-Holzboog, Stuttgart

SEDLAK, F., ZIEGELBAUER, B. (1982): Lebenskrisen – Lebenschancen. Ein Leitfaden für junge Menschen, die sich am Ende fühlen. Österreichischer Bundesverlag, Wien

SELIGMAN, M. E. P. (1979): Erlernte Hilflosigkeit. Urban & Schwarzenberg, München

SELVINI-PALAZZOLI, M., BOSCOLO, L., CECCHIN, G. F. (1980): Hypothezising-circularity-neutrality: three guidelines for the conductor of the session. Family Process 19, 3–12

SENSEN, A. H. (1980): Healing Grief. Medic Publishing Co.

SHNEIDMAN, E. S. (1982): On „Therefore I must kill myself". Suicide and Life Threatening Behavior, 52–55

SMITH, D.H., HACKATHORN, L. (1982): Some social and psychological factors related to suicide in primitive societies: a cross-cultural comparative study. Suicide Life Threat Behav 12, 195–211

SONNECK, G. (1976): Krisenintervention. In: GROSS, H., SOLMS-RÖDELHEIM, W.: 2. Steinhofer Symposium, Facultas-Universitätsverlag, Wien

SONNECK, G. (1980): Suizid- und Krisenprobleme bei Kindern und Jugendlichen. Die Psychologie des 20. Jahrhunderts, XII, Kindler, Zürich, 707–720

SONNECK, G. (1982): Krisenintervention und Suizidverhütung. Psychiatria clinica 15 (1–2)

SONNECK, G. (1989): Der Krankheitsbegriff in der Psychotherapie. Facultas-Universitätsverlag, Wien

SONNECK, G. (1989): Krisenintervention bei Suizidalität und Lebenskrisen. Suizidprophylaxe 16, 55–72

SONNECK, G. (1992): Das Burnout-Syndrom. Imagination 4

SONNECK, G., GRÜNBERGER J., RINGEL, E. (1976): Experimental Contribution to the Evaluation of Suicidal Risk of Depressive Patients. Psychiatria Clin. 9 (2), 84

SONNECK, G., TILL, W., STRAUSS, F. (1978): Krisenintervention im Rahmen einer psychiatrischen Ambulanz, verglichen mit einem extramuralen Kriseninterventionszentrum. In: H. J. HAASE (Hrsg.): Krisenintervention in der Psychiatrie. Schattauer, Stuttgart, 137–156

SONNECK, G., ETZERSDORFER, E., NAGEL-KUESS, S. (1994): Imitative suicide on the Viennese subway. Social Science and Medicine, 38, 453–457

SONNECK, G., NIEDERKROTENTHALER, T. (2008): Zum österreichischen Suizidpräventionsplan. Spectrum Psychiatrie, 2, 20–23

SORGATZ, H. (1986): 25 Leitpunkte zum Telefongespräch mit suizidalen Patienten. Suizidprophylaxe, 1. Sonderheft, 3. Aufl., Roderer, Regensburg

STATISTIK AUSTRIA (2011): Statistik des Bevölkerungsstandes. Erstellt 07/2011

SPAULDING, R. C. et al. (1976): The effect of psychiatric hospitalization in crisis. Comprehensive Psychiatry 17, 457 ff.

STEIN, C. (2009): Spannungsfelder Der Krisenintervention: Ein Handbuch Für Die Psychosoziale Praxis. Kohlhammer, Stuttgart

STIEFEL, D. (1979): Arbeitslosigkeit. Soziale, Politische Und Wirtschaftliche Auswirkungen – Am Beispiel Österreichs 1918–1938. Berlin

STRATENWERTH, G. (1996): Schweizerisches Strafrecht. Besonderer Teil I: Straftaten gegen Individualinteressen. Stämpfli & Cie AG, Bern

STEFENELLI, N. (1998): Körper ohne Leben. Begegnungen und Umgang mit Toten. Böhlau Verlag

STEIN, C. (2009): Spannungsfelder der Krisenintervention. Stuttgart: Kohlhammer

TALBOTT, J. A. (1976): Psychosocial Crisis. In: A. R. GLICK et al. (Eds.): Psychiatric Emergencies. Grune & Stratton, New York/San Francisco/London, 181 f.

THOMSEN, U. (2006): Immer mehr Alte bringen sich um. Eppendorfer, 11, 11

TILL, B., NIEDERKROTENTHALER, T., HERBERTH, A., VITOUCH, P., SONNECK, G. (2010): Suicide in films: The impact of suicide portrayals on non-suicidal viewers' well-being and the effectiveness of censorship. Suicide & Life-Threatening Behavior, 40(4), 319–327

TILL, B., VITOUCH P., HERBERTH, A., SONNECK, G., NIEDERKROTENTHALER, T. (in Druck). Personal suicidality in the reception of and identification with suicidal film characters. *Death Studies*

TILL, W. (1998a): Suizidalität. In: I. KRYSPIN-EXNER, B. LUEGER-SCHUSTER, G. WEBER (Hrsg.): Klinische und Gesundheitspsychologie. WUV-Universitätsverlag, Wien

TILL, W. (1998b): Rette sich wer kann – das Leben. Narzissmustheoretische und objektbeziehungstheoretische Überlegungen zur Suizidalität. Zeitschrift für psychoanalytische Theorie und Praxis 13, 270–288

TRAPPL, R. (1977): Ein einfaches Verfahren zur Vorhersage des Verlaufes von Krankheiten. Wiener Klinische Wochenschrift 89, 371–375

TRECHSEL, ST. (1997): Schweizerisches Strafgesetzbuch. Kurzkommentar, 2. neubearb. Auflage. Schulthess Polygraphischer Verlag, Zürich

UHL, A., SPRINGER, A., MARITSCH, F. (1988): Opiatabhängigkeit. Eine katamnestische Untersuchung an opiatabhängigen Patienten nach stationärer Entzugsbehandlung über den Zeitraum von 1980/81 bis 1986/87. Bundeskanzleramt 2/88

ULSENHEIMER, K. (1998): Arztstrafrecht in der Praxis. C. F. Müller, Heidelberg

VIJAYAKUMAR, L. (2009): Hindu religion and suicide in India. In: Wasserman D, Wasserman C (eds) Oxford textbook of suicidology and suicide. Oxford University Press, New York, 19–25

VORACEK, M., SONNECK, G. (1999): Telephonic service utilization in a crisis intervention centre: some findings, similar to temporal variation in suicides. Archives of Suicide Research 5, 125–139

VORACEK, M., LOIBL, L.M. (2007): Genetics of suicide: A systematic review of twin studies. Wiener Klinische Wochenschrift, 119, 463–475

VORACEK, M., LOIBL, L.M., KANDRYCHYN, S. (2007): Testing the Finno-Ugrian suicide hypothesis: replication and refinement with regional suicide data from eastern Europe. Percept Mot Skills 104, 985–994

VORACEK, M., LOIBL, L. M., KAPUSTA, N. D., NIEDERKROTENTHALER, T., DERVIC, K., SONNECK, G. (2008): Not carried away by a moonlight shadow: no evidence for associations between suicide occurrence and lunar phase among more than 65,000 suicide cases in Austria, 1970–2006. Wiener Klinische Wochenschrift, 120(11–12), 343–349

VORACEK, M., VINTILA, M., FISHER, M. L., & YIP, P. S. F. (2002): Evidence for lack of change in seasonality of suicide from Timis county, Romania. *Perceptual and Motor Skills, 94*, 1071–1078

VORACEK, M., FISHER, M. L., YIP, P. S. F., & ZONDA, T. (2004): Seasonality of suicide in Eastern Europe: A rejoinder to Lester and Moksony. *Perceptual and Motor Skills, 99*, 17–18

VORACEK, M., TRAN, U., & SONNECK, G. (2007): Facts and myths about seasonal variation in suicide. *Psychological Reports, 100*, 810–814

VORACEK, M., LOIBL, L. M., KAPUSTA, N. D., NIEDERKROTENTHALER, T., DERVIC, K., & SONNECK, G. (2008): Not carried away by a moonlight shadow: No evidence for associations between suicide occurrence and lunar phase among more than 65,000 suicide cases in Austria, 1970–2006. *Wiener Klinische Wochenschrift, 120,* 343–349

VYSSOKI, B., WILLEIT, M., BLÜML, V., HÖFER, P., ERFURTH, A., PSOTA, G., LESCH, O.M., KAPUSTA, N.D.: Inpatient treatment of major depression in Austria between 1989 and 2008: Impact of downsizing of psychiatric hospitals on admissions, suicide rates and outpatient psychiatric services. Journal of Affective Disorders 2011;133(1–2):93–6

VYSSOKI, B., PRASCHAK-RIEDER, N., SONNECK, G., BLÜML, V., WILLEIT, M., KASPER, S., KAPUSTA, N. D. (2011): Effects of sunshine on suicide rates. Comprehensive Psychiatry. Wien Klin Wochenschr 119, 463–475, Wien, Köln, Weimar

WACH, E. (1978): Strafrechtliche Probleme des Selbstmords.Österreichische Juristen-Zeitung, 479

WACKER, A. (1976): Arbeitslosigkeit. Soziale und psychische Folgen. Frankfurt

WEDLER, H. L. (1987): Der suizidgefährdete Patient. Hippokrates, Stuttgart

WILKINS, J. (1967): Suicidal behaviour. American Sociological Review 32, 285–297

WILLI, J. (1990): Die Zweierbeziehung. Rowohlt, Reinbek

WIMMER, H. (1986): Die Bedeutung psychosozialer Betreuung von Patienten – Notwendigkeiten, Möglichkeiten, Folgen. In: STROTZKA, H., WIMMER, H. (Hrsg.): Arzt-Patientenkommunikation im Krankenhaus. Facultas-Universitätsverlag, Wien

WINKEL, S., GROEN, G., PETERMANN, F. (2005): Soziale Unterstützung in Suizidforen. Praxis der Kinderpsychologie und Kinderpsychiatrie, 54(9), 714–727

WOLBERG, L. R. (1983): Kurzzeit-Psychotherapie. Thieme, Stuttgart

YIP, P.S., LIU, K.Y., HU, J., SONG, X.M. (2005): Suicide rates in China during a decade of rapid social changes. Soc Psychiatry Psychiatr Epidemiol 40, 792–798 ZADAWSKI, B., LAZARSFELD, P. (1935): The psychological consequences of unemployment. Journal of Social Psychology, 6

ZANDL, G. (1985): Sterbehilfe aus strafrechtlicher Sicht.Katholische Aktion – Information, Berichte, Kommentare Nr. 2

ZANDL, G. (1997): Selbstmord und Selbstmordversuch aus strafrechtlicher Sicht. In: G. SONNECK (Hrsg.): Krisenintervention und Suizidverhütung. 4. Aufl., Facultas-Universitätsverlag, Wien, 261–273

Sachregister

A
Aggression 100, 116f., 177f., 190, 233f., 237ff.
akute Beziehungskrisen 122
Alkoholmissbrauch 64, 215
allgemeine Charakteristika von Krisen 62ff.
allgemeines Interventionskonzept 20, 68
ältere Menschen 204, 298, 302
Angehörige 191ff.
antisuizidale Therapie 186–230
Arbeitslosigkeit 243ff.
Aspekte von Krisen 18, 66
Ausbildungsschritte 287f.

B
Bearbeitungsphase 34, 61
Betroffenheit des Helfers 27f.
Beziehungs-Burnout 46, 48f., 121
Beziehungskrisen, akute 122ff.
Burnout-Syndrom 40ff.

C
chronisch Suizidale 195f., 230
chronische Suizidalität 231–242
chronisches Krankheitsverhalten 39f.
chronisch-protrahierte Krisen 38ff.

D
Depersonalierung 41f., 49, 121
Drogenmissbrauch 54, 213f., 300

E
Einengung 23, 88, 173ff., 177ff., 308
Einschätzung der Suizidalität 172–186
emotionale Erschöpfung 41f., 47, 49

Entwicklungskrisen 127ff.
erstes Gespräch 75ff.
Erstkontakt 68ff.
ethische Fragen 224ff.

F
Familie 111–119
fokaler Suizid 214

G
Gefahren von Krisen 63f.
Gegenübertragung 239ff.
Gespräch mit Suizidgefährdeten 198f., 193f.

H
Hausarzt 210ff.
Hinterbliebene 172, 196ff.

I
Imitationseffekte 217f., 257, 293
indirekte Betreuung 192
Interventionskonzept 20ff., 68, 81ff., 105ff.

K
Kinder und Jugendliche 298, 300f.
Konfrontation 17, 34ff., 61, 175
Krankheitsverhalten, chronisches 39f.
Krisen
- älterer Menschen 154ff.
- und Familie 111ff.
- Gefahren von K. 63f.
- und Gewalt 138ff.
- in Paarbeziehungen 119ff.
- psychosoziale K. 32–61, 127

- traumatische K. 61, 65, 111
- Vollbild der K. 17, 37, 61
krisenanfällige Paare 123
krisengefährdete Schüler 132ff.
Krisenintervention
- Prinzipien der K. 20, 67, 125
- systemische K. 141ff.
- telefonische K. 92ff.
- Ziel der K. 18f., 66f.

M
Medikamente 86ff.
Medikamentenmissbrauch 16ff., 34, 38, 64, 219, 302
Mobilisierung 17, 36, 61

N
Narzissmus 234
Neuorientierung 16f., 34, 36, 58f., 61, 109, 175
Notfallpsychiatrie 100ff.

P
Paarbeziehungen 119ff.
parasuizidale Gesten 173f.
parasuizidale Handlungen 173f., 213
parasuizidale Pause 173f., 213
Patienten im Krankenhaus 149ff.
Postvention 163ff., 169, 172, 297
präsuizidales Syndrom 23f., 150, 160, 174f., 176ff., 211

R
Reaktionsphase 16f., 23f., 34f., 61, 211
Rehabilitationsdruck 217f.
Risikogruppen 24, 160, 297f., 302f.

S
salvatorischer Suizidversuch 174
Schockphase 33f., 54, 61
Selbstmord aus strafrechtlicher Sicht 306–315
Selbstschädigung 213ff.
Statistisches zur Suizidproblematik 277ff.
Suchtkranke, Umgang mit 216
Suizid
- fokaler S. 214
- und Presse 259–286

- im Psychiatrischen Krankenhaus 217
- versuchter S. 161, 173
suizidale Entwicklung 24, 174ff., 211, 298f.
suizidales Verhalten im Strafvollzug 219ff.
suizidales Verhalten in Institutionen 216ff.
Suizidalität
- chronische S. 231–242
- Einschätzung der S. 160, 172ff.
Suizidankündigung 24, 160ff., 175f., 211f.
Suizidgedanken 47, 160, 163ff., 178, 193
Suizidgefährdung 23, 98, 160ff., 212
Suizidhinweise 23f., 160, 163ff., 175, 179, 211ff.
Suizidpakte 190, 238f.
Suizidpräventionsprogramm 265, 305
Suizidversuch 149, 160ff., 166ff., 220
systemische Krisenintervention 141ff.

T
telefonische Krisenintervention 92ff.
Therapiefehler 217f.
Trennungsbewältigung 113

U
Übertragung 239ff.
Umgang mit Suchtkranken 216
Unterbringung 217f., 220f.

V
Veränderungskrisen 17f., 36ff., 61, 154
Verlauf von akuten Krisen 61
versuchter Suizid 161, 173
Vollbild der Krise 17, 37, 61

Z
Ziel der Krisenintervention 18f., 66f.

Autorenverzeichnis

Folgende Autorinnen und Autoren sind oder waren Mitarbeiter im Kriseninterventionszentrum und der Wiener Werkstätte für Suizidforschung:

AICHINGER Eva M., Dr. med., Fachärztin für Psychiatrie und Neurologie, Psychotherapeutin (Psychoanalyse, systemische Familientherapie)
ETZERSDORFER Elmar, Dr. med., Univ. Prof., Facharzt für Psychiatrie, Psychosomatische Medizin und Psychotherapie, Psychoanalyse (WPV, DPV/IPA)
FELLNER Gottfried, Dr. med., Facharzt für Kinder- und Jugendpsychiatrie, Wien
GOLL Helga, Dipl.-Sozialarbeiterin, Psychotherapeutin (psychoanalytisch orientiert)
HERZOG Hans, Dipl.-Sozialarbeiter, Dr. phil., Psychologe, Psychotherapeut (Biodynamik)
KAPITANY Thomas, Dr. med., Facharzt für Psychiatrie und Psychotherapeutische Medizin, Psychotherapeut (Integrative Gestalttherapie)
KAPUSTA Nestor, Ass.-Prof. Priv.-Doz. Dr. med., Facharzt für Psychiatrie an der Universitätsklinik für Psychoanalyse und Psychotherapie, Wien, Psychotherapeut (Individualpsychologie)
NADER Ingo W., Univ.-Ass., DI (FH), Mag. rer. nat., Psychologe, Institut für psychologische Grundlagenforschung und Forschungsmethoden, Fakultät für Psychologie, Universität Wien
NAGEL-KUESS Sibylle, Dr. med., praktische Ärztin, Psychotherapeutin (Katathym Imaginative Psychotherapie)
NIEDERKROTENTHALER Thomas, Ass.-Prof., Dr.med., Ph.D. (Mental Health), M.M.S. (Suicide Prevention), Mitarbeiter am Zentrum für Public Health, MedUni Wien
NOWAK Clemens M., Mag. theol., röm.-kath. Klinikseelsorger
PIETSCHNIG Jakob, Univ.-Ass., Mag. rer. nat, Dr. rer. nat., Psychologe, Institut für Psychologische Grundlagenforschung und Forschungsmethoden, Fakultät für Psychologie, Universität Wien
PRÖBSTING Elisabeth, Dipl.-Sozialarbeiterin, Psychotherapeutin (Casework- und Gesprächstherapie)
RINGEL Erwin, Dr. med., em. o. Univ.-Prof. für Medizinische Psychologie, Facharzt für Neurologie und Psychiatrie, Ehrenpräsident des Österreichischen Vereins für Individualpsychologie †
RITTER Kristina, Dr. med, Dr. phil,, Fachärztin für Psychiatrie und Psychotherapie, Psychotherapeutin (Verhaltenstherapie)
ROSCHER Milada, Mag. phil., Psychologin, Psychotherapeutin (Tiefenpsychologische und Gruppentherapie)

ROSSIWALL Olaf, Dr. med., Facharzt für Psychiatrie und Neurologie, Psychotherapeut (Analytische Psychologie)
SCHJERVE Martin, Dr. med., Ass.-Prof. am Institut für Medizinische Psychologie, Facharzt für Psychiatrie und Neurologie
SODL-HÖRLER Christa, Mag. phil., Psychologin, Psychotherapeutin (Gesprächstherapie)
SONNECK Gernot, Dr. med., em. o. Univ.-Prof., Facharzt für Psychiatrie und Neurologie, Psychotherapeut (Individualpsychologie)
STEIN Claudius, Dr. med., praktischer Arzt, Psychotherapeut (Katathym Imaginative Psychotherapie)
STOMPE Thomas, Univ.-Prof. Dr. med., Facharzt für Psychiatrie und Neurologie, Universitätsklinik für Psychiatrie und Psychotherapie, Wien
TILL Benedikt, Univ.-Lektor, Mag. rer. nat., Dr. rer. nat., Psychologe am Zentrum für Public Health, Abteilung für Allgemein- und Familienmedizin, Medizinische Universität Wien
TILL Wolfgang, Dr. phil., Dr. jur., Klinischer und Gesundheitspsychologe, Psychotherapeut (Psychoanalyse - WPV, IPA, Integrative Gestalttherapie - ÖAGG)
TOMANDL Gerald, Mag.phil. Klinischer Psychologe, Psychotherapeut (Gestalttheoretische Psychotherapie)
TRAN Ulrich, Mag. rer. nat., Dr. rer. nat., Klinischer und Gesundheitspsychologe, Senior Lecturer am Institut für Psychologische Grundlagenforschung und Forschungsmethoden, Fakultät für Psychologie, Universität Wien
VORACEK Martin, Ass.-Prof. Priv.-Doz. MMag. DDDr., Universität Wien, Fakultät für Psychologie Institut für Psychologische Grundlagenforschung und Forschungsmethoden
WIMMER Adelheid, Dr. jur., Psychotherapeutin (Psychodrama)
ZIEGELBAUER Barbara, Dr. phil., Psychologin, Psychotherapeutin (Verhaltenstherapie, Familientherapie)

Unserer Arbeit eng verbundene Autoren:

BODNER Erika, Dr. phil., Klinische Psychologin
HEINZL Harald, Mag. phil., Univ.-Ass. am Institut für Medizinische Computerwissenschaften Wien, Abteilung für Klinische Biometrie
REITER Ludwig, Dr. med., Univ.-Prof., Facharzt für Psychiatrie und Neurologie, Psychotherapeut (Familientherapie)